JN370322

智島郡叢瑣録

智島郡叢瑣錄 內容別細目

○1895년(고종32) 2월 …… 11
○전라도 섬을 2곳으로 나누어 순찰사배치논의 …… 11
○1895년 3월 …… 13
○1895년 4월 …… 15
○官民衣服 黑色着用 …… 15
○湖南各島에 視察委員파견 …… 15
○1895년 5월 …… 18
○入闕辭職 …… 19
○1895년 閏5월 …… 19
○朴泳孝捕捉令 …… 20
○徵稅署長발령 …… 21
○1895년 6월 …… 22
○호열자 만연 賜藥 …… 23
○1895년 7월 …… 25
○일본공사 三浦梧樓부임 …… 26
○井上馨환국 …… 26
○1895년 8월 …… 26
○巡檢과 兵丁間의 싸움 …… 28
○兵丁 三百餘名 工桑所亂入 …… 28
○閔妃시해 …… 29
○廢王后 賜嬪號 …… 29
○1895년 9월 …… 30
○1895년 10월 …… 33
○1895년 11월 …… 35
○國喪頒布 廢廛市 …… 34
○斷髮(剃髮) …… 35
○建陽年號·太陽曆사용 …… 35
○剃髮令 …… 37
○1895년 12월 …… 38
○義兵이 도처에서 蜂起 …… 42
○李昭應義兵招集 …… 42
○削髮者逃散 …… 43
○金善用義兵의 軍資모집 …… 43
○開國504년 政令(8월 20일號外) …… 46
○8월 22일 號外 …… 46
○8월 23일 號外 …… 47

○8월 24일 號外 47
○8월 27일 號外 47
○9월 1일 號外 47
○10월 13일 詔勅 47
○10월 15일 號外 47
○10월 17일 號外 48
○10월 23일 號外 48
○**1896년 正月** 48
○高宗俄館으로의 파천 48
○義兵과 官軍의 梁文驛 接戰 49
○加平·鐵原等地에서 官軍과 砲軍相戰 50
○桃坪倡義所 檄文과 가담요청 50
○桃坪義兵 軍備 53
○日軍 民家40여戶燒毁 54
○京軍의 金善用家族火 55
○1월 22일 智島郡守로 임명 55
○**1896년 2월** 57
○俄館事情 57
○莞島·突山·智島創郡과 군수임명 57
○智島創郡의 배경(해제참조) 57
○莞島範圍 58
○突山範圍 58
○智島範圍 및 戶結數 59
○郡等級 및 官員 59
○俄館에서의 高宗알현시 대화 60
○俄館의 위치와 규모 60
○智島郡守 부임여비 60
○晋州砲軍入城事 62
○**1896년 3월** 63
○2월 11일 號外 63
○2월 16일 號外 65
○2월 17일 詔勅 66
○2월 18일 度支部令제2호 66
○2월 21일 訓示 66
○永平·桃坪등지의 義兵活動 69
○**1896년 4월** 70
○望雲 金樂烔방문 71
○前荏子僉使 金東肅방문 71
○부임인사차 俄館방문 71
○**1896년 5월** 72
○法聖浦人 林興三의 배로 출발 73
○江華경유 74
○甲串津·孫乭項경유 75
○孫乭項의 神堂祭 75

○仁川경유 76
○八味島경유 76
○德積島前洋경유 77
○馬梁津등 忠情沿海 77
○全羅道 沃溝內島경유、萬頃 古群山島지나 5월 13일
智島管下에 도착 78
○南宮德・羅桓瑾등 邑事相議次 승선 79
○七山島前洋경유 79
○智島를 바라봄 79
○荏子・智島間을 지나 尹郎浦에 도착 79
○到任時의 智島狀況 80
○金海金氏十六代世居 80
○東軒의 형편 81
○東軒修繕 82
○智島民 風俗 82
○島民의 痼瘼 84
○智島의 상세한 지형과 형편 84
○郡의 시설위치와 명칭 85
○洞・津・山川・戶口 86
○田畓・屯土 86
○前智島萬戶來見 87
○地域別 照會事項 87
○各處 勸農독려 88
○判書 趙秉式生祠堂(慕愛堂)과 救弊事實 88
○慕愛堂建立事實 89
○東村路邊의 碑들 89
○農形修正成州 90
○東軒新入告祀 90
○**1896년 6월** 92
○關王廟祭禮祝文및 行祭順序 92
○郡民 朴汶奎등 進物 93
○南甘을 시험재배 93
○향약 17條마련 93
○節目 41條 各島에 나누어줌 96
○41조 규약의 서문과 내용개요 96
○頭民의 폐단과 頭民의 數 100
○頭民圈点 101
○袱負商弊 101
○鄕會를 大中小로 구분 102
○鄕會의 會議事項 102
○里會의 운영방식 103
○鄕會任員의 임기 103
○每里의 詳報內容 104
○隱仙台記文 107

○各島의 孝烈人名單 107
○郡內牧場조사 108
○宮內府 牧場조사원파견、上納·馬疋數조사 110
○南面積巨里書齋學徒數十人 110
○西村 甘井洞書齋 110
○白蓮洞書齋 110
○定配人 金商悳등 古群山도착 114
○都草宮租裝載 114
○都草 高濟國등 招見慰勞 114
○上·中·下秩島로 校吏를 分遣 115
○獨立新報 45號 115
○台耳島 日人致死 115
○楊州 權輿洙、洪判書家 하의 상태·하태 收稅事로 래방 116
○主事五人 差出 117
○**1896년 7월** 118
○各島에 監宮·色吏派送 118
○島民學行표창 118
○面任의 임무 120
○就學者 成冊、성적고과、포상 121
○海南으로 移屬된 5島 帳籍·量案推尋 122
○智島民疊稅호소、宮內府에 보고 122
○智島·荏子牧場田 123
○台耳島民 日人과 싸움、監官피살사건 123
○荏子島派監 金福淵屍身檢査 124
○島民投石事件의 진상 125
○都草·飛禽島民 齊會 公錢分排時 소요사건 130
○民弊禁絶傳令文 131
○望雲牧場 公錢 133
○飛禽·都草島 一土兩稅事 133
○丙丁人民 流亡 134
○地方制度改正事實 135
○全南觀察 尹雄烈 智島四等邑 136
○智島郡 各島所居定配罪人 136
○台耳島民 魚漁庄 침탈 137
○各島摘奸 137
○인근 유명 醫名 140
○**1896년 8월** 140
○開化의 의미 141
○地方制度改正內容과 인원·봉급·여비 142
○全羅南道의 改正事項(智島4等郡) 142
○邑東西村農民 作戲모습 145
○鄕任差出 147
○定配人 解配 147
○각종 雜稅혁파 147

○慈思島頭民作弊 …… 148
○作弊罪人가둠 …… 149
○管內 16面分割·戶口數 …… 150
○縣內面 ……
○荏子面 ……
○洛月面 ……
○沙玉面 ……
○蟬島面 ……
○蝟島面 ……
○古群山面 ……
○押海面 ……
○者羅面 …… 151
○荷衣面 ……
○箕佐面 ……
○安昌面 ……
○長山面 ……
○黑山面 ……
○岩泰面 ……
○慈恩面 ……
○各島의 土地量 ……
○司官制頒布 …… 152
○鄕長이하 관속 …… 152
○各面主人名單 …… 152
○正中堂記 …… 153
○**1896년 9월** …… 153
○觀察府甘學部訓令(成均館入學生數) …… 154
○各島海溢 …… 155
○海溢피해지역순시 …… 156
○黃氏孝子門 …… 157
○塩燈作法(製塩法) …… 157
○各島地圖 …… 158
○度支部訓令 …… 158
○學部訓令(郡縣學校제도) …… 159
○關王廟秋享 …… 160
○각종자료보고次 光州行 …… 161
○智島郡 結摠및 戶口實數 …… 161
○光州登程路 …… 162
○圓甲寺 …… 163
○發山石彌勒 …… 163
○望雲牧場土城 …… 164
○度支部訓令 …… 164
○古幕院경유 나주 경계를 지남 …… 165
○나주도착 …… 166
○나주읍성의 모습 …… 166

○광주경계에 도착 …… 167
○광주 東學之變 …… 168
○光州府의 모습 …… 168
○各島民弊를 보고 …… 169
○疊徵의 폐단 …… 169
○客費의 과다 …… 169
○戶役의 문제 …… 169
○公廨修理등 경비移送稅 …… 170
○觀察使一覽 曰 …… 171
○觀察府의 官吏들 …… 171
○光州의 山川과 古蹟 …… 172
○百川橋詩會 …… 173
○光州城의 모습 …… 174
○歸路에 오름 …… 174
○望雲牧場의 遺墟 …… 175
○智島인근의 山名 …… 176
○智島歸着 …… 178
○清心堂記文 …… 179
○關王廟祝文 …… 179
○金行玉의 興學事 …… 181
○養士齋建立 …… 182
○糠山圓甲寺僧 錦荷 …… 183
○島民의 書員毆打 …… 183
○養士齋創建과 目的 …… 184
○1896년 10월 …… 190
○關帝廟重建記(梁相燻撰) …… 190
○關帝廟記(李泰容撰) …… 191
○親軍營屯土收稅 …… 191
○本郡修理費還下 …… 192
○清國船員 劉田玉등 請謁 …… 193
○宮內部訓令 …… 194
○智島郡褒題錄 …… 195
○甲午·乙未年結稅 …… 195
○李學西等 濫排錢處理 …… 197
○清國船관람 …… 199
○養士齋 上梁文 …… 200
○慈恩頭民提訴(濫排件) …… 202
○諸島文士來訪 …… 203
○詩會개최와 장원 …… 206
○勸諭文頒示 …… 206
○養士齋 齋任의 鄕薦·差出 …… 208
○還米1천석으로 司倉都監설치 …… 208
○各種稅錢 …… 209
○全州鎭衛大隊長訓令(萬戶鎭軍物所屬) …… 210

○流配人移屬……210
○論時文之弊……218
○宮内部訓令……220
○戶口調査規則……220
○戶口調査細則……221
○戶牌樣式……222
○**1896년 11월**……222
○年分概狀(田畓)……222
○農商工部訓令……223
○各邑叢瑣録……223
○郡舍板額詩……224
○관찰부의 甘結(제도개혁관련)……225
○右의 各條……225
○鳳山詩會……228
○諸邑吏胥弄結之弊……230
○各島書齋儒 養士齋論 및 養士齋詩製述……231
○彩石江 怪石……234
○趙炳鎬書齋學徒……235
○都草島 一土兩稅……239
○岩泰島民 訴情(宮監의 濫捧件)……240
○内部訓令에 따른 관찰부의 甘結……241
○飛禽·都草民訛言유포……242
○京費濫捧의 폐단……243
○**1896년 12월**……244
○清人物價推給요청……245
○米價급등……249
○韓鳳鎬 古群山定配……250
○日録(手草)의 謄書……251
○庸學問目……252
○觀察府 甘結……254
○地方官吏擇用規則……254
○荏子島崔氏旌閭……256
○都社首差出……257
○岩泰島民訴……257
○郡内 老人 및 孝烈人録……264
○老人·孝烈人頒穀……264
○押海島民狀……265
○慈恩島役價排給事……265
○土豪嚴斷訴狀……266
○縣内各洞民狀……266
○箕佐金時哲訴狀……266
○達里島民等狀……266
○長山執綱稟狀……266
○古群山 李景淡狀……267

○安昌 金正彦訴狀 …… 267
○押海金敏順訴狀 …… 267
○荏子島民等狀 …… 267
○押海 金仁學狀 …… 267
○靈岩 朴致旭狀 …… 268
○法聖 嚴柱亨狀 …… 268
○蟬島鄕員稟狀 …… 268
○咸平 金興烈狀 …… 268
○木花價와 淸商 …… 268
○放砲로 迎新例 …… 269
○關廟祝文 …… 269
○1897년 正月 …… 269
○官房柴草 …… 271
○光州로 歲問行 …… 271
○牧場推尋 …… 273
○智島·荏子島牧場稅 …… 274
○觀察使와 郡事情을 논의 …… 275
○踏橋俗 …… 280
○民怨 13條조사 …… 280
○民怨根絶의 책임 …… 281
○岩泰島 宮庄稅문제와 各島民瘼 …… 281
○縣內民 13條査實畢 …… 281
○古群山定配人放送 …… 282
○雇丁·商旅輩作犯 …… 283
○叢瑣詩抄成編 …… 284
○前後鄕規 및 養士齋設始之顚末 …… 286
○內需司 鞍馬島등 收稅監官파견 …… 287
○春雨室記 및 詩 …… 288
○荏子島民稅納事 …… 289
○金敬杓등 선동으로 荏子民 영광이속 청원 …… 289
○古群山定配人 …… 290
○觀察府甘結 …… 290
○春雨室序 및 詩(나주 李澤緖撰) …… 290
○1897년 2월 …… 291
○關帝廟纛祭 祭官差出 …… 291
○關帝廟祭儀改定 追錄 …… 291
○荏子島公錢未收 …… 292
○面主人役價 …… 293
○笛洞 金行玉事 …… 294
○掌議薦望 …… 295
○各面에 勸農傳令文보냄 …… 295
○智島郡 各島戶籍마감 …… 297
○面主人役價관련 傳令文 …… 297
○可佳島作弊조사 …… 300

○鳳凰山 望鄕台 …… 300
○荷衣·安昌島公納稅 …… 301
○派房(各面主人 및 下吏任命) …… 302
○樂水論 …… 304
○비금·도초도 智島移屬 …… 305
○講學帖論 …… 306
○獨立協會會報 …… 308
○七山海 漁場稅 …… 309
○高宗 慶運宮還御 …… 309
○1897년 3월 …… 311
○木浦開港說 …… 312
○各書齋에 詩會通報 …… 313
○詩會 壯元禮 …… 313
○飛禽·都草島 등의 移屬事 …… 315
○關王廟告由文 …… 316
○德基祭文 …… 316
○防堰監官 差出 …… 317
○仁智堂 …… 318
○邑事의 문제점 보고 …… 319
○舊屬郡文簿 …… 319
○獨立新聞抄錄 …… 320
○五署戶口 …… 320
○各港口 …… 320
○稅關 …… 320
○島嶼實相調查要目 …… 322
○漁庄豊 塩貴 …… 326
○移屬島嶼問題 …… 328
○諸島民에게 반포한 傳令文 …… 329
○濫排의 弊 …… 329
○面任의 弊 …… 329
○面任差出事 …… 330
○豪强의 弊 …… 330
○養士齋 詩會 …… 331
○考選者 30人 施賞 …… 332
○1897년 4월 …… 332
○邑中 文名著者 …… 332
○無角牛 …… 332
○大行王后 因山발인 …… 333
○一葉亭記文 …… 334
○諸島巡行出發 …… 335
○荏子島鎭의 모습 …… 336
○荏子島의 稅納額 …… 337
○時務條目(勸農·興學·察瘼) …… 337
○學徒 李聖直등 考課施賞 …… 338

○後甑島巡視 339
○羽田島巡視 341
○沙玉島 345
○志成齋 346
○正中堂 도착 346
○京奇중 突山管轄區域 改正 348
○五署戶口數 348
○都有司・都訓長교체 349
○志成齋 詩會考選 350
○押海 宋孔山일화 352
○木浦海關 352
○埠頭시설처 標木 352
○木浦廢鎭後모습 352
○押海縣 古基 354
○王山山城 356
○蝟島 356
○1897년 5월 360
○尋眞錄 361
○各島에尋眞錄分送 362
○養士齋完工 365
○養士齋節目成冊 365
○養士齋事實顚末 367

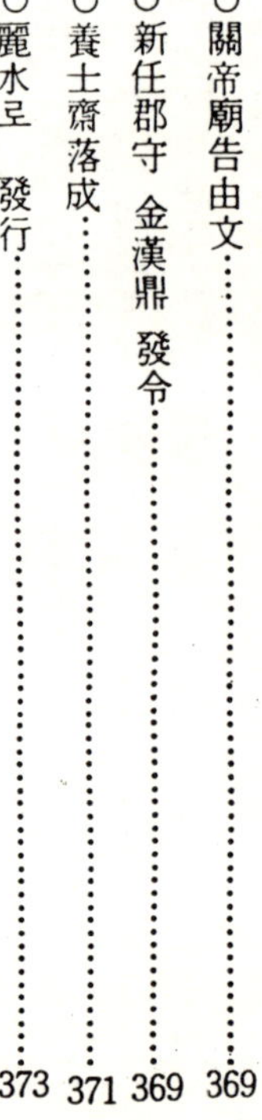

○關帝廟告由文 369
○新任郡守 金漢鼎 發令 369
○養士齋落成 371
○麗水로 發行 373

全羅道智島郡叢瑣錄

○1895년(고종32) 2월

乙未二月十一日癸丑承 拈旨 闕 下敎曰 汝是誠勤人也所幹輒有效勞外典列郡聲績嘉尙而昨年圍城經遆之後每擬需用尙今未果現今全羅各島散在大洋之中當初屬附于陸郡必因其時形便而挽近法久生弊所居民生爲陸地魚肉所以移屬之籲屢至同一赤子而不得蒙一視之澤其情感矣今於更張之日合有變通今以左右道各郡所屬島嶼聚集爲二區各置巡察一人依陸地觀察例保釐之意 勅下內閣矣於汝料法其方便何如耶仍奏曰島民困瘁果如 聖敎而軫念至於如此是島民更生之日也 仁覆之化無遠不曁竊不勝欽仰萬萬 上曰行將汝當此任知悉也仍奏曰如臣無似獲與任使之列曠絶之 恩荐疊至此赴湯蹈火焉敢避乎而犬馬之齒已踰六旬蒲柳之質日已頹下今年已覺不如昨年似此貌樣安敢望對揚 德化於遐澨之地乎伏望更回 睿筭擇可者用之

○전라도 섬을 2곳으로 나누어 순찰사배치논의

上曰朕豈不知汝分數而然耶退待可也仍退出松亭述志

微軀年老合休官纔得歸田分粗安才乏桑蓬酬世了質同蒲柳望秋殘回思報答憐衰白荐奉 恩言激寸丹若也策駑終有日且須努力更加餐

二月甲寅從君聖老以子病數年懊惱憂慮成疾遂於昨歲十二月初五日不起聞京鄕路脩迨未一哭是日始得洩哀兼有挽詩一篇

我家賢從今悉逝少我一年便同年他無足道兄乎甫生得人間十日先

憶昔縣翩膝下兒君葱我竹比塤篪人生一世同流水閱盡悲歡鬢已衰
自我南遊歲屢過祗悲魚雁問如何彭衙五斗眞難助情話年來失已多
前秋纔得賦歸田擧目滄桑益黯然舊日九人今幾在惟君與我正堪憐
積慶無如運否何少年何侄抱沉痾想君憂慮成奇祟父病多於子病多
天亦難諶兒不仁忍令君作大歸人踽踪從此吾安往廓落乾坤淚一巾
悠悠世故苦參差今始何兄一哭爲自是綺山隣四皓儀刑想像舊芝眉
五日丁巳操文祭聖老

嗚呼哭死而哀有萬不齊然要其歸則不越乎天倫人理而個事而已余於君以天倫則爲從父兄弟是天下之所同也以人理則其委曲錯綜實有人不及知之者是君我之所獨也余今哭君源天倫之所同洩人理之所獨其哀也當何如耶

嗚呼君我之生年干有甲乙之殊而日友爲子亥之近所以繞膝而供歡也共之就傅而肄業也共之及至稍長志性又相似心融神徹形軀而忘而無以十日後先君戲我謔湛湛然翕翕然一是宜兄宜弟一是難兄難弟伊時友于之情好矣之樂君我可自知耳一自孤露以還各攣世故合併少而分張多反余就官南方遂相落落尋常書尺僅得寒暄而家累依托時耗通報惟君是恃使我在遠而無憂同非君終始之力也其又可忘耶我家從班男妹九人君與我居中而中年以來容戚禍疊存歿之感殆若滄桑余亦老而多病前年得告賦歸而環視族黨廓乎寂

蒼在兄惟仲從氏阮山公在家惟倨或庶幾穹蒼嘿佑壽我餘生相與依賴以桑榆而樂晩景何家運之孔否不如意者十九癸巳之冬仲從氏奄忽違背得怪風嬰奇祟荏苒床第皮扁莫售以君止慈之愛憂惱成疾遂於前冬父先子而償絶嗚呼哀哉如君仁善而亦有是耶如君康莊而亦有是耶嗚呼大化之醇醨不齊人世之倚伏無常斯乃所謂命也於其命也君亦無如之何矣然安之一字是君一生之負荷則想於來化之日不遠而復而今已安之吾復何恨哉嗚呼自君棄我我益無意於世行將携挈東往擬沒齒於楸壟之下而廉強理弱又有所謂名韁者閙伺若終爲所勝則苦海回泊又未知其早晩多生之無樂有如是君其無泉下秋雨之笑歟嗚呼今我不哭日月其除荒詞老淚語不知裁玆薦菲具君其歆格

三月十二日癸未寒食擬往細橋里山所忽承　召命詣　闕　勅曰工菜所內諸般事務其間因汝在外不如躬檢者必有之矣且非久南下之事在則所內各項看護等節汝自極意董飭無有未盡也春耕至於何如而花事亦有成實之漸云耶且蠶事似於通聞始之而其果何聞爲之耶對曰所內事小臣在外以來使俾將臣李明善代幹舉行而二月趁　儲宮誕辰上來其時土脉姑未融解今月上旬隨其空缺處果木及花卉補樹之桃李林禽之屬除今陪胎似於數日間爛開至於蠶事則今日寒食皆已洗蛾矣　勅曰李明善代幹朕豈不知擧行多嘉尚也今番南赴後

亦以李明善代幹計耶對曰果然而又有他裨將及別看役等同爲擧行矣仍奏曰向日島地 勅教事果以鹵莽蔑學重之以精衰力耗實有僨誤之憂玆敢瀝陳情狀尚未蒙 處分伏望天地父母 特降 恩諒俾安私分焉且睦孫婚日在今二十一日而賤率俱在鄕庄小臣不容不躬往了辦矣冀蒙曲遂之 處分 勅曰行將非久處分矣姑爲退待也二十一日陰即孫女婚日也婚定處乃洪察訪成潤之子而初以昨年六月二十日涓吉因時聞洪氏家在安東故未得如計過醮矣今年爲過婚上京家閒日前帶其子作永峽親迎之行云余在退待中無歸家之勢婚需前已分別下送而未知兒少輩如何辦了得今日事也適時劉令永羲崔判基燮來坐慰藉之際工叅刑別看役崔五衛將尼山壽宴酒肴盛備而來一座大嚼余笑曰雖不與自家婚供坐喫隣家壽需豈非反有勝者耶相與大噱仍賦一則遺崔令兼敘所懷

枵腹便便老更寬彭衙五斗不堪餐豈無鄰門日大嚼終與自家無相干怪來倉猝動旋止坐失婚供只自歎隣家饗晬不復先一早需雲驚眼看風流負久適在座對床好頻何如歡我且爲君作一頌頌君今日福履完王母瑤桃蔭堂北荀氏群龍繞庭欄努勸兒酬稱兒席賀賓盡是賢衣冠遭逢 玉駕來田桃預卜天教做好官終而復始花甲子海籌從此環無端儂家亦有館甥宴理弱廳强未去觀

何奈天中三五月 一邊戲了一邊鬧

三十日辛丑卽堂侄德善第二子翊泳婚日也往觀後兼入洪郞慶敏家見郞兒慶善則日間下去安東云而于歸則以秋間擇定事守約後敍別

○1895년 4월

○官民衣服 黑色着用

四月六日丁未兩官民衣服以黑色周衣限今月二十日製着婦人與兒童勿論事揭榜各處行會八道又月卽劉永羲進甲日也來邀曰前歲今日旣有少一之歎而今日之座期於來參云云此余編髮之舊也至見其子孫盈室賓客滿堂眞福老也因酌酒相賀

洪福如來現世身 差前一日亦良辰 眼着左海金刀宅 回薄六旬有二春

想見君家昨歲今 賓朋歷歷賀樽斟 而吾獨在南關遠 枉費相思兩地心

喜鵲朝無折簡回 許令親見慶祥來 園中芳萼庭前樹 春在高堂獻壽盃

童孺情親六十年 舊時總竹政依然 而今屈指同庚友 落落晨星幾箇懸

回首前期又一重 茲遙吾亦在今冬 家居逹指白雲下 路遠天寒逹未逢

○湖南各島에 視察委員 파견

榔余致書移去聞慶淵洞余亦將送學兒於那地矣柳也先爲任接將成僑居之慣僻差強人意而流寓分張之懷令人黯然八日承 招詣 闕 勅教曰湖南事關議以爲先遣視察委員詳知各島形便與事爲之宜然後巡察可遣云故視察委員間已蒇送而姑未知何時見還矣旣云下鄕從速上來可也對曰近日賤痾闖作猥蒙 恩許下鄕詞病伏計而第伏念屢次瀆撓之餘雖極悚凜而以若衷邁病情萬

無報答之望伏乞 特下回埋生成之澤 勅曰朕志已定勿復多言也仍退見
乾清宮大廳散掛琉璃羊角細珠青白紅黃綃畫等燈式四隅式圓式六角八角十角
燈形形色色皆是中國及泰西各國所製製樣奇巧雕龍難以名狀比年以來每於
國慶及 殿宮誕日皆用火戲而至於各部各市亦以此歸喜且用 本國旗號六
小並高揷正門又以各色紙砲爛放一夕所費爲萬餘元云此即泰西各國通同之
規也顧余身縻吏緘曾莫之見而今始目睹自可謂平生壯觀仍留公事廳至初昏上
大于燈子放砲于紙面目眩於光耳塞於響依然若身存別世界也丑正刻退出賦詩
十載江鄉寂寞過帝京今夕壯觀多叢叢花發非春樹溢溢雷鳴不雨坡同得歡
娛都在此欲求彷彿更無他未知葉道虹橋夜曾有喧闐大響麽
初九日庚戌漢樞崔鎭泰來月一日 除拜軍部參議而今始聞之近日職事全以
甄拔人才故往往出於不覺中類多如是也十一日昧爽登蓮華峴宿翌日即立夏也
八仙第十三日往省慶巖儲慶兩所墓位明日 先考諱辰也屢年在官未親將
事令得趁期還巢坐在祭以身之地是亦 天恩也謹述一則兼寓隱慕之私
雨露之春霜露秋思歸種種白渾頭況復年年是日也明發不寐懷悠悠一自身
還在日下便蒙 召對渥濃優 天門非是言私地始若無時決去留豈料 恩
諒靡不暨許令蓬蓽暫歸休又茲首夏之旬四一度時辰際適周生成曲遂乃如許欲
報涓埃感淚流如在著存餘手澤顧余小子慚箕裘如老萊子真可羨白首班衣後

何求

十四日乙卯子正行　祀事是日鄕隣来見者爲五十餘人聞峽結搆與凡百姑多未充如意而比来家間事力口衆食寡窘欲就彼營生而亦無一時全移之勢爲先使學兒先往住接餘眷次次覲勢團聚之計擬於月内擇日次的定二十日學兒奉祠宇率内眷搬向聞峽裝束之物務從簡便而卜馬猶爲三匹求善及全雅學賢鄭和前金德淳陪從程里則係是初行也故未的幾許而假量爲五百餘里上下所率四十一行多日店次閱慮無比而亦復奈何哉積費經營之餘今才啓逬是亦稍稍出稍之漸而十餘家口一朝分送於半千之地堂室庭宇如空如寂自余作宰以来屢經家人分離之歎而老懷悵黯未有若今日之尤倍且老妻尤以爲戀亦人情之固然也隣里多人囂然在前其所慰藉徒增厭聞因上廩巖　山所省拜後眼掛千里鏡望見學兒之行至柤峴而峰回路轉無復有見也下坐春雨室遣懷日夕而還

嗟嗟我生初家世長安裏骨肉無相離室廬詎或徙慣是紅塵内歌鐘日夕起来除苦無常都人泣耿把舊宅皆新主衣冠異昔稘　先公水鑑明鄕居早有以蘊畦付理生楸壠暗依倚蝸廬庇雨風庶幾無忝爾風土縱云淳餘波漸覺迤我聞今武陵人道彼勝此俗尚書農兼鄕隣聊會美爰搆鵂鶹捿謀拙鳩也似人多路更遐去去長虛擬苟非猛著心終乃未追已斷自今日爲勅勤曉裝理長男奉　祠宇家婦陪行李全家雖未俱就次有終始同行二十人計程半千里拜辭在眼前步

步倚閭指一生慣遠離孰若送兒子老妻悄無言情懷老可揣我姑陟彼崗行邁
欲盈梘非無鏡照千疊嶂奈前時吾亦從此逝團聚異時喜

五月十四日甲申 邑隸見京來書則工桒所監董二人前郡守趙鍾成司果朴東奎
別看役三人前五衛將金宗九金興成李昌煥卑將四人金長根林基俊宋順景申順
根并加差下付之　宮內府料祿則以月給磨鍊監董大銀錢十圓別看役七圓卑將
五圓定式百各司入員比前有減而至於工桒所有加　恩數曠絕益覺感祝而悚慄
也且有郵間上來云之　勅令奏事當不日上去而老妻方在調病之中俟其小可後
上去之意裁答送之二十日偕小雲及某某人上春雨室賦詩
嶽色泉聲仲夏辰超然登坐足怡神蔭庭花木如迎客滿地烟霞最可人怳裏少
閒誰似我永時追慕舊惟新白雲千載山名好肯染東華一點塵
二十四日甲午辰刻發行歷嘉溪又至蟻山里 新村見藕堂趙尚書午咳尚書每要
一詩相贈是日暫之宅家遂於席次口號一則並小引
洞陰山水鄉也去京師未二日程士夫園林相望而盖方冈儀　王朝廓遑退休
真藏時事也藕堂趙尚書田廬在錦珠山下歲甲午秋公辭帝里菟開于茲余前
過八候見公角巾逍遙與漁樵雜處希夷相忘客至與之酒而盡其歡甚得鄉
居之趣為可艶服然以英齡雅望宜乎容通帷幄而今乃作山中宰相何也抑
洛陽之候與名園相上下歟作詩以請質焉

八世天官趙尚書少年白皙嚴廊居價越殊璣美瑚璉春餘爭繡早時譽棋翻世
故至難量千里驚心日下室余從海邑歸東峽只會寒梅驚起傍一洗東華舊
艷塵田家衆褐作為倫芋栗園深戴烏角藤蘿壁静掛朱輪客至休煩山外事促
膝醇醪倒三四無絃一弄海山調貴在知音言外意公門桃李憶當時銀燭朝天
出每逢瑶目昇平吾及見萬家烟月蜀春熙花開月上過如俄歲暮天門凍雨夕
一丘荒衆棲息地丹山抽出鳳巢阿年來吾亦愛吾廬相望東西一舍餘屋上青
山門外水時時過訪說樵漁

○入闕辭職

抵昏八華峴宿翌曉登程迫鐘八城二十六日雨數朔悶旱之餘得此甘霔甚慰滿也
且工粜所花果菜蔬枝旱枯萎　上勅頻仍之地所内尋情方切遑汲余適上來夜深
聞落滴聲雨仍連注人皆聳喜以為令公雨笑而志喜
沃若公粜屋後林曉聞落滴響淋淋潤生龜礎千門静痕着鶯花一院深天不遺
民監在上吾如赴約適來今平明喜看終南色翠漲嵩華萬壽岑
三十日庚子詣　闕入侍奏曰小臣本月二十六日上來而宿病闖發今才還現下情悚
凜而工粜所員役加差不勝惶感之至本所郎將李明善崔啟性多年舉行頗甚勤
幹別省役陞差恐好矣　勅曰此是擬而未果者也仍成差下　勅命

○1895년 閏5월

閏五月一日辛丑雨本所別省役前僉使林奉雲孟繼善加差下去月一日金知事在觀
氏卒逝念其素性仁厚愛人喜施紫霞比隣頗多依賴今焉無復見之痛哉四日尹

尙書容喆氏撰送 元帥昭溪集弁文銘感無比七日其間本府所出蚕繭五十斗
奉 勅教使養蚕人李相悅用機器抽絲光甚鮮明感賦一則
天若不恤緯織女不在霄地若不恤緯海豈出鮫綃垂衣羲象著葛覃周儉昭世
級日以降羅綺競六朝不念形庭帛出自寒女挑扶桑闢蚕土仙李誕靈茁憂勤
思下究織恙講材料官林拓別圃桑葉何夭夭東求好種子西採機杼禹壤感
冥佑今年蚕事饒團團摘黃白巧妙若工雕機器造新制來從洋海遙吾知李相
悅理絲素有條工倫七襄巧績效三盆調萬縷句抽一細若蛛絲搖待供菲衣具
將躅貢蘭徭誰知有所感賀語徒囂囂愧無一字補援筆作新謠
八日戊申承 招諳 闕勅曰工業所付屬宮內府內藏司矣凡係事務必與該司
長玄興澤相議擧行兩所內空閑地多種山葡萄等種似好矣宮內府主事金冠濟
及日本人當往本所矣知悉可也九日日本人水口兵二郎來看形便而去十一日兩永
善全學賢及鄭金兩隷自聞峽上來始聞無事下去兩學兒病情在逆時似有小可
至於風土農理與永峽互有長短蓋農理勝而風土不及樣云十四日內部大臣朴泳孝
有捕捉之 勅令令日逃走云矣十八日砥平月里李雅翊永來傳上東面黃巨里居
金昌鉉書札故答送是日緞綢所諸射員備午飯齊會試射曠廢之餘觀德可喜也
手持弊角集亭頭箭箭中心趕趕儔如月其圓弦影滿似星之直羽聲流才雄
虎發思飛將勇奪猿攀學養由時輩不知陰雨備只言暢叙設茲遊

○朴泳孝捕捉令

○徵稅署長발령

中刻 大君主陛下 王后陛下 王太子殿下 御臨于府內藥泉亭別省從
下八侍 勅曰射亭之白衣人有何事故耶對曰前日射會瞻聆久矣小臣上來後
爲 闕近宿衛祿更始矣 勅曰朕亦近於中日閣觀射此似好似好也彼有何所
喫耶對曰各備午飯而來矣 三殿宮仍上水閣煎茶因進午水剌後果種頒 賜
仍 還內因陪從至廣成門承 勅命退出 賜送果品與府內人及諸射負共之賦
三頁
恭瞻 御座水樓高五月乾坤爽翠濤靈液一盃當九煎君山何必待仙醪
靑李來禽萬萬枝宮盤擎出異香知 聖恩憐我相如渴 勅賜瓊甘沃髓肌
賞大勞微愧不才諸君何以答涓埃人生縱道靈於物少似葵花向日開
二十日庚申初伏亮善上來午刻玄興澤金元濟日人實業教師山島唯輔一等教
師三宅織之並來周覽所內形便相與論蠶業及山葡萄種法等說而余是初聞其
詳未可的也二十五日徵稅署長以余名出官報此是初有之官名職掌裏許未由
詳知仍採問於度支衙門則謂以關稅司長與徵稅署長即各邑上納錢捧納之職
而關稅司在觀察使府董督管下各郡上納徵稅署五六七郡設置一署董督各項
公稅之官也與守令同品而今是嶺南尙州聞慶咸昌善山開寧星州專管收刷而
兼撲守令贓否民間苦樂之掌務即前日督刷御史之職也今番八路設置四十餘

署而別擇可堪人故今亦與其中也余日際今更張之初用人何等難愼而如我無能
且老者其式出於 廟堂公議耶抑亦有誰薦之耶答云此出於閣議且以如今幹局
何事不濟而有此言耶四十餘人苟皆如今則稅務淸帳吾必指日而待矣乃苦辭而
還翌日詣 闕奏曰昨下徵稅署長之 命惶感無極而第伏念才鹵務劇必至僨誤
不勝任之境況湖南事多係情勢尙未就 恳諒而此職荐降私分惶蹙罔知攸措
勅曰此非自求而至者何嫌之有退待下回可也仍 勅下貫革一部輸用本府試射也又
勅命曰湖南事出末始無期限徵稅署長方今急務也待規則才成卽爲赴任擧行
似穩當矣乃固辭退出述懷

理無躁進又人貴自知明處世若臨履常懷戒滿盈求伸思蠖屈逐臭愧蠅營肝
以曾經歷無干衆怨嬰掌賑多非到遷官寵若驚自從賦歸後身後不離榮兵殿
叨三接僉詢側九卿田園就蕪沒怵惕不能忖田思空費廩無路答昇平賓鴻隨齊
潦頭鳳速譏評年紀況遲暮桑榆日以傾頻頻添疾祟冉冉減神精云何自天隕
好爵又來迎僬僥難自强樗散詎能成恨無回天手徒勞披腹呈忽忽坐無寐嗟
喔晨鷄鳴

○1895년 6월

六月一日庚午中樞府秘書郞德泳先第來訪賚傳與載撮要序文卽其祖父容喜
氏所撰也不狐文字之托已極多荷而至今覓抱專致尤切感服二日大暑兌善下送仙箐
三日詣 闕則適時設 御宴于泰寧殿召接意大利國王侄觀光後退出七日 勅

○호열자 만연 賜藥

命別省從金衛三減下李侯錫嚴興奎臺下八日趙龍鎬遣內銀十一日承 旨詣 闕
勅曰近日怪疾大熾麝香蘇合元蘇廣丸濟衆丹各四十九麝香二戔重 賜送分
給於所染痛者救活仍退出仍念怪疾近自義州始之未幾遍于京鄉死者無算自御
生司 內下錢幾十萬元措備藥物又自內部派員眼同洋醫派送八路救活染痛
者此病稱是虎烈剌染者片刻卽死京中現今大熾際此特蒙 勅賜藥物 天恩
曠絶感吟一則
病名元有四百四今歲初聞虎烈剌巫祝無靈藥不除一網西域炎炎熾
指絡黃金除藥料坐令二豎夜逃遁博施惟均率土濱工桑耶內荷偏吻
我願 吾王壽萬春驅魔普度濟斯民太平花發無風雨南極家家見老人
十四日癸未自六日至今日曉雨連仍不濟怪症因陰陽屯盛平明始見太陽病亦
從此退縮歟甚爽然也午刻從妹氏申室以八旬老人下世聞訃悼痛近日之病傳染
之致雖切至間了無相通且方在 輦轂下出入之列尤所謹愼故未得往見一哭人情
理尤極蔑如奈何此妹氏素性仁善及歸申氏甚得婦道而不幸無子女中年又失
所天家勢頗可堪過而以修善報應爲念凡於入家疾苦事苟可相通之處則必身
親往助期在就緖此其積累劃一之規也年今上壽而乘化眞使釋氏之言無誣則
其必往遊極樂矣以其族侄某鼻爲嗣人極勤確能世其家此可慰亡妹於地下耶
悲夫余以九從男妹序居第五而今皆作故惟余孑然獨存人生一世眞可謂電光消

息也追錄其生年卒歲如左伯從兄司果公乙酉生辛酉四月初五日卒次從妹金室丁酉生己卯正月初五日卒次妹安室壬寅生己卯三月二十日卒次弟聖中戊戌生辛巳三月二十九日卒長妹氏金室丁亥生辛巳八月初九日卒從仲兄沅山公辛卯生壬辰十二月初七日卒從弟綸山乙未生甲午十二月初五日卒從姊氏申室癸未生乙未六月十四日卒嗚呼其盡之矣撫念往昔曾未幾何而存歿之感殆若滄桑雖欲無一詩抒情得乎爰述短引以寓後死之懷也

嗟予姊之賢淑兮辯貞蘭而爲姿幼時習於女則兮適人稱夫婦儀天難諶於福善兮何命道之多崎既文令之莫耦兮又莊姜之無兒持門户而自力兮謂嗣著之足支固無待於外也兮亦何苦而求之然其志也足淚兮聞佛氏之慈悲積現在之修行兮衍來世之報施凡民有而往救兮殫我勞而無辭令淹忽其乘化兮指西天而爲期門開閉而不壞兮路康莊而靡斁顧慧明之永屬兮令白首余齎咨允人理之匍匐兮奈天行之乖離念班行之九從兮鞏獨存此一枝宮懷舊於魯靈兮石無徵於仇池認不悲之無幾兮又何必慼慼乎自貽

十八日丁亥立秋是時所謂癘烈軻怪症處處大熾每日東西兩門出去屍殼不下千餘之多五部各洞各設 天祭獨紫霞洞別無大段近日以來漸次熾盛死亡之患家家相續一洞驚懼請以 天祭祈禱云故余特許之錢文葉五十兩香燭禮幣等並題給以李明善卞基弘爲獻官不日設行事飭喻一洞大悅各自助祭都合錢

為三千餘兩矣至第三日設行　天祭設所于通衢路上是夕粢粧具備余撰祭文
穹窿廣博配坤同德林總育鞠莫非甫極秀氣凝五生民立三悬斯惘斯理應
殊凡遜古芸芸若孩無留祥和恭階仁壽春臺二五相錯堙或不減厥名曰沴
中人夭折軒岐袖手彭殤齊指舊或有聞莫令時似肆行帝烈愈往鴟張云云
相續盡劉如將疾痛必籲厥惟常情可哀非民大德日生驅邪伏魔惟帝之神
尊和迎祥惟帝之仁于于皞皞斷斷衷衷亦敢薦菲具庶賜歆格

○1895년 7월

七月四日壬寅處暑尹秘書郎德洙以遊覓往日本敍別贈詩
東指東萊地盡邊蒼茫碧海遠連天帆檣掛去扶桑日島嶼浮來對馬酋男子
桑蓬齋志後文章書劍學遊年君還預卜搜奇勝添載吾家撮要篇
十日戊申經香韓太史章錫氏以昨年七月十四日卒逝世誼之舊契分之厚而違汨
事故令全小期屬至而未得一哭於几筵每惟孤負不禁瞿然是日始得甫岡往哭大
聲長慟山樑莫追嗚乎孰知余懷之悲也惟公學問宏淹行操清高早有山斗之望而歷
敭至玉堂朝野方擬而爲重矣　邦國不幸奄棄後學凡今之人孰不咨嗟而顧余
偏被謬眷或以書誨或以面喻諳世好而翊才諄諄若通家子弟余亦自以爲得依
歸之所令焉奄隔千古謦咳莫承嗚乎孰知余懷之悲也雖乾
名家上黨世生貿冠冕　清朝五百年賭彼大同城下水其來滾滾有源泉天意
如將大有爲公來時適應昌期恭山北斗於人見萬口一辭令退之夙歲蜚英是

倘來文垣圻輔仰風裁柰遭朝野艱虞日麟凰接踵自田江湖自是廟堂憂虞
却丹心白盡頭邦運如何天不憖一朝麟馬卧山邱龍門御李幾回過容接無如
我最多自道依歸欣有所春風傾仰一團和南州路阻六年令每奉音書慰慰悒
尚意在前長百歲陪遊杖屨樂園林約莫歸田不少先鶯閒館舍奄長揖山推襟
折吾安仰痛哭西風淚迸泉子鶴聯翩漸陸鴻古泉喬木又春風異時歸拜泉堂
以爲報青氈叢痛崇

○일본공사 三浦梧樓부임

十二日庚戌日本公使子爵三浦梧樓入來十六日月食二十三日金鎭海淵九遭內艱二十五
日 大君主陛下 聖節詣 闕問安二十七日斬梓京賊魁金元喬三十日日本公使井

○井上馨환국

上馨還國金鎭海夫人郎余岳母也以是日襄奉未得晉參詩以哭輓

少時哭外舅雖哭不知悲今當岳母喪不哭淚先垂
有故失臨壙惟以輓詩寄待來竟不來應責人子僞
夫人在世日七十年爲善吾聞有口者皆言餘慶緬

○1895년 8월

八月一日己巳往哭申姊氏几筵致奠祭文

嗚呼朔切之慘親戚之悲悲之常也今我之哭我姊氏常悲之外有足悲者存焉爲
無子婦持門戶世或有之此不足爲吾姊氏於憾加損而至於憫人窮而不暇自恤分人憂處
而不許己勞自崩城後至來化如一日其意蓋曰此生已矣來世庶乎念其志行之苦寧不
可以淚石入乎蓋聞因果之說曰種豆得豆種瓜得瓜使其言之不妄也則吾姊氏今日

不於黃陵廟必於兇舉官吾又何悲哉然倂氏宗無無者難見吾人宗有有者易見
吾吾人也姑舉有而易見者言之姉氏之賢固足以有享行善之積亦足以有慶吾知
姉氏不食之報必將大發於嗣後熾而昌昌而熾有能克闡先烈輝映於女史者
出矣不其賢於無而難見之樂乎嗚乎我從班男妹九人舉已先我而隕今又姉氏
違背而存者惟一我而已後之從班哭我者無其人是則姉氏亦將悲我之不暇矣嗚
呼悲夫

五日癸酉秋分致奠于 岳母几筵祭文

金鎮海潤九甫大夫人淑夫人車氏以歲乙未七月二十日窆奉於高陽 山負 之
原女壻通政大夫前固城都護府使首陽吳宖默適有甚拘未得往參越五日八月癸
酉始具菲薄之奠操咫尺之文再拜哭訣于 几筵之下曰嗚呼痛哉內而親父母外
而外舅姑天下之至愛也始余小子委禽于尊門惟舅惟姑不謂我無似眷寵我
至渥我晋候而每嬉其遲侍傍而惟恐或離眷戀難捨之意溢出於辭氣之表小子
自以為館甥之見愛於舅姑舉天下莫我若也小子薄相中道而舅氏見背自是以
還惟夫人兼舅氏所以愛我者愛之三十年如一日而今又棄我嗚乎痛哉浸落人世
愛我者又復有誰耶嗚乎痛哉若夫 夫人貞淑之德純美之行自有族戚間歆服而
能文者鋪叙之如小子者何敢贅耶惟以哭吾私而已嗚乎痛哉

十日戊寅一自黑周衣 勅下之後上自搢紳下至輿臺一齊變改行之五朔以其黑染

衣易致爛傷人皆不便怨咨四起蓋因染不得其方故也是日 特下衣服從便之 勅令

○巡檢과 兵丁間의 싸움

十三日風嘯臺化龍亭會射云故余與綴綢所諸射員往觀十五日夜巡檢及兵丁有相詰
鬨于愨政橋前路巡檢則自警務廳招去兵丁則自隊長率去鬨始止息然蓋巡檢
與兵丁俱有關係之自別而初以私嫌至於兵刃交搆之境紀律解弛可知也慼吟
　四郊多壘日同室又生鬪如犬不自戢燎垣詎能救

○兵丁 三百餘名 工桑所亂入

二十日戊子寒露時爽工桑所入直軍來告云方今兵丁三百餘名突入本所門內直
向廣城門官墻環圍云旋又李明善崔辰爕等來言兵丁之初入本所也問其所由則
非但不答以銃刃擬之勢若風雨以木梯踰入宮墻亦知其何故也余悚恐戰栗手脚罔
措卽命李明善等卽發詣 闕探來且往光化門外一切詳探事申飭際時砲聲自宮城
內連震如雷當場街路之上蒼黃騈闐號哭相續都無人色傍人勸余出避余曰一綱之
內去將安之且朝鋪在卽此亦食去者事也一動之後義當赴 王事致死而已卽
命主裨從餐凡來會者三十餘人皆願從余生死共之云於焉一辰刻得探來之奇則
秋成迎秋兩門堅鎖光化西夾一門半開僅通一人而宮墻則兵丁輩以木梯越城者
不知其數光化西夾則自 闕內內人及下屬輩顚倒號哭而出來哉云兵丁輩幾
百名突入 乾清宮直上大廳宮內大臣李畊植亂刃殺之棄置東庭而 三殿宮不
知避在何處云且連隊長洪啓薰率兵丁到光化門欲入 闕內則宮門把守兵丁輩
炮殺之是則目睹而各衙門擧皆空虛窮民號哭奔波無以形言云以此等訛違屬

○閔妃시해

揉来時巳巳初刻砲聲少止而歸哭則尚不止郎與諸人奔往　闕外則　闕內之出
来入連屬不絶在外人則無一人敢入而或有　坤殿不忍言之読然莫知端由亦不
近理窮欲為國效命而進退無由方在驚遑罔措之際偕来者皆云亦所亦皇扡
也莫若還守所掌之所特得事變根由後處之未晩也余然而即還午刻自　闕內
鹿園近處黑烟衝上来言者　坤殿火葬之烟云余以萬不近理責之或云此是萬
口攸同之言也令公何獨不信之甚也至申刻聞之則各國公使皆於午前詣　闕
旋出日人與兵丁午後并出去黑烟方始斷絶　闕門則一向牢鎖云云而因聞之

○廢王后　賜嬪號

説的信無疑此是書契以来初有之變也痛實何言哉二十二日廢　王后閔氏　勅令
二十三日廢妃閔氏　特賜嬪號並出官報伏念偏枝　愚造既蔑報荅適此極
變又未效死為令之義惟在奉身屛處無與於世事之為蹭而又無自外徑退之義則當
於日間陞辭後浩然決歸事斷然酌定于時　門禁至嚴無望詣進至二十八日始得
八癸小臣年老多病精神昏瞶　天恩隆摯報效無路乞遞所帯職名俾蒙田
里畢生之澤　勅曰際此國家多難圽非人臣請去之日退待鄕廬可也二十九日曉
發歷美音安中軍家見女息晩宿退溪院感吟

恩噫任重力疲慨然歎甚矣衰莫效微勞恐訣　明時葵藿傾心向琅玕負賤披
賜暇還鄕今日繞壁不寐誰知潯陽松菊聊同趣吳下蓴鱸且及期素志猶存勇退
好爵又辭自廉豈無犬馬戀但恨駑駘羸憂心慽慽行邁靡靡宜盡分敢言私

礪純報施感詩

○1895년 9월

九月一日戊戌華峴翼善家宿二日歷入新村趙尚書寓第略以京中近奇打話因相與揮淚又往嘉溪見金參判命圭秋圭兄弟因與語到時事午飯適至哽塞不能咽也戌正刻入仙洞第三日廩巖備廩洞兩局省拜後因留宿春兩室無寐賦詩

萬事青年秋八月深山婦孺吞聲哭日慘慘方風瑟瑟袖有春秋不敢讀
回身林惕出東門家在白雲山下村行道遲遲不能去幾臨退院已黃曛
新嘉猶是意中人相視無言淚滿巾借問路傍名利客尋常知否此傷神
離前釋菊澗邊松物自無知喜更逢歸去辭中怊悵句不應全似此時儂
為臣忠蔑孝何曾歸拜 先岡顏泚增晚圃黃花空有露誰人能寫晋之柔
歲月侵尋拱木秋舊時遊子空盈頭傷心志事都休歇且向遺書晚節修
點檢入情細入微滔滔多欠少天機始知山水吾師也如啞如聾無是非

十二日己酉韓鳳錫徐壽鵬自京下來見官報徵稅署長去九月處遞一搭雖即一搭尚在真是一幸而一悶也述懷書呈小雲

人皆得官喜我獨失官喜得官當時榮榮極反生悴失官雖無光虛裡生光榮
福兮禍所伏禍兮福所倚我家本清貧青氈安素履功名戒盈滿喫着無愿矣
不曾工於求青雲未遍耳被高都護府金多賑御史監董工業所一官已十稞自從

賦歸後庶幾身脫屣好爵又自縻官名徵稅是句檢繁夕節古之治粟吏僬僥筮萬
斤嫣鳶策千里較桂前致辭諸公不我揣天地荷生成僅得休暇以予時遭艱虞出門
無舟待芳廬夜不寐耿耿懷未已朝來得西信官報新聞紙豈料至微懇上格天
聽梘帖然覺身輕微署非復爾如鳥脫樊籠似木披葛藟一童雖餘在知應就
次弛舟昇吉利成所須惟樂餌吾將學逍遙觀物身齊一指

十三日庚戌金進士石甌寅吉自甲午秋同城別後遂相南北千里落落其間雖有三
書尺而阻葂覺積殆若無再會之因每風清月朗玄度之思不禁悁悁是日聞剝啄
之聲開戶視之宛然是枕海樓舊面倒屣相迎其喜可掬舊來好事今能否老去新
詩誰與傳因歌詩相酬

昔人送客歌白雲我以白雲賦送君淵明錯比無心物雲來雲去何悠悠我家
白雲山之下君居嶺上堪自欣白雲與嶺閒千里落落南北非同群憶昨臨民四
郡日思將澤物心如焚却似天公發會事龍方興兩風引雯卷舒陰晴不自有
淡影悠悠度夕昕惟以寂歛為功業渡湘八楚長隨勤南湖一日狂飈蹴與衣
狗爭紛紜歸再恨小不容載遂成就別參商分隔斷山川千萬重南來雷鼓何由
聞水盡南天恩不見春梅秋菊空芳芬豈無青袍一樽酒端居孤絕不成醺朝
來怪底衣庄潤天際輕陰翳薄曛冉冉堆成虛室白令我揩青纈眼紋雲方雲方
重綠叢為誰來此深山垠

十五日壬子偕石醒省墓後八眷兩室午炊賦詩
好開襟袍更怡顔應接風烟未暫閒九月人遊紅樹裏萬重山在白雲間許令
芝宇同參契自是蓬心不敢攀此地聞名知已久詩篇早插卷中還
二十日丁巳偕小雲石醒芝圃上春兩室是日墓祝黃老積適值 位田秋收以其農
隙備進午供鷄黍蔬菜風味真率也因賦詩
黃肥黃熟季秋時與客來遊趂午炊尾桅三區無整伍松盤四脚不勝欹自是大
羹元欵淡肯教珍錯便卒宜江鄉肉菜酸於橘腸胃如今一洗之
二十八日乙丑偕石醒芝圃及全學賢抵桃坪族丈聖眷節暫話轉向白雲寺至仙
遊潭即楊蓬萊舊遊處賦詩
蓬萊仙子此遊潭二百年傳古老談禽飛谷口疑鸞鶴樹揷叢間半檜杉斷送
默窗銷了九修成道骨洗經三摩挲石面尋遺刻落日苔花悵不堪
轉入白雲寺直上滑溪瀑賦詩
一水琮琤瀉向西粼粼白石淨玻瓈行逢平落垂千尺激作轟鳴響萬溪當日
得名緣寺近至今仍舊與山齊濯纓濯足俱無敢自異滄浪清濁分
夜宿東湖上人禪房齋飯甚淨潔寺在白雲最奥之處即羅代古刹而我 世祖大
王願堂所在 賜牌爲五十結誠東峽之勝區也舊有三十九菴子今只有內院一
菴亦漸凋獘堂宇已墟者多而法堂新建丹雘鮮明居僧僅十餘東湖爲住持之最

○1895년 10월

口占

尋眞笻筏賞登臨繞到禪房日已沉秪樹迎人黃葉晩曇花滿地白雲深口唉齋

飯衆玄悟足躡仙區償素心住持惟有東湖在爲說僧殘百弊今

十月一日戊辰白繼福自京下來見李明善書則工參所監董去月二十七日蒙遞

松亭 賜第并以金學淵代差矣 聖眷天大曲遂微懇令爲擔負盡脫優遊畎畝

飮咏自適終始生成之 澤莫匪罔極爰述康衢謠一則粗效揩祝之忱云爾

我生康衢四千載地又海東東復東所遇非乏今堯舜才化夔龍不在躬尚有咚

咚致君志原初誤了維桑與蓬漸覺名韁似縻束縛暫遊劇地如鳥樊籠擧目全

無寬綽界忽忽不樂頭童童 賜暇還鄕近何幸猶魚欲忘江河洪就次西來消

息好工參統署盡脫空身輕如蛻是誰賜宛逢甲辰春和風不識不知烟月裏而

耕而鑿畎畝中賞花瑞日暄生背不是謠童便歌翁乃知康衢不在遠只在自家

樂融融亂曰微臣欲效華封祝 吾王壽富如堯同

六日癸酉小雪 先考 旌門懸板塡紅年久渝色是日取色復懸孺慕之懷一倍

如新感賦

天褒隆重耀門楣永慕羹墻寓在玆不肖敢言能繼述惟將物色更新之

十二日己卯未刻見藕堂趣尙書專書日前大行 王后復位而國卹頒布以今十

五日云未知其的然而明早上京事也適嘉溪金參判書至其辭意亦同漠然無聞

○國喪頒布 廢廛市

中得此真音惟天孔昭之理不可誣也余亦以明日赴京事而定裁而答以送十三日早發中路聞之則嘉漢新村俱已曉發云鞍關至葦峴日已申刻足繭脚疼儘覺老人從步不似少日也因留宿翌早登途抵兒漢院十五日巳刻入承洞第則果如所聞而姑未頒布矣至申刻在座幾人來問相語之際趙龍鎬來言過見鍾路則以國喪頒布閉百各廛市民等亦皆舉哀云余與在座諸人奔往迎秋門外望哭盖因無實職則不得入 闕故也初至見欲哭者無過若甭人及被傍人止哭而後顧見則朝士及民人等會者填塞滿街而日已昏矣至二十三日成服後詣迎秋門外欲哭班二十六日李明善來言今朝自 闕内有 招待之 勅詣 闕矣 勅曰奚某方在鄉第乎上京乎對以在鄉聞頒布之奇十日朝入城當日舉哀方留承洞近處矣 勅曰何不留松亭也對以新監董金學淵已家 勅旨移處矣 勅曰松亭即奚某賜第而金學淵之擅入萬萬無據即爲逐出措處奚某使之入處也職名則依願許遞賜第何可遽棄即速舉行余感淚交至嗚咽不能言良久謂明善曰草芥之微蒙被 軫念若是迥絶涓埃之報將何以自效也依 勅旨傳諭舉行之意入稟也日晡時李明善旋來曰依教入 稟則勅曰來一日入内哭班後待令事分付

感吟一詩

銜恤 國門外遑遑靡所留塗雲手莫攀梧淚血空灑漠漠天九重斷斷臣一介

今日參内班感激衆稽拜

○1895년 11월

十一月一日丁酉詣 殯殿叅班後待令事入 稟則 勅曰方接公使初七日更爲待令仍退出七日卽冬至日也叅哭班後待令事入 稟則 勅曰入侍卽爲進前則 勅曰汝之前後所處多嘉尙也松亭第間已入處耶對曰謹依 勅命擧行而全家盡在鄕第廣濶之第莫可守護乞寢 成命以安微分屢辭不獲不得已日間下鄕之意入 稟退出

○斷髮(剃髮)

十五日自五六日前剃髮之說浪藉至是日自 大內先爲剃髮上自大臣下至民庶盡爲剃髮云而都下物情洶湧危懼若將莫保朝夕知舊諸人苦勸下鄕申刻登途至新店宿翌午至光陵川店見京來劉士建書則昨夜自 上至大臣各部大臣朝士及兵丁巡檢幷皆剃髮今日則黎庶亦皆剃髮云

○建陽年號·太陽曆사용

而國以獨立年號以建陽元年曆用太陽以今十七日爲一月一日云云且聞傳說則鄕人留京者奔波四逸至門必遭剃乃已商賈人入門者亦然由是之故各大門除兵丁巡檢外行路阻絶云云雖外邑街巷風色莫不凜凜十七日癸丑至華峴宿是日卽建陽元年一月一日也一村上下瞻盱爭集以訛傳訛撑竪等說塞耳難聞亦所無怪竊料時狀要未免一大繹騷其以何方略靖貼也憂歎憂歎

一毛不落全而去五百有年民畀平生曾受膚一本身理不差毫五倫明彬彬一轉文勝質滾到極地文不存冬裘難以夏葛責 廟謨更張究弊源苟利於民不愛髮至難先自至尊爲誰知近日深宮裏未裝神堯八彩眉城中高結一朝空疑懼與情鼎沸同潢池赤子無窮慮不獨伊川披髮翁

十八日甲寅陰八仙劉李河東鍾郁去月十五日來寓本洞卽連墻比隣也年今七
十三而經紀一庄于此者盖有年到今携挈渾家而來是日余暫往相見勞問新寓
凡百仍講世誼及中間彼此宦遊等事賦得

萬轉相逢只是前艷塵珂馬憶當年牛刀割試誰長短鳩構移安少後先海內弟
兄今此座世間名利已忘筌課農訓子無餘事樂在身閒不用仙

夜與石醒語到時狀云念昔南州從遊以今較看猶是華胥世界今適千里來訪謂
得幾月間巖捿穩叙之便矣不幸遭此騷擾是必猢猻戲之兆也可歎可歎詩以
遣懷

浮生一快遇知音歲暮天寒話到深千里西來青眼在十年南國白頭吟佳期定
是難重得猜觀如何苦用侵想見故人歸計早嶺雲湖雪摠關心

十九日乙卯河東丈來坐與石醒談話適趣小雲丈至尋常酬酌輒近於時事是非
徒無味亦有樞機之戒余強排那等話拈出韻語以代之

道家玄默是吾師座有嘉賓頗共之今夕清談風月可故人高調海山知處世須
思緘口訣論詩看作飲醇卮樵凡漁弟成儔侶莫遣時憂倒上眉

二十二日戊午小寒偕石醒兩局　山所省墓後暫憩春雨室時景亦可觀賦詩而
還

衰年漸覺厭紛爭每到山廳境始佳松老尚堪擎雪盖楓殘鮮作背巖花道存遠

○剃髮令

宮省遊龐詩貴沉唫迫暝鵩追憶楊仙如復見白雲千載未曾遐

二十四日庚申剃髮傳令自邑出來老妻自日前有滯祟連試刀圭無效藥餌別無見存中老人將攝之節每多未盡如意甚悶與石醞排悶

海鷰雙飛海茫茫春風裊裊春日長築成危壘何太苦哺養羣雛不厭忙玄翎縞粹紫頷污不知那裏失年芳喃喃呴呴紛盈室一歲能事足誇張贊金堂上同棲息踈雨天邊共頡頏鳥飛兔走如相促昨夜西風天宇凉巫山耿耿流螢火楚浦蒲蒲度鴈翔芥泥老屋冷如水懸在搖搖風雨棵并坐交愁語更澁太似梁家老孟光咳鶴不望朝吸露病蟬無力夜迎霜本期社日同來去豈謂恩勤太中傷顧君老健如秋鶻有匹回翔繞在傍

二十六日壬戌偕石醞下往趙小雲第詩罷而還

興來笻屐磵途深偶似剡溪雪後尋滿座春風樽裏酒一張山水匣中琴連城璧重誰知價長笛樓高獨愛吟百遍相過不相厭巖扃非是是非林

二十八日甲子尹學士德洙自日本還國以書探余起居爲感其繾眷之意以詩謝之并小引

巖居一老傖百無肖似未知奚所有取而往於磵途窮陰既賜臨枉今於遠旆繞還荐重函存始也驚訝莫省所由終焉感篆無容名謝謹搆荒蕪之詞用表木瓜之報幸恕其拙而諒其衷則是又一賜耳

君家紫閣陰我住白雲下白雲與紫閣迢迢隔仙野忽何昨嘉平小舟山陰雪遂令三日座去猶香不絶天意玉汝成遠遊浮于海駕風追列子英應窮竪亥鯨濤幾萬里穩涉似郊坰豈惟神所勞實賴仗 王靈聞聲驚且喜早晩扣玄關自笑啁啾鷃尚此蓬蒿間誰知翰苑字回與老樵省款款情辭密諄諄禮意寬昔訪諒已荷今書感又何心恍無由報新詩謾自哦仰希丹山鳳現瑞青雲霄俯幸里仁美永矢德音昭

○1895년 12월

十二月一日丁卯偕石醒芝圃上春雨堂飮酒賦詩

平生三有不如歎寧少棋歌酒去難遣夜間愁消獨坐良辰佳會合同歡而今亂雪層層路又是饕風陣陣寒引榼嗅春春便到一盃還勝服金丹

四日庚午明日卽聖老小朞得意之病追未痊可家力從以艱絀向日自京下來時祭需爲之辦給而初意令番當臨筵洩哀又此未果老懷悁結若難支吾石醒詩以慰之故余和之

縱云先甲便同庚難弟難兄我弟兄初度桑蓬違擧慶兒時葱竹對成行來何少後歸何早病未臨觀葬未營一哭靈筵今又失欲無還有淚泉傾

亥刻邑吏朴有述又持剃髮公文而來石醒已自剃髮令下之後連請還家盖慮客中遭剃無寧歸家見剃云也余以在官及都下人外應無勒斷之理何必衝寒淡遠重我不瑕之慮耶以此固挽迨至于今矣及見朴吏持來公文石醒半生疑懼固要

發還余初甚非之更思之來事實有不可恃則石醒之期欲還家亦人情之固然也乃許之以明日發途事酌定然隆寒在迫途路脩夐中路巡檢之逢不逢又未可遙度戎歷之深夜不能成寐並圖及金雅學賢亦以叙別石醒次來集因出韻共賦

我歌為君行路難古來幾人長發歎王關迢迢三千里瞿塘嘈嘈十二灘又有一重天塹險不在於山不在水陳張陵律皆何人龍門叙俠非徒有朝為服心暮仇敵人情飜覆何可常吾年六旬經歷飽種種髮化交遊場營營遂臭蠅來集望望隨陽雁去忙前年賦歸白雲下門無剝啄山日長重陽獨酌盃中酒籬下菊花時正開誰知庭雀可羅日道之云遠君能來多君心事歲寒後不作滔滔兩截人一賓一主長相守自言留待還鄉春浮雲世故忽飜滯須恐前頭路阻絶知君操履本如此薄言告歸歸思劫長蛇在後豺虎前蛮嶺關山氷塞川屈指行程歲云暮孤舟歇泊在那邊我願君行須早宿我願君行且加餐行路難重可歎

五日辛未勝平日氣猝寒石醒期於啓行挽之不得出餞之際石醒為辭李河東暫入其所居之室李丈呼僮賒酒奠勸數杯因相叙別期以好風之日更要相見而瞻望行塵不禁悽愴江淹所云黯黯銷魂惟別而已儘非虛語也永侄克兒晦孫於石醒俱有數朔同研之誼是日并送至華峴六日大寒明日即玩山從兄終祥也初終時在官未見小朞時雖云賦歸而以身病未參今又妻病貽惱中寒事猝劇又失臨哭老人事之不可期如此可勝嗟咄我搆數行文答克兒致奠

歲乙未十二月七日卽我仲從兄阮山公終祥也前一夕壬申從弟弘默坐在一舍之地怕寒杜蟄謹遣三兒克善操文哭訣于 靈筵之下曰嗚乎痛哉始我聞兄之喪謦欬在耳典刑在目髣髴聆聲如將復遇及至臨筵謦欬典刑莫聞莫承而尚有象設之在今將撤矣則弟其安憑而安仰嗚乎痛哉兄乎兄乎兄之在世弟疑嘗稽自兄之卒弟有一惑令請仰質兄果諄諄曉解如平日無異乎嗚乎天之降兄可謂若將有爲矣德足以固世仁足以澤民學足以貫穿千古文足以賁飾皇猷而散秩三品非窮非達六旬加一非夭非壽以兄所存乎身較兄所遇於世何其舛歟此吾爲吾兄痛惜而繼之以滋甚之惑兄何不一言剖玄釋我氷炭也嗚乎兄其終不言耶則弟反自解曰吾兄之不言非惟不能言厥亦不欲言也淵明有言曰聊乘化而歸盡樂夫天命復奚疑吾兄之意蓋亦如是也已吾復何惑哉嗚乎吾兄不食之報翼善在而瑜珥齊崇又從以盈室天之報施積慶其在斯其在斯歟嗚乎念我九從男妹年不甚上下志不甚弦帟自在繞膝至于成立幷育於撫愛之下不知有形軀之別而一覘人世霜凄水落惟兄惟弟未見加多而惟見益少十許年來次第淪沕所恃相依惟兄與聖老往年兄旣棄我前歲聖老又不淑嗚乎其盡之矣而豈意不材之木歸然獨存抱此後死之痛也耶嗚乎兄乎弟亦老矣古人亦云悲無幾而不悲無窮期者是亦今日幽明間慰解歟嗚乎痛哉

七日癸酉三兒過祀後還来言石醒丈經宿於華峴而翌日寒酷之故固挽以寒事稍解後登程之意則謂以上弦之矢必發乃已期於上程云矣九日李相基朱元圭自京来皆頭畏彈項外接則如常其實剝也其言曰削令之初下也幾日間都下商路永絶物情凜然近日則削者擧己見削令甲亦稍寛故商路復通人心少安云十三日卽李河東晬日也盡邀一洞余亦與焉賦賀詩

異時身姓有青蓮　不是謫仙平地仙
薄試牛刀南郡裏　歸来鶴髮白雲邊
幾回花甲添遐筭　每遇弧辰設喜筵
我里居人三十戶　四隣同座最高年

二十一日丁亥立春省拜兩局　山所儲廪洞逕路本久逶迤兼以冬深時每患氷涯艱危擬欲改路適奇於墓奴三名持斧鍤上来事傳喻矣　適拜仙洞樵軍聞而来集者三十餘人并力就稍平處修治瞬息間便成坦易之路甚快事快事而人之不令而樂赴尤可感也適時老妻知洞丁效勞酒二盆送来真可謂琴瑟知音也因與洞丁對歠喜甚口號

神慳兩廪秘天機　滿地白雲人到稀
通来四萬八千載　樵夫纔通一線微
過眼尋常只仰詤　一龍真訣未窺詳
明堂不露非其主　今作吾親衣履藏
竪石栽楸粗殫誠　傾垈獨未就平夷
半生奔走紅塵路　志事蹉跎到老遲
吾為吾先坦道開　村丁倩手試治栽
從知我里祇風好　半是不招渠自来
崇朝役役闘叢林　霧露沾身汗彌襟
縱欲償勞無頑料　只增迷悶功於岑

提壺一島穿林飛喜若渊明見白衣来時曽不識諸婦何自持遺倉卒盃環坐松陰藉草茵翻成野酌亂無巡暴遣腰腹陽和動天是玄冬人是春追先過下两如心緩步帰来喜不禁我欲作詩為君賀百年琴瑟許知音

○義兵이 도처에서 蜂起

二十四日庚寅一自剃髮以後外郷民庶稱以義兵處處蜂起春川觀察使李根命先自剃髮勤斷官屬至及兵丁舊戾不肯曰寧見黜於兵丁剃髮不可為也見狀危怕從所願出送後警務官及主事諸人以為卒徒之遠越將令事從寒心方議有別般嚴處早已洩露於兵丁兵丁以為與其結果於人無寧自我先圖因相與奔往本邑朝官李昭應議事李據臂以明日倡義事知委於各面砲軍語泄滔滔觀察使以下一齊奔避

○李昭應義兵招集

翌朝李昭應招集民庶及砲軍入據府中一邊發文於境内及傍郡以為同聲并力之舉稱以軍需上自千石下至一石錢則上自幾千両下至十両勤加輸納如或以啼放砲衛火不有餘地卿宰之寓居府内叢家酷被據奪砥平之南宮鉉永平之金善用春川之朴玄成抱川之李寬淳輩即其狀頭而李昭應為都統魁首各邑来聚者萬餘名所過殘滅已自十月晦間至于今愈往愈熾景色危怖不可但以亂離論也近又越来永平之説日漸狼藉余所居之地距春川不遠餘波之及豈其勢也方憂慮度日是日巳刻春川私通来到本里稱云召募官金善用李寬淳以召募次擬向永平邑矣在馬二匹来待于白雲寺中大處所而此令紙次次飛傳勿滞事也面内各人莫不懐懼在馬依令貰送至初昏後金善用来到場巖里寧砲軍五名直

○削髮者逃散

向驚谷餘外各人皆向邑中云盖金善用本郡驚谷人也李寬淳抱川人也俱士族
而金善用以謹飭素著一鄉且家勢頗饒余亦習知其爲人今於世居之鄉似無奪
掠作弊之端也翌朝見邑來金善用今紙則無論一鄉大小戶各持四日糧見今即
刻來待于邑中而如有闕漏之戶徵贖三百兩事也物議非不知萬萬不當而懲前
慮後勢沒奈何依所令齊赴邑下六日次次得聞則一邑擧皆來赴而或有闕戶則
一一執闕村氓之略知砲放者必置砲軍之伍本郡素無饒戶而自其稍康者排斂
錢穀下至一石十兩其得免者無幾獨余不入於其中此必全鄉僉論公共之護豈
一二人阿私所能使然哉亦一異事也且崔德釈崔龍九尹和叔李學者皆本郡人而
或以參謀官運糧官召募官稱號就其中金善用本爲春川大陣召募永平次來到
及至永平見其一令超赴輒生角立之心於是衆推善用爲大將屯于邑下削髮者
指爲開化中人而殺無赦由是之故上自本倅下至官屬已剃者盡爲逃散金善用

○金善用義兵의 軍資모집

遂專據邑中自專刑政云又聞一郡各面各洞或飯米粘米粟米泡太赤豆等或二
十斗三十斗分定松板一百立草鞋六七十部火繩四五十把式分排限三日內收
納次李寬淳則以召募次抱川楊州地率砲出去又派送漣川鐵原金化金城等地
召募云金善用已自年前置妾于春川谷雲與之同居及春川兵起李昭應聞善用
家饒責錢五百兩善用憚其出錢請往永平召募砲軍以代出錢之贖昭應許之乃
知善用向日永平召募之行其實出於惜錢也況又角成一隊專擅百爲至於波濫

一郡毒流平民然則向所云謹飭果安在而知人未易益覺確論也此可爲鑑戒之
一端故并及之老卧田廬遭時孔艱繞壁長吁詩以抒悶

我生之初逢吉康我生之後罹百殃我有長歌歌有思其歌也嘯思自傷憶昔周
漢中衰日天以宣光啓再昌甲子元年新日月檀箕古國大封疆朝野清平民物
洽熙熙皥皥復洋洋綺陌紅塵珂馬鬧青樓曲坊珠翠粧花開月圓屬全盛是時
我方中身強高可以攀馮鄧列下猶不失仲山陽是盖時乎然後事至今髮短心
猶長誰知一夜藍風起吹倒崑崙迴日岡四海六洲咸啓齒萬里一瞬通梯航遂
令亞細車書國制度章程變舊常我東真是彈丸小與時偕低與時昂譬如天行
全大運造化不能無更張一朝城中高髻落四方競次殊冠裳駭機處處傳市虎
觧驗赤子池之潢東合羣烏西赴蟻朝發徵兵暮索粮官軍其奈寡敵衆聚散無
常續死亡閭里蕭條秦父老州城奔竄漢循良田頭欲問耕駕地何處人間乾淨
場美人娟娟隔秋水北風其凉雨雪雱寸膠不止黃河濁一木何支大厦僵我家
今在白雲下餘波尚恐黃塵揚伊川非是歎披髮恨未桃源學深藏㝎心炯炯坐
無寐屋角三更河漢蒼

二十七日癸巳即余再回甲日也昨年是日在此鄉第三子內外及永侄內外金安
兩女俱來而金則夫妻并至安室則率其子女而來惟時兩孫亦內外咸在翼兒并
其三男而兩曾孫在抱咸侄金判官壽伯適居場巖內外率子俱至餘外鄉黨隣里來

賀者不知其的数假量爲四五百人宰牛打餅釀酒造麪内外賓自早至晩来輒接待内賓盈室填堂至庭宇彌滿無餘地盖因要観獻壽儀節故也至午刻余着深衣幅巾老妻服唐衣花冠并坐于廳上獻壽床則以鄕曲之致如于造備者猶爲張大諸子侄孫次第稱觴内賓観翫者四圍促匝熏烝之氣冬変爲夏汗流如漿余微聞衆中嘖嘖稱歎以爲似此全福盛事莫之覩聞且曰諺云壽福宴需持遺幼孩亦受吉祥或至老婦人自言少賜仍念今日事自鄕眼觀之可謂圓滿而可使在京歸喜則族戚賓朋又足爲今日之多至於宴需等備雖戒勿豐亦豈止今日之供而已耶然且鄕居小眼健羨驚歎至於如彼盖以一串肉一壺酒之見卒遇東華文彩宜乎撓舌而駭矚也細料其當場文象余若不爲措處則必至奔競掠取終乃已仍命少輩出接外賓余與細君用白紙分裹宴物各一封式分派後出外堂誦其顚末一堂大噱盖亦昇平時氣像也至於今年則學兒所率擧在聞峽只時孫在此安室在媤家餘外則依舊来會雖不得如昨歲之供而擬以如于酒盃與知舊叙歡矣不幸時擾猝劇全鄕之人擧在邑中是日叅余座者自李河東以下老人数十餘外舍廊則年少六七十人及日晡一洞上下赴在邑中者直来問余故并以酒餅派饋有吟

世事差池日不同昨今還是古今中自吾點檢年来事肯許人稱過去風

去年今日甲重回盛事月圓花又開驚盡滿堂鄕社眼一時騰賀沸如雷

今歲今朝日則丁家人離散客零星盃盤草草風流拙相視無懽似獨醒

不是賓朋不我存先期太半赴雲屯也知露宿多飢渴共訖前年醉到昏

鷄羣鶴立日西暉巷竪爭傳氏卒歸先向我家如赴宿翻成賀客溢門扉

倒榼傾罍睆宴張還如一歲再重陽主翁眉際青山展勝似予朝趂滿堂

惡鈌喜圓是性天人誠非我詎知然挽回陰谷陽和動一拍詩歌快聳肩

二十八日甲午 翼兒與金潤燁各率妻子出去 偕永克兩兒及學覽往省兩局山所

是夜大雪 自八月以後 朝家多事 政令詔勅 多有可錄者 而鄕居之故 朝紙未能及時得見 令始追錄

○開國504년 政令(8월 20일號外)

開國五百四年八月二十日詔勅號外 大小政令은皆內閣大臣으로ᄒᆞ야곰議決ᄒᆞ야朕의裁可를仰請ᄒᆞ야行케ᄒᆞ믄新制의定ᄒᆞᆫ바어ᄂᆞᆯ近來宮內府와內閣의分別이確定치못ᄒᆞ야政令이宮內府로서發布ᄒᆞᆫ件이업지아니ᄒᆞ야시니此ᄂᆞᆫ宮內府의不審ᄒᆞᆷ을由ᄒᆞ미어니와其實은內閣臣僚가責도不無ᄒᆞ미니今으로붓터以後ᄂᆞᆫ朕의內閣과宮內府ᄂᆞᆫ官制의定ᄒᆞᆫ되로各其權域을恪守ᄒᆞ야凡百政令은皆先內閣大臣으로議決케ᄒᆞᆷ○宮大李耕稙軍大安駉壽學大李完用農大李範晉警務使李允用免本官任宮大李載冕協辦金宗漢特旨免懲戒趙義淵任軍大趙義淵命臨時署理警務使趙義淵命臨時署理學大法大徐光範命署理大臣事務協辦鄭秉夏

○8월 23일 號外

○內部告示 兵丁과巡檢의相爭ᄒᆞᆫ事實로兵罷還收ᄒᆞ고訓鍊隊解散ᄒᆞᄂᆞᆫ議가起ᄒᆞ미兵丁의心을激動ᄒᆞ야畢竟大內에奔詣ᄒᆞ기에至ᄒᆞ나卽地鎭靜ᄒᆞ야宮廷이晏然ᄒᆞ니內外人民은各其業에安ᄒᆞ미宜當ᄒᆞᆷ○八月二十二日號外詔勅 朕이臨御ᄒᆞᆫ지三十二年에治化가普洽지못ᄒᆞᄂᆞᆫ中에王后閔氏가其親黨을援引ᄒᆞ야朕의左右에布置ᄒᆞ고朕의聰明을壅蔽ᄒᆞ며人民을剝割ᄒᆞ며朕의政令을濁亂ᄒᆞ야官爵을鬻賣ᄒᆞ야貪虐이地方에遍ᄒᆞ미盜賊이四起ᄒᆞ야宗社가岌嶪히危殆ᄒᆞ니朕이其惡이極ᄒᆞᆷ을知ᄒᆞ되是를罰치못ᄒᆞ믄朕의不明이나亦其黨與를顧忌ᄒᆞ미러니朕이是를壓抑ᄒᆞ기爲ᄒᆞ야上年十二月에宗社에誓告ᄒᆞ야曰后嬪宗戚이國政에干涉ᄒᆞ믈許치아니ᄒᆞ다ᄒᆞ야閔氏의悔悟ᄒᆞ믈冀ᄒᆞ더니閔氏舊惡을悛치아니ᄒᆞ고其黨與反擧小輩를潛相引進ᄒᆞ야朕의動靜을察ᄒᆞ고國務大臣의引接을防遏ᄒᆞ며又朕의國兵을解散ᄒᆞᆫ다朕의旨를矯ᄒᆞ야亂을激起ᄒᆞ고事變이出ᄒᆞ미朕을離ᄒᆞ고其身을避ᄒᆞ야壬午의往事를蹈襲ᄒᆞ고訪求ᄒᆞ야도出現치아니ᄒᆞ니是ᄂᆞᆫ王后의爵德에稱치못ᄒᆞᆯ뿐더러其罪惡이貫盈ᄒᆞ

○8월 22일 號外

야可히先王宗廟를承치못할리식朕이得已치못ᄒᆞ야朕家故事를謹倣ᄒᆞ야王后閔氏를廢ᄒᆞ야庶人을삼노라○八月二十三日詔勅號外朕이王太子의誠孝外情理를傾念ᄒᆞ야廢庶人閔氏에게嬪號를特賜ᄒᆞ노라同日昨日處分ᄒᆞᆫ事由를맛당이上告할터이니太廟와太社와閔宮의告由ᄒᆞ各ᄂᆞᆫ節을卽爲擧行케ᄒᆞ라同日王太子臣上疏大槪敢陳危迫之衷冀蒙矜恤之恩事省疏具悉爾悲爾之情理朕豈不知之乎當有處分矣此批答遣秘書丞持傳以上號外○八月二十

○8월 24일 號外

四日詔勅號外人을登庸ᄒᆞ미黨派의異를嫌치勿ᄒᆞ고人을黜罰ᄒᆞ미好惡의私를循치勿ᄒᆞ야公平ᄒᆞᆫ大道로政治의方向을定ᄒᆞᆫ然後에維新ᄒᆞᄂᆞᆫ宏業이其成에克底ᄒᆞ리니邇來朕邦에事變이屢生ᄒᆞ기局面이換ᄒᆞᄂᆞᆫ되로黨派蔚起ᄒᆞ야其好惡로取舍를行ᄒᆞᄂᆞᆫ氣習이업지안이ᄒᆞᆫ즉是誠仇怨이相結ᄒᆞ고政令이漸亂ᄒᆞᄂᆞᆫ本이라嗚呼라黨派의紛起ᄒᆞᆷ은有國의福이안이며且其主見은各是ᄒᆞᄂᆞᆫ彼黨此派가皆朕臣民이니朕은一視ᄒᆞ야黨派의異同好惡로賞罰을行치안ᄒᆞ니할지라爾臣民도其各朕意를體ᄒᆞ야舊日의私怨偏嫌을相忘ᄒᆞ고國步와艱ᄒᆞᆷ을共念ᄒᆞ야改革ᄒᆞᄂᆞᆫ洪猷를協和翊贊ᄒᆞ야咸與維新ᄒᆞ고大道에偕底ᄒᆞ라

任內協義州觀察使俞吉濬八月二十日安駉壽李完用特旨免懲戒八月二十三日○八月二十五日詔勅號外內大朴定陽度支大沈相薰法協李在正依願免本官任度大魚允中命大臣署理內協俞吉濬命大臣署理度協李[illegible]煥以上八月二十四日○八月二十六日號外任特派大使命報聘英德俄意法與各國義和君堈任學大法大徐光範任法協張博命署理大臣法協張博以上八月二十五日○八月二十七日

○8월 27일 號外

布達號外坤儀가一日도虛ᄒᆞ미可치아니ᄒᆞ니揀擇ᄒᆞᄂᆞᆫ節次를擧行ᄒᆞ라二十日

○9월 1일 號外

六日奉勅李範晉李允用特旨免懲戒二十六日○九月初一日詔勅號外李埈鎔의遭罹罔測ᄒᆞᆷ을朕이이의洞悉無餘ᄒᆞᆫ지라此로亂黨中에置ᄒᆞ미可치아니ᄒᆞ니即蕩滌敍用ᄒᆞ고李泰容朴準陽은并其本官을復ᄒᆞ고其餘流配諸人도一体放釋ᄒᆞ라○九月八日號外本月七日에宮內府大臣이揀擇ᄒᆞᄂᆞᆫ節次를取稟ᄒᆞ야十五歲로二十歲에至ᄒᆞᄂᆞᆫ處女를捧單ᄒᆞ라ᄒᆞ시ᄂᆞᆫ聖旨를奉ᄒᆞᆷ○十月十日詔勅號外王后閔氏에其位號를復ᄒᆞ고本年八月二十二日詔勅을繳銷ᄒᆞ라王后復位ᄒᆞᆫ事由를太廟와永寧殿과太社와閔宮의上告ᄒᆞᄂᆞᆫ各節을不容少緩이니

○10월 13일 詔勅

不卜日擧行케ᄒᆞ라○十月十三日詔勅宿衛將卒이紀律을恪守ᄒᆞ야蒼黃ᄒᆞᆫ際에驚動치아니ᄒᆞ고亂黨을即時退散케ᄒᆞ니其忠其勇이甚히嘉尙ᄒᆞᆫ지라玆에勅語를宣ᄒᆞ고賞與金을下賜ᄒᆞ야朕의信愛ᄒᆞᄂᆞᆫ至意를表示ᄒᆞ노니爾等은더옥勉勵ᄒᆞ야朕의期望에副케ᄒᆞ라十月十二日○同日內部告示去晩에亂黨이犯闕ᄒᆞ미其意가叵測ᄒᆞ더니宗社에靈을幸賴ᄒᆞ야宿衛將卒의效忠으로即時鎭定ᄒᆞ야宮內가晏然ᄒᆞ니人民은驚動치勿ᄒᆞ고各其業을安ᄒᆞᆷ이可홈十月十

○10월 15일 號外

二日○十月十五日詔勅號外向者變亂의際에王后의所在를不知ᄒᆞ엿더니今

○10월 17일 號外

○10월 23일 號外

月이漸久하매當日에崩逝한證據가的確하니開國五百四年八月二十日卯時에王后의坤寧閣에서昇遐하시믈須布케하라殯殿을泰元殿으로爲之하라百官哭班處所를景福門外爲之○十月十七日詔勅號外魂殿은以文慶殿으로爲之하라○十月二十三日號外十月二十二日大行王后諡號殿號陵號를左갓치定奪喜大行王后諡號純敬殿號德成陵號肅陵二十九日近日轉聞聞慶亦有時擾遠處回耐而宜若際茲渠雖病未自來專伻則不可無者而迨此寂然慮菀無笑渠老慈氏尤以爲懷余以寬辭慰解仍拈韻自遣又守歲詩一則

白雲山上白雲浮白雲山下水長流雲浮有分亦有合水流還見溯回舟吾見今歲下嶺南自春徂夏屆冬三山川悠遠羊腸險消息難憑雁字緘臘月正當三十日白頭翹望倚閭頻想應餞迓思親地病不以身猶以人行程歷歷計川原天際玄花纈眼繁蕪聲犬吠渾無賴所思不來山日昏老牛舐犢鳳將雛世亂離憂斗覺孤在父猶然慈母況毋毋白髮惱還盼愁顏無計對相開強把椎辭慰一邸昨夜令朝占夢好如心喜事歲新來

跳丸兩曜信忽忽轉眄今宵歲又終爆竹驚魔傳古俗打甕邀伴任羣童奚遑甲子雞鳴後燈下庚申鶴夢中萬事老來成暗禱新年家國運俱通

○1896년 正月

○高宗俄館으로의 파천

丙申正月一日丙申卽陽曆二月閏十三日微雪往省兩局 山所二日午刻得聞京奇則去月二十八日 大君主陛下移 御于俄羅斯公館 王太子殿下陪從 內殿移御于慶運宮 勅命警務廳收捕逆魁金宏集鄭秉夏使巡檢押至警務廳前大路上搏殺之追捕各部大臣俞吉濬趙羲淵等知機逃避云未知其裏許而 朝家事屢次

○義兵과 官軍의
梁文驛 接戰

騷亂誠 切憂悶且甲午六月二十一日己前之各郡所在吏逋與民未収已者公家
文牒者并蕩滅大赦一國獄囚各衙門大臣并新除云矣七日雨水趨水雲丈遺書
兼寄除夕詩正朝詩求和故并步本韻送之
老年守歲異前時怪有閑愁倒上眉世味漸知寒似水情根謾自弱於絲雪堂喜
白其然未石室吞丹不可爲頳卜新年多好事驪珠輝暎倚樓詩
月正元日日初躋太似先天起攝提萬國開東占玉鵲千門報曉聽金鷄不慈老
去頭華重惟願年豊酒價低已到入新今第七草堂和寄一詩題
八日癸卯雪砲軍四百名自邑入鵜谷金召用家宿翌日向鐵原去云酉刻聞慶倅
奴崔卬宗來見書學兒病状少差家渾并無故云慰幸而時騷則自安東數萬名作
鬧自大邱遣兵丁剿討散合無常尚咸聞宮醴益邑在在皆然且聞忠州等地亦然
極甚駭瞠以此之故道路不通歲下未得起伻令則新正比往少靖故專送倅奴云
乾大口五尾有所來廣乾柿九貼家摘者寄來派給家内與隣里二貼別置以備寒
食茶禮需九日軍部兵丁一百名剿討永平鄉徒次自京下来鄉徒聞而迎前遇於
梁文驛前路京兵放一回旋砲亂丸如雹下所謂鄉徒一時散落各自逃命良可快
笑也戲題一詩
逹陽元祀梁文驛中與諸將如熊虎潢池盜夫送不知所恃兒戲鷄距武雖千萬
人竟何能一朝肝腦腥塵土于嗟同室起戰爭何苦乃爾嬰天怒

十二日丁未聞慶來隷還送十七日月食近聞則春川觀察使曺寅承赴任下來時

○加平·鐵原等地에서 官軍과 砲軍相戰

為砲軍所害其間京軍屢度下來逐砲軍據住府內砲軍逃散如加平祖宗地則屢經兵鬧多傷人命燒民人家洽為五六百戶鐵原等地砲軍萬餘名屯在邑下方食時京軍二百名潛入放砲砲軍一時驚散此邑本多饒戶而砲軍所掠錢穀為四五萬金而積置邑中并為京軍所占自恃其萬餘名多黨者見逐於數百名誠極可笑也十八日金善用率砲軍五六名來住梅坪里更募砲軍云十九日薪堂尚書十六日自京來而有書略陳京槩殆若隔靴爬痒不禁紆菀即往見之尚書雖自京中下來而 大駕尚在俄館姑未 還御其所以然之實則未得其詳至於逆魁事及其搏殺之後都下民庶稱謂剃頭之作俑者其屍身分裂破碎便成糜粉云剃髮與衣服并從便為之事 勅下矣因辭向挐峴省基役往金主事家抵昏未巽兒家宿是夕一村上下知舊皆來見門戶頻開內熏外寒自致失攝因成感祟兩日之間又添咽喉不得不還第調理二十二日驚蟄還第歷入嘉溪暫見金台兄弟迫暮而還二十三日

○桃坪倡義所 檄文과 가담요청

擁衾委臥克兒自外舍廊來傳一札云自桃坪倡義所有人持此書率砲軍以義兵將奉邀次專來云拆見則即金善用書而大槩以為昨年八月之變今日剃髮之令此是前萬古所無之事而環東土禮樂文物一朝化為腥膻秉彝所在不忍坐受其辱茲以出萬死之計徵待其雪國恥清區宇之舉而智術短淺終未免一接旋敗遂乃收拾散亡期遂志事此正仁人智士同聲奮臂之秋也竊聞令執夙著忠貞兼抱

英略今而不售更待何時閤恙擧下僉同之論叅以鄙生〻雷灌之聞獲荷一出擬長萬夫伏願幡然賁臨亟竣大事之地云云覽畢不覺寒粟遍體克紀曰無寧以病未出見答喝來人而送之似好余曰不然余雖實病彼豈信乎不如面破之爲愈也因出外舍廊接見來人云是抱川居李善蒼即叅謀官爲名者也其言與書中之辭如印一板余曰俺本空踈無一能之人重以年老多病廢櫛委牖不省門外事久矣不自意今自貴所旣辱以書兼屈華旆窮廬光榮已極感艷而至於見屬之意令人瞠若實未知其何以也李曰然則俺們之擧非耶余曰是非尊所自知非吾淺淺所敢知然鄙與尊所處之地不同委質爲臣惟知奉 君命之爲義試看今日之事果是朝家之所禁耶所令耶李曰是固然矣而統論時事滚到板蕩有志之士抱冤之雄奮不顧身荷天之靈志遂事就功存社稷名垂竹帛寧非好男志願之所在耶余笑曰設如高論其如老無用何李曰獨不聞太公八旬而遇周文遂成不世之功乎今若爲時一起非望其追飛鳥縛逸鹿只得如張子房坐在帷幄運籌千里足矣且以諸葛武侯之賢當漢室傾覆之運感皇叔三顧之恩起而佐主終成伯業今令公年鋒高而尚少於孔明才已著而不下於張葛則何乃堅執使古人專美耶余聞而正色曰以尊舖叙觀之如非讀書不精似是義理蒙昧夫子孔子房武侯俱是創業之賢佐而今乃擬議於邀我義擧之本意所在吾未知其何如而其能獵渭遇留及三顧風雲中者今果桃坪在乎言不近似置之勿論而第以武侯事言之武侯抱管樂

莽負伊呂之望而熟揣炎運之莫可奈何發梁甫之歎倚大夢之枕志決於終老草
廬卒感劉關張枉顧之恩未免許以驅馳然當是時也曹操據有中國孫權雄盤江
東以區區依劉之勢無堂堂興漢之策乃能激怒仲謀収功於赤壁獲全荊益成伯
於蜀都苟使武侯易地於姜張則其功烈奚止於如彼而已哉今以老倫比擬無乃
急於速我自不知其言之無據耶吾恐以此辭命以此知見徐庶崔州平亦將嗔之
且有三不可一曰智不足二曰勇不足三曰財不足何也誤聽虛枉智不足可知一
接旋敗勇不足可知斂民等恐財不足可知以此三不足而欲望有成豈不遠哉然
而此猶聞談冷詰尊既率砲軍而來似不舌戰而止必當押去乃已非但愚見之不
願往所苦病情亦沒奈何捽之曳之惟尊所欲也俺則見到桃坪之日置之階下則
階下是死地置之房中則房中是死地惟以一死字札在心上則世間豈有可畏可
難之事乎因顧謂克兒恤孫曰今我去向必死之地汝曹不容不隨來収屍而不可
叔侄俱來者其一當往京師以我今日所言之言與其然捉就死之端一一暴白各
部以明乃節齋讐即幽之顛末也李起拜請退曰年少昧識妄揣處事至承鴟責不
勝悔怍況七旬萬老方在將攝渠所目擊則謹當將此訓誨與事狀歸陳都所不復
有如前債撓功願下心焉余曰尊諾如是當觀下回而答書病昏只修謝儀若其詳
悉則惟在於尊口歸陳之如何因呼酒叙別而送之兼付回書
病伏涔寂之中忽承大函就審惟寒尚峭僉體萬相慰喜之摯而憂時念功奮不

顧身鴻毛九鼎輕重自見灎澦瞿塘險阻不計此可見屢洽仁恩世襲詩禮所以秉執者確而講磨者熟當主辱臣死之日倡雪恥拯溺之擧豈不偉矣乎哉然而從何謬聞輒屈禮意至以無一似之物責以不敢當之名吾恐以此尤濟終必無諳窮爲僉座不取也第念見屬之意旣如是鄭重則請以一得之見仰塞厚望可乎大抵今日我東之事誠如來諭其在不討不書葬之義捐軀向前夫孰曰不可矛但恨其未早耳試思之今去昨歲之八月凡幾旬朔也奈之何變出窮歲袖手結舌必至於剃髮之日而始出孚覺闕哉此已理屈之論也若单擧剃髮指爲倡義之欛柄則此是令下之初容有之事至於令寢及宣諭三下而尚有者義一字着不得然則僉座今日之擧果何名也爲今之計惟在幡然改圖各歸安業外以弭隣國之侮內以息黎元之擾是亦非義中一義也惟僉座諒處如鄙人執見旣如是老病又如是雖使强加驅迫曳至僉前爲僉座所劃之謀只此而止又何必屑屑爲哉餘在李雅口陳統希鑑悉不莊

○桃坪義兵　軍備

仍招隣居數人使之潜潜地隨後伺其動靜翌朝來言彼中衆論以爲吳令之年老且病姑勿更請云云少頃又自桃坪來唱調病安心乃知處事當於理而已則柔能制剛强可使屈也二十五日有自桃坪來云其間砲軍來聚爲五六百名錢穀布木之收斂積置足支一年不意今曉并移屯廣德峴錢穀則發洞丁及負商運去而餘穀尚多蓋負商之添付亦數百人故也一洞莫知其故及來場巖聞之則京兵三百

名自鐵原來轉向桃坪事安撫夜深後上去彼盖聞此也是日金卜用自聞慶上來見書大節一安慰甚然而砲軍自安東迄亘尙吾之間居民見敗者不可指屈而今十三日聞慶砲軍搏殺安東觀察使金奭中於龍巖場基矣奭中子奔訴本邑兵站則日人三十餘人卽來撕殺砲軍數千名敗走至兎遷屯住日人則大燒龍巖場民家四十餘戶斥物不遺沒入灰燼燦矣如斯之際其近爻象在在奔波而惟池洞一區以初不撓動之致獨得晏然無事云喜聒作詩

○日軍 民家40여 戶燒毁

自從編氓化爲軍驕然日聞呼不聞腥鋩鉅鹿雷霆鬪猛大崑岡玉石焚凶徒循可奈無辜萬落哭聲干天雲父在洞陰兒在嶺此時吾家兩地分南北道道涯與爾苦愍虛驚度夕昕忽者專价帶書至千里行穿虎豹群怭手開緘快一讀寒暄二字何足云龍巖距家未一舍飛灰雪亂血朱殷在在閭井桑田改根株互連探上君一區池臺乾淨土眞是武陵花水濱從知非是別天地只緣初不干囂氛君不見商山高出楚漢外綺里黃公忘世紛又不見東邊日出西邊雨界劃憂喜與歡欣乃翁從此須高枕何用念汝勞辛勤

二十七日壬戌鷄初鳴一洞忽地惹驚探問則昨夜京軍以屠戮鷲谷桃坪次來宿山內支店自鷲谷聞此奇一洞男女夜半驚散以驚傳驚隣洞次第奔潰者多至本洞本洞亦欲奔避余聞而曉諭曰此是風聲鶴唳本洞初無關涉豈有俱焚之理晏然無動則設有京兵入來吾有曉解無事之道勿慮也或曰本洞砲手三名勒入其

○京軍의 金善用 家族火

中不可謂無涉以所聞觀之傍近各洞尚一叅入絶無得免云本洞安保其無事乎余笑曰他皆無我故也一洞始乃稍稍就靖日出時望見南邊十里許黑烟衝上可量爲鸞谷爲之驚慮少頃得聞則京兵五十餘名入鸞谷惟金善用屋子燒火家産什物前日分置者并皆搜出投火云飯後仍上春雨室從岡望之則鸞谷居民十餘名入來追上云昨夜鸞谷居人聞京兵將至一洞男女奔波四散翌朝京兵果至洞人之避匿者自恃無罪來至本洞竟爲京兵結縛究問金善用所居屋及産物燒之其外則秋毫無犯少頃金善用四寸備酒肴接待京兵而俺則爲觀動靜審其安靖之地無如此處故特來也余仍上省 墓抵晩回家聞之則辰刻京兵八十餘名直向桃坪則自京來寓郭主事允龍出邀京兵多有舊面郭主事備陳其役徒之容接於本洞出於抑勒之狀隊將曰匪徒容接之洞例皆屠戮而果如君言則洞民儘無辜矣今特恕如復襲謬必至悔無及之境諒此惕念云賦一詩寄郭主事

當年俱是洛陽人移寓東州又近隣野翁空有冬天暖婺婦渾忘炎室貧聞道王
師過邨日翻教閭井出風塵若今此地微君在何異城門失火辰

○1월 22일 智島 郡守로 임명

二十八日癸亥 全學賢自京專來見吳叅書聖裕書則今月二十二日 智島郡守奏本判下二十七日須諸宮報此非但閣意攸同特出於 聖簡速爲上來事也匪意恩除惶感交摯而近幸脫却名韁偃息田廬自覺身分粗安不復有榮進之望令忽毋得見破不容不備陳情私於 天陛之下以爲圖免之計則聞卽遄亦義分所在

也以再明日發行爲定賦感 恩詩

捿息巖樊得所歸老年名利夢依依仲長不受當時責陶令深知昨日非國望峯前看鹿跡仙遊潭下有漁磯休官二歲無窮樂粟作盤飱葛作衣屛處非要尙忘高芭蕉病骨鬢霜毛身同匹鴈誰知少力似羸駒不服勞年過六旬精已耗官居三品分已叨田間事業惟歌詠興到時時起染毫使畓異穀出尋常百里新除郡海洋尹鐸豈眞才保障長孺非敢薄淮陽感恩惟有無從涙耆老重逢過臘光縦欲坐辭臣分在行將西去冀 鑑諒

二十九日甲子雨局 墓所省拜有吟

明發不寐懷二人青山拱木雨濡春烟雲盡入羡墻慕風月空留警欬神至恫無窮追遠地餘生有感遇榮辰西行復恐歸期晩誠薄其如格 紫宸

三十日乙丑偕學賢發行入嘉溪暫話轉向華峴宿昨過鵝谷等地砲軍輩尙多連絡於道路而砲軍與負商相尙以氣轉成角立之勢見方閧聒云故余使華峴洞人往喻砲軍及負商曰汝輩同室之鬪已足恥笑且況京兵方至而汝輩之無悼如此池魚之殃必及於本洞汝輩獨不聞鵝谷桃坪之事乎卽速解去也乃散去云題一詩示金司果德元

行鞭西指赤城霞路過華岡問子家鐘漏前遊如夢寐漁樵眞樂是生涯窮通有

數終何恨禍福無常轉覺嗟一曲滄浪應解聽風波努力更須加

○1896년 2월

二月一日丙寅免溪院店宿二日未刻歷入河橋崔正景元家暫憩旋往承洞趙
龍鎬家宿三日往磚西及聖裕家備言不得出仕之意以爲轉達各部期副微懇伻
安私分五日琴耒台監以書來曰入奏君之情狀 上不允仍 勅明日受勅傳諭事奉
承矣勢難卒地變通且千秋節隔在數日道理事狀不得不受 勅後更周旋云六日

○俄館事情

徹兩未刻止陰午刻詣俄館則門禁至嚴非票套莫敢誰何先往軍部依幕所使叅
尉崔鎭泰往復館中得入門票憑信入俄公使館詣閤中館之東南隅即各部摠理
大臣以下各官員幷在一廳內以屏風隔間分別又八仙床交椅等物羅着於所居
之各所無一席之隙見宮內府主事吳田豐引詣內府大臣朴正陽前跪坐受 勅旨
後起拜仍詣度支大臣尹容善外部大臣李完用軍部大臣李允用農商工部大臣
趙秉稷學部大臣李範晉拜見而宮內府大臣受由在外摠理大臣內部署理也因

○莞島·突山·智島 創郡과 군수임명

備陳辭免之意內部大臣曰今設三郡中莞島之李圭昇突山之趙東勳皆是曾經
兵使而今亦智島則其秩高擇差可知況夙績素著聲譽藉甚閭議詢同非我所能
變通又自聖聰簡拔豈敢生意乎況今此三郡之設特出於水陸一視之至意也大

○智島創郡의 배경

抵海中諸島付屬陸郡以陸管海節制有難且島民之往來陸郡亦多難便中陸郡
官屬每至海島稱以越海債作爲例捧覔視之討索之島民漸至難保之境故全州
羅州南原管內沿海各郡所屬諸島嶼調查結戶設置郡廳以島統島允合事情故

○莞島範圍

○突山範圍

○智島範圍 및 戶結數

開國五百四年七月十四日閣議決定派遣視察委員準査報来文導莞島則設郡於前加里鎭付屬靈巖康津海南長興四郡島嶼一百處及戶數六千一百二十七戶結摠一千四百八十一結二束突山則設郡於前防踏鎭付屬興陽樂安順天光陽四郡島嶼六十九處及戶數三千五百三十戶結摠九百四十五結六十二負四束智島則設郡於前智島鎭付屬羅州靈光扶安萬頃務安五郡島嶼一百十七處及戶數五千一百八十四戶結摠三千一百九結六十七負四束分開三箇區域使

法聖
一百五十里

官門三百里

松耳 戶十
官門一百五十里
戶二
戶一

戶十三
官門二百里
戶四
戶一

安馬 戶四十五
官門五百里

小老鹿 戶二

戶二
戶四
戶二

長島
水島

黑山 戶一百四十五
官門一千三百里
戶九
官門一千六百里
戶十五
官門一千八百里
下苔沃 戶二

牛耳 戶四十一
官門四百八十里
牛耳 戶五

可居 戶四十
官門二千七百里

戶二十
官門二百七十里

荷衣 戶二百八十二
官門二百九十里
戶七
戶二

戶三十
官門二百六十里
戶十五
官門二百八十里

戶五
官門二百七十里
內 戶三
每 戶十五
戶四
白也

都草 戶二百七十一
官門二百五十里
龍王山

戶五百七十一
官門二百七十里
戶二
戶三
戶二
戶一
戶二
戶一
戶二
戶二

戶二十六
官門二百七十里

安昌 戶一百五十一
官門一百九十里
戶四

長山 戶一百四十八
官門二百里
戶五

箕佐 戶二百二十四
官門一百八十里
戶一

務安邑
二百里
右水營
二百八十里
一百七十里

○郡等級 및 官員

之管轄等級則以五等郡定須各置主事五人俸給則以四等以下排附矣令之所
典地廣東西千里非有聲績善治守令莫可掌治故 特簡至此在令之地令得報答
之所矣何必乃爾耶諸大臣一辭同然更無容喙之路仍詣 幸在所陞見于俄館中
廳 勅曰令番智街之除當此更張之時使邊土民庶得知 王化無至犯過是急先務
也汝須體此至意往欽哉對曰 勅令之下焉敢言私而賤齒善病漸覺衰邁似此貌
樣萬無報答之望乞寢 成命以安私分仍奏曰方今日寒如此屢翔公館 節宜保護

○俄館에서의 高宗알현시 대화

有非便宜 還御稽遲輿情疑懼伏不勝悚慄 勅曰居處別無難便日前聞汝上來而
私情雖云如此從速往赴期圖實效也仍詣 王太子 陪在所進前 下教曰汝今老矣
無事上來耶汝之固辭外除究其情則容或無怪然既多聲績不可圖免對曰公館
陪衛極涉悚迫臣今衰狀比昨年尤覺今此 成命伏不勝憂恐之忱 賜退歸鄉廬
以安私分是所區區之望 下教曰退待 處分可也仍退與在直之知舊人數語或云令
之令番蒸對至及 還御二字此是方今之時諱獨能言之真可謂長夜鷄聲亦涉惶

○俄館의 위치와 규모

悚處也蓋俄館即大貞洞東邊西學峴下居處拓開高岡以甓圍築室階至三層一
廳事皆洋制也其雕飾丹艧玲瓏燦爛不可名狀 移御以後中堂以北則自 幸在所
分處尚宮及公事廳以南則各部大臣以下官員處之後面則俄公使渭貝住持一
廳事之中排鋪容伸若是其宏廣可知闕監廳在館之北每日水剌等節監進兵丁
處所各下人在館之東南隅并是假家餘外各部各差備官分在庭下屋子皆我國

制度也後面長竿高懸國旗俄兵丁各持兇械環衛廳事而文其儀肅然也且英館
在其後美館在其左法館在其前各國公使館在在相錯其樓臺宏麗丹雘鮮明煒
煌照耀而國旗則無館無之眼昏難辨是日移留西學峴永住家仍念微懇莫遂憂
思憧憧夜坐無寐詩以述志

太行之山挿天間蒼蒼仰視芙蓉髻岩嵬一萬七千丈唯有白雲當其顏飄駒蹉
鴉仰脅息飛猱欲度愁攀攣今古行人路由此早自髫齡及短髮彭祖偓佺誇老
健安仁長吉惕懦孱我生之初日初出遠遊歌成步不間手持禹斧窺奇勝肩荷
愚畚索秘慳雲梯鉤引到中峯庶幾企及高仙班尚餘階級捫星斗仍知地步出
烟寰忽覺鬢邊凉意動回首斜陽已在山木脚蹣跚向前進許在一物身無關襟裾
欲滌清冷水紫府青纏次第刪昊天仁覆恩廣濟雖有麻絲不棄菅三神乃在水
之下詔使霜鬢戴而還九閽深邃齎誠淺盡日徊徨悲淚潸任重道遠將安届願
向靈臺問濟艱

七日壬申春分自去月念後身恙終未快祛中道路勞碌餘感祟又添痛楚太甚委

○智島郡守부임여비

席八日卯 千秋慶節也未能詣進十日智島赴任旅費錢四十七元六十五戔自內
部旋籍局長尹璿錫處送來推尋此是更張後始有事因派給諸挨與窮交餘數七
元委用調病之料十一日聞之則去月望間所謂各州郡砲軍五千餘名奪據廣州
山城殺郡守居民擧皆奔散云是日京軍數百名從北城偸入放砲逐散云十三日

星州安聖輔下去便付書石醞期以三月旬間來會智島事遣辭十六日微雨克善聞余之病自鄉家上來梁在壽牙山倅遞歸來見余曾聞治蹟冠於亭省人多愛惜云及其面席略擧所聞東徒事問之答曰東徒之猖獗也牙山一境盡爲勒入故躬巡閭里曉喻歸化東徒聞而惡之徒黨數百來聚邑近先使十餘名入東軒請出軍罷責以非義彼曰牙山人之一時背道汝之故也此合縛致大陣處置因即結縛跳落二齒曳置官門外一邊鍛出大藥圍東之際爲南草火所點藥火暴起彼徒沒入炮烙而惟倅得免渠所謂大陣徒黨大駭以爲地雷砲一時散走時已夜深傍無一人微聞樹上有人踪聲問是通引懷印避身者遂招使解縛因寄宿於村舍其後未幾京兵下來得保全局余聞甚嘉悅以在固城時措處東徒事略言之翌日賦詩贈梁允山

別後星霜問幾周喜君聲績在牙州行何德政民猶頌縱遇危機賊不謀本嗟作

寒晴後候宜歌宜哭酒中愁風波晩節須加愛餘力恢恢待割牛

○晋州砲軍入城事

二十二日丁亥淸明德侄克兒出送細橋山所省墓見官報則晋州等地砲軍數萬名殺傷書官吳顯益入據城中隣境守令擧皆避身云日前自軍部派送兵丁四百名云二十三日寒食丑刻俄館警務守直所失火城中震驚火雖撲滅而以其至在密邇羣情危懼門禁至嚴莫可詣進尤切惶悚三十日其間自閣中屢問病狀旁所不安是日日氣淸和病亦少可入俄館 陛見後詣閣中則內部大臣曰今方各道地

方局事務更爲調査実以令練熟合叅此座近日屢遣伻問良以此也余辭以不敢
大臣曰此非吾言閣議及各官僉詢同之論勿爲固辭明日來叅甚好也其在體貌
不可無一番唯命故遂應諾前日入來時爲兩昏所碍館舍眞相未得詳悉今日極
目細觀則其制度巧妙難狀而外採則偃蹇若天成始知匠氏之才亦在泰西也歸
賦一詩

大匠斲成崑崙柱萬古西極撑天宇門楣紅日疾如梭步窮竪亥愁夸父衆揄迈
景燭龍輝種種玄妙通幽戶駕風爲帆掣電機一一東人所未覩歲晟公館半入
雲向來猶是黃昏兩羣仙借我快一看屋頭霽色秋毫數金碧樓臺何煒煌使我
魂愯又舌吐除非鬼刻而神雕便是風斤與月斧公輸鈞汗奚斫驚安用中華譽
規矩乃知天公大巧奇窮到無餘在西土隨時趍避是人情何苦區區反齎怒回
瞻大廈漏床牀嘆息秋宵臣杜甫

○1896년 3월

三月一日丙申僧迦寺僧松溪堂聰眼來見曰叅閣令方修葺云故一元錢施給于
刻徹兩入內部叅調査略以所見聞酬應八今年 詔勅文字不可隨見隨錄故今此
總錄于左

○2월 11일 號外

建陽元年二月十日故宮內府大臣李耕稙捐軀死難忠節卓異事로恤
全給與에關ᄒᆞᆫ件을上奏ᄒᆞ야裁可ᄒᆞ심을經ᄒᆞᆷ 特旨로從一品을贈ᄒᆞ
시며易名之典을施ᄒᆞ라ᄒᆞ심 故訓鍊隊長洪啓薰死於王事忠義素尙事로恤
全給與ᄒᆞᆫ件은上奏ᄒᆞ야裁可ᄒᆞ심을經ᄒᆞᆷ○二月十一日詔勅諭外今此春川等地
에人民起鬧ᄒᆞᆷ은斷疑ᄒᆞᆫ事를爲ᄒᆞᆷ이아니라大抵八月二十日事變에積憤이鬱
中ᄒᆞ야藉端暴發ᄒᆞᆫ者을不問ᄒᆞ야도的知ᄒᆞᆯ지라今에國賊이이믜伏法ᄒᆞ고餘

黨도次第로勦治ᄒᆞᆯ터인즉某時使化ᄒᆞ면人民도想必聞知ᄒᆞ고昔憤을快雪ᄒᆞ리라該地에駐留ᄒᆞᆫ軍隊ᄂᆞᆫ須先此詔勅을將ᄒᆞ야春川府에屯聚ᄒᆞᆫ人民에게示ᄒᆞ야各使歸化安業케ᄒᆞ고留軍隊大小武官과兵卒은即日還軍ᄒᆞ라十一日奉勅同日國賊을斬得ᄒᆞ야重辟에已置ᄒᆞ니神人의憤을快洩ᄒᆞᆫ지라左右監獄署時罪人之齊即放釋ᄒᆞ야써廣蕩之典을示ᄒᆞ라十一日奉勅依願免本官宮大李載冕總理金弘集外大金　內大兪吉濬度大魚允中軍大趙羲淵法大張博農大鄭秉夏宮協金宗漢警務使許璡免本官特旨免懲戒李載純任總理金炳始宮大李載純內大朴定陽任外大李完用法大趙秉稷命學大臨時署理李完用命農大臨時署理李完用任軍大李允用命警務使兼任李允用任度大尹用九命度大署理事務李在正依願免兼任軍大兼任警務使李允用特旨免懲戒安駉壽任警務使安駉壽以上十一日放逐鄉里罪人李載冕特放ᄒᆞᆷ去八月事變에關ᄒᆞᆫ逆魁金弘集鄭秉夏가本日에伏法ᄒᆞᆷ同日詔勅彈外有罪必伏ᄒᆞ야王章에逃치言은理에常이라嗚呼라去八月二十日事變이야尚忍言哉其時陰秘ᄒᆞᆫ凶謀詭計ᄂᆞᆫ究問을待치안니코도凡我大小民人의共知共憤ᄒᆞᄂᆞᆫ바ㅣ오其元凶大憝ᄂᆞᆫ實노若干人에過키아닌지라今에天理가昭昭ᄒᆞ야逆魁가伏誅ᄒᆞ야시나在逃ᄒᆞᆫ罪人兪吉濬趙羲淵張博權瀅鎭李斗璜禹範善李範來李軫鎬等은刻期捕捉ᄒᆞ고其餘ᄂᆞᆫ當時에從忠指使ᄅᆞᆯ被ᄒᆞ야든者라도或事勢에迫碍ᄒᆞ고權力에被勒ᄒᆞᆫ嘆삼이라何罪之有리요凡我大小臣僚와中外軍民은各其安堵如舊ᄒᆞ야疑惑之心을勿懷ᄒᆞ라十一日奉勅依願免本官學協金春熙特旨免懲戒尹致昊任學協尹致昊解學大署理解農大署理李完用命大臣署理農協高永喜命大臣署理農協尹致昊○二月十三日任宮協兪箕煥命宮大署理兪箕煥解宮大署理朴定陽同日辦外詔勅朕이　祖宗의付畀ᄒᆞ심을承ᄒᆞ야我八域萬姓에게君臨ᄒᆞ지茲에三十有餘年이라即位以來로晝夜思憶ᄒᆞ야父母君道盡書로져立되ᄂᆞᆫ何數庸가昏並ᄒᆞ고議鍾昏臨ᄒᆞ야我赤子의顚連弄因ᄒᆞ야兗轉溝壑ᄒᆞ미在夫入聞ᄒᆞ니興言及此ᄒᆞ면錦玉이匪安ᄒᆞ고重之ᄒᆞ야開國五百三年六月以後로ᄂᆞᆫ國家가文明進步ᄒᆞᄂᆞᆫ名만有ᄒᆞ고其實은尚無ᄒᆞᆫ고로群救百姓이疑惑ᄒᆞᄂᆞᆫ心을然懷ᄒᆞ미不無ᄒᆞ시嗚呼라朕의德薄ᄒᆞ야然徽政府의信이立지못ᄒᆞ야然徽사治事ᄒᆞᄂᆞᆫ臣工이怠惰ᄒᆞ미有ᄒᆞ야然跌아風夜에危懼ᄒᆞ미身尾ᄅᆞᆯ跳ᄒᆞᆯᄀᆞᄯᅡ타이其由ᄅᆞᆯ究ᄒᆞᆯ진ᄃᆡ惠澤이下及지못ᄒᆞᆷ일시다凡京外公納帳簿에吏逋와民未納과各貢人處遺在가開國五百三年六月以前登記에係ᄒᆞᆫ者ᄅᆞᆯ一倂蕩滅케ᄒᆞ야써朝家의體恤ᄒᆞᄂᆞᆫ意ᄅᆞᆯ示ᄒᆞ노라同日嗚呼라君은民의表準이니民이君을니엇何에依ᄒᆞ리오所以로人君의一擧動民에게明示ᄒᆞ믈貴ᄒᆞᆷ이라非昨日事ᄂᆞᆫ尚忍言哉아逆魁亂賊의凶謀詭計가情節이莫隱ᄒᆞ며防過割伏ᄒᆞᄂᆞᆫ方시或隷處ᄒᆞᆯ가慮ᄒᆞ야外國에既行ᄒᆞᆫ例로權宜ᄅᆞᆯ用ᄒᆞ야朕이王太子ᄅᆞᆯ率ᄒᆞ고大貞洞

○2월 16일 號外

에在ᄒᆞᆫ俄羅斯國公使駐館에暫御ᄒᆞᆫ後에王太后게셔ᄂᆞᆫ王太子宮을率ᄒᆞ시고慶運宮으로駕幸ᄒᆞ셔시며朕이有司를命ᄒᆞ샤諸犯을鉤拿케ᄒᆞ고그就縛ᄒᆞ待ᄒᆞ샤旌節還御코져ᄒᆞ밀니나夫何犯人就縛ᄒᆞᆫ時에悉民이暴動ᄒᆞ샤報富믄遵加ᄒᆞ고殮祀名悉皆適命ᄒᆞ미群情이轉盡梳湯ᄒᆞ샤匪所庶定在지라此時를當ᄒᆞ샤朕의所在를爾有衆에게明告ᄒᆞ를未遑ᄒᆞ샷더니今에宮廷이無事ᄒᆞ고民心이如古ᄒᆞ니朕의慶幸ᄒᆞᄂᆞᆫ바이라不日宿에還御ᄒᆞ깃기茲에明告ᄒᆞ노니有衆庶ᄂᆞᆫ其各競를釋ᄒᆞ고恭을安ᄒᆞ라

○二月十五日特旨免懲式全宗漢住宮內特進官金宗漢解宮大署理僉質燦大院君尊奉儀節을昨年四月所定條例분依ᄒᆞ샤警衛ᄒᆞᄂᆞᆫ道呈務書게ᄒᆞ노件全上奏ᄒᆞ야裁可ᄒᆞ시분經흠內日歸外詔勅李貝十一日에道拙가現衆ᄒᆞ미其亦從足皆內閣과軍部의長官이라其中若于人은朕躬되對ᄒᆞ샤不忠聖생사니며乃昨年八月二十日弑后陰謀에國ᄒᆞᆫ逆魁名시無疑ᄒᆞ기로卽刹嚴命을殺ᄒᆞ샤其逆名을聲名ᄒᆞᆷ이合當ᄒᆞᆫ지라其逆魁內에趙羲淵權瀅鎭李斗璜禹範善李範來李軫鎬等이現帝或逮任ᄒᆞᆫ武宮若黨官신故로斬首ᄒᆞᆫ을命ᄒᆞ샷드니其令飭이該逆魁等을驚動ᄒᆞ샤詣輕ᄒᆞ샷ᄂᆞᆫ部申을懈ᄒᆞ고迷走ᄒᆞ샤兵士를煽動ᄒᆞ거나或悖令을下저못ᄒᆞ고依ᄒᆞᆫ兵士反黨官이朕에게封ᄒᆞᆫ忠心이變지사이ᄒᆞ샤以列右項嚴令을仍用ᄒᆞ를要치此此지라所以로當日眈宿에該令을定正ᄒᆞ샤該犯等을治捉ᄒᆞ노되로法貞解延ᄒᆞ라ᄒᆞ엿거이와今에該令을申明ᄒᆞ노니若犯人等이或就縛ᄒᆞ거ᄂᆞᆫ傳宮를姜戶ᄒᆞ지말고隨有法庭에解網ᄒᆞ고該法夜에付ᄂᆞᆫ明교ᄒᆞᆫ公判ᄉᆞ로確證을擾ᄒᆞ千相當ᄒᆞᆫ罰例에處ᄒᆞ게ᄒᆞ라金弘集과鄭秉夏皆內閣大臣이라그就捉ᄒᆞᆫ援에公子ᄒᆞᆫ裁判을行ᄒᆞᆯ져ᄒᆞ엿더니憤激ᄒᆞᆫ民衆이該犯에게下手ᄒᆞ샤報官에至ᄒᆞ기ᄂᆞᆫ劫年를慮ᄒᆞᆷ이요佐ᄒᆞᆫ當頒을搜史判奉에니此令法에만遵言시산이라朕의臣民에明正ᄒᆞᆫ裁判을受케ᄒᆞ고져ᄒᆞᄂᆞᆫ本意에도違言신者此事ᄂᆞᆫ從當査正홀지요當日에朕이王宮을離ᄒᆞᆫ際에咨黃急遽ᄒᆞ야閣係에班次가整齊치못ᄒᆞᆫ故로凡詔勅과告示等에措辭錯誤ᄒᆞ이甚多ᄒᆞ야시니此도仝ᄒᆞᆫ次第로改正ᄒᆞᆫ거시로任ᄒᆞᆫᄃᆞᆫ르니當日에職守도섬ᄂᆞᆫ人니或愚蠢ᄒᆞ고無益ᄒᆞᆫ榜文을作ᄒᆞ야官印도捺치아니코掛ᄒᆞ샷ᄃᆞᄒᆞ니此도從當査實ᄒᆞ야勸懲ᄒᆞ리라

○二月十六日詔勅彿샤朕이我家五百年一變之會를丁ᄒᆞ고宇內萬方開化之運을際ᄒᆞ야勵精圖治ᄒᆞ샤富强의策을講尤善지바歷有年所ᄒᆞᄂᆞ國家多難ᄒᆞᆷ으로其歛가尙兵ᄒᆞᆫ지라從自今으로利國便民ᄒᆞᆫ道를益究ᄒᆞ야我赤子도ᄒᆞᆷ게文明ᄒᆞᆫ域에躋ᄒᆞ야昇平ᄒᆞᆫ福을享ᄒᆞ리니凡我臣僚와民庶ᄂᆞᆫ朕의意를克體ᄒᆞ고朕의業을贊成ᄒᆞ라前日에不日還御ᄒᆞᆫ意를宣示ᄒᆞ야시니慶運宮과景福宮을시되有司에게修葺를命ᄒᆞ샤신즉工役이先發ᄒᆞᄂᆞᆫ되요還御移次間에確定ᄒᆞᆫ터의니爾衆庶ᄂᆞᆫ各其知悉ᄒᆞ라見今에百僚가擾違ᄒᆞ고士卒이露處ᄒᆞ고禁宮이奇走

○2월 17일 詔勅

○2월 18일 度支部 令제2호

○2월 21일 訓示

ᄒᆞ니朕이其勞苦를體念치아니ᄒᆞ리오마ᄂᆞᆫᄯᅩᄒᆞᆫ得已치못ᄒᆞᆷ시니爾家庶ᄂᆞᆫ朕의
心을諒ᄒᆞᆯ지어다○二月十七日詔勅閔泳駿과閔炯植에負犯이甚衆ᄒᆞ나島置
를薄施ᄒᆞ얏더니赦典을混被ᄒᆞ니失刑을免치못ᄒᆞᆯ지라並令法部로照法懲辦
ᄒᆞ라十四日○二月十八日度支部令第二號凡京外公納賠簿에吏逋와民未納과
各負人處遺在가開國五百三年六月以前登記에係ᄒᆞᆫ者를一倂蕩減케ᄒᆞ야ᄡᅥ
朝家에體恤ᄒᆞᄂᆞᆫ意를示ᄒᆞ시ᄂᆞᆫ詔勅을奉承ᄒᆞ야蠲減ᄒᆞᄂᆞᆫ條規를左開ᄒᆞᆷ○一京
外公納帳簿에開國五百三年六月以前에係ᄒᆞᆫ錢穀木布에民間未捧과吏欠船
逋를本部令到付가지未刷者를一切蕩減ᄒᆞᆷ○一各郡의已收刷未發送ᄒᆞᆫ者와發
送未及納或中間掩滯ᄒᆞᆫ者ᄂᆞᆫ仍舊督納ᄒᆞᆷ○一京司各貢의未納ᄒᆞᆫ遺在ᄂᆞᆫ并蠲減
ᄒᆞᆷ○一本部令은各其到付日에施行ᄒᆞᆷ○同日閔泳駿閔炯植을並大典會通禁制條
豪强品官凌虐百姓者杖一百流三千里에處ᄒᆞ야懲役終身으로換ᄒᆞ고情狀을
酌量ᄒᆞ야減二等懲役十年에處ᄒᆞᄂᆞᆫ件을上奏特旨免懲役依本律喬桐郡流十
年同日諭外勅諭嗟ᄒᆞᆸ다爾大小民人等은朕의語를明聽ᄒᆞ라此次에爾等의起
義ᄒᆞᆷ은오직他意가有ᄒᆞ리오亦惟曰ᄒᆞ되國家를爲ᄒᆞ야亂臣賊子를聲討ᄒᆞᄌᆞ
ᄒᆞᆷ이니是ᄂᆞᆫ爾等의聚情에出ᄒᆞᆫ바오또ᄒᆞᆫ我祖宗朝에셔培養作成ᄒᆞ신澤을賴
ᄒᆞᆷ이라恣行ᄒᆞᄂᆞᆫ失은不無ᄒᆞ나顧ᄒᆞ건ᄃᆡ其心이엇지嘉尙치안리오然ᄒᆞ나天
道가淫ᄒᆞᆫ이를禍ᄒᆞ시미亂臣이戮ᄒᆞᆷ에就ᄒᆞ고餘黨가斥竄已盡ᄒᆞ야시니此ᄂᆞᆫ
實로在天ᄒᆞ신祖宗의默佑ᄒᆞ시믈憑伏ᄒᆞ야邦籙을萬億斯年에引長ᄒᆞᆷ이라神
人의憤을共雪ᄒᆞ니엇지休ᄒᆞᆷ이아니리오爾民人等이外鄕에在ᄒᆞ야此妄說을
밋쳐聞知ᄒᆞ지못ᄒᆞ얏거나或全聽을信ᄒᆞ기足지못ᄒᆞ다ᄒᆞ야尙今도록解歸치
뭇ᄒᆞᆷ인故로玆에內部를勅ᄒᆞ야官員을另派ᄒᆞ야爾民人의게詳細히諭知케ᄒᆞ
노니現今의形勢를度ᄒᆞ고朕의苦衷을察ᄒᆞ야鄕田에相率ᄒᆞ고還ᄒᆞ야舊業에ᄒᆞ
安ᄒᆞ라輯遠이仁義와道로俯爾民人의게責ᄒᆞᆷ이니爾民人等은想應컨ᄃᆡ向ᄒᆞᆫ
기를樂ᄒᆞ리라만일爾等이遲疑因循ᄒᆞ야擧義ᄒᆞ든初心을變ᄒᆞ야梗化ᄒᆞᄂᆞᆫ悖
習을肆ᄒᆞ면是ᄂᆞᆫ爾等의命을絶ᄒᆞᄂᆞᆫ秋라王師의向ᄒᆞᄂᆞᆫ바에饒貸가無ᄒᆞ리니爾
等은若恫在己ᄒᆞᄂᆞᆫ心을體ᄒᆞ야君父의憂를貽티말지어다○二月二十一日訓示
嗚呼라過境에劫運은엇지忍ᄒᆞ야言ᄒᆞ리오梟獍이廷에盈ᄒᆞ고鬼蜮이毒을肆
ᄒᆞ니太陽이薄蝕ᄒᆞ야大晝가晦冥ᄒᆞᆫ지라凡我環東土三千里에含生ᄒᆞᆫ倫이
其誰가髮指眦裂ᄒᆞ야聲討ᄒᆞᆷ을思치아니리오所以로四方이風動ᄒᆞ야義擧가
雲興ᄒᆞᄂᆞᆫ지라今에天威가震慴ᄒᆞ시며逆이掃蕩되얏신즉討逆ᄒᆞᄂᆞᆫ事ᄂᆞᆫ義
擧를更待ᄒᆞ지아닐지오許髮ᄒᆞᄂᆞᆫ件은從便ᄒᆞᆷ을許ᄒᆞ얏신즉義擧로稱ᄒᆞ미無
名ᄒᆞᆫ지라我聖上陛下게옵셔民人의情을察ᄒᆞ옵셔毋綸十行의辭旨가懇至ᄒᆞ
시니民人等에在ᄒᆞ야ᄂᆞᆫ엇지榮幸치아니ᄒᆞ며엇지感激지아니ᄒᆞ리오勸ᄒᆞ노ᄒᆞ

니 勅使到日에 械를 釋ᄒᆞ며 隊를 解ᄒᆞ고 家에 歸ᄒᆞ야 業에 安ᄒᆞᆯ지어다 만일 別事를 稱托ᄒᆞ야 王命을 拒逆ᄒᆞ면 是ᄂᆞᆫ 民人等이 罪戾를 自速ᄒᆞᆷ이라 其懲辨ᄒᆞᆯ 道ᄂᆞᆫ 聖諭ㅣ 已許ᄒᆞ야 신즉 本大臣은 贊陳ᄒᆞᆯ지 안이ᄒᆞ노니 大抵 良莠의 分ᄒᆞᆷ과 禍福의 機가 一念轉移에 在ᄒᆞ니 愼旃愼旃ᄒᆞ미 可ᄒᆞᆷ 十八日 ○ 詔勅 二月二十二日 開國五百四年 十月 十一日 事ᄂᆞᆫ 倡義復讐ᄒᆞᆷ을 爲ᄒᆞᆷ인즉 妄動ᄒᆞᆫ 失은 不無ᄒᆞ나 容原ᄒᆞᆯ이 有ᄒᆞ거ᄂᆞᆯ 乙黨에 指捏을 被ᄒᆞ야 究死에 至ᄒᆞ얏스니 엇지 惻怛치 안이리오 流配와 懲役에 處ᄒᆞ얏ᄂᆞᆫ 諸罪人은 임의 放釋된지라 林寂洙와 李道徹도 幷其官爵을 復ᄒᆞ라 二十日 ○ 二月二十七日 佈外勅諭 朕이 惟ᄒᆞᆫ건ᄃᆡ 可愛ᄒᆞᆷ이 朕의 赤子ㅣ 아니며 可矜ᄒᆞᆷ도 赶ᄒᆞᆫ 朕의 赤子ㅣ 아니냐 逆賊亂黨이 連綿結肚ᄒᆞ야 國母를 戕害ᄒᆞ고 君父를 負刷ᄒᆞ며 法令을 潤亂ᄒᆞ야 剃髮을 勒行ᄒᆞᆫ지라 八域內에 朕의 赤子되ᄂᆞᆫ 者ㅣ 憤惋을 懷ᄒᆞ고 忠義를 激ᄒᆞ야 處處에 倡起ᄒᆞᆷ이 엇지 無名타ᄒᆞ리오 現今에 亂賊을 掃蕩ᄒᆞ야 國讐를 快報ᄒᆞ고 削髮을 從便ᄒᆞ니 雲霧가 廓開ᄒᆞ고 天日이 復明ᄒᆞᆫ지라 八域內에 朕의 赤子되ᄂᆞᆫ 者ㅣ 엇지 歡欣蹈舞치 아니리오 肆ᄒᆞ야 朕이 詔勅을 屢降ᄒᆞ야 衷曲을 敷諭ᄒᆞᆷ의 忠義로 起ᄒᆞ야 道理를 識ᄒᆞ고 旣已解退ᄒᆞ야 各其安業ᄒᆞᄂᆞᆫ 者ㅣ 有ᄒᆞ니 是ᄂᆞᆫ 朕의 可愛ᄒᆞᆫ 赤子ㅣ어니와 其愚蠢迷惑ᄒᆞ야 尙今不散ᄒᆞ고 往往히 命吏를 戕殺ᄒᆞ며 閭里에 侵掠ᄒᆞᄂᆞᆫ 者가 有ᄒᆞ니 是ᄂᆞᆫ 朕의 命을 逆ᄒᆞ며 朕의 憂를 貽케ᄒᆞ야 罪戾를 自速ᄒᆞ미라 朕이 不得已ᄒᆞ야 王師를 命ᄒᆞ야 前發ᄒᆞ야 剿滅ᄒᆞ노니 前日의 忠義로 倡起ᄒᆞ던 朕의 赤子를 今日에 逆惡ᄒᆞᆷ으로 鋤劉을 被케ᄒᆞ미 엇지 可哀치 아니리오 嗚呼라 다시 諭치 아니코 威罰을 加ᄒᆞᆷ은 朕心에 甚히 不忍ᄒᆞᄂᆞᆫ 바라 茲에 朕이 從一品 申箕善을 命ᄒᆞ야 南路宣諭使를 特派ᄒᆞ고 從二品 李道宰를 命ᄒᆞ야 東路宣諭使를 特派ᄒᆞ노니 爾等은 朕의 如傷若保ᄒᆞᄂᆞᆫ 意를 體ᄒᆞ외 王師 抵到ᄒᆞ기 先期에 沿路各郡과 各該地方에 前往ᄒᆞ야 誠心으로 勸諭ᄒᆞ야 朕의 可愛可矜ᄒᆞᆫ 赤子로 寃枉의 禍와 淸剿의 患을 免케ᄒᆞ야 朕의 爲民父母ᄒᆞᄂᆞᆫ 心을 慰ᄒᆞᆯ지어다

二日 偕劉永羲 訪李明卿家 時杏花差晩 桃花始開 芳春紅綠媚眼可觀 而座多嘉賓 主人備酒物叙歡 仍念余於工癸酉積年主管之餘 今使他人入室 則余乃匪主伊客也 不能無興感 爲賦一篇抒懷

舊讀蘭亭記 感歎陳跡字 事過情隨遷 無殊今昔視 昔我何緣業 十年一田地 有茅松爲隣 有菜園共寄 一鋤與一株 種種安心意 晉老倚遊鄕 衛倌奉法戀 何須

問主人解嘲倉庫吏麻姑在傍笑世故隨魔戲年老思嚴棲霜葉亦憔悴歲駒脫
重擔感激荷天賜嗟嗟李明甫知我心中事幹勞同休戚有事討難易今日重過
君萃堂樽酒置舉盃話前塵令人足滂泗芳園春正殷一一何明媚請君休提舊

萬事無如醉

初六日辛丑雨無聊獨坐念年來事變不禁憂憤謹述　大行王向輓詩并小引

嗚呼痛矣昨年八月二十日禍變尚忍言哉凡爲吾東臣庶者尚敢有足履地
有頭戴天柰世春秋將何以辭其筆誅乎伏願偏蒙　厚造之餘旣蔑絲毫之
報而惟言惟笑卒同歸於惟均之科有臣如此將安用之嗚呼痛矣

毋臨三十年東國一視　慈天蕩八垠尚記邦休熙皞日黎情中外一歸仁
醇醲大化若無常薄蝕蟾蜍執主張一自玄駒經劫後韶和九十少晴光
年來錦玉失寧居　三殿宮宵守歲如遠外不知深衷事祇能傳誦買燈書
綱墜一朝掃地無旻天不吊奈何予蚩蚩父老吞聲哭窮谷深山淚欲枯
平居說禮太多端鉗口諸儒袖手觀自有民彝不遠復而今始得素衣冠
天地無私物自偏微臣敢荷曲生全若論報佛恩多少刹刹塵塵未有邊
千載工桑管一園如雲近旁覆松根追惟　賜送使蕃日妻孥猶知記眷存
容符牌馬促嚴程嶺海荒憂軫　睿情十萬黃金惟汝用豈真今世乏陳平
身微才短少攀援四邑遷移隕自天今得歸田惟　聖賜擬將萃杌頌於千

○永平·桃坪등지의 義兵活動

萬事傷心不敢言 忽驚人世海桑飜 天高地厚將安適 痛哭撫從血淚痕

七日壬寅 穀雨 翼兒與金潤燁上來 所謂義兵或數百名或五六十名 常常往來爲弊不少 而加平都中近處 間經大劫運後 義兵敗散 餘黨都聚於永平桃坪等地 而再昨往見拜仙洞人 則義徒數百名入來 自洞中一日供饋 翌日西將留之際 傳聞京兵之追後 義徒并向廣德峴紫燈峴地潰散云 八日 陰 聞慶近奇 以義徒之擾擾登新聞紙 而久無家伻 紆菀無已 是日命送德淳於池洞 十日 晴 流乭石上來 余自去月有感滯等祟 緊劇處雖或扶病起行 而大槩則長在呻囈人也 兒曹上來 聞此故也 所處房室狹窄 難容分處 各所甚是苦事也 十一日 日醫上村俞雄以良醫擅名 方在泥峴行術云 而克兒以瘡肉數年苦惱 雜試方藥未效 兒輩固請一往問藥 故是日許令往見 則日醫以鑷子刮去瘡肉 不知痛苦 而每日巳時爲試藥之限 自是逐日往來 以膏藥灑著刮肉處 廿二日 雨 未刻止 廿四日 翼兒時孫先送 十六日 雨 廿七日 雨 午刻止 廿八日 曉雨 辰刻止 見官報 則聞慶砲軍日前大敗後 行掠太甚云 廿九日 克兒治瘡 每於刮肉血見則止 鑷而鼻孔之肉 幾無餘存 根柢莫可盡刮 雖不知痛而自致惱悴 醫云俟後更治似好云 故姑停膏藥 價三元五分云 而鷄卵一貼 牛臂一部 加給施意 二十日 見永平書 加平砲軍見敗於京兵者五六百名 聚於永平一二洞 極爲騷擾 而拜仙洞幸免其患云 二十一日 德淳還來云 下去時至竹山龍山碇店 白晝逢賊 所帶行裝沒數見奪 因向永平方 此上來云 然所謂逢

賊之說亦頗可疑也二十二日訪劉永羲轉往李判官基禎家夜話賦詩

春事闌珊似我衰綠肥紅瘦欲何爲人生會有霜餘髮物態初移雨後枝海內弟兄今幾在座間賓主最深知得錢莫惜頻沽酒合少離多是可悲

二十三日戊午立夏克兒與金潤燁德淳并下去鄉第二十四日雨巳刻止二十六日金元仲自寄陽上來敘懷二十九日雨巳刻止三十日與劉永羲酌酒餞春

春是於人何有哉年年謾自喜歸來名園不惜千金費才子爭誇百句裁時至而行無可奈智窮則已莫相猜芳樽美醁猶餘在臨到晨鍾又一盃

○1896년 4월

四月一日丙寅與金元仲往來城北洞黃庄主台病久漸痼近日少有差可樣也二日翼善上來而孫女之婚定于朴希奉昌羲子春性以今月二十九日納采五月十六日涓吉奠雁事酌定六日劉永羲李基禎某某親知來訪而明日即劉永羲三回甲日也約以齊集共飯七日早往劉庄座賓甚多相與賦詩

今世風流劉貢父平生喜與友朋遊神交元白生併世童穉情親今白頭兩家弧辰共往來不待折簡知期周長安酒價近翔貴難滌胸中餞春愁昨日無端倉指動如今果遇儒雲淨風情恰似孔北海樽中有酒座朋儔惟君知我淸狂態醉倒無何作詩酬玉季金昆徒如席供獻之物皆能兼盤中琛錯兼水陸惟喜年年添海籌假君一歲多今日使我便作康衢謳

八日癸酉小滿九日東風雨灑十一日出往黃庄問病十二日翼善下去酉刻雨十

○望雲 金樂炯방문
○前荏子僉使 金東肅방문

三日丙午刻止因大風十四日靈光望雲金樂炯來見十六日前荏子島僉使金東
肅來見云上來時暫入智島則那處人略知新倅將來而衙舍几節湫隘湜樣赴任
後似多難堪云聞甚辛酸也十七日松亭家所在什物并積置小舍廊釘板于門楣
堅封二十三日其間以智郡辭免事周旋若懇靡不用極而畢竟至有未安 處分
遠赴 命意則勢無奈何以明日下直事爲定時諸益多來餞別賦詩
城上譙樓朝日赤城中車馬如雲積青絲玉壺酒如泥揭來城隅送遠客遠客借
問是阿誰菑園老子南州適已從津吏買行舟花樓如山海口泊此去水路三千
里令人南望頭催白平生惠好意中人到此不能無相惜臨到分張悄無語暗暗
將心禱河伯風塵作吏古所悲況乃拯溺無奇策看我鬢邊髮種種思將何報將
何益但願歲寒無相忘鴻雁飛時寄書尺
時鄭雅海重號錦坡即余四十年親知而能文端飭之士也曉來袖出餞詩贈行故
錄于左 翩翩兎舃下南州鰐霧鯨波也自休一生不念資身策千里方張濟世兵 城西暮送人相遠漢北孤燈我獨愁三顧未忘天下事乘槎暫駐一仙區

○부임인사차 俄館 방문

二十四日己丑近種入俄館 陛見因下直轉入閣中告別諸大臣二十六日二十七
日并兩午刻止二十八日翼善奉其母氏及新婦上來而金潤燁偕之晩往承洞趙
龍鎬家見老妻曰熟日漸通事多艱絀而顧此下直之餘勢無以遲留行將先期上
程館甥之勞未免專委殊可悶歎二十九日納采夜間無寐述懷
搖搖心事似懸旌明發孫舟作遠行路指去家千里外魂銷爲客百年情尚平未

○1896년 5월

丁慶家債徵士 何知斗未榮賴有孟光知此意臨離自許理涯生

五月一日酉刻雨 二日雨 三日乍陰乍陽乍雨翼善及金潤㟁下去 四日陰夜雨 五
日 六日并陰 早往承洞飯後叙別家渾還來芳橋則親戚故舊并來待仍作別 未刻
登程率金福用金允伊等歷入大宅辭廟因出新門路則沿道與毁撤人家方張當
之者雖似難堪行路則此舊坦夷也因向大峴如干親戚知舊又待路次暫話叙別
永善騎驢陪從至細橋里省 墓轉向東湖孫明川泉浩家留宿其子熙一極端雅明
日將登船爲定而日前送人執船貰得靈光法聖居林興三順歸船更而顧余生來
未嘗乘海船又令雨水之餘船路尤所可戒而自承以島治島之 命意以後思所對
揚之道不得不先知民生疾苦乃可推以做去則彼島民之水路往來其苦樂果何
如也吾當身親嘗試余之本意出於如是故捨陸取水不顧他人勸禁者以此也酉
刻雨夜轉甚風又大際時金僉使東書冒雨追到因與主人叙話又逢公州居李宣
傳璇盖此屋子東湖之第一盖造扁以海隱樓扁深閒軒檻臨大江上下四五十里
掌乎也似浩廣龍山麻浦等閭閻幾千户魚鱗也似櫛比時新漲數三丈而岸沙場
沒爲水國眼界瀰漫與海無異許多舟楫簇如麻立而其在江之中半者爲激射所
阻下碇搖颺務不得生意船路之艱可見也夜來船皆明火遠近通紅亦一壯觀也

賦詩

海天無月夜又是空濛雨鷗鷺此時眠蛟龍何處舞忽看遠射紅錯訝如漁户一

○法聖浦人 林興三의 배로 출발

燈又一燈盡自船中吐東嗣與西脇須臾不知穀簇簇散花叢點點聯星纏通明
遍水面好是一臨覩疑若廣陵宵羣仙降天宇白分蘋浦花丹失楓岸樹微裩太
寂寥照我明心肚漢槎直窮源楚帆晩移浦夜坐供詩料風流亦足取觀濤昔何
誰歸人病欲瘉昭昭如白晝歷歷非塵土何苦紈袴子買燈費財府空歌長夜漫
宵子生何古擬作昏衢燭長照征南檣
七日辛丑風雨俱作盡日不止如干行具并先裝載仍留賦詩排悶
買船三宿海天宵千里南州隔岸遙浦口潑玄雲漠漠帆頭拖白雨蕭蕭長路關
心前一夕臨行未果又今朝九折灘頭期渡已汀花且莫笑人饒
八日壬寅船人來告曰雨勢雖不止漲將大至及今乘船可得未漲前舟到潤項若
差失此時則阻漲必將不知幾日他船亦方移下勿慮急登云主人及在傍者亦皆
勸之曰旣是乘船則須聽船人之言時嚴棟燮卽法聖居嚴士彦之子也適在此近
來訪因下樓時已巳刻至江邊叙別永善及金東胄嚴棟燮乃登船船寂完固可載
二百五十石云而金福用金允伊李春畑亦從之船主林興三沙工高致三張仁伯
林啓三李應郁朴彦九張致京宋尼伊大匠李命萬等羅章彦卽法聖人有孫明川
托拓見又招船人等戒之曰乘海船余之初也汝輩審慎水候期圖利涉也且靈光
人崔鬱[illegible]茂長人尹鶴眞康津人金相浩以順歸同載也乃發船過土亭玄湖西江
楊花渡陽川界廣倉項陽川邑店州又至金浦界燮谷見小火輪船一隻起炮逆水

上來瞬息過去此諸吾人所乘彼逆水而我順流順者宜速逆者宜遲而今見遲速
若是相反東西之巧拙乃如此也口號遣情
海水東流去漫漫不見端行舟小如葉出沒風波瀾前過一火輪來人寢席安我
船方下流彼船向上灘上灘與下流遲速自易看順何如曳陸溯何如飛端覘眼
三十里已覺不及覩遲遲我行也船載何時搬作船者誰子了無行路難鯨濤不
敢捍鰐浪平如蜃假令易地處其勢疾轉丸巧拙異東西臨洞空發歎
忽聞午鷄問是船中畜鷄以辨早晩詳也仍午飯又行甘巖水始濶高陽界水莫通
津界的江抵江華永義亭留碇此去江華邑十里亭在小阜上環城之內下設長城
中有門樓城外有如干村落是日雨仍不止諸船人齊力護涉可念也一緡銅施賞
離發時孫明川燒酒一壺攎行以備瘴暑受帶行具中及是出飮一杓甚覺爽然也
永義亭即江華保障也自京江到此為五六百里數辰刻無撓來泊可謂掀柁開頭
輒有神放吟
海天布帆無恙掛朝發京津夕泊届篙師說是永義亭行旅如逢既濟卦宿雲為
我卷而去長鯨為我出而曬江都西塞之保障雉堞沿環水四寨鰲頭島嶼關防
險鵬背金湯港口隘楓根繫舟引大白遠村烟生西日掛終南東望何杳茫許程
疑是天涯界潯陽誰道不通潮馬當洪都只一泒河之廣矣比洞庭日行半千神
猶怪一生壯觀於水見三老長年以風解陸行聞有千里駒木道神哉此行邁便

與漢槎爭後先 肯同晉帆論勝敗 明知利涉仗 王靈 古卜何須問龜蓍 五車之載
攝方寸 誰識須彌吐納芥 前頭尚有里三千 從此行舟作何狀 欲酒蓬萊知不遠
留與羣仙對燈話

○甲串津·孫乭項 경유

九日癸卯曉雷雨 經宿於船中 多日雨水之餘 濕氣太甚 兼以蚤蝨 失睡而兩無齋
意 寅正刻 舉碇發船 至甲串津 東邊是通津文殊山城 西邊是江華東城門 左右之
雉堞堅固 人戶重疊 望裏之官廨樓臺寺觀 交處徧互 遠不及詳覽 而況雲霧濛昧
雖有船人指喩之說 亦莫可的悉也 又至廣成里 此卽孫乭項之上也 以水時未及
留碇 午刻雨稍霽 舉帆中流 至孫乭項 右岡有魚兵使在淵丁卯殉節碑閣 左岡有

○孫乭項의 神堂祭

孫乭墓 墓後卽神堂 凡大小船隻之過去者 必以白米一器 酒肴及白飯三床 押上
宇大旗 船人沐浴後 擊鼓而奠之 此是古例也 商船之載物上來者 則孫乭堂直也
乘船要錢而云矣 是日則船隻之來會者 凡百餘隻 及其水時 衆多船一齊掛帆而
過項 水勢深黑 兼以潦水大溢 無事渡了 亦一奇幸也 總之爲雜詠五頁

本爲防西塞 高城枕大洋 自從通萬國 翔去只存羊　右江華

遠戍孤烟細 荒山短堞平 舟人遙指點 猶自誦遺名　右文殊山城

浪吞精衛恨 風鼓石尤靈 未到名先慣 孫郞昔此經　右孫乭項

漢叨綿竹壽 晉蹟峴山嵬 摩挲今視昔 殘日上莓苔　右魚公碑閣

浪淘千古盡 湮沒皆無聞 獨有孫家子 婆娑降桂旛　右孫乭墓

○仁川경유

又至永宗前洋則數百船隻遍滿海面問是捉眞魚中船船樣多有異同盖因各國船隻集湊故也未初刻至仁川港下碇於薴每島前洋各國兵船商船九數十隻風帆等船幷以數百許我國船隻亦累百隻矣港口則東西人取北邊高爽處淸人取南邊日人取中各起大厦崔嵬宏傑巧奇煒煌高樹粉棚如魚鱗相屬人物相錯騈闐之聲常若沸雷宜一往至詳翫而前有一番者過又不無來往難便之端故坐停向與白碣山元圭約會於仁港未知其果來否耳使金允伊金福用往港口探其來否則姑未下來云而燈子與石油一筒如于器皿到邑後所用次貿來自未正刻日候快晴海色與樓閣倒影怳惚又驚人一遭眼口占一則

海壖昏黑太陰晉似隨境心帆去遲過境惟憑舟師語萬像鴻濛入九疑孫項依微永宗暗壯不知壯奇不奇遥看一廢攢烟樹道是仁川濟物湄雲開兩捲露軒豁風拂船旗獵獵吹壘形歷歷來入眼全幅丹青借畵師戱戱結搆洋淸日不待躬尋坐可知浪花不動明落照倒影樓臺水底移湖南歸客覺心爽拾韻臨風題一詩

○八味島경유

十日甲辰又使金允伊出往港口探之則白碣山尚不來以水時之限滿巳刻發船酉初刻至南陽燕興下碇二帆火輪船三隻三帆火輪船一隻未刻入仁港小火輪船二隻往來裝物地土船百餘隻亂浮海上此卽八味島前洋自永美亭五百里也庭來月色政佳浮光躍金靜影沈璧拾韻遣興

吳剛修斧桂抽枝待我船樓近水時風外纖文明綺縠炯邉真影淨琉璃八分佳
賞杭湖少既望清遊赤壁宜寄語世間看月客揭来須採海天奇

○德積島前洋경유

十一日乙巳子正刻發船至風島前洋距德積島不遠余少時曾經此島無邉大洋
自此尤險船人擊鼓致誠又至忠清道恭安黃金山界海之西有夬甲佃甲兩島皆

○馬梁津등 忠情沿海

德積所屬島也至馬梁津前洋海名云是廣如海午初以風勢不順暫爲留碇點心
後更至官章項石角削立海中如一衣連城極其危險亦致誠而過東邉山頂有城
堞盖安興僉使鎭也前洋鏡海舒川界也亥正刻以風不利留碇於鏡海之三島浮
雲遮月沉沉然似有兩意十二日陰寅刻擧碇而下安眠島在東横亘八十里松木
蔚蒼此島與恭安本是連陸而壬辰兵革時日人掘地通海而走名稱掘項令通潮
水而爲本島云的未可考也申刻過洪州元山浦外洋即士心島前洋與八味海至
此爲一千里細雨微灑到龍島雲捲又至外安島前洋漁船三十餘隻或黑帆或白
帆皆是中國登州人常常出来漁獵云戌刻至舒川炯島前洋東邉有馬梁鎭船人
致誠如例也是夕望見日入及至近水海濤紅湯日輪忽墜忽升如是者三仍沉入
海底海天一色絳紅良久漸次昏暮真天下之奇翫題得一詩

杈枒老木影横斜天極西傾起綺霞一畫經行移大界萬輪歸宿入誰家鞭揮昧
谷偕羲馭羽刷咸池浴鎭鴉若使畵工摸厥狀暈紅多勝出東涯

○全羅道 沃溝丙島

是夕風順月好直向全羅道沃溝丙島夜已亥正刻十三日丑初抵萬頃古羣山島

경유、萬頃 古群山 島지나 5월 13일 智島管下에 도착

自元山浦外洋至此爲七百里而智島管下自此始焉不可徒過而已招致頭民中叻渠有不信底意更以到邑後傳令布諭之意分付仍發過飛鴈島芝花島致誠後又至蝟島前洋西有旺登上下島東有鷄峯即扶安格浦彩石江年前已爲屢經處也又至茂長界竹島致誠蓋近船人之家云又至法聖前洋即靈光界鞍馬島石蔓島處在法聖之西海無際往泊雜物海中有七山小島自蝟島以羅州界至通稱七山海海之西則無邊大洋年年魚鮮豊出八道船數千隻聚集貿販價至幾十萬兩最中石魚八域所同食也現今亦以捉蔒稱魚過海設網船隻稠集矣申刻向法聖鎭村自古羣山至此爲三百里轉八十餘里港口則開一別世界於四山擁抱之中人家千餘戶如魚鱗鶩巢而至港面則舟楫簇立如麻且東軒處在半岡上各公廨次第排置衙之右有客舍又有座起廳且十二邑漕倉羅列左右岡之末麓有齋月亭又扁暎湖樓即本邑李兵使家亭閣自本鎭隨毁隨補稅米裝載時僉使每座起於此樓者撿云而此樓處在高岡前臨大海眼界廣闊景色通敞足可謂湖南名樓一自漕倉廢止後民産擧皆凋殘勢所然者也八前鎭吏金昌周家其弟宗周并來見夕供甚殷酉刻嚴雅士彦子瑠燮來見曰渠父昨日出他未還而官行遽至同是洛陽之誼何可捨吾家而別定下處乎余曰旣已定所明日當尋訪矣夕日船中喫苦之餘達宵穩寢曉起賦詩

列子御風旬五天枕上蝴蝶遽遽然舟回積水乾坤外身到平湖日月邊暎湖樓

亦大都會天借吾人一夜眠喔喔晨鷄鳴水戶短僕起理征西鞭計程猶餘一日役不似居家舒滕便一天簾額疎星斗萬家井欄起炊烟長年何處艤船待已防雇直辦青錢三盃壚酒難成醉新郡漸近民憂先王樓金屋慾如海傍人錯比平地仙官貧難望蒙佛力誰借江湖濟衆船昔我讀破五千字治民云似烹小鮮試向晨窓開寶鏡種種霜華未老前京口情人未住此慇懃慰我情周旋東閣看梅在明日暗香浮動春風傳白首一官臣分猥肯辭淮陽卧十年

○南宮德·羅桓瑾등 邑事相議次 승선

○七山島前洋경유

○智島를 바라봄

○荏子·智島間을 지나 尹郎浦에 도착

十四日戊申金昌周早供葛粉薏苡仍往嚴雅家朝供備待招見南宮德羅桓瑾金文鍊皆可堪人東萊寓居人申天五亦未見金文鍊鷄酒備來故不得已受之午刻登舟南宮德羅桓瑾以邑事新設相議事同載未刻發船以風逆水晩下碇於項越汀十五日丑刻發船卯刻至七山島前洋致誠後未刻到兩各氏島內洋卽咸平界望見諸島羅列眼界最中平高者智島云也西洋卽無邊大海西松茸島角耳島大小洛月島仁磬島飛雉島幷在海之西始自午後風順海平心界快爽又到水島界卽荏子智島相接處濶可五里許水勢甚急乃下帆搖櫓申正刻抵尹郎浦下陸卽智島初界自法聖至此爲二百六十里入金長坤家暫憩自此距邑十里送人入邑知委戌初刻前鎭吏房張鍾憲前兵房金炳律吸唱鄭仁西使令鄭順基林順伊金日三轎軍四名卜軍五名自邑出來現身余問島中無事及麥事何如移秧亦何如則荅以島無他事麥不豊兩惜乾移秧未盡如期云矣船人處錢二兩別下回送因

○到任時의 智島狀況

擧火入邑島飛村三十餘戶三里白蓮洞三十餘戶三里甘井洞四十餘戶四里至邑中西村二十七戶東村二十五戶廣井三十二戶沿路民人觀光者如堵火擧從之者數十許兩邑洞則家家擧火入 紅箭門下處于人吏廳凡四間下有草家庫舍四間扁以智鎭椽房交正刻仍行望 闕禮此鎭本無客舍等臺于衙後山脊矣焚香四拜禮畢後改黑團領仍詣 關王廟展謁焚香禮畢廟在衙後卽客舍之左民家三間以草苞附簷門間草家二間大松擁翠矣乃還吏廳夕供自金萬戶炳淳家備至南宮德羅樞瓊命出店舍鷄已爛唱憶甚宿曉來枕上賦詩

鷄聲首作曉鍾聲警發身心一倍清前有三年令上日欲行千里是初程霜餘籜滋新粉雨後芙蕖脫舊英 昭代仁恩均水陸境中民物荷全生

○金海金氏十六代世居

十六日庚戌巳初刻而飯後金萬戶炳淳來見本以此島人金海之金今爲十六代居生洽爲二百家戶年今三十八壬辰年經本鎭萬戶而人極雅正朝夕旨供別無可意處自厥家備來云矣少頃人吏等來見余問曰汝鎭之官屬名色凡幾人答曰人吏七名將校五名通引一名官奴一名使令五名自昨年八月本鎭廢止之後官屬輩擧皆渙散未能一齊來待下情甚悚而東軒破落難以時日修葺故姑先以吏廳定下處云云余曰吾拜汝邑倅今至五朔始來則汝輩必聞知矣而一間房屋這無經意者與野蠻何異耶島嶼之地雖云化外聞其新倅將至都無一介來探抱至五朔之久而至無上官之所寧有如許痛惡之習推此以觀則以若汝輩不可與論

於成邑與否也仍招南宮德羅枢瑾諸般事務使之眼同做去事分付兩勢淋漓不
霽而東軒形便不可不一回詳覽後方可爲修理之計因冒雨起行至見所謂東軒
則名是六間實不過四間官房二間大廳二間通引房一間附官房北簷下西簷東
簷自春舌木椳桷并皆朽落風窓破壁滲漏泥融房室之中幾至産蛙前有面墻墻
之外有內三門門之東有歇所一間又其傍有使令廳四間三門之西有將校廳四
間又其前卽吏廳又其前十步地有紅箭門東軒之西庭有庫舍四間卽司僕寺上
納米積置所衙之主峯卽漢峯自靈光珎下山渡江至南面逶迤又至廣井里崛起
爲鋤山平地渡野至衙後峯曰鳳凰山衙舍負艮而坐與松島對案邑之前數武地
有小嶼卽前日戰船埠頭而待變亭廢敗已久與松島中横小津與海水通焉衙之
東有內衙有廳省門一間傍有吸唱間二間內衙則大房大廳越房內厨各一間蓋
草亦皆滲漏無所可觀衙之西庭有小塘又有二松植在塘之南北南之松大可十
圍枝幹横亘如老鶴張舞北之松稍小於南而撗偃塘腰如化龍攀空前砌有百日
紅月桂花各一皆老大松之半又有石榴木二株衙之後又有百日紅二株植在北
窓外環墻而爲竹成林衙之四圍繚以石墻而墻之西北內枳木與竹林叢立又其
內楠樹列植皆合抱不交之老蒼墻之西北外鉅松簇立成藪又有怪石五箇列在
前後砌面而滿庭蕪草很藉莽蒼便是陳荒之世界也余曰吏輩之言姑以吏廳作
我處所云然一番經宿土窟蚕咬破壁風窓切非堪過之所且凡公廨各有所處之

○東軒修繕

○智島民　風俗

所則何可因循苟且長作失所樣耶蔽一言及令修理東軒繕得到底則循踰於非其廢而廢之即令金萬户差出修理監官使之當日董役木手丁尚烈金聖勳擇差蓋此島素是嶮峭之致背山臨海全無坦夷容接處僻在一隅可謂海中之峽本無所産又乏船隻往來生息之道且以一島三十里幅員言之居民爲七百餘户只以防堰作農莫甚爲貿且民俗蠢頑徒習鎮規莫別官位試以施恩必不知敬而放恣非常更拌行威固不知過而稱惡尤多且以五郡各島列在絶海中化遠之中傾軋之俗愚痴之習迥異於陸民而且經東擾其所頑悖尤極可惡且官屬輩徒懷頑濫全昧事例自登船以後或採俗於船人下陸入邑或觀風於目擊而昨今兩日之所得於耳目心意之間者無非可駭可異可歎可憂之端矣此盖預料其然故 命下之後一心於辭避拖過四五朔遲留都下畢竟辭免不得涉險赴邑則月下所見果如此以若衰耗精力將何以抖擻剸理闢鴻濛而能宜朗合分裂而成完局上以荅朝家特簡之責下以塞孱黎徯來之望乎憂慮之極詩以排悶

智海太守初下車　權借椽房接起居　繞砌荒蕪愁鞠草　登盤廚供雜腥蔬　零星廨舊四三五　不中繩墨越庭除　賓館靡遑設壇墠　庠宮后土隨而虛　紛綸事務無端緒　草昧文象雲雷如　民物鴻濛姑未闢　歲月難期變厥初　顧我年來老多病　精神筋力殆無餘　蘊抱何論樗散贊　聲績只愧牛刀譽　在傍況又無強輔　一琴一鶴惟隨余　五斗折腰古所恥　爭奈他時畏簡書　朝來更欲彈長鋏　莫論官廚有無魚　縱

之俗愚痴之習迥異於陸民而且經東擾其所頑悖已極可惡且官屬輩徒懷頑濫
全昧事例自登船以後或採俗於船人下陸入邑或觀風於目擊而昨今兩日之所
得於耳目心意之間者無非可駭可異可歎可憂之端矣此盖預料其然故 命下之
後一心於辭避拖過四五朔遲留都下畢竟辭免不得涉險赴邑則目下所見果如
此以若衰耗精力將何以抖擻剸理闢鴻濛而就宣朗合分裂而成完局上以答
朝家特簡之責下以塞孱黎徯來之望乎憂憊之極詩以排悶

智海太守初下車權借椽房接起居繞砌荒蕪愁鞠草登盤厨供雜腥蔬零星鴈
鶩四三五不中繩墨趍庭除賓館靡追設壇墠庠宮后土隨而虛紛綸事務無端
緖草昧文象雲雷如民物鴻濛姑未闢歲月難期變厥初顧我年來老多病精神
筋力殆無餘蘊抱何論樗散質聲績只愧牛刀譽在傍況又無強輔一琴一鶴惟
隨余五斗折腰古所恥爭奈他時畏簡書朝來更欲彈長鋏莫論官厨有無魚縱
然洗心強策勵何異與薪屬疲驢

余以金石醒來此與否事探問則吸唱鄭仁西答告三月旬間果來此鎮一宿而出
松項留連一旬而還歸云又探於松項則自松項離發至淳昌金監察東權家留待
云矣即命使令李銀卜持書往淳昌邀來事專送十七日兩通引趙允基劉鳳瑍現
身衙舍内不可無一間房屋以西邉所在庫舍四間修繕爲客室一下人房一户籍
量案庫各一事分付擧 朝家設郡本意示島民凋瘵事泒送校吏文喻境内各島

○島民의 痼瘼

爲布諭洞悉事無遠不暨幈幪之德不可不知無微不遂彌綸之化不可不念今夫本郡諸島散在洋海之中土地磽埆民物鮮少魚鹽之業不及內地桑麻之饒越涉之險難同乎陸坦夷之易究其聊生之苦已極哀哉之歎重以地無專管御聽隣邑應行之節自致倍費疏迷之勢甘受欺侮此乃島民之抑鬱也況又挽近以來豪强興而弱肉莫保誅求煩而呼訴無地此又島民之痼瘼也夫以普土惟均之民抱此一堂向隅之歎其情不亦究甚矣乎何幸天道好生陰谷遇發榮之春大明無私覆盆回容光之照惟我　聖上聰明四達水陸一視憫遐生之無告憂匹夫之不獲遂乃提閣議採便宜還五邑分屬之地置一郡自主之官使之近民治之以島此不職所以承乏而猥膺分憂而赴莅者也自顧不職學本膚淺才蔑撫字溢目草創之憂茀待對衆商確到頭急先之務惟在宣　上恩德但恐　朝家設郡之意實有攸在而海邦編戶之氓莫知所由則既失守臣對揚之職又阻兆民咸戴之望茲將咫尺之紙庸鋪靦縷之衷嗚呼兒衢童子尚解莫匪爾之謠漢郊疲癃舉切少須史之願矧茲土之遐迷荷昊天之仁覆宜倍感發而自新曷不蹈舞而興起春爾耕秋爾穫念輸稅之先公氷如履淵如臨畏邦憲之莫越家有惇敘之行鄉興禮讓之風俗美化行可見齊一變魯一變業修德進亦將孝可移忠可移乃願則咸與維新其像也方興未艾此非但茲州之美事厥亦爲太守之與榮至若民邑條規之詳當更別具成冊其餘毛頭未盡之意從以廣速面喻姑先

○智島의 상세한 지형과 형편

告示咸宜知悉 一

○郡의 시설위치와 명칭

十八日壬子兩詳考智島形便則自靈光琰下山渡江爲漢峰自邑巽方逶迤十里
至釼山平地二里過峽崛起爲廣井里後峰屈曲三里許鳳凰冨興兩峯向坤而爲邑
基開帳結局與松島對案松島之右峰曰望峙左峰曰堂峙望峙下有鹽釜一座衙
舍則肩艮而坐衙後有 關皇廟設始今爲數百年而其所由設始之意則無蹟可考
邑前有小嶼即戰船所繫處今破壞無遺又有待變亭舊址凡往來船隻必皆到泊
于此東軒左有內衙右有册室及戶籍量案庫前有內三門門之左有使令廳右有
將廳縿有作廳邑村則東村二十八戶西村四十四戶內洞十五戶前有防堰二處
後有石山東三里廣井三十五戶坤方二里松島二十戶前有梅花屛風等島南面
則自邑五里堂山六戶四里蒼橋八戶有堤堰一處鹽盆四座五里積巨里三十五
戶又有中山村二戶堤堰三處十里自東二十五戶堤堰一處此是漢峰下十里自
西十六戶堤堰二處十里孝地村二十七戶堤堰二處前有仙皇山祈雨處後有下
津渡涉十里五龍洞二十戶前有破堰十二里樓洞村十八戶堤堰二處十四里台
川三十二戶堤堰三處鹽盆二座十四里蓮花村前有破堰十五里會山十戶堤堰
一處左有會山津正南通炭島及蟬島東面則自冨興峰一枝逶迤至穅山十五里
而止五里長洞七戶堤堰一處鹽盆一座九里苞谷三十三戶堤堰三處十里松項
十八戶堤堰一處十三里津西二十二戶堤堰一處左有穅山津自邑十五里正東

○洞・津・山川・戶口

通咸平大路十四里津東九戶堤堰一處盐瓮一座十里加亭十七戶堤堰二處盐
瓮二座卽邑之艮方十里笛洞十五戶堤堰二處盐瓮二座後有鮑作島九里竹谷
十六戶十里鳳洞二十二戶堤堰一處盐瓮一座十五里站島六戶堤堰一處盐瓮
二座後有津頭通鮑作島於義島七山海此是癸方十三里元洞十五戶堤堰一處
十四里書堂洞九戶堤堰西面則自富興峯一枝迤衺十七里點巖又至荏子而止
四里甘洞三十七戶後有大嶺九里龍生洞六戶十里白蓮洞十八戶堤堰一處前
有頭流山祈雨處前有防堰十四里新基二十二戶堤堰一處右有三巖峯十五里
吹溫八戶堤堰一處北越有雉島鵲島等島十五里金出洞十八戶堤堰二處破堰
一處盐瓮一座十里島洞二十二戶堤堰一處盐瓮二座十七里點巖六戶堤堰一
處前有點巖津通水島荏子等島十五里允郎浦三戶有津通沙玉島荏子島此是
乾方四里古沙七戶堤堰一處盐瓮二座正西有荏子島之漢峯前有塔仙浦津通
沙玉後甑前甑花島等島此爲島之四標也東西三十里南北三十五里東距靈光
邑一百三十里咸平邑八十里羅州邑一百三十里南距務安邑八十里官戶二百

○田畓・屯土

七十三戶田結九十五結九十五卜二束畓結一百十三結七十七卜五束皆是司
僕屯土船十一隻箭八介網九件郡內九十餘諸島合宜依此詳悉而散在海洋絶
遠之地所謂派送監色未克昭詳錄來何可一體搜載乎第待漸次探賾計耳
十九日雨二十日雨前本鎭萬戶梁相爀來見二十一日陰荏子島高學奎招見二

○前智島萬戶來見

十二日木手崔鶴祚應役松項居前本鎮萬戶黃健周來見余問三月旬間星州金進士來留松項店幾日云矣或有相面而其去就亦或聞知耶對云那時果有來詢相從而本月念後向往淳昌其後以新倅到任日字探示事專書來到其時謂在咸平鶴巖此去爲二十里之近而到任日字詳知後裁答次稽至多日其後聞之則發還云而嗣後則無聞焉

○地域別 照會事項

羅州府全州府務安靈光扶安萬頃以戶籍量案諸般物種推來事因內部訓令自邑照會送吏羅州大中小島二十四島屬島四十四島無戶結島六島無名島四島戶四千一百戶田畓合結二千三百九結二十四負一束船三百二十七隻錢二百五十一兩三戔三分鹽盆二百四十四座錢一百五十三兩九戔網五十七箇錢三十三兩七戔箭二十七箇錢十四兩三戔藿田五斥錢三十三兩五戔靈光郡大中小島二十四島無人戶島九島田畓結六百四十結七負五束戶七百六戶船五十七隻錢一千七十五兩鹽盆四鹿網十八箇扶安大中小島五島戶二百十一戶田畓結四十五結四十九負一束漁基二十七間錢一千三百五十兩魚商船四十八隻稅錢六百五十二兩八戔二分萬頃中島小島各一加一百五十二戶田畓結二十六結八十九負漁基九鹿錢四十二兩五戔務安小島一戶十五戶田畓結田一百十八斗一刀落畓二十八斗三刀落只等文簿事例推來事也本島民南面宋宗珍東面朴汝奎西面李文基來見二十三日金允伊去務安邑是日雨意快晴先是頗有旱憂自余到任翌日雨始之適洽而止移秧處處方張

○各處 勸農독려

○判書趙秉式生祠堂(慕愛堂)과 救弊事實

民以爲下車兩云余率通引官奴使令各一先往西坪時往東坪每一人許男子錢四分女子錢子四箇式題給而喻以農者民生所以爲天也農之本在勤勤者早作暮息耘耔耕穫不失其時之謂也賴是以外應公稅內資事育言念至此何有一刻放忽之念守官之躬行看飭非真觀翫也一則慰窮民作苦之意一則審緣畝勤慢之實而今日所到處皆有樂赴爭先之狀可想此地重農之意兼以兩澤普洽移無失時之歎則有年之望已現於目下矣爾輩勉之哉還邑賦詩

露晃痕著亦麻兩老夫喜作烟簑伍手畫平沙井田制書留曲几神農譜爲官斷斷無他技勸民農亦是天賦行逢田畯原頭笑四郡風謠事已古海俗綴道魚蓝利居民亦自重農土衣沾滑泥不足惜思見恭情鼓之舞秧歌一曲後我使錢葉三三復五五 吾王勤儉親耕籍爲汝農書降一部

是日東軒春舌椽木并皆新掛材木則幸因島中多松取用之道不甚艱絀亦一叙力處也二十四日蓋瓦東軒前後庭除草後補土便覺一倍生色昨日東村有勸農未盡處是日更爲出往路逢盧司果尚迪及金兒伊暫話先遣入邑回路至東村入趙判書秉式生祠堂扁曰慕愛堂堂凡二間而東一間竪沈鼎澤沈儼澤兄弟碑西一間即慕愛堂扁揭祠堂記幸州奇宇渺所撰也蓋去戊寅年間趙台謫居此鎮適時本島有戶曹新結之爲民瘼者趙台另爲往復於度支及完伯華袪其弊島民惠之所以有此 者也 (大夫鶴坡趙公秉式留沁都值倭指譬請討章二上伯錦省値 歲大飢見民若己捐私俸賑濟之公義惠之施於事爲不可救)

○慕愛堂建立事實

舉而此其大大若是小可畧而推公之退憂於智非公實也知公者不以此疵公智爲島環海地潟鹵硲本少利民業漁蛋雖樂歲終身苦冗於死止而已莅鎮者不此之恤濫賦歛至丙丁大飢極矣清堅之佳存者栫揚戴路艱虞溢日勢鼎遠乃已非公則日非吾事何故知而公地則異矣爲國世臣休戚與國豈可以非吾任而坐視其慈意而不知救也公之南實智民有生之秋公乃戴鎮吏賦之濫者查微而還之民弊之痼者明哉而拔其根者一島安堵重完公之力也民於是不可諼堂而尊公真以寓慕愛名曰慕愛堂非公意也智民私也公知而止之曰余詼罪于此不可坐視吾君來子盡入塗炭再以如此者達君德也非余私也此無乃重吾累耶民咸辭曰此不足有無於公公異日居廟堂之上先民憂而後民樂對揚聖德而達之民則吾八域皆是島也此小尤泥之偏慕宜不滴公意而公安能禁吾民之私慕也公無與焉以其實徵銘於不倭丁斯文大年捲命不使人微言不重售足以不朽公於來百歲不朽公實有焉詎不辭以示誦聲之達于內地銘曰有島百廢而詎之爲百廢斯與公實以之公來匪地宜曰不知邦之世臣公之匪夷憂君之憂力及則宜弊島東完王化暨茲回眺焉笑我惟與汝我堂慕愛以永來許公曰不有非我私汝王化如日覆盆自阻置郡之逮及汝士女無舊我萬勉罔稷忝民曰唯唯亦曰否否不有王臣執昭我后我堂我私不有公孚我堂孔固與斯云久有樹勿拜惟公攸憩式遏公歸宣室是詣

○沈相公舜澤碑銘

代定薄賦吾民慈母慕公鴻德與天同壽

○沈珽相履

澤碑文天下之事窮則變變則通固理也而理不自寓必待其人化哉惟竹豈真財成補相者之事耶智之所距京師千里未霑王化者久矣粤自户納添結鎮倉鎮吏貪緣纖奸島民難保于茲居殆而間經內丁傲歛誅求遺子實不堪命惟時沈公分憂南藩慨然有澄清之志委遺體校審知其弊瘵痾疾痛紀羅剔抉該鎮吏之移例濫埃嚴督以隨陳兵水營之科外苛斂論閼以痛革凡係王府不得擅便者啓請于乙覧詩復于籌司百年痼瘼一朝跳雪民欲壽其德碑于丹雘閣徵文于余余既罪累且非信筆嘗慨世之金石文字言浮於實而此島之弊書不可以盡言此公之恵言不可以盡意則此所謂窮而變變而通而可久可大者耶畧叙顛末遂爲之亂曰無罪而喘今坦而臥夜竊而喙今旺而堂辯瘡而蛆今閙而畜腹富而殷今鼓而歌執使之然也微公則魚蜆尢主沈兮不過黔驢完山雀舉植識

○東村路邊의 碑들

又至邑東村路傍碑碣甚多

御史朴公泰輔觀察使李公裕元觀察使李公鎬俊御史李公敦相都巡察使趙公性敎萬戶全尚賢萬戶李枝萬萬戶南聖重萬戶金潤九萬戶中秀岳萬戶林東周萬戶○池得源萬戶朴應祥萬戶車益文萬戶姜元準己上石碑守門將張龍植牧場執事金在淳萬戶梁相燉己上鐵碑

○夜與盧司果叙話以都草島宮税事昨年來此尚令未還而適在務安者事金允伊許聞令公之赴任轉到相見心甚慰豁因與賦詩

公幹各自海南州青眼相逢笑白頭洛下親知千里外天涯旅恨一燈愁當年志
業俱灰冷異域光陰似水流他日歸期須早結飄然李郭濟同舟

○農形修正成州

二十五日己未雨到邑後聞因雨事及諸具之未備到任狀尚未發送今日定使令
黃在權到任狀修正上內部無付家書本郡農形修正成冊報內部豆太黍粟間間
再除草木綿田初除草附種番早稻番初除草晩稻姑未畢移黍稷間間落種而澤
狀去月二十四日陽暦卯時量始雨本月二日至連爲注下牟麥漂浮堤堰潰缺挾苗
消融民情悶迫緣由事衙舍蓋瓦及除草補土等畢臨夕衙中各處以白飯白餅者
祀巫女主之而由例也朔望亦例而此以役畢別行也二十六日雨午雷東向加亭
里前監察朴雲奎來見今日即入衙定日而新經修理堂壁庭宇頗多未淨而至相
推揔莫念修拭飭令吏輩一齊洗滌申刻入處東軒自吏廳酒物一床入來余曰此
等容費甚不緊也答告云東軒新入之日故下情所在不能已也不得已受之仍念
今此入處正是莅事之始發政之所也太守其有思乎詩以言志

○東軒新入告祀

一歲之春一日寅茲州萬事自今新驅馳千里靡他故夢寐三刀只此民烱烱星
芒瞻北極諄諄天語憶楓宸長風破浪艱關路白髮丹心老病身居爲首功仍舊
貫莅緣邀福擇良辰擯來壁面模糊總滌去堦居蘗積歷啓處雖未容膝易云爲
全欲以躬親一毫莫取非吾有十目其嚴暗室神人物木強要穀率鄉風草昧試
經綸酬 恩敢望消埃效臨下宜思惻隱仁先見固能無後悔至誠方可得詮真反

時料理將圖遠自我勞勤始責人疾苦遐陬哀赤子㛎懞品彙咨蒼昊志存宏子
彈琴坐治愧文翁翔學彬五袴風謠那復起二松公事不須煩三農時節無耀兩
門清似水長時漁户慣於隣疎才不比論鷄劃義俗何
留循吏傳金章腰重地方臣諸君莫曰來何暮太守深知屈有
臨以簡牽黎甸甸視之均清風明月三年後回我輕舟上漢津
閉門及𥫗令節次試使舉行所謂奴令無非爲合苟充之徒也其趍走呼
是
唱參差不中以曾經見聞論之真是脾胃難定也曉起有作
海隷強如犢奔騰不受羈廉頻恩用趣懷抱可深知
二十七日辛酉雨小暑使令李鍜卜自淳昌持金東權書簡而來見是石醒來留十
餘日又往成平鵠巖探京奇尚杳然云故自鵠巖即發浩然者已數月云矣二十八日
陰望雲金樂炯去二十四日來見乃留令始還家二十九日朝雨辰晴務安金琪煥
來見尾扇五柄扇子二柄是日命通引作詩仍用其韻述懷四截
島民新戴 聖恩天經若須知樂在前自顧臣身何以遂才疎不合濟時邊
際看梅雨慰民天宛格 宸衷辭陛前爲政各隨其分做何憂宣化抵遐邊
小局開明鎮海天煥然文物未曾前桑蟲科斗能成化無復更恩身外邊
農賈漁盐各食天支分門内許生前一般化育今稱是誰復名言海一邊
三十日甲子使令黃海元專送星州而歷路兼入茂邑事分付從前此地莅任後

○1896년 6월

○關王廟祭禮祝文 및 行祭順序

關廟一番致誠例也以明日設行事爲定午刻牢牛支劑封香祝大祝朴鎭郁奉爐
朴允邦奉香金衍玉差出陪進

六月一日乙丑子刻具黒團領詣 關帝廟行禮大吹打放砲三聲開門後正位祭物
白飯肉湯白雪餠牛頭魚蔬三色果品祭酒煎油肉肉膾乫伊炙散炙脯甘藿炙正
位龕室内左張仙天官右靈官天君祭物與正位同而無牛頭加牛足四将位龕室
外左關将軍王将軍右周将軍趙将軍祭物上同西一間玉泉位山神位祭物白飯
白雪餠素湯菜蔬甘藿炙三色果品祭酒西壁畵馬位東一間東壁畵馬位祭物與
四将位同奉爐祝官分左右而立座起吹打放砲一聲陳設放砲一聲獻官詣盥洗
位盥洗後詣 奠席鞠躬跪興詣 正殿跪焚香行初獻禮復位跪俯伏大祝讀祝

維歲次丙申六月乙未朔一日乙丑通政大夫行智島郡守臣呉宖默敢昭告于
義勇武烈皇帝陛下伏以臣身猥蒙 國恩職忝郡治憂在民元 王化攸遠蒼生久
疫特被普濟運會有期一郡新剏百度俱釐是誰之功 王靈攸盃靈且尊矣萬古
不休忠懸日月義炳春秋敢以涓薄只望黙護旣捲海瘴且調時雨謹以微誠牲
酒畧具恭惟 尊靈俯顧尚 饗

興樂作四拜興平身樂止仍詣 正殿跪焚香行亞獻禮復位跪樂作興四拜興平身
樂止仍詣 正殿跪焚香行三獻禮復位跪樂作與四拜興平身樂止歆饗砲一聲後
各位則入房向神位各爵獻再拜罷祀後放砲一聲次以正位享祀之物一齊撤陳

○郡民 朴汶奎등 進物

於門神位一酌再拜仍詣東臺石上地神位獻紙幣二張而一張則祝 國家一張則
祝年事餘外紙幣從願官所願成就祝願告閉門大吹打放砲三聲禮畢退饍并派
饋三班下人平明詣客舍行望哭来此後支供自金炳秀家備當是日設廚所丹內
餉粮米饌需等區別磨鍊使金福用者護午刻東面民朴汶奎宋鍾述鄭申祚金申
培西面民李丈基朴鍇緒南面金得奎李璟白来見進酒物一床曰竊伏聞下車之
後憂勤民邑聲聞四達民等不勝區區感祝之忱謹此来候所謂供進之物全沒貌
樣尚望一番下箸云云余笑曰諸君之言則過矣而諸君之意則厚矣然而過情之
厚無或近於不安乎且官民各有所望民之所以望我者撫字一視也官之所以望
民者勤身安業也然則厚望於異日者有甚於今日之厚不識諸君諦得至此否咸
曰敢不惟教乎少頃皆辭出追賦一詩

醎淡海味試嘗新魚蟹何如陸錯珍親視家人無阻隔德揚 君上有恩仁遐濱亦
在三千里寒後初逢九十春臨別慇懃相贈語民情官意兩皆真

○南甘을 시험재배

二日丙寅法聖郵知亞来乾石魚一束品極佳後園耕南甘蕨田十畝北甘則在永
峽慣見習知而南甘則未嘗經驗故因空閒之地試之到邑後各島民人許不容不
會同邑下上自 朝家設郡之意下及官民約誓之規一統曉喻且有不可以口舌盡

○향약 17條마련

者定成四十一條及鄉約十七條文字亦於官庭分給事以前月晦日齊待之意傳
令各島頭令宰牛釀酒以待矣其間洒水連仍諸民不得趁期来待而自日前近島

民幾人見來若待齊會則酒肴有變味之慮故是日姑先隨所來招入本島邑下三
洞金得圭東面十一洞朴沃奎朱弼瑞鄭良順西面八洞金大奎洪后信李正邦南面九洞黃丙植金應善大洛月島金敬春朴仁善小洛月島黃善甫金成文於義
島姜學仲金致明雍島龍島曹德仲鮑作島張洪吉汝玉島金邦允全和中俊凱島全萃振前凱島李敬如羽田島趙慶五蟬島朴睿仁朴龍安房風島李瑞有李君善炭島劉景瑞金大淵古耳島金應順成敬一水島蔡宗錫松島金俊汝 至毬庭分兩行序立余乃面諭曰令夫 朝家設
郡本意特出於一視水陸均霑 聖化之盛德大惠則其所奉承對揚之責有非如吾
淺劣所敢承當故一自正月二十七日除拜 命下之後懇乞蒙遞至四朔之久而至
承惶悚 處分則義分所在不敢更辭及其 陛辭也 勅教有曰簡拔老鍊為其以島治
島往欽我乃伏念 天語諄摯聖意隆重敢不殫誠竭力圖所以萬分一效勞乎及於
五月七日俶裝登程人皆勸就陸路而心欲先試水路之夷險是察島民疾苦之一
端竟以木道取路幸賴風利海晏三千里水路曾未浹旬而抵到是蓋 王靈所佑而
厥亦民望之淺也耶下車以還夙宵思惟曰宣 上恩德第一義也與民約誓急先務
也此非家喻而戶說者則不容不大同一會口授而手派寔是便宜親切之道故所
以有晦日齊待之令而胡為乎限過有日來者零星挨以法意有乖初料然而待其
畢集則先來者之糜費可念也故姑先面喻須各明聽哉大抵本郡諸島散在大洋
之中土地瘠确生理艱絀舟楫通行非同於內地坦夷之易漁鹽為業不及於平陸
桑麻之饒而以其分屬於各郡之故受欺凌被誅求弊日益滋生日益艱可謂方春
之陰谷太陽之覆盆也何幸哉 聖上階前萬里無微不燭島瘼之瘵到極地島民之

有究莫伸洞察之哀憐之究其起弊之由講其圖新之方提閣議新 宸衷聚集各島
特設一郡置長吏專管之於是守島之民有抱牒訴究之毬庭有戚冠習禮之校宮
向之鞭箠而罵詈者今何畏彼向之下視而見凌者今何必龥哉然則皇穹之廣覆
堯舜之博施在島民果何如耶是則向所謂宣 上恩德也自顧不職屢經臨民粗有
方便在內地尚然況絕海凋瘵之餘其所措施宜倍費匠所以始赴之初惟帶一僮
及到任所一從苟完公廨之仍舊也爲首民力吏派之望報也爲從衆論至於四十
一節目十七條鄉約亦皆曾所試用而參以本郡形便者也竊意官民上下遵此做
去則邑可以成様民庶幾知方但恐念子燥燥視我邁邁終歸於文具而止則非但
非官之所望於民也民邑事終無實惠之望而 朝家爲島民特念之意臣子爲 君上
盡分之責掃如蔑如寧不大可懼哉所以輪示之不足而必使至前提耳而面命是
亦拙謀苦心也然凡此條規鄉約既是自我定成則決無自我違犢之理所憂者民
之遵不遵未可知也咸須深量而言之齊對曰未待之過限先後之不齊不勝悚怵
而須示諸條俱係民生切實之關棙也痼瘼之源利病之由昭如指掌明若按圖我
閤下憂民之摯見事之詳方且歎服之不暇豈有背明向暗自底謬戾者乎余曰今
此酬酌即所謂約誓約誓者一遵無違之謂也諸民之言如此吾無憂矣但其條約
中如有不便於民者及有遺漏未備者亦各言志無隱也對曰諸條先見得民等未
到處居多安有不便與未備者乎乃命列坐正中堂廳事派饋所供之物使通引行

○節目 41條 各島에 나누어줌

○41조 규약의 서문과 내용개요

酒諸民上手稱謝曰海岷之獲覩此擧噐之所未聞生來之所未有也旣醉以酒又飽以德可謂死無餘恨也仍派給節目各島一件式

天下之事成于一而敗于二七情統於心然後其身修衆口聽於長然後其家齊至於爲邑奚獨不然本郡素以荒僻之地又無專管之主轉移頻煩民懷苟免於是乎支分派裂各自爲心強者無忌弱者無告馴致至於藉托誅求之弊無島無之回互轇葛膠大於腹乎民之困安得不日以益甚乎此靡他故地無表率民無持循也何幸今者 朝家降一視之澤郡廳置專治之官則官民上下所當弁心圖新講究利病靡不庸極定成一從之規作爲永遵之則然後上可以對揚 王化下可以齊整鄕風然而此宜自我先之者故參以往時經歷臚以目下形便得節目四十一條鄕約十乂件乂省外面雖若冗瑣細究衷許俱係功實爲吾民者苟能遵而無違則其於成邑樣貌民居之方不待他求推可傍達至其未盡與不便者不容不對同商確務從至當且有委曲底蘊有非文字可盡所以前期布告使之晦內來集而限過已久會事未圓其真雨水阻涉而然歟視之文具而然歟抑亦官之誠意未孚而然歟顧今事勢無暇泥來者之早晩姑先隨到隨見俾無留違之責此乃忝恕非示信於立法之初誠所慨然也然則今日之與於此會者聽我飭喩受我約誓果能心悅誠服咸自持守懲創勸戒常若在我面前慎終于始漸摩成俗則前所稱成于一之效庶可親見如其不然口唯而心非面從而退違

措施之下動生横梗措令之後輒致漫濾此是互鄉難與言之習非所以齊眘待
之者也官於是時安得慨然而止而已哉必當繩之以刑威勘之以法律此豈
聖上特恤之本意亦豈不職護生之初料耶嗚呼天之降人以善爲衷故曰民之
秉彛好是懿德若其或相倍庭習俗移之如有舍反善變者不待推挽不須鍛鍊
以其在我者足法也今此苦口播告亦非假借別人爲也只是以島治島以人治
人之意則民亦何求於遠何待於外耶歸而思之自有餘師庶幾夙夜悅焉孜孜
德業相勸患難相救十室有忠信之士百家興禮讓之風則寧不善哉
後○有邑必設校鄕至於排置之日各島諸民士不念身分自顧矜大至有罣辟等
侵虐不無其慮如或有此弊端則該當者及任掌即其地來報以爲嚴處以杜滋
蔓之弊事○孝親烈行睦族之人及有智量好文學與知事操行之人一一指名報
來以爲別殿収用事○各島豪民以其名下所當結卜暗自移錄於殘民者不無
其弊此非但以強抑弱之罪係是 國結幻美之律則如或現露於看坪查定之日
報京刑配斷不可已除尋常惕念無或追悔事○陳浮結之究徵與各項雜稅之爲
弊名目可以自官措處者的宜歸正可以報 京司變通者報告歸正矣一一修報
而如或虛實相蒙則各任掌亦難免嚴繩矣期於從實俾有實效事○各島中必無
豪民之無雇役民者指名報來事○牛之禁即 國之大禁也謂之邑遠無難私屠者
指名報來而如或掩置至於綻露之日任掌俱難免重勘贖錢亦當一體徵出惕

念擧行勿致後悔事○謂有債利未推侵索殘民田土者指名報來事○武斷呑齧陵踏殘民者指名報來事○不孝不悌不睦者是風化所關必當痛懲乃已一一指名報來以爲懲一勵百事○浮浪悖惡凶暴之習亦當懲勵乃已指名報來事○酗酒及雜技與窩主自該洞中并卽結縛捉上而如或拘私掩置現露於廉探之下則該頭民及任掌亦以雜技罪罪之贖錢亦當一體徵出矣惕念擧行勿致後悔事○以少凌長侮上欺下自有重律如或有此等弊端必當嚴懲以正風化自各只島別般導率無致大抵罪是遣如或有之具由捉上以爲嚴處而平日不飭之該頭民任掌亦難免重勘惕念勿悔事○島民之愚痴不知設邑之攸重復踵前習締結島外亂類惹起事端惱擾邑村者斷不可以尋常處之如有現發者必當報告京司以爲重繩刑配矣惕念勿悔事○凡各島公錢收捧外必有島中公用則雖一分錢必出於民而需用矣今此新設定規之日不可無親檢曉飭以杜後弊自今以後每月初必以一朔內所用條自各只洞爛商可否修成冊別置合三朔後報來自官參量刪削如或濫用者則使之還徵於所用處當有從事理別般措處是在果若或習於舊謬因循掩覆罪歸因上今此新設特由 朝家愛恤護生之澤而護生莫先於節用除煩就簡惟在於在上不欺民之至意惕念擧行期有實效無至大抵罪事○凡公錢收捧自有定限則民必無愆納之弊自官每過期限必捉致任掌而督納矣設或某民未納之弊任掌輩以已捧條先納呈限卽官之特念窮蔀

難辨而糸怨是去乙任掌則出村恐嚇甚至有出債替納云而至於未納處以債
利徵出且以謂八邑浮費多數會下於洞中者萬萬無據飭除良所謂浮費徵出
洞中則先納者豈不冤抑此等弊一切嚴防乃已如或有之則自民處具由報來
以爲嚴懲而未納之民必當嚴治是遣且以任掌言之當初自洞中磨鍊任賴者
即出於任事之爲惱而渠亦民也不念本意百般圖托惟以濫歛爲主者切切痛
惡任掌除良惕念擧行勿致後悔事○夫堤堰之無論公私即係爲農之大本雖陸
堰年年加築每多潰缺況海堰乎官無提飭民必董役而年來民力疲羸必多胥越
者存豈不爲民事悶迫乎玆以提飭各島各洞另加修築期圖完固然後民可以
賴國可以結惕念擧行是旀雖或私堰以堰主之事力不逮未克完築則害歸於
農民自作人居住各洞一體修築後所入條待秋成收捧事係叙力以此做去是
遣至若潰缺廢止之堰亦爲到底更築以爲作農而如或自前主謂以築堰成樣
妄生不測紛紜之端自官當有別般措處矣以此知悉期有實效事○島民或不有
士民之別喻只以下凌上者便同以少凌長罪當難恕指名報來以爲嚴懲事○
官屬輩或稱動鈴及勸善討索作弊者指名報來事○官屬輩以私債作爲公錢勒
徵殘民者一一報來事○官屬輩或稱禊防貿綠討索者指名報來事○官屬輩勤貸
民錢籍勢不報者即爲來告以爲嚴懲推給事○官屬輩籍以扶助貽害殘洞者指
名報來事○官屬輩惹起事端出村恐嚇者指名報來事○官屬輩私捉平民任自威

○頭民의 폐단과 頭民의 數

喝或鞭撻者指名報來事ㅁ官屬輩誘致平民互相締結變幻呈訴者必當一一查得以爲嚴處而設或自官未聞必自民間指名報來事ㅁ書員輩之每於看坪時新起與舊陳處不法執稅者一一報來以爲區處後嚴治事ㅁ該掌輩謂以公錢未納任自拔戶者指名報來事ㅁ官屬輩憑藉官用夤緣誅求者指名報來事ㅁ結價濫捧之官屬與該島任掌輩一一指名報來事ㅁ養戶防結國之大禁也民雖小利而至於吏逋則末乃之弊必至無邑乃已如或一把束犯禁之弊與捉者俱難免國結幻秉之律幷卽嚴懲刑配矣各別團束無至後悔事ㅁ無論大小公納直入公庭以爲受尺事ㅁ公納錢非官知委雖一分錢不可擅納且公錢捧納後非印尺則至於查明之日與受者必當同罪而所納必再徵於該民惕念做去勿致後悔事ㅁ各島頭民之爲弊官所頒畧者矣頭民之稱洞之長老知事之謂也不比之爲雖以年少輩恃其豪强自謂頭民而凡爲事爲之間曰可曰否紛擾莫甚至於各費排歛之際稱以頭民百般稱頃使此疲瘵難保之氓偏被擔着是豈一島居生患難相救之本意乎若使疲殘之民不耐烟役而離散則所謂頭民向誰以同濟乎今此定規之日不可不自官措處從今以後頭民段大島十人中島五人小島一人式幷與屬島通同酌定擇其知事智量勤幹操行可堪者島中圈點以多點者抽元定額報來出官帖施行諸般董飭使之舉行爲旅若有不善舉行則自島中報官待處分舉行而若至罪汰則以前日圈點多數中額外未參頭民者次次陞差

是尔若或時在及曾經座首都有司則以頭民元額外施行爲旀頭民中有頃補闕
則以曾經鄉齋任者依圈點施行是遣烟役段通同應役俾叙敦睦無至残民向
隅之歎是矣若或携貳犯科則具由指名報来以爲嚴懲而雖非島報別般廉探
以杜後弊惕念舉行無至抵罪事〻頭民之自官措處便是各邑之好規而況此新
設如非別般措劃散在各島何以變一隅而接濟細察吾民苦惱乎玆以別飭令

○頭民圈点

於圈點時可堪人姓名受項簡列書使諸民各只圈點以多點者依定額望報而
圈點本紙一體上送成帖以置俾杜生奸是旀邑之成様島之支保俱在得人莫
過於此項簡時連長風憲刻意看檢必越至公無私期有實效事〻無論其官屬若
或出外島及本島各洞則必告官定日許標然後可以任往矣如有無標出外村
外島則另自該地方指名報来以爲嚴處而自該地方視居側飭且爈顔私掩置
至於現露則断當嚴處矣惕念勿悔事〻凡各島及本島村民之致捉也將差之足
債門間使令之討索獄卒之侵責其義何據曾所痛惡恐有所歸有官之邑行此
無官之事乎當此定規之日如此弊習不得不嚴防或有此等弊端必爲告官如
難告 官雖密錄入呈期於查明嚴處事〻凡訟民之入邑或因官屬之相關或
因門間之阻遏未克呈訴不無拖至幾日之慮其在爲民導率之義豈可不
嚴飭惟我 民生直入官庭無滯伸訴俾無多日生費之地事〻各島必以商農

○袱負商弊

資生則或 不無負袱商之弊稱以宴樂收歛侵索於残商及平民者逐出境

外而如或不遵自洞中郎爲具由捉上以爲嚴懲杜弊事口今此新設本郡特由愛恤護弱之至意矣凡島外各郡校卒輩復踵前習如或有無公文討索殘民者自洞中郎爲具報捉上以爲報營刑配而設有公文未付之前經往侵討者亦爲捉上以爲從事理決處事口凡島外各郡之所謂士豪輩敢生不測之心認以莫敢誰何如有侵漁之弊斷當刑配矣郎爲具報捉上以爲嚴處事口未盡條規追後磨鍊事不職特蒙簡拔之恩務掌郡事夙夜祗懼深究安民成邑之道則官以一郡爲一家任掌各以一島爲一家協同辦理則其作成之化不待他求而千萬服事料不外乎此圍故條規一則玆以成給惕念遵守維持法力保守之策必達於隣邑且況此郡皆是島嶼散在海洋跋涉之方亦難便易則爲官者其能詳察民情守使此各任掌替察吾民之隱遠莫如近一乃勉循俾伸有究必訴之境必至庶幾於普洽也哉惟我諸民恪勤遵行毋或違越抵罪之地

○鄕會를 大中小로 구분

後○鄕會以大中小三會爲定而一里以三十戶爲之一村如不滿此數則必以附近隣里倂合一里曰小會一島倂合曰中會各島倂會于郡治曰大會事○凡

○鄕會의 會議事項

會議事項一勸農勸學與諸般教育等事一戶籍及地籍校正等事一歉荒及患難相救與衛生等事一社倉穀另護事一道路橋梁修築等事一殖産興業等事一公共山林及堤堰修築等事一諸般稅目及納稅等事一浮浪亂類雜技酗酒不孝不悌不睦等另飭禁斷事一諸般禊會等事一凡官令擧行等事

○里會의 운영방식

右項諸般事務之難以可否則必里會從公議中明改圖期有實效事○里賓尊位及頭民各一人島賓執綱及書記與島主人各一人事○里會時每戶各一人併會各會員諸般事另相論難必以多數意見具文案報于執綱可許則許施之意報于官若不合事而而不許則自該里再議報執綱循且不可則執綱報于郡治可許則許施若不可則使島民再議循且不可則報于京司裁決事○島會時執綱尊位官頭民書記島主人有宮士而事關宮士事則屯長戶房等名色并爲會同以里會文狀爛商公議裁決後報官如難自執綱擅便則具里會島會兩文案及公議之如何事狀從實報官叅互情境以爲裁決事○郡會時自郡治若有通同關係事項則自郡治必定日知委於各島會同議定而赴會人員則執綱尊位官頭民二人書記島主人及時原任座首別監都有司掌議趁限來會于郡治以爲議確事○大中小三會時會員各只自持飯供而所謂酒食費一切勿擧論不可收斂於諸民如有犯科者則嚴懲杜弊事

○鄕會任員의 임기

○執綱尊位書記島主人以一年遞期爲定自各該里必擇名譽老成勤幹解事畏公惜身命者每年至月各該里谷只會同公正圈選一人報于執綱執綱以島會例會同以各里所報人合置圈點記自島會更爲圈選三人備三望報官劃出差紙成給後施行該任掌之從來無名雜斂一切嚴防如或犯科則斷當嚴懲俾杜後弊矣惕念勿悔事○頭民卽一島之老成頭領也雖以執綱如難擅便事則必就議於官頭民俾無僨誤事○頭

○每里의 詳報內容

民及各任掌惕念擧行而如或以不公不法之事擅行恣意至於諸民難保之境則勿拘一年期限自各該里會同記過報告于郡治又爲如例改選報官裁處事

○一島書記卽各該里帳簿記錄報告文件所掌者則紙筆費不得不精畧議定以爲支給事〇各里必擇可堪一人名爲書記而此則自該里尊位處議定至於紙筆費則不必擧論事〇島主人一島內公文發送等使役者也自該島中必輪回事〇現今懲役及租稅各公納從納者則各任掌之差給勿爲擧論自各只島圓選時惕念拔去事〇各島戶口産業自各該里調査以産業多寡定五等每公用錢及應役時以等數分多少定例就其中鰥寡孤獨勿論且移居生死産業之買賣選易等事戶數之幾何人口之幾何自各該里每年終昭詳報來以爲轉報京司而雇傭夾寓亦爲勿漏無至蔦藤大生梗事〇産業事項〇家屋〇基樹〇

倉庫寺院 間數 田畓 斗落 息耕 洑港堤堰 坐處 山林 四標 步數 陂池 周圍 灌漑 漁磯 鹽田 藿場 處數

竹田 蘆田 柴坪 處所 步數 牛馬騾 匹數 船隻 把長 隻數 鍮沙木陶等幕 炯竹 綰巾及厨

店鐵店 負商 褓商 客主 冶匠 木匠 庖丁等如此類事

莅任未幾邑事姑未就緖而竊所爲慮者卽民情也當此麥嶺其果歸農將至有秋之望是喩終當有次第措飭是在果一邑內戶口幾許島之大小民之貧饒道里遠近山川浦野之風土亦洞悉然後庶可有爲政之補益矣玆以後錄別飭限令到二十日內昭詳修成冊報來爲旀至於道路橋梁之修治卽先王之遺制官

政之急務而亦生民日用常行之所由也無論大小路橋梁之斷絕者這這修築使彼行路之人無或跋涉艱咨之歎是矣如或不為修治現露於摘奸之日則該洞任及田頭依者難免重繩惕念舉行宜當者

後○本島與某島接境東西四標山野相半則以山野相半田畓幾許漁基塩田所産某物海物某某種穀山名水名村名各洞相距遠近幾里昭詳懸錄次本面某洞有籍戶幾許無籍戶幾許瓦家幾座幾間草家幾戶幾間挾室人則以某人居某人挾室樣懸錄次每戶某人職役幼學則幼學云閑良則閑良云奴婢則奴婢云姓名年歲母妻妾率下子弟侄名年歲雇奴婢姓名年歲昭詳懸錄次船隻幾許漁網漁基塩田庫穀并昭詳懸錄次本島自官門為幾里各島之傳來古蹟

并昭詳懸錄次

是日也各島頭民外附從者甚衆且商賈輩聞島民之齊會新來設廛亦不少俄於分付及賜食之際并八在門墻之間磨肩側足觀聽者數百人夜與黃生賦詩遣懷

雖為秦越合希哀我有深樽妙理知天向一中分造化人於心上起施為行師危

險非良將投劑和平是上醫仁壽歐躋遐俗美恩威并用下愚移暖寒不必從他

問痛癢須思自己推民物同包今日會一團和氣動春熙

三月丁卯雨命下隸採得各種草花蒲植衙之前後階砌等處四日衙前石墻下及衙後北窓外移種金絲烏竹午刻種南甘蔗種蔗之法每年解土後量宜掘坑多取

糞土先布坑中以細軟土覆之後下甘蔗種掩土則萌芽苗長至夏至節蔗節二節式截取種植而相去一步為限此其甘蔗栽種之法云與北甘種法大相不同申刻金○娴○秀○多得菊花烏竹八本故分栽前後庭除賦詩

官貧花仰富己自在栖涼松倚藍田壁李遜河縣門晩香憐菊圃孤節憶筠軒令日兼斯得移根托我園

四日戊辰陰農形状本月六日午時大雨暴注至三日或洒或霏又十三日寅時大雨十四日夕止歇消融之餘苗蘇興無望事報内部賜暦前者所經諸邑如旌善邑僻事簡詞訟日不過五六牒而慈咸固三邑則下車之始抱牒者逐日不下百餘張至於就緒後猶為七八十張令人頭須為白来此後今至彌月而不見一張訴訟心頗異之是日始有一民来呈者真所謂起余者也喜題一則

薔薇露盥手坐讀東坡詩君看厭事人無事乃更悲擊節興三歎真吾百世師憶曾在四郡詞訟何煩靡應接恒窮日靡遑暇展眉忽忽心無樂思逢事簡時自從来此後新務散千岐等等勞節火經綸八手遅譬如初發竅混沌無依為不是使無訟庭空雀可羅坐若枯禅淡遅遅白日移末衣忽前呵紙面載何餘文吏曼聲讀官僮印綠披幾乎忘却久還見昔風儀徹渠抱一牒知我者其誰海橋辛酸走而今太守知案款無遺牘門忽起頌詞但恨規模拙詎回循吏治絶島多無告陽春倘可期

○隱仙台記文

五日己巳所居鎭之舊也無亭榭暢叙之所殊可欝也堂之北有高爽一陌之廣委
在鞠草之間乃命閽丙滌之營而墠之名之曰隱仙臺文以記之
往余所經諸郡皆有樓臺登臨之勝於銷夏遣情甚適今至於智島爲省民力寡事
從簡仍鎭堂之舫子大者處之餘皆閭井湫隘前有海雖若可豁潮日再進退沮
洳不可偃所以閱夾熇守株如也不勝幽欝乃謀諸後得所謂園者初亦蓁蕪荒
穢豊草離離但平衍稍廣又多老蒼之樹爲可異立命閽者闢蒿萊雜瓦礫淨而後
止就凸肥饒裁席地種甘蔗寓古人秫田之趣又於西上墠而等之爲納凉之所試
一登覽前臨正中堂未十步而我高彼低非故吁聲不相聞非故遐形不相見其東
西北則松筠梔棟之屬交柯比陰日先不漏幽閒焉清爽焉令人有出塵[illegible]寒之
想是宜名曰隱仙余老而孤宦遇瘴江低濕之地日頹于汗簿熱襟之堆是求更
隱之不可得況仙乎令不費武陵遡水之勞無待香山丹昇之功而身遊於熱境
苦海之外其超然庶幾之心與遂成仙者若不多讓雖自許隱仙不知其夸也前
人詩曰歸來平地作神仙又曰仙鄉不離房

○各島의 孝烈人名單

六日庚午和伏西面蓮洞居前呂島萬戶羅廷龍來見去其間採訪得孝行文學等
幾人是日並爲存問押海吳士彬嚴泰洪旌義在宮洪高城在乾成平金應三箕佐金付彦孝什飛禽盧件守都草金京仁蝟島朴炳燠烈村八禽崔哲俊母慈恩
金君益徐手連崔千鵬成明甫嚴泰金成祚文君玉箕佐金祚權金奉千金仁權荷表
全仁巨李權文李五衛將未五李五衛將仕云上台朴甫賢朴寬賢下台申道列黑山
李乃允朴俊化水雉妻來凡押海千洛基金永福李正順梁巳淑妻云會金明化牛耳
金德允金德汝文君七八禽李伯彦飛禽金斗順安昌朴貞敏朴仕元葛𧺆全永云朴
仕洪大洛月朴卜善全仁權全宗吉申石洪朴允三小洛月鄭座首泰彦鄭允五沈學

順金致永黃善甫金基瑞半月張昌玉朴只金貴瑞金多一玉島宋君模長山金德允鄭仕律金允權高南重飛道圭張致彦高相仲者羅金化成文成昌文奉巨蝟島金炳元李希福金五衛將自允古尋山朴用鶴金正式林千五宋致長茬子林德敏李默玄金文有沙王金奉允金洪晶松耳河成義張善甫角耳蘇福三石蔓金在敏朴永智戰馬全善有蘇權甫張仁瑞朴生順蟬島朴成巨金香來朴文玉朴允化朴炳淑朴德孝金子川朴相勳朴仁秀朴基永朴貴一金子凡梁君明飛鳳崔成奎金允成金允七李光局夜味李成化鄭太瑞鄭君奭後氣徐進士詢基李炳炯金斗文前飢趙良老鄭益俊乃彦都草文錫基金京仁許沙宣敬淑虎島劉丙建金大建古聞年興基朴仁享成元行金相振佳蘭趙炳元張基采趙奉順趙敬敏李采斤金致纈詢島李寬瑞金明圭達里朴敬文金永七古下金云敬佛島金其華唐沙金鍾旭梅花朴致浩徐成浩全天裕姜學善權文用昇風朴義淳李瑞裕趙良局趙喜錫李君善押海姜萬秀丁洛亨金洪柱吳敦秀姜永浩李凡來姜永世朴恭元鄭珠會金成九鄭海魯吳安洙 是日設豆粥派饋在傍諸人

三班官爵賦詩排悶

入間伏臘殿良辰斗酒相勞習俗因千里玄須連暑瘴一盂紅粥逮情親我從北
裏偷休暇誰是衆中共苦辛此事年來成已例莫辭今日飲無巡

七日辛未兩其間島民來者又多招前面諭派饋並依前為之莊子金亨培金應十巖恭金成林高重瑞文先王飛禽金斗順金恭汝鄭化局李元郁孫貴興尹春必明其植金以植崔永玉高下全興周許沙全鳳用押海金永卜鄭海魯李得順達里朴敬文詡島金永七申刻鄭主事行烈崔主事東詢自京下來來泊允郎浦送隸請轎軍等故不得已以船隻送之八日雨鄭崔兩主事以牧場查檢派員從木道下來以轎軍等未備之致從船隻到邑前定下處于吏廳供饋自本島中為之午刻出吏廳接晤俱是親知而鄭主事即余少時學另儕輩有名於善射人也崔是羅州人也從客言曰智島亦本牧場所管諸般查檢事固多而今執既在此郡則吾輩不必自我勞碌惟即一聽所

教為之云 點心後伴八衙中夕後出去 九日丙 兩主事入來 盡日穩話 十日靈光李
珵來 來見去 兩主事將向望雲省事 從木道出去 余亦出往船所 餞別賦詩
同為遠客更西征 駕海歸舟一葉橫 男子萍蓬當路喜 故人書釼遇時榮 天晴別
浦孤鴻擧 日晏荒城匹馬鳴 樽酒相逢何處又 小燈遙夜夢難成
數隻白鶴 常常翔集於南山松林 問 是前此所無者 而自設邑後 始有異哉 縱筆志
之
地勝隨閑鬪飛禽 自去來分州畫野日 符瑞安在哉 伏烏流王屋 僞誓令人哀 館
無敵舍鵲不皆為相析 我來草創地 下車屬耳纔 虹梁遑賀 焆户困鳩財 安巢
猶恐俄夏憂來 一徘徊 傳道南山樹 有鳥蜚皚皚 譁然嗅做鶴 指為應期回 鍾乳穴
何古明珠浦 始開自愚 欲愚我 聞來足一咍 海鄉烏多白鷺 鶴混同胎 真鶴誰曾
見 見白認為該 珷玞非瑚璉 騠駃異駑駘 不復辨真贗 其言殆類訴 山非子晉過
樹 豈浮邱哉 於止知所止 飛類誰能媒 巢燕尋華屋 海鷹宿陽臺 巢居宜樹集
非瑞亦非灾 借令的為鶴 未必頭鶖撞 和氣劇難致 何從一宿酩 鸜鵒雖能語 畜
為上下留 君看葉公畫 真龍反驚猜 昔人乘已去 令在天雲嵬 吾言如不信 請問
上頭雀 衰把供詩料 傳毫引一盃
十二日丙子 大暑 固城黃鶴來 以木道來見余 在固城 此人以文雅相從 志思甚學
鮮 歸後千里之阻 三年之久 而匪意來訪於島嶼之中 苟非情到之地 豈有是耶 可

慰而亦可感也鎮日穩談賦詩

別後三年枕海樓孤雲野鶴空悠悠二十景光長在眼玄都難作再來劉憶曾從遊樂文酒其間固多風流倚最是春坡儒雅者幾番簫鼓載同舟誰道人心勝潮水蒼波泛泛忘機鷗況是南荒千里地平原門下客無求門前剌紙阿誰是崔顥樓傳千載秋履聲颯颯不忘耳眉宇蒼蒼尚在眸穀城青山一片石轉轉不隨江之流那知南北參商外訪我窮溟絶與陬逢君不覺揩青眼看我還添戴白頭往事滔滔八情話談道終宵且莫休

○宮內府 牧場조사원파견、上納・馬疋數조사

十三日丁丑 宮內府派員照會各牧場所在上納與馬疋查實以爲照覆事

○南面積巨里書齋學徒數十人

以勸農事往南面積巨里八書齋接長金乾先適以忌故歸其本家學徒數十人次第來見余謂諸生曰黌舍自有訓長弟子進學之方想已詳喻而熟講然大抵讀書者習文而師古也日誦幾言作爲吾有所謂習文也每見格訓必要體行所謂師古也讀書而不知此法則徒費居諸同歸不學此所以翰墨之場多誤一生故可貴者讀書可戒者亦讀書不可不知也此郡地本僻遠文學未廣眞唐漢之瀚罽也今則設郡置學不與前同里塾村秀自當有鼓動興起之心矣未知諸生見到斯境者有幾勉之哉因以各言其志爲古風題使之作句語製呈于政 堂之意申飭因適行

○西村甘井洞書齋

田野勸以勤身務本之意就次復路至邑前仍向西村八甘井洞書齋接長印宋鍾乾而學徒可十餘人勸學略與上同以夏畏圖頹年豈爲古風題使之製呈于政堂也

又至白蓮洞書齋接長即羅有英學徒數十人題以天不能窮力穡家勸學與呈券與上略同因出野地耕傾側行路頻鄰前萬户羅廷龍曾前有一面路左相邀云家在本洞暫為八次不獲已抵其家日幾盡矣羅曰夕飯當備進云然使渠真個有備飯之心余非倉卒之客也必宜趂早圖之而乃於到家日暮挽方歸之客而說不時之需此乃俗所謂虛體面也余豈無見肺肝之眼乎因起身入邑夜與黃鶴來敘懷黃生曰勸農勸學自是所列之成法而令此島嶼之地民之觀感而頌德想倍陸邑矣雖以過去者觀之窮不勝欽歎余笑曰此吾所受之天也惡可已乎因與賦詩

一副當規農與書黃生知我固陋居才評月試看高下業課春耕董實虛老去豈曾移素性此來聊復用前餘願君道義交相勉休說臨民術不疎

十四日戊寅黃鶴來因來時所乘同來商船向往飛禽都草等地而船主將有加沙里貿取事云傳令以給金允伊亦以宮賭收稅事同往都草傳令申飭黃鶴來二首詩臨行書給故因次其韻以送

草洋西望瘴雲昏忍與君携惜別樽馥馥剩香三日座那堪去後獨摩痕

葭蒼露白有餘思摻執子裾問後期千里重逢知未易手書無惜雁來時

衙後松林薈蒼被岡每倚北牖翠濤淅瀝令人有白鶴觀聽棋之趣呼兒覓紙

有松有松千章特傍我西園地逼側赤甲皆成老龍鱗移来年月不記憶我今為客居其下材疎愧比鸞棲棘官閒時閱卉木譜可憐黃落無聲色為人性癖愛抗

節菊之凌霜竹之直閱盡蓬蒿上干雲惟有祖徠舊種植庇兩曾受大夫封傲霜
同歸御史劾一生羞為桃李顏超脫烟裳洗粉歸郡戍之日與我遇滿崗蒼翠交
如織竦溜時與清風值長夏庚炎熏不得長腰傴蹇如丈人我每遇之心欽式今日
定有哦松趣招招石友林皐印為攀鶴捿閒共遊靜聽琴寒樂無柽世間車馬應
無救奔走黃埃白汗拭流水聲中仙屐下東坡故事遥相憶我有枯棋三百子勝
敗俱欣彈白黑起聽靈籟時時發長在梅南與硯北海內蒼生方苦熱願分清陰
賜一國
十五日己卯行望哭禮政堂中 暎窓破傷者改備咸平海際居朴萬户瑜淵来去法
聖嚴士彦金昌宗来李瑆来去縣內面朴炳奎来去石醒邀来之期已過而是夜夢
見覺後有吟
碧海南頭月滿時余懷焆焆云誰思遥飛一牋邀相見兩兩風風再失期黃埔惱
人顏細篁一隻蝴蝶莊周為靈犀不阻華胥路王樹高裘娜春風枝苔岑萍水無
何界座上芳樽案上詩琴鳴廣漠滅洋謌歌和劉亮春雪詞風馬不驚時夜靜
如真如假兩迷離忽聞喔喔晨鷄喚好是人情苦不知一場幻境人何在海闊
天長未有涯恰如石鼻賦成後衛山道人神雲馳未須說與痴人觧想見其来
也不遅
十六日庚辰中伏設豆粥泒饋衙韓朴晉炳奎来去寢房設平床嚴士彦金昌宗並

去島民見到者並拾八面喻後陞廳賜酒 箕佐金衍奎金炳郁安昌朴永燁八翁金士 日朴雲洙水雄朴聖奎載馬善瑞玄金先有
石蔓金 在明 十七日陰押海吳士如楸拾見樹之後樹木年久枝榦容弱白晝陰幽命使代
去碍眼凡幾十枝於是天日宣朗墠形昭曠人慾淨盡天理流行其類是耶爽然縱
筆
智湖官閣小如舟叢蕞薄四圍晴晝幽風柯摇曳琴書亂兩葉陰森鬼魅啾朝朝
破我省山興蕭致難同王子猷借問曾經者誰子一任蒙客閱春秋借似桂枝無
足惜分付官僮月斧修凭梧喜聽丁丁響帀倒龍顛次第收恰似鴻濛開闢時
濁者為坤乾上浮忽看老木踈而竦下有名園境始優白日為之照空隙清風為
之来不休眼前突兀梅花閣稜角峨峨露上頭爰得人間昭曠地烟雲一一神襟抽
始知佳境不在遠須向靈臺方寸求天理曾為人慾蔽孤軍一日廓邉陬我欲粧
成屏八疊移来雲物養神眸
十八日壬午兩午陰前曾郡安聖八後曾島李日和来見俱以七旬老人余曰以若衰
癃何能此来也對曰生老於無官之地未嘗見東閣威儀幸逢嘉會設置郡廳已
極榮幸且聞閣下莅邑之後凡係施措無非選民洩髓之至意也雖此龍耳瞶之物自
不勝踴躍之喜思見賢侯德容兼叙攅祝之私區區為此而来也感賦一詩
鳩節傴僂鶴婆娑訪我爾窓款款多偃蹇不曾離井閈蹣跚還自涉風波壽
星南極身無恙化日東方髮已皤侯德曷嘗能究下民風從此可迎和逢筵莫

○定配人 金商悳등 古群山도착

○都草宮租裝載

○都草 高濟國등 招見慰勞

道来蘇堂去後思聞擊壤歌更願今秋大熟免教閭里困催科

十九日癸未陰金僉判商悳李僉判建昌俱以觀察使不就職事高等裁判所照律定配于古群山今日到配故主人李永伯處保授後報告法部本郡農形各島去月朔屢次大雨田畓各穀無非消融若干餘存農形修成丹上送內部荏子島居李健榮自京下来見家書去月十六日孫女婚事順成二十五日于歸云金允伊自都草島出来宮租十七石價文一百七十兩六錢作米一百十四斗五升裝載出来又三十五斗黃鶴来詩以飯米輸来靈光李康来来見晋州妓鳳仙来見仰土始役庭除百日紅始花留於巓中見此甚喜復見於此如逢故人喜吟

已作三年別重逢百日紅從今三個月香國寄身同

二十日甲申兩招見都草高濟國飛禽金起泰崔巖泰洪高城在範来見二十一日兩巳刻陰聞慶家奇不聞已久且余之赴謫未及通奇是日七月 奈窩及如千鎰窩定卜軍負送洪在範還去島民依前招弱王島宋居明者羅文南七半月張成千長山金鍾斗鄭南淳慈恩金聖逸崔成局都草金永局文樓魚崔成七文雲峯朴治浩高太淑萬令金永宗金方都 二十二日金允伊還去都草金東壽自京来戍刻石醒来苦企之際喜豁叵量詩其有書與起不辭千里跋涉之勞真若有宿緣所使而知其必遂而書之伴之非我亦似未易倘各以此持戒歲寒無改則其不為虛雲覆雨庶幾矣盍各詩以言志

鈴索無聲時夜定欲眠未眠更漏靜屈指行程期已晚殘燈明滅懷耿耿深閨老

卒噪如鵲報道門臨金石醒我座爲君虛已久邂逅初成今夕求攙裾促膝傾山海曷云能來道脩夐君不見朗月清風輒有思未逢玄度良心悵又不見座無車公人不樂清談少與風流盛當今交道多淺薄黃金不多德不競永晝清澈照心膽歲寒松栢不爲病霜鍾氣類長相感千里靈犀一片映

○上·中·下秩島로 校吏를 分遣

二十三日丁亥余到邑後以設郡文喻事派送校吏輩 中道秩島水島荏子島在遠島鮀作島於義島老鹿島台耳島沙王島後甑島前甑島羽田島屛風島蝟島炭島古耳島梅花島唐沙島草蘭島押海島達里島陸島許沙島佳蘭島 送校林成春吏金烱欣去五月晦日還現下道秩島慈恩島岩泰島八禽島箕佐島安昌島者羅島朴只島半月島玉島長山島馬津島上苔島下苔島荷衣島飛禽島水雉島沙雉島都草島牛耳島黑山島可佳島紅衣島苔沙島 送校安遂萬末月四日還現上道秩島蔓芝島鵲島大洛月島小洛月島松茸島鞍馬島大角島小角島石蔓島帽島式島飛鴈島古群山島夜味島旺登島送吏金東河今始來現當初之送校吏卽要體喻坊曲兼欲搜探疾苦謠俗及諸般形便等事及其還來一無耳目可廣之道空致多日矣雖云風雨阻涉之致而亦不無藉托故犯之弊凡事漫漶甚可憂也前宮內府主事金晦基去四月日本郡黑山島定配而余於自京發離也其家書要傳者來此擬傳矣是日有答書簡見到爾後退聽以長木板造置自羅州

○獨立新報 45號

府獨立新報第十號卽陽曆四月二十八日以四十五號至自京下來而新聞紙價則每朔六錢且官報自陽曆七月二十一日始來而價則每朔二兩五錢云久不聞朝著之耤甚菀今始得見其所狀辭不知爲用貫也昨日荏子島派監金福淵昨夜台耳島

○台耳島 日人致死

前洋爲日人致死事該島風憲有文報故卽命將校黃雲起刑吏朴炳泰查探事實

○楊州 權興洙、洪判書家 하의 상태・하태 收稅事로 래방

事反千三用等捉致査問次出送二十四日陰自縣內面 關廟致誠云而欲福床来
楊州白石面居權興洙以洪判書家荷衣上台下台収稅事来見傳令申飭二
十五日島民見到者依前招飭陞廳賜酒 荷衣文殷俊金貞斂上台朴化實下台申
子元朴只金巳云牛耳李信英文正彬文
炳連黑山李德英崔仁化李俊善 與石醒避暑于後園桐樹綠陰浮地如海忽憶杜草
古𡵯山洪在述宋鐘浩
堂藉此生顔良有以也盍以詩續之
城槐巷柳清陰淺熱境逝人不勝喘山水之鄉松桂林古来清樾如今鮮智衙自是
海中峽屋後青山小如覘前度何人好種樹中有蒼梧長偃蹇年老長條覆官閣
經春緑葉垂垂軟官門縱道清如水夏日可畏當午懊啜罷香茶撓白羽頹卧方
床苦輾轉翳然林木真會心卬須卬友休暇選清都羽客如相嗅分付官僮掃苔
蘚行尋不覺歌烏紗策策筇鞋綠苔践揀得陰深藉草茵日光不漏風亦善動
隨海波同演漾界劃墻根更平衍嗒然欲償梧月價朗讀前人買屋券登高不娩
以桂亭坐深田笑自怡埤忽憶花溪杜少陵神交不知千載緬令人尚誦楠堂詩
一篇瓊琚手自拱霜空竽籟助顔色綠江白茅垂而顯吾政何能清似陰慙愧春
人戒勿剪
二十六日庚寅東軒廳壁塗褙二十七日陰偕石醒上後園八 關庙奉審賦詩
間氣鍾生太上雄當時三國凜英風春秋舊讀居衷聖雖在騎箕佐我東
徃蹟龍蛇記太常海邦中外苾芬香恭山不沕黄河細歸彌隆時德彌章

夢論丁寧夕降靈神人一理感冥冥莫言此地濱荒寂有儼新宮左个青
曉生千載不知遂每抱遺芬過暮朝適幸而今爲地主躬將祀事敢言昭
分明寄語此邦人禮有尊神與瀆神棰杷須知崇報意只能徼福恐非眞

○主事五人　差出

二十八日壬辰立秋印横自法聖造來法聖金文演來見卓子一部新造置于上房
用甚便宜咸平海際居金宜傳溶源來見去此郡設始時有主事五人差出之章程
故是日税務主事金炳秀主事金寅吉羅桓瑾梁相爀高濟國金東書報內部前
後庭除百日紅爛開喜吟

園花早蕣還先萎籬菊偏能晩節香瑤池王桃誰曾見神仙之說誠荒唐一閑不
落紅百日我識玆花冠衆芳憶在嶠南愛吟美似別佳人不可忘今來湖上如相
逐好向庭除開兩傍繞樹千回三個月不妨喚我探花郎

二十九日癸巳官池水足以養魚惜其前者之未及知到也借漁手得一桄魚八千
池令雨後濠梁之趣可得以言歟

闢園思種樹安架爲儲畜有池魚不畜何用鑿斯歟瞻彼堂前水含泓深勝
餘昔人諒多意財渾接起居愛還堪惜如何不種魚只被三星照空教丙穴虛海翁
頻解事爲我送生漁鱻鱻盈一桄細另治之豬何愁鄭鯉圉且待松鱸如响濡
得其所洋洋細浪噞雨過鱗活動煦暖尾長舒日夕臨觀樂濠梁錯比余非緣長
鋏歎回憶躍門磬吾將收人夢豊徵擬驗渠

○1896년 7월

七月一日甲午行望哭禮丹房始役除草甘蔗田又治菜田蟬島朴贇一來見去島
民見到者依前招餉陞廳賜酒蝟島金學信宋鎮燠前鎮吏鄭駿九宋炳淵羅休島金其奉飛鴈島崔日鎬夜味島朴東彦鄭和勇
可佳島金文元每於島民之來餉令金炳秀南宮濾張鍾懿探問所居島戶口結總上納摠
數與諸般事例擧皆隱瞞不以實對以京司錄來文籍及別岐所得者較之迥異不

○各島에 監宮·色吏派送

同其言之爽實可知京司報告漸緩而民間採取者旣如此蹲郡文簿之不還又如
彼其爲憂悶殆欲發狂已也別定監官色吏派送各島使之一一摘奸乃已者故水島
等十九島監官梁相燉色吏張時燠八禽等十三島監官吳士珩色吏朱在淋松茸
等九島監官金基煥色吏朴奉一蟬島等十一島監官高濟國色吏金炳淋牛耳
等五島監官金文演色吏金奇同把定派送各島所屬島並以各別摘奸俾無
葛藤之弊而況今番此擧即係此邑永久準行之張本即汝輩俱是土著之人必當
倍加惕念之意申飭又以別紙秘給各人

○島民學行표창

所經各島居民中文學採行可以校長及掌議者執綱有位者頭民知事可堪
者孝烈特異可以褒聞者○不孝不悌不睦者浮浪雜技酗酒凶暴者土豪亂
類作弊行悖者○爲民痼瘼可以矯革者冤訟負屈未伸者詳探根因事○雜技
窩主誘引子弟騙人財産放錢搜攫等事境內大小饒戶事○新節目實施事並
詳探密錄以納事
湖中居孫雅春卿早藝翰墨挾以堪輿遊京師三十餘年曾與余善以其所作茹
難二詩示余要和故次之

米家三絶一 其痴我笑令人反笑痴巧是勞奴寧欲拙智招仇敵不如痴知君素
有烟霞疾肯信吾魚更隱痴才諳古來多誤了此生猶恐未能痴
漂海旨龜遇木難聰明男子此生難知誠未易行何易忠固難能孝亦難十手其
嚴微莫顯七情惟怒制為難難之時義言難盡須把非難認作難

二日乙未在傍之人請余船遊幽鬱中一番消暢亦似無妨故遂簡單登舟盧司果金石醞及金萬戶從者十餘人自邑前浦發向松島前洋于時風勢不利刺船甚艱蒿師三名曳至鹽盆近處日幾亭午自船中供午啖啖罷方欲前往周回而還適見浦上有五六人赤條條魚貫來問是松島村民曳舟次見私通而來云余悶然曰閑行何必動民耶遂回棹至甘井洞前浦下船上陸轎夫持籃輿來待即命還之因步行至邑西洞覽賞後還衙賦詩

○面任의 임무

乘興而來興盡歸子猷堪與語天機一隅亦可三隅反南岸須知北岸非水國
風多花起浪漁村晝靜竹関扉此行不是窮搜索爲暢幽情試拂衣
三日丙申勸農勸學即余素性樂爲之事也其次勞節目且當頒示而爲先不
可無令示故是日因摘奸色吏出去便傳令付去
人有恒言必曰愛民莫非民也而農民爲尤愛者以其邦本於民民本於農故也
然則愛之也當奈何其惟曰不使病之焉耳衣彼緣畝之民冒霜露衝泥土疲汗
勞筋日不暇給尚患水旱之不可期事育之不能繼況所謂病之者行乎其間而
不爲之鋤治除去則愛民本意果安在哉大抵令民務農何時不然何地不可而
至於本郡除令新務之初官民大小所當一新心膂以躋乎與郡俱新之域豈非仰
答 覃恩之至意俯盡無窮之聳業乎今之面任即古保介田畯之遺也凡係民
隱與凡病農之由宜無所不知亦無所不察如官屬誅求酒技遊手之輩其他種
種爲害者不容不痛鋤乃已是在果莅才未幾佸無以周察而詳知茲先令示於
面任爲去乎上項諸般病農之端等底摘發小者自面中釐正是遣大而莫可
擅便者一一論報以爲自官嚴處爲旀鎚以農民言之農民之中有所謂懶農者
名稱農戶而飮酒博奕作爲長技耘耔耕穫常患後時使不肖者效嚬亦是病農
之一端若此之類期於別岐捺發嚴懲後乃已須早惕念毋抵有悔爲旀各島頭
民中有風力勤幹者別定勸農監官使之董率期有實效而勸農監官段自

○就學者 成冊、
성적고과、포상

各其島薦望報來以爲受差紙擧行宜當者

爲帖諭事竊惟本郡最在南盡以地則積水乾坤其業也瘠農漁鹽粤自古昔分屬陸郡豈以孤絶之故而置諸附庸之列歟嗚呼莫非土也而旣無專掌之所均是民也而自歸不齒之科於是外來之誅求日與元居之聊生益剝豈非所謂陽春之陰谷一堂之向隅者乎何幸天高聽卑階前萬里我 聖上特降水陸一視之澤差集西南五屬之地設置全郡 命送長吏此眞千載之嘉會玆土之初有豈獨村翁巷叟之所可同賀抑亦河神海伯之相與鼓舞但不職才疎手脊事鉅草創中夜繞壁徒切 恩教之報答有時忘飯倍費意匠之經營然而際玆革去舊之日盡思咸與新之方也哉顧念本郡風俗非不淳厖人文未盡宣朗士者無仕之窠從今永遵校任薦出之望行將親見然則才不素具用何應卒是知興學一事寔爲今日之急務只緣関心百憂以至四月之末追玆因齊會之席用示周布之文惟我闔郡僉位諒此苦心殫告爲父兄則念前輩教一經之訓爲子弟則勉古人足三冬之工期至文風大興儒士輩出數百衣冠同專稷下之盛三千禮樂先啟席上之珍此不惟玆鄕之有光其亦爲太守之與榮勉旃勉旃哉至若蒙士善養之規惟在訓長多術之能是在果爲先各里塾學徒無論冠童姓名及年記修成冊報來是遣又以一件揭諸齋壁逐日聽講等級粗通不通考課分數之上上至三下錄于各其名下每於月終最毛等人僉報來則當有親試施賞之日知此道

行爲宜者

○海南으로 移屬된 5島 帳籍·量案 推尋

余之在京時遊料到邑後錢政艱絀故預劃三朔經費五百六十元五十錢以內部訓令付於羅州矣是日始推來矣赴任穀朔孔方幾乎忌形今可少紓調度也四日此郡屬飛禽水雉都草八禽大也等五島本以羅州所屬年前移屬海南矣以帳籍量案推尋事接見莞島照會則謂以海南屬島附屬於莞島樣爲辭故舉此槩報告內部五日明日即 先妣忌日也向付茶需果得越期抵到歟子與孫散在遠外未得如禮將事痛慕罙切子夜望拜聽事感吟

岳老謄依揪龍令年又在南荒榮遠廉逮深慟 諱日復臨倍傷杜陵寒食

臣甫太行望雲秋衰中宵起拜何補只堪寓慕羹墻

○智島民疊稅호소、宮內府에 보고

七日庚子 末伏島民疊稅呼訴狀據報告 宮內府智島本以太僕司屯土田畓每結五十兩式例納矣丙子海溢丁丑飢癘之後人民散亡島幾空虛幸於丙丁年復舊成樣間田每結十九兩畓每結二十兩從代納之意自本司酌定以給不意今正月自羅州府以度支上納田畓每結二十五兩式督刷又自內藏司田每斗六錢五分式畓每斗二兩八錢式催促本司例納猶患無路結稅斗數何以堪當此是民人狀辭也郡守到邑後親審境內形便詳究民間疾苦果如所訴照合其在新設護生之意不容泯默緣由報告殘島慘景新設事機別般參互本郡結政依屯土例施行度支結稅內藏司斗數該部照會還寢俾蘇成邑保民之澤云云及牧場派

○智島・荏子牧場田

監本郡勿千事報告 宮內府本郡所在智島荏子兩牧田土曾於在鎮時設僉使萬户專管勾檢以其公私便宜之故今於設郡後若使派員勾管則於官於民實多不便茲報告置郡護民之意别般參互智島荏子兩牧田土之政依舊例使本郡專管恐合民情查照後更處分云云及度支報告事內詳陳民情矜惻本郡土稅照會於 宮內府指一處分然後新設郡操可以完成濱死民情庶可保護事云云及內部報告大槩各島量案帳籍各項文券推来次照會五郡不啻屡矣而互相推諉或有全不送或有存拔以送以致查簿無日定覩没策試極燥悶且新設所入各項浮費極為浩大萬加省約不下三四千兩假量目下事機排備無路緣由報告别般參互照會於度支部某操劃下使此新設之邑克為完成云云又以金福淵檢案報告法部

○台耳島民 日人과 싸움、監官피살사건

為檢驗事本月七日酉時量台耳島尊位金元三報告內本邑邑底居千三用實魚次来留本島之際日本船三隻亦為来泊下陸飲酒合席通語之間日人善說我國言語三用曰汝既為我國言語則衣冠何不着我國之制耶日人曰吾雖為他國之言不敢變服國制也互相笑談之場有何不足之心而日人忽打三用之頰三用以拳推胷日人曳出三用頭髮當場毆打不有餘地荏子島派監金福淵憤其我人之被打指揮来會之人試以投石使之救解日人向往渠船之間船中所在諸人不知闘鬨之已解放砲二聲先景危凜派監拈致日船中通事以好言開諭曰汝亦我國人也胡為符同日人行此先景通事曰倉卒間吾未及見故生此鬧端當

○荏子島派監
金福淵屍身檢查

極力救解云日人亦以其然發明還登渠船時已夕陽派監不知日人之舍嫌方
欲回還登船直向廣巖津頭則彼船三隻各持木椎大言曰朝鮮兩班在此船中
耶無數亂打當場致死而夜半海上之事本島民等亦不目睹派監屍身所載船
隻從風潮來泊于本島洋頭同日到付荏子島金伯元發告內矣身初非派監之
奴屬本島農業資生派監上京時同為隨往台耳島本月一日抵到本津頭目
睹日人毆打而派監致死不勝驚㥘不顧海洋淺深投下船底幸把鴟尾而隨船
泛去艱辛抵邊僅得保活郡守其翌日八日曉頭發船午時量抵泊荏子島学
洞東邊一里許金福淵停屍處毁破草殯而開檢則年可六十餘歲男人卧在
竹簟上次次檢驗則暑月屍體已過七日幾盡腐爛而頭部自兩眉以上至百會
片片破碎而上頭正中最為受傷廣可三寸深則無底不可以寸分淺深廣狹測
度而外他仰合沿身而無他痕損青紅黑色遍身交雜所見極為凶慘而正犯即
日人也乘船逃躱莫知所向其時看證誰某無非八路船商朝聚暮散之輩
居住姓名莫可知得而舉皆驚散故郡守捉得如干衆看八(發狀荏子島尊位金處明頭民林太
珉台耳島頭民金元三發告荏子島金倍權看證智島千三用)等還官同日荏子島尊位金處明年六十九
白等台耳島旣是汝矣島屬島而派監則本以汝矣島鎮將新定式瘵止後
以派監下來而發出於掌內固當登時發狀之不暇而洽過七日始為聞知派
監之被打於日人致死之場汝果目睹伊時派監指揮各處来會之人投石

救解之事亦爲目睹這間前後光景無敢一毫隱諱從實直告金處明所告內矣身去月晦間因本郡官家令旨來待而未及回還本月一日派監致死事始得聞知必欲發狀而果無所聞所見其本事根因金倍權就捉本邑後始爲聞知而身爲尊位不可無發狀故晩後報告事實如許故叅會人及投石人誰某亦未聞知相考處置同日荏子島頭民朴太玳年五十白等發問略與上同所告內派監致死之由運置本島之後雖始聞知報告節次係是尊位擧行故信之無疑此外無他所聞相考處置同日發狀金元三白等所告內派監與日人鬪鬨於昏夜海水之上伊時光景果未目睹而矣身則還家矣當夜二更時分派監使役入金倍權立門呼出急往見之則金倍權背負何許人來到云是派監就卧溫突救護多方已無及已金倍權還爲載去還于荏子島所聞所見止此而已云云同日發告金倍權所告內矣身勢本窮乏賣傭於派監處本月一日隨派監往台耳島適見本邑居千三用與日人有何相激日人捽曳三用頭髮於沙礫之上光景甚怖于時派監在近叅見憤其我人被打使在傍各人投石救解日人退去後又自日船中放砲二聲派監招致日船中通事機張曾與瑞詰責送之派監方還乘船漸近於日船三隻一齊突出多人攔入派監船中如干船格投入海中日人或執木椎或持船上汁物毒打派監頭部流血淋漓頹卧船上喉間喘息如縷不絶投下之船格慣水圖生矣身投下船底把得鴟尾隨抵津頭見

之則命姑不絶故矣身背負派監粮到本島頭民金元三家付以土漿灌以真
油次以白淅湯又以米飮灌之食頃後仍為致死身為役使之人敢為發告云云
同日首證千三用招告內矣身賣魚次泊于合耳島日人亦以捉魚来在數日留
連自相知面日人中以金為姓者能為我國言語矣身曰言為我官衣何不為
我衣日人曰言則相通而衣服則不變我國官制也忽地起怒猛打右頰故矣身
舉手推胷則日人捽戍頭髮亂打於沙礫之上幸賴各人救解而自日船放砲
二聲必是更煩起鬧故魚皆興端急登日船明其不然各自息鬧彼去我還而其
後事實所不知云云跋辭蓋凡按獄之體詞證俱備正犯斯得然後始為檢
驗飜轉而辨其部位按摩而察其痕損試以法物度以鍮尺猶且生疑而必究
可劈之端設或破惑而充盡却顧之情百般反覆十分真的則可期龍志之
生死無冤實是呂刑之要因服念此獄段正犯無入叅證未備二更津頭猛打
詣見萬頃海上暴死誰料想像光景危凜極矣深究情理慘怛甚焉以金
福淵言之派監之使人投石計在於應卒遠避日人之舉椎打頭氣生於乘憤
起怒頭部係是必死速死之處木椎想是至堅至剛之物以至堅至剛之椎
打必死速死之頭則雖欲無死何由望甦頭部正中之傷如是廣且深焉則實因
執定無容更疑故實因段以被打致死懸録日人之逢怒於投石派監之致命於受
椎一則過激一則暴死打則打矣殺則殺矣一縷之絶既在倉卒則三尺之嚴莫

可附生異國之人旣未執捉同船之人未敢救活而痕損如是的確證參如是明
白故正犯段以日入執定發告之金倍權段旣非金福淵之族戚而以受雇傭使
役之漢捨其妻而擅自來告似涉迋庭而相鬪時光景被打後救護終始參見毫忽
難掩而投船底把鵲尾詰在圖生下津頭訪蟹屋力殫救活千三用段本以愚迷
之物妄生戲謔之語言語之通不通何關於渠衣服之變不變何損於我而有此
妄擧之擧逢此捽曳之悖固所自取其誰怨尤乎當初根因雖近釀成追後
變恠有難專責驟觀外面駭歎莫甚細究裏許躁妄所致固不足深究在子
島尊位金處明頭民朴太珉台耳島尊位金元三等段人命致死何等驚慘而合
過七日始爲報告者特甚冥頑試爲痛駭愚迷島氓不知法意徒生驚㥘則
俱不足深責故並單招而止以日船通事曹興瑞言之渠雖奔趨於日船其
本則生長於機張無論本他國人或有鬪閧則極力勸解何所不可而日人之
毒打初不禁止福淵之暴死終乃恬視究厥宅心不可無罪而況前後光景始終
參證雖非干犯亦近故使肯綮之何如椎什之何物固當責問於渠而旣未執捉
終不盤覈發捕機張捉上法部則毆打之日人誰某自可指的凡於獄事單檢
究竟初無規例而此獄則以日人爲正犯而屍身之傷損一毫無疑故覆檢請移
不爲擧論者出於臆見實非法文則惶恐待勘律大典無究錄屍帳鍮尺俱
是按獄時緊切無比而本郡方在設邑之初草創事務全然蒙昧未及責備自

多數漏敲打之木椎未得拾置檢屍之銀釵不為試用故不為上使屍體既不覆
檢則出給運去似或參量故不為封標守直而許其運去十三用則不可全恕而
回當待處分故嚴飭刑鎖具格牢囚餘外各入等段別無緊切取招而方此農
務方殷滯久可憫故並姑保授後毋徒成冊修正上使查照望良
又以荏子島流監金福淵杖打於日人當場致死事報告于外衙門及宮內府邑人
李景秀黃炳式以本島事及報告使令上京便付家書金萬斗炳秀謂以伏日耕耒
備來與石醒對酌語曰來此殺翔所進食物嘗試多矣而想其京饌調和之方全然
昧識且以官廳言之所謂主管之福用亦如印一板雖隨遇隨啖而實有不堪食之歎
至於今日此供外樣與實味似出於善手段不覺食之至於飽誠一異事也盍以
詩酬之石醒曰好也呵
白首為官魚蟹鄉人應謂我饜膏粱邊濱苦少調和手甘者不甘香不香
隨例槃盂日再進胃腥口苦難為嘗怙底朝來食指動驚看佛飩排盈床問
是誰家解營辦當時萬户風流郎未及上口先流涎色可餐方透妙方不出
都門成大嚼頻令牙頰鳴宮商一吞甘比剡溪蜜再吞如蹯蔬睡羊我腹便便飯
一斗南來五朔伸枯腸曾笑律看錢直萬始知詩話非誇張口於蒟蔘舉相
似但無易牙手法良君不見不龜手人老洴澼大用猶可封侯當
海鄉暑濕比陸地理應尤甚來時頗以為憂所居之政堂隅海橫帶自南而西浩漫

無際每潮漲之際浪花浮白令人爽豁未必多讓於廣陵觀濤由是之故閱歷三
庚不知暑炎之爲苦較諸東南會㭬之地反有勝焉聊作短述以觧京華知舊
困暑之嘲

智湖太守身姓吳嗒然隱坐南郭梧拄笏自致西山爽擧盃歆忘河朔娛
是時炎王按南鄙靈令萬國八洪爐平郊月出喘牛犢古渡波烘墮鳶烏
我来自西間前路熱山熱水天南隅自憐相如病消渴重之瘴暑胡爲乎正中也
堂小如舫起居飮食僅容吾前有彎環之海水後有莞蒼之松株海吹長
風松滴翠射却天南火鳥来岸我烏巾凭鹿几世間苦熱渾如無除非廣陵
觀濤客莫是匡廬聽棋蘇壁上蒲葵長掛在不須喚起平頭奴駁寒濯清難
勝此琴一鶴一同枯瘦太平杭海曾所聞種種白我當年髩髮自玆之来清福
大過了三庚汗不膏洛陽知舊還錯料有時書来念衰軀誰識南荒洋海裏
別有一片清凉都呼兒覓紙題數句留與情親按畫圖

八日辛丑丹室房主後造廳事到任扶使令令始下来見家書渾寧無故細君爲
見到任使来後下去次留在承洞去月八日到任扶使令抵京盖因雨水阻滯致此
稽遲也快知到任消息則仍遂還下永峽而十日行次永峽時使令陪往因以輿載
撮要覓来事五六日留在仙洞宅四十件持来而自然遲滯令玆還現云矣且聞
砲軍事則令亦永平等地聚散無常居人未得釋慮雖知家姑無事其近又

○都草·飛禽島民齊會 公錢分排時 소요사건

象旣如彼云則坐在千里安得無憂慮夜坐炯炯詩以排遣

我生之初恭平穰遠遊客易輕千里我生之後逢世亂出門咫尺愁疑似名韁經縛長相逼白首南來非得已蒼茫何處問家室每患模糊新聞紙一番家書動經月上有平安心則喜洞陰春很地接壤蹙成澤藪無林子王師薄伐訏姑息蟻赴蜂喧未有弛繹騷鷄犬聲相聞我家非是桃源裏不知邇來更何狀占夢徒勞休咎以白雲杳杳望不見安得飛身一往彼。

九日壬寅招見羅州下吏崔齊衡盖此吏在羅州屢經刑吏習於吏事故本郡吏輩爲學事例邀來置之已月餘也金柵洲獄事文牒多賴此吏云故是日一爲賜顏年已七十餘矣惜其老而不堪於趨走然而爲人師表亦可曰令行之不虛也已金允伊自都草出來云都草飛禽兩島民齊會分排公錢之際亂類輩執頃以濫排惹成鬧端似有民擾模樣云卽請盧吉夫探問則吉夫笑曰此是島民奇貨之妙方吾見多矣盖其豪右幾人每於分排之場濫與不濫間輒以濫排之說故生釁端稱以爲民除害呈邑呈營後藉托浮費逐加浮剝斂民尤歎又以和解之說藉口爲利此是反覆食肉法也自來例套今何足怪不必爲慮也此必非久私和而解矣云余曰果然如此則自起自滅雖若不足爲慮然苟若初無也其在臨民之地不可恬視而止乃命金炳秀南宮德馳往飭喩使之革面改圖俾無襲謬各安生業仍查其事實覈其有罪者並捉來以爲嚴

○民弊禁絶傳令文

懲勵百事措辭傳令

稂莠不除嘉穀不長風邪不攻真元不保即聞飛禽都草兩島有何樂禍之輩敢生射利之心惹鬧生釁互相仇隙駸駸然有民援之漸云此必是素所伎倆一味襲謬雖云排擊濫排其實則反覆食肉之計也然則罔念　朝家新設之德意不顧鄉約節目之申嚴將使毒流乎民害及良善如此怪鬼亂常之類不可暫時容貸於設郎立法之初茲以特差傳令為去乎到即窮查事實之何如倡和之誰某這這覈明一一摘發跡涉痛惡者並即捉上以為嚴懲杜弊之地是遣至於脅從與夫平民段曉之諭之開其自新之路安其聊生之業是矣如或拘於顏私當捉而不捉視以文具當飭而不飭使有罪者恬然不戢愚昧者蔑然不曉之境則别歧入聞之日汝矣鄉監段置亦難免抵罪惕念舉行宜當者

余在政堂時見海波之間白鷗泛泛甚覺閑適為題一詩

有鳥翩翩解高飛生在雲霄網羅稀可與鸞鵠共翱翔寧隨鷹鸇受絛鞲
三丈組綬信奇巧罹將雲翼樊籠圍俛仰飮啄長須人漸覺仙癯化俗肥
而今剸作葉縣鳧時向南枝悲未歸襟煩欲賦放鷳詩翥高還遭斥鷃譏
看滄波白鳥白時來泛泛忘其機不共凡禽向禾籠閒隨漁子傍苔磯打起無
人任自適浮去浮來竟日暉浴罷盤渦底心性居隣烟裏無是非鳥兮鳥兮
聽我語與爾為伴無相違半點塵慾豈曾到綠萍身勢蛮為衣夢裏得見嚴

陵否桐瀨留春有清蟬安得飛去江湖上不復入間困脂韋相親且莫飛背我
我亦心上無幾微來依紅蓼秋多景去啄蒼苔夜不饑可以人而不如鳥臨
風嘖嘖三發欷城都龜鶴長相近賦歸池時其庶幾

十日癸卯光州下吏崔教和以荷衣等爲公錢收刷事來見都草文錫基來
見金東甫向日自京下來翌朝八去本第是日出來以梔子一盆帶來木體
佳妙結子可三四十叢猶可愛而所安之盆古破無形即以新件代之置于正中
堂廳事之西邊即余起居飮食對案也每於公暇注省頗覺有林樊之趣爲題一
則

刪除荒穢理新屋庭有瘦松園萬竹時時就省嬿梢隅根不移來倚廳壁
京口情人解料理寄送一盆山梔子如見嘉賓延上堂使我孤捿生紫光蕞
叢結子黃蘭蛊葉葉含風綠浪吹不高不低齊平膝坐省立省情非一風韻
恰成松桂趣護持不減珊瑚樹知渠感遇若有情無恙根株自豊盈不許梅花
客一間我今居官如在山早晚不辭從我遊歸時載汝歸林舟

十一日甲辰望雲鈔甲在回船便見家書十二日乙巳老炎漸熾病餘神氣無以
抵敵家國之思益難爲懷忽聞蟬聲繞樹宮商自動便又爽然若沉痾祛身
寵辱俱忘朗吟擬和

向余來時蜩始鳴六根不斷煩惱生海濱地僻無音樂耳畔惟聞烏鵲聲通

来又復苦炎熱煩襟鬱蒸奇祟嬰蠖屈蚓歛俱自蝉遅遅暑色蝇營營
奮然欲飛無羽翰強来從倚軒南楹庭際樹陰清如水是時夕陽蒼蒼撰发
有一物鳴樹上聲聲嘒嘒宮商成風翎鼓破洞廖廓露腹流出秋峥嵘嗒然
坐我令歐老醴泉驟雨纔成晴其名曰蝉胡為作大凡物不得其平非絲非
竹非金石流動天機足喜驚所慄人在鵝湖地還如客去洛陽城九鼎齊炟
渾蜣盡令人欲羨仙三清形何妙小聲何壮三百群中上品評白露天時知不遠
候蟲得氣先来迎憶昔城東携酒日只能砭俗鳥嚶嚶可知造化流行妙
一出污穢鳴盡情身上沉痾便歇祛欣然起賦鳴蝉行

○望雲牧場　公錢

十三日丙午金東甫以内藏司屯土士納収刷事出去望雲牧場文錫基以盧
司果吉知所薦八送紅衣可佳等島形便也島俗也公錢也並詳探以来事發送而
與金文演相議舉行事分付十四日聞慶下人回便見學兒書衣服與如干丹子輸
来飛禽金文彦以本島一土兩稅事及都草等五島與莞島相関事持宮内

○飛禽・都草島

一土兩稅事

府内部報告與允伊上京付家書各島所云一土兩稅名目事例雖各不同
而其陞摠後致然之故則同也島訴還至民情可矜故具由報宮内府及内部
本郡飛禽島民入金文彦等訴狀内本島本以明恵宮庄土本宮革止後
同結卜移付戶曹輸納正供還屬明禮宮則戶曹上納自歸勿論每卜頭正租
一斗式宮稅飭収納矣不意三年後自戶曹更督結稅則秋納宮稅春納戶

○丙丁人民 流亡

稅乃是疊徵民莫奠居本島姜連任輩僉呼冤不幸事不諧意身充配
所又於庚午全州兵校李景三八島查結其時加執亦為不少還當丙丁
人民流亡十室九空十人之役一夫當之幸蒙曠絶之 澤陳加結特為頉
下實結為二百二十結五十七卜一束户曺納米太三百二十七石十二斗七升六合
以每石六兩代錢詳定以納猶有民力不逮之歎戊子以後沙陳結七十餘結尚
未蒙頉且於甲午為始陸摠於度支每結二十四兩例徵納於羅州殘島窮民何
以支保乎幸今設郡更張之日齊聲仰訴報告京司俾免疊徵之冤大抵
島民弊瘼惟在於結政所在土地無非山嶺與海堰昨起今陳有異陸郡野
地右自丙戌以後地陳人亡餘毒尚存居民所徵倍雜於陸民恒有莫保之冤
令此陸摠結價例島民前所未聞不知之事其於一視之下安得無向隅之歎乎
上係 國計不敢擅議下係民隱亦不可不念庶探來歷摘奸形便則諸島
民情果係矜憐 宮納緣何以怨滯緣由報告查照後度支部照會飛禽島
結稅指一處分殘島民情俾得接濟 宮納使之趂刷云云又內部報告本郡
屬付各島文件次第推來中羅州屬飛禽都草八禽水雉大也五島段自莞
島稱以海南所屬文件覓去云故照會于莞島則該郡照覆內飛禽等五島
屬付海南已有年所自內部 洞燭指令昭詳措辭則的是與郡屬島果非貴
郡所管更勿舉論大抵右項五島素以羅州所屬近年謂有民弊暫為移付

者則不是海南之本屬所以以本郡所屬現在章程令以郡務言之各項規例方在酌正聞此照覆民史所望同知攸措言念民情似或然矣此非自郡相持緣由報告本郡民情別般依互五島文件出給本郡之意訓飭於莞島其他各島文件羅州靈光尙多遺漏扶安萬頃全不輸送因此結戶總數尙未的定各項公納民雖日畢納不可憑信已捧未捧未得區別到任殺朔就緒無期不得修報誠不勝悚悶四郡一體嚴飭新設郡務使之克成云云

丹室前等西墻修理之役幾乎訖矣以其荒廢之所突變爲一新華屋階砌斬整堂壁精緻於是乎園亦呈態浦雲獻媚政堂之翼衛可觀石醒之啓處有所眞可謂匠不虛費也庸綴一詞替頌六偉

抛樑東曉日門楣直射紅前去政堂知不遠梅花香聞戶庭中抛樑南溶溶碧海色如藍居人樂享魚鹽利時有風帆過兩三抛樑西亂山無數對高低曉起捲簾蒼翠滴屋東琴書爽氣凄抛樑北娟娟有美臨丹極璇杓回轉布陽春人自不知而不識抛樑上昭亥星日天垂象洗心中外迓新休風氣人文開向朗抛樑下吏人茅屋華於瓦飜教記室採風謠戶口年增詞訟寡

○地方制度改正事實

十五日戊申處暑行望哭禮全州車戍巨持白礪山元圭書來故招見白礪山書中見京奇去晦地方制度改正而圻營設于水原觀察吳益泳漢城判尹小尹復舊判尹鄭洛溶江原設于春川觀察趙秉弼黃海依舊閔泳喆忠全

○全南觀察 尹雄烈
智島四等邑
○智島郡 各島所
居定配罪人

慶平咸皆設南北道咸鏡依舊而南觀察李勝宇北觀察南廷哲平北則設於定州李容翊平南則平壤而李鎬永忠北設于忠州觀察朴珪熙忠南公州李乾夏仍之慶北則大邱而李聖烈慶南設于晋州而李恒儀仍之全北則全州而尹昌榮全南則設於光州而尹雄烈為之各府叅書並以郡守為之圻屬之廣州江華開城仁川府尹為之濟州為牧使餘皆郡守而邑別四等惟大靜旌義為五等智島令隷光州而為四等邑云李鍵植自荏子出来暫晤而望雲去本郡各島所在定配罪人蝟島刑曹来朴宗植智島江界来李陽活黑山法部来尹震求金晙基古群山高等裁判所来李鈺兩台並修成冊報法部十六日未刻忽有一點黑雲中天而起俄而雷雨大作霎時溝瀆皆滿而衙前小池近為土役汲用幾乎枯渴使房子決渠灌之盈至平堤深可丈餘時適小旱且有蟊賊之漸惟願一兩快滌今果須臾慰滿豈非康年之徵歟與石醒賦詩遣興

方池盈縮驗陰晴半畝喜聞雷雨聲綠陰淋漓苔逕沒黃流汩澌石欄平潤生花

墨供詩料香濕茶烟慰病情聞道老農尤作喜嘉禾騰頌待西成

十七日庚戌高等裁判所訓令古群山流三年罪人鄭惺愚當日押到故嚴飭監囚須来巡檢金亨鐵處錢三兩付下鄭惺愚乞覓路需幾許故三兩錢亦為題給後並押送古群山後報法部鄉人黃儁郁家酒餅猪肉入来故問於来人則其家小祥日而此近有祭需饋遺之例故有是也不得已受之以鹽民魚一尾魚卵一部脯一貼賻問

○台耳島民 魚漁庄

침탈

耳島前洋卽民魚漁庄也各處中船來會漁獵云故有民魚所用事月前使梁相燉貿得事爲托矣今日得來故省品後出給張鍾愿曬乾事分付綵成花自然而來者其花日出而開過午則合而備五色可愛也

東方有奇卉槿花與夜合夜合終晝見槿花一日西近自天西來色相揺難攬夭夭僅盈掬紅白爛相雜向暾翅展蛾傾午唇閉蛤仙姿在平地聊與學吐納

撤芝爲中國名卉而我東亦有之然果非常常可見者也偶於此地見存眞是定惠院海棠也縱筆

墻頭新雨曼逸逸不似委靡衆卉然倚著高枝腰節遠裊娜微風子顆戀香比蕉黃丹始熟形殊篠翠綠堪察此來相見諒非偶淪落天涯爲汝憐

○各島摘奸

十八日辛亥各島摘奸鄕監高濟國色吏金炳律還現取見其摘奸成冊則戶結也形便也人物也事例也及秘令所飭諸般事無非疎略所謂存十一於千百者也余大加呵責古群山定配罪人李建昌金商悳解配事公文到付故修報告發送法部二十日金榀用來大郞人甲申年設賑事余在大郞時見知者也其後丙戌別飾及宰慈仁咸安時往來連信每試聞其志尙言必稱恬淡端飭至於酒技等事必嗤罵而賤惡之故余頗信其可堪人今春正月又來問安於永平第其翌日智島 除命至機會甚似不偶因帯入京城及其不得辭免將赴任所之際京人也可與卒去者可

謂車載手䡖而特許檑用陪從非但渠之固要衆以剃髮之後故也盖留連都下與
渠同處使之隨行首尾四五朔漸見其為人所行不及所言遇事慵懶有泄泄漫漶
之狀然業已許之仍遂任其陪來其在船中稱以水疾不肯於省護之節心竊慨然
而亦任之而已到邑後内公需無可照管故使檑用專委主之諭之曰我於千
里絶島所恃為心腹手足者惟汝一人大凡衙舉所處無非難慎一曰持身廉潔言
誠勤事上三曰用度裁節以此三者一心做去則庶幾矣適有晋州妓鳳仙遊來
在外中千五輩數懇招見一日率入問安乃前別餉晋州行次時略聞者其後間
日來見亦或入遊内衙如是者幾日矣一日余與石醒作園中閒散之行周回入内衙
見鳳仙坐在室中裁白苧新衣問是檑用所使云余曰檑用自有所着之件而今
此新備從何而辦也仍遂含默出來然心頗訝之自是微察其動靜則男女昵狎之
狀已露七八分矣大抵内衙即一邑共所尊嚴禁防之所而新莅之初所謂中房者
招致妓物若至醜聲彰聞則世豈有若是駭瞠恥笑者耶然而聲言其罪亦幸
瞎聆容令在傍人諷檑用使之無聲遝送者屢度而斬不聽故不得已親分付遝出
厥女後一日女又過余入内少頃而出男果痛絶女豈復至此必外遝而内不遝也
每夕自東邊缺墻為鑽窬之行甚矣淫奸之難遏也仍令補葺缺墻且令遝于境外
後又聞之則潛置于廣井里村人夾房夜夜相從云究其惡習男漢宜一體遝去而
既已率來亦難追功惟以不誅為深誅每到面前正色不言幾旬餘矣盖欲悔悟遷

善之意而次次採採則厥男女嗜酒無量在衙時㒺晝夜外上燒酒五戔價一瓶式對
飮沉醉其時罕見其面以此也以衙卒之故而雖外上不敢不施行價積如山云且善
雜技而今番之犯不犯未可的知然蔽一言曰酒色雜技浮浪無忌憚之漢也政所謂知
人未易也用是凌兢踧外不借辭色渠遂欝悒不得志見其有悽遑不自安之態一
夕臨卧之際突入感言曰小人之置鳳仙非他故也內無主饋且無補綻澣濯之手其
於奉承之節實多難堪故全為使道地置之者而未蒙洞燭之處分實所抑欝云云
噫其頑悖跳踉之習宜卽痛治之踏而亦聽若無聞焉良久渠自退出翌日乃差金
炳晟為厨吏使渠都勿干涉是日夕突如來告云小人退還故鄕余荅以欲去則去
何難之有耶仍下直出外余以二十兩錢題給追聞則邑底酒債及衣資貸用為百餘
金而一分錢不為報償而去云吁可痛矣自昨夕有滯祟至今日雖强作酬接而頗
覺苦惱夜間漸至呻噦二十一日朝試起動神精眩暈適南面自新堂朴醫㬌
來在邑底招入議藥用平胃散一貼二十二日加味養胃湯諭麝香蘇合元五丸
服夕後又服二十三日症勢漸劇自吏廳致誠于　關廟午後吳德章自聞慶
來阻餘慰甚而學兒書魚至德章前年自尙州壯巖移注于聞慶寒泉里距
池洞為十餘里云每以學兒孤寂為悶今得此宗人源源相從尤可喜也二十四日白
礪山書來船價錢二十兩付送二十五日九味羌活湯一貼服二十六日雨昏倒不省順
氣和中湯一貼服二十七日官屬輩致誠于　關廟抽籤得地水師卦大吉云曆家

之言又以新創之役木石之動可慮也設大儺盡日煩聒余殊不知服香葛湯一貼

食飲全却今至五日而一日末飲一甫児戲次身熱支節諳語諸般客症閒發難堪

中最所難堪者大便不通于今八日下腹牢重不食飽満夕後請咸平醫羅璟集服

加味補益湯一貼二十八日小有减勢始服湯水飯午刻服八物湯萬頃金壽貞書

来邑人回便見家書終萬戶相衂 關廟致誠後抽籤得大吉卦云二十九日稍安金

○인근 유명 醫名

醫琪燦来服加減地黃湯今見光州觀察使尹雄烈甘結則以本月二十五日上營云

而因度支部訓令本月六日 詔勅內 國家正供工納有時不當遲越一以漫漶愆

滯令度支嚴飭各該道事甲午乙未結戶幾未収期圖清帳六百里以外則七十日三

百里以內則五十日定限董督事也

○1896년 8월

八月一日癸亥白醫服八物湯一貼二日午刻始通大便腹中稍安各邑所送摘奸

監色其間次第還現而所謂摘奸名色都不成樣多循私操縱之弊初令之下將来

可卜吁可歎也見京奇家都一安甚幸而所謂永平砲軍尚今未解為弊多端家

中住持只是老妻弱子當此亂類充斥之際何以苟全也況余病卧千里之外晏然

危縱家人漠然不知是豈得已之事魚又福用背去無一人侍側言念事狀病情倍

傷僅能抖擻神精述懷遣悶示石醒

君不見彭澤千載師官居不以家累隨又不見城都太守趙學士去来一鶴與一

龜從者皆人寧不好滔滔皆是得意時田宅妻孥備自在世人謂我行樂宜憶在

南州東郡日倖侍無人不爲勸起居飲食長能健時我年齡未甚衰漸覺今來不
似往恰受氣旬二豎欺刀圭不靈飯失味轉輾床茲日就羸豈無他人供省護當
面憂勤背面馳夜來有時成几獨還似無家又無兒向空時設蒼茫問乃在地角
天之涯河魚不來隴雁斷憂樂悲歡杳不知丈夫有心強似石平生不爲兒女悲存
亡八瞿三千里到此如何不泫垂舊來口業餘伎倆強作長歌慰幽思令君倘能憐
我病莫問稍間只省詩

六日戊辰東風戌刻驟雨觀察府甘結靈光郡未收各島甲乙稅錢趁期清完實數
報來事 因山前釋菜一切禁止事結稅錢三十兩排定外加歛之弊禁斷事 國之
有紀綱猶人之血脈也夫紀綱者定名分別尊卑而已夫何挽近以來犯分者多甚者謂
之開化世界今無等分雖以開化言之豈可無尊尊貴貴之化夫 朝家用人惟賢
惟才不拘門地非但天下萬國之同然三代以後漢唐以前通行之事載在史策想皆聞
知而今則不然無論賤卑愚不肖只以犯分濫上爲開化之藉口者寧不痛歎若或
有才而爲不次之用有德而置辟庸之列則何暇論貴賤而雖以各國人言之賢愚之
別貴賤之等截如霄壤是去等凡我衣裳之國豈可推諉以開化不爲等級而防限乎
顧此一省素稱豊沛之鄉尚有淳俗故文以輪諭原甘真諺翻謄揭付通衢常目警惕
無至犯禁事戶籍人口編籍無漏事稅務主事罷事各邑奉安 殿牌以 闕牌
改額事道路橋梁修飾事地方制度一卷及新聞紙官報及獨立門建造時補助金

○地方制度改正内容과 인원·봉급·여비

○全羅南道의 改正事項(智島4等郡)

新聞紙一張并刻付地方制度全國二十三府를十三道로改定す고各道의觀察使邑置す니京畿水原忠淸北道忠州忠淸南道公州全羅
北道全州全羅南道光州慶尙北道大邱慶尙南道晉州黃海道海州平安南道平
壤平安北道定州江原道春川咸鏡南道咸興咸鏡北道鏡城每觀察府觀察使一人
月俸一百六十六元參主事六人各十八元總巡二人各十六元巡檢三十人各六元書
記十人各八元通引四人各四元使令十五名各四元使傭八人各三元使僮八人各
三元廳費一年一千一百五十五元旅費一千二元廳舍修理費八十五元一年都合一萬五
百三十元△漢城五署區域의一部를置す고判尹으로管理す되府廳位置은前漢城
府로仍舊す고判尹一人月俸一百六十六元參小尹一人五十元主事五人各二十元書記
四人各八元使令六人各四元廳使四人各四元使僮二人各三元廳費五百十元旅費一
百二十元廳舍修理費五十元一年合計五千四百十六元△慶州開城江華仁川東
萊德源慶興은府尹으로置す고府尹一人月俸一百元鄕長一人六元巡校八人各
四元首書記一人八元書記八人各六元通引三人各三元巡卒八人各三元使令十人
各三元使傭五人各三元使僮四人各三元客舍直一人一元鄕校直一人一元亭社
費一百元廳費二百五十元旅費九十元廳舍修理費五十元一年合計三千九百二
十二元△濟州는牧使를置す고牧使一人月俸一百二十五元主事二人各十五元巡校
八人各四元書記八人各六元通引四人各三元使令八人各三元使傭四人各三
元使僮三人各三元客舍直一人一元鄕校直一人一元亭社費一百元廳費二百五十元旅費九十
元一年合計三千九百六十八元△十三道에所管各郡은五等으로定す야郡守
를仍置す고△京畿四府三十四郡一等廣州開城江華仁川二等水原三等驪州
楊州長湍通津四等坡州利川富平南陽豐德抱川竹山楊根安山朔寧安城高陽
金浦永平麻田交河加平龍仁陰竹振威陽川始興砥平積城果川漣川陽智陰城
喬桐△忠淸北道十七郡一等忠州淸州三等沃川鎭川四等淸風槐山報恩丹陽
堤川懷仁淸安永春永同黃澗靑山延豐陰城△忠淸南道三十七郡一等公州二等
洪州三等韓山舒川沔川瑞山德山林川鴻山恩津四等泰安溫陽大興平澤定山
靑陽懷德鎭岑連山魯城扶餘石城庇仁藍浦結城保寧海美唐津新昌禮山全義
燕岐牙山稷山天安文義木川△全羅北道二十六郡一等全州南原二等古阜金
堤泰仁三等礪山錦山益山臨陂金溝咸悅扶安茂朱淳昌任實鎭安四等珠山萬
頃龍安高山沃溝井邑龍潭雲峰長水求禮△全羅南道一牧三十二郡一等濟州光
州羅州靈巖靈光順天二等寶城興陽長興咸平康津海南茂長潭陽三等綾州樂安務
安南平珍島興德長城四等昌平光陽同福和順高敞玉果谷城莞島智島突山五
等大靜旌義△慶尙北道四十一郡一等尙州慶州二等大邱星州義城永川安東三
等醴泉金山善山淸道四等靑松仁同寧海順興祭谷豊基盈德龍宮河陽榮川奉
化淸河眞寶軍威義興新寧延日禮安聞寧開慶知禮咸昌英陽興海慶山慈仁比

安玄風高靈長鬐△慶尚南道一府二十九郡一等東萊晋州二等金海密陽三等蔚山宜寧昌寧昌原居昌河東陜川咸安咸陽固城四等梁山彥陽靈山機張巨濟草溪昆陽三嘉柒原鎭海安義山淸丹城南海泗川熊川△黃海道二十三郡一等黃州安岳二等海州平山鳳山三等延安谷山瑞興長淵載寧遂安白川信川金川文化四等豊川新溪長連松禾殷栗兎山甕津康翎△平安南道二十三郡一等平壤二等中和龍岡三等成川咸從三和順川祥原永柔江西安州四等慈山肅川价川德川寧遠殷山陽德江東孟山三登甑山順安△平安北道二十一郡一等義州江界三等定州寧邊宣川四等楚山昌城龜城龍川鐵山朔州渭原碧潼嘉山郭山熙川雲山博川泰川慈城厚昌△江原道二十六郡四等春川原州江陵淮陽襄陽鐵原伊川三陟寧越平海通川旌善高城杆城平昌金城蔚珍歙谷平康金化狼川洪川楊口麟蹄橫城安峽△咸鏡南道一府十三郡一等德源二等咸興端川永興三等北靑安邊定平四等三水甲山長津利原文川高原洪原△咸鏡北道一府九郡一等慶興二等吉州三等會寧鍾城四等鏡城慶源穩城富寧明川茂山△一等郡郡守一人月俸八十三元零鄕長一人六元巡校六人各四元首書記一人八元書記八人各六元通引三人各三元使令八人各三元使傭四人各三元使僮三人各三元客舍直一人一元鄕校直一人一元享祀貢一百元廳貢二百五十元旅貢九十元一年合計三千一百四十四元△二等郡郡守一人月俸七十五元鄕長一人六元巡校六人各四元首書記一人八元書記七人各六元通引三人各三元使令八人各三元使傭四人各三元使僮三人各三元客舍直一人一元鄕校直一人一元享祀貢一百元廳貢二百元旅貢八十元一年合計二千九百十二元△三等郡郡守一人月俸六十六元零鄕長一人六元巡校五人各四元首書記一人七元書記七人各六元通引二人各三元使令六人各三元使傭二人各三元使僮二人各三元客舍直一人一元鄕校直一人一元享祀貢八十元廳貢二百元旅貢七十元一年合計二千五百六元四等郡郡守一人月俸五十八元零鄕長一人六元巡校四人各四元首書記一人七元書記六人各五元通引二人各三元使令六人各三元使傭二人各三元使僮二人各三元客舍直一人一元鄕校直一人一元享祀貢八十元廳貢一百五十元旅貢六十元一年合計二千一百五十四元△五等郡郡守一人月俸五十元巡校二人各四元首書記一人七元書記四人各五元通引二人各三元使令四人各三元使傭二人各三元使僮一人三元客舍直一人一元鄕校直一人一元享祀貢六十元廳貢一百元旅貢五十元一年合計一千五百七十八元十三道漢城府七府一牧三百三十一郡經費合計九十五萬六百九十六元俸給自到任日始△觀察府主事六人一員觀察使自辟濟州同各郡鄕長該郡士民中擇聲望才請而該郡大小民人會議投票從多數差出入籍居住未滿七年則勿論△觀察使各地方官見禮式赴任後延命依舊規相見禮從簡易定規祗迎公狀廢止用官姓名帖郞

守稱下官對觀察使稱職號從前使道稱號勿用觀察使府下郡守從前營府官應
行煩冗舊例廢止以他郡守例待遇觀察以下官吏往來公文中自已姓名勿為書
書親書草書防弁為準信蹟ㅿ觀察以下各地方官吏叙任後發行日字遠道二十日
以內近道十五日以內而發行日字先報內部發行後程里每日八十里準限限日
遠越則赴任過限事由詳報上官觀察使牧使府尹郡守判任官赴任後內部度支
部法部報告而各該觀察府牧使經由使之特報觀察使以下各郡守非公事無得
擅離該道境外觀察使若有巡視於各該管下各地方事項則報內部得許可後行
給由府尹郡守以下各官吏給由一年無得有許事給由日限以三十日為限許程
里每日七十里往還日字打除故當地準得由日限過三十日由限後有不得已事
故更請十日又請十日若過五十日後免本官判任官由限二十日再由三由各準
七日府尹郡守若有該道內社設請由則許往還程里外十日給由請由許可後自
觀察府報內部自得由離任日至還任日當官月俸三分一支給署理再由時則三
分一仍給署理三分一還納國庫三由時則三分一仍給署理三分二還納國
庫各地方官還任後報內部及該長官ㅿ判尹觀察使牧使府尹郡守在任期限以
四個年為定限滿前勿許移遷事任期限滿後本地方有不得已之事由則前任仍
贖半期又二個年後治蹟優異則仍贖一期事各府牧主事摠巡在職滿一年有特
別效則每一年一級式陞等至一等後滿一年京各部奏任官或地方奏任官陞移
而但陞等不加俸給事ㅿ觀察使府定公堂事務所定時限視務諸官吏勤慢銓成
冊間二個月終報內部各郡守亦同而勤慢成冊則報觀察府各府牧郡若有緊重
事件則具報內部各府牧郡內部各部所關事項條來文蹟每月終摘要報內部各
府郡官屬非官令無
得私行村閭事

七日邑人回便見家書京奇則去月二十七日　眞殿殯殿並
移安于慶運宮　勅日慶運宮　列聖朝御臨之所也年前雖已修理尚多未遑矣
今宮內府度支部句管修理務從省約十二日御沐上來明將下往永平云駐劄英
國專權公使李範晉同其夫人令六日出發總管參領大隊長金楨根叙任九
日尚州五斗石居金子文來見即德章之所親通引安興天現身十日近日病情
稍稍向蘇為保元服蔘材若干而品劣少靈買得一斤蔘價則三十兩又於茂
邑裁托殺三斤得送事南宮濃羅桓瑾以秋夕請由故許施與石醒俱以作旅於

鄉関倍益秋月政佳自多思家之懷因以詩話坐夜
衙退庭空時夜永一輪明月天心淨白雲孤客不成眠爲看月色強扶病
人情看月萬不同顧我幽懷何耿耿細君守家在東峽兒孫又隔迢迢嶺只
得相思不相見兩地逢此佳時令雁不爲我傳消息犀不爲彼通脩道獨有天
上亭亭月應照萬國東西從我欲傳盃一間之山中妻子何如境街巷門閭夜
在眼聲音笑顏如相暎將身側耳天香裏恐枝吳剛田笑冷

十二日甲戌棋局新成與石醒對局一戲戲唫長句
我笑當年蘇百坡棋不如人欲學何恰似淵明但識趣琴則無絃尚彈摩梓人亦
有好事者爲我一局新造過又有枯棋三百子篙師箇箇拾石螺今日吾軍張
亦足嘉賓爲之掇吟哦官貪尚有山陰墅試看勝負在何邦丁丁竹韻黃樓古滴
滴松濤白觀俄人間無爭無相敵我不爲少子不多在傍觀者阿誰是視無如有四
翁播茶僮爲撓白羽扇不教荀面汗滴沲推枰歛手還相笑便欲身過祛沉痾

十三日乙亥下吏張鍾憲備供新穀酒物十四日金炳務亦如之與石醒盧司果及
德章連兩日大嚼賦詩
慮有嘉賓酒不空依然坐得孔融風西隣好適調和手小吏頻煎饋食工已見盤
中登水陸難教口裏動商宮便便卧鼓康衢腹屋角誰知夕照紅
是夕邑東西村農夫冠童持鉦鼓亂打作戲盖流例也閉門拔金革之聲塡溢街巷

○邑東西村農民
作戲모습

俄而閭閻蟻吐也似捱八循場四圍於是鑼者四人鼓者四人鉦者二人東東訇訇

匝匝環回舞童婆娑於有上倡龍踉蹌於圍中皆極其懽娛逞其技能四面觀者如

堵墻至三更時分猶不知止余先令廚所備酒肴肉湯白餅量宜預料及是使之列

坐場次派饋之人頭數為二百餘名而老婆亦多觀翫後與食者仍念余於病餘無

以暢叙渠雖隨例作戲而其於一供笑料亦不為無助戲以遣興

王宇蒼蒼樓月孤強來扶起病餘軀厭煩韶濩難為美苦寂俚巴尚勝無忍看

魚鬼邑同沸鉦笙鼓角手手俱集如螻蝗巡相匝喧似蜩螗應更呼群群踈數無

相奪似有遺音所受手倚有童子婆娑舞傖地任夫跌宕趨一拍翩傳抵十二大

聲小聲落盤珠耳有攸聞眼有見頻不塞塞必須曳真率風流無美惡是亦上

下同歡娛歸来施賞吾何以餅酒搜拳湯一盃

十五日丁丑微陰京去邑人回便見家書與石醒盧司果金子文吳德章園坐說話

分付內公需如干酒肴共酬佳節

會遇良辰暇休共君徙倚南樓天上古今明月世間人物中秋去家千里幾巔望美

一方斗牛盡是未歸庚信誰非遠觀莊周不須强觧玄牝且可同盟白鷗坐久休

辭長夜平朝只自回頭

十六日戊寅秋分曉雨旋止申天五去向法聖十八日京去邑人還見家書二十日

南宮憲羅檍瓘還現荏子島所納甲乙秩忿納事嚴飭風憲以執綱改差尊位與頭

○鄕任差出
○定配人 解配
○각종 雜稅혁파

民并差出本郡定配罪人金○宗○植○李○陽○浩○解配事到付故修報法部二十一日邑民
上京四便見宗書日影宅有所傷處修繕次送興德中天五自法聖寄送白餠熟蔗
派給在傍諸人二十三日病餘為試動作與行至鰲巖從者十餘人野色黃熟蒲目
可觀向所云蟲灾未見其然也半餉草笛風味甚爽口占一則
八月秋高風颯爽觀稼循勝觀濤壯出門世界寬如許蒲地風光秋乃况三嘆稻
香當九熟令日之病信先安太守為誰吾喪吾樵兄漁弟來相傍方林細草今安
在風味多生草笛上撤耕黃犢眠秋草老農洗鉏身無恙作詩欲和豊年頌往以
熈熈來穰穰使我穀粟如氷火四野豊樂家家享穰喜秋成祖稅輸措負官倉無
勉強誰敎尊收授良劑白露和胃平胃養
二十四日丙戌觀察府甘結節到宮內府訓令內欽奉本月十日 詔勅下者各項
雜稅之革罷為民除害而近來聞 朝家所不知之雜稅又復層生式藉托宮內府
反京外各衙門討索收歛無所不至苟如是也奉 朝令恤民生之意果安在哉言
念民國賤歎極矣凡係應收稅則一依度支部文憑自當令歸外此則皆冒徵也自
令各該地方官隨現立撤各別痛禁如或復踵前習循隱不告則該員嚴行重究斷
不容貸咸須知悉事又甘節到宮內府訓令欽奉 詔勅外道祀典祭所釐正祭祀
裁可茲閱訓令管下各牧郡知照擧行辭次到付宮內府訓令內 國恤卒哭前並
停大中小祀惟祭社稷事已為奏下矣舊曆八月初六日行社稷大祭已經裁可茲

〇慈思島頭民作弊

以訓令同日依禮文設行事管下各牧郡知照事依原訓令関錄謄送令秋享釋奠停止社稷大祭依例設行事社稷大祭(春秋仲月上戊)文宣王釋奠祭(春秋仲月上丁)壽蘇祭(驚蟄霜降)厲祭城隍祭(清明月初一日)古今島關王廟祭(驚蟄霜降)羅州南海祠錦城山祠濟州漢拏山以上六月上旬又甘即到度支部訓令內在前邑吏之文簿磨勘於營門時營爵補以例債誅求弊更張以後自歸革袪而近聞吏汚未滌舊習復萌痛惋之極寧欲無言郡之於府其勢莫敵不得已酬應則挪貸之先犯公錢末流之害致縮上納此係邑吏生通之源則不可任其營爵之如前恣橫令到即時別般操束從以從之俾為畏戢無襲前謬事又甘即到忠清道忠州府觀察使文移內本府設行樂令定于九月二十日以此知委於境內商民使之及期赴令事二十五日見靈光移文則慈恩島頭民李學西成正日禹伯元成元三崔成弼李權西輩以本島作弊等事已有吳順權等呈議送于全州府已自春間期欲一番查實而因頭民輩之不為等待至于今未得查判今因地方制度改革後則此郡非全州管下故移文越送矣因捉致李學西吳順權等查實則盖李學西輩年前補以島弊釐正出沒營邑浮費夥多勢將排斂於民間故吳順權起而舉狀仍成仇敵出債行賂轉轉葛藤加計也邊利也流連浮費也足費也許多名目合為一萬二千餘金而已經收捧為七千餘兩其餘亦將督斂計也以其分排言之則每結百餘兩式排定而其中九結頭民等隱匿為自己所當究厥奸竊也習合置何辟且吳順權既自始事反為符同反覆情態尤極痛惋其

○作弊罪人가둠

問巖泰俊龍等島亦有濫排之訴故隨現禁斷者不止一再而未有若慈恩島之忒甚大抵此是諸島之通患則其於懲一礪百之道捨此輩何施哉並嚴棍枷囚金僉使東甫鎭莅子時有漂木得置而許余搬用於公廨修理故運來次發令於木在洞黑巖久而無聞捉致詰問則謂以羽田島趙必龍竊去而其間屢度責還不出云故發差推尋則趙哥慢不聽從顯然有恃無恐之狀官隸屈還將習浮於反荷即為捉致嚴棍枷囚安昌金守和妻八年前逃遠與羽田島朴夢同兒作配居生今年夏問金守和誘奪厥女事有朴哥呼訴故查處次題給矣金守和毆打官隸奪取冊子島民頑習類多如是發差捉致嚴棍枷囚巖泰島文仁玉以宮稅愆納罪捉來次送隸則反加凌逼之語又托嫁禍其兄之罪此是頑民之尤者發差捉致嚴棍枷囚念域內各島俱以如丸小壤困於奸猾之弊無島無之許其輩舊染圖新化太難以歲月期思之可憂拈取水明樓韻更步

唧唧復啾啾幾時高枕安馬卿無日起潘岳向秋殘
憶曾辭陛日不罰而民化遇事負初心龍樓夢昨夜
島嶼云何小彈丸與黑子弱肉向隅啼淚落官渡水
海山信孤絕由來鷹犬橫掃除如不猛天日曷由明
詞訟苟能簡病蘇何待秋閑門便快濶持酒上高樓

二十六日戊子陰夜雨張鍾恩南裕餅一器病口極佳與在傍人共之戲述

○管内 16面分割·戸口數
○縣内面
○荏子面
○洛月面
○沙玉面
○蟬島面
○蝟島面
○古群山面
○押海面

涉園鋤业蕪對案食南菰自知丞不負何乃二松哦
我末維摩法轉身官厨蘇笥不嫌貪使君下箸南菰飾風味依然似野人
二十七日己丑兩二十八日陰 務安堂洞吳斡洙卽進士辰龍之子也專来相見宗
誼可感也此地舊無晉版秋夕後不知肉味官屬悶余病餘無助口也資是日植一
角瞎之燔之雜然前進東坡所云寧可食無肉似是忍語也戲以解嘲
東坡一種仙蓬人九分俗寧可居無竹不可食無肉
来此後許多不恒之費不可以經費排比故不得已官屬皆以崔負任使至是摘奸
監色已盡還現三班把任不容不反令為之然後責成凡務次第就緒而管下九十
八島及小嶼十九無八島形便與風土屢加搜探擧八於領畧之中故許其遠近量
其大小裁剖壃界爲十六面曰縣内 縣内烟突户五百七十四官户二百七十一户松島烟突户十九官户二户水島户十九官户
四户 荏子 荏子户四百五官三百九十九户在元户十九官一户大庚户五小庚
户三官户一户台耳二户無人島薯居島扶南許沙飛雉笠帽大角小角 洛月
大洛月户六十三官二十三户小洛月户六十二官十四户鞍馬户一百九官三十
二户石蔓户六十三官五户松耳户三十七官九户角耳户七官二户於義户四十二
官十二蔓芝户九官二户乞作户十二官一户
鵲島户二官一户壬丙一户無人島角氏 沙玉 沙玉户八十三官二十六户前曾户六十三官三十户後曾户
一百十三官三十九户 蟬島 蟬島户一百六十二官四十五户古耳户四十四官十
羽田户三十官八户 二户唐沙户二十二官六户梅花户七十一官十八户
昇風户四十木官十五 蝟島 蝟島户一百三十六官七十一户致島户六十官三十
户炭島户十六官五户 七户大楮項户一百七官八十二户食島户三十三官
二十九户上旺登十五户 古羣山 古羣山户二百八官一百五十二户飛鴈户九
二户下旺登七户 十八官四十五户夜味户七十官四十五户 押海 押海
户三百六小智户十外雁户一官二百二十五户佳蘭户五十一官二十九户達里户
二十七外達户二長佐户一淄下户五官二十六户訥島户十七官十九户許沙户

○者羅面
○荷衣面
○箕佐面 ○安昌面
○長山面 ○岩泰面
○黑山面 ○慈恩面

○各島의 土地量

七官七户羅併户二十三官四户**者羅**者羅户四十一老郎二官三十八户朴只户十一官十三户半月户三十八官二十四户玉島户三十二官二十七户**荷衣**荷衣户四百十三如屹户七花梅户十五介島户三長佐户二問丙户二長丙户五官一百五十五户下台八十一官七十户箕島户三上台户一百二官九十二户無人島新島**箕佐**箕佐二百六十九新藪户十牛墨户六沙致户七官二百八十八户**安昌**安昌户二百二十一官一百五十一户**巖泰**巖泰户五百十八桂島户十梧島户一秋葉户七官三百五十五户無人島草蘭麻田**長山**長山户二百四十三莫令户九馬津户二白也户十官一百五十一户無人島大也**黑山**黑山户四百二十一長島户十官一百四十五户牛耳户一百十三别時户二官一百四户**慈恩**慈恩户二百九十六沐池户八介楮户二官一百五十户台沙户三十五官十五户紅衣户十七官九户可佳户四十官二十户無人島上手下手

盖諸島土地大小不同且多宮屯收税故民結零星一面總數自數百結至數三十結或一二結則一面一書員反淺煩碎不得已考卜書員許其結數以面酌定曰**縣內面**縣内二百九結六十七負八束松島二結六負水島六結三十負五束**荏子面**荏子二百五十結九負六束在元五結五十九負五束台耳一結三十三負七束老鹿七十二負九束葛島五十三負三束許沙十二負七束扶南十六負六束笠帽十六負六束巫島二十三負七束**慈恩面**慈恩一百二結七十六負七束蝟島五十二結十五負六束飛鴈十三結六十五負五束古群山二十七結六負九束夜味一結五十負鞍馬三十一結十三負九束松耳十三結五十六負二束石蔓五結四十七負八束角耳二結三十三負八束落月十六結九十七負三束於義十六結七十六負三束莫芝九負鵲島三十八負七束色作五結十一負一束壬丙二十九負二束**沙玉面**沙玉五十一結四十九負六束後甑五十八結六負前甑四十二結六十三負七束羽田十四結七十九負蝟島三十七結七十七負七束唐沙七結七十負九束犀風十結七十八負四束梅花三十四結二十一束古耳三十一結七十七負四束**押海面**押海一百六十六結九負佳蘭三十結六十二負達里二十結五十二負四束納島九結二十九負古下十三結二十七負八束許沙七結十五負三束羅佛八結九十二負七束**荷衣面**荷衣一百十六結七十八負二束上台四十九結八十一負九束下台三十七結二十一負八束其島二結十八負者羅二十一結八十二負四束朴只大結二十九負六束半月二十一結五十四負八束玉島十一結八十七負**箕佐面**箕佐牛墨沙雉一百二十結一負安昌一下九結五十三負二束長山莫今九十二結八十一負五束**巖泰面**巖泰二百六十八結四十五負六束草蘭

十九頁三束黑山二十九結六十一頁二束牛耳二十四結三十八頁三束二十八
苔沙三結七十七頁八束紅衣一結四十八頁可居八結十一頁八束

○司官制頒布

日庚寅見京奇
官報司官制我可頒布司長奏任每司一人俸給四十元主事判任
漢城司十人各港口三人各地方司二人俸給三十元各殿宮
誕辰月日自今爲始以陰曆施行事洿因山將陪往大將金奎重李鍾健傾遣徒勳
洛鎔忠州洪州尙州原州四郡設置地方隊事勅曰出征將卒之多月暴露且錢
溽暑其無疾病歟東路將道侍從院侍御李相俊南路將達侍從院侍御李鍾應前
往勞問宣慈 詔勅仍賜犒賞以來全國內十三道二十三部邊役設置事十三道
觀察府及各港口公立小學校位置事十九日勅曰向日亂逆之輩探弄國樞變
更朝政至有議政府之改稱內閣舉多矯制典憲以之怨壞中外以之騷然百官萬
民之憂憤痛疾今三年于茲國家污隆關係亦大自今內閣廢止還稱議政府新定
典則是乃舉舊章而參新規凡係民國便宜者斟酌折衷務在允行而適來百廢舊
皇政革多端宜其民志靡定朝令不多而令此典則定朕宵旰憂勤俟其得當者也
而凡厥有衆咸須知悉叙任議政府議政金炳始職負各部大臣贊政五人參贊一
人并勅任議政萬參任命贊政金永壽閔泳煥尹用求南廷哲尹容善參贊金明圭
俄斯專權公使閔泳煥還國道路除巷自黃土峴至興仁之門自大廣通至崇禮門
家屋犯路當禁京廣五十五尺施行而兩邊餘址官許商民建造架家前面柱高九
尺定式其違造制樣依一字樣使無凸凹蓋屋勿用藁草外他材料隨意適用敍任
學部大臣閔種默宮內府官制中增設種牧
課種牧課長吳永烈主事張洛鎭全昌鎭

○鄕長이하 관속

二十九日鄕長以下官屬并差出 鄕長全炳
秀別監朴根培等手洙千摠金完植行首軍官金基燉左兵房黃雲起右兵房梁命
燉軍器監官金致燉均役監官安遠鎬執事林成春戶籍都監縣內梁相燾年分都
監押海金永設許定都監縣內黃健周古群山趙秉仙蝟島金炳元洛月鄭明元荏
子金文有鵲島李禧元慈恩郭應化巖泰金成林箕佐金奉天長山金京範荷衣文荏
致俊梅花徐成五戶長南宮德熙戶籍色吏房張鍾憲縣內書員戶房羅桓理熙
首刑吏權房朴炳恭兵房金炳律熙軍器色崔馬色工房張時煥承發蔣益東官奄
色金炳瞰熙都書員各面書員縣內張鍾憲荏子朱赫教押海金在炫沙玉鄭敬九
荷衣金甲在箕佐李佑根巖泰張處三慈恩尹珠理刑吏首刑吏羅桓理鄭興九
珠圭金在炫朱赫教井炳恭無任吏宋秉湖金基象一金東河金奉一通引趙允基

○各面主人名單

興天各面主人縣內鄭順基古群山薛光樞蝟島金一三洛月金永守蝟島崔奉信
押海黃海千荏子主人首通引沙玉主人崔德守巖泰林萬石箕佐鄭仁瑞安昌崔
萬迭荷衣奴仕迭長山尹丞祚黑山主人奴千億者羅林在學慈恩黃在權無任使
令李殷福金德文崔長寶官奴千德仕迭永淳房子萬石房頭使令薛光根一吉都
使令首萬一二番都使令崔德守鎖匠金永守房頭吹手鄭仁瑞都吹手金一三林

萬石金德文 崔長寶 林在學 黃在檖 李殷福 黃海千 鄭順基

三十日各項上納捧上別般操束然後可無愆滯欠
連之弊而諸吏中無可委任乃依稅務主事例以鄉長金炳秀管稅色吏以執
楙敎把定鄉長廳衙東墻外金德九家舍以二百兩買得使之修理八處戶長廳仍
廳前金日三家舍以一百五十兩買得八處刑吏廳使令廳東墻外李東寶家舍以
九十兩買得八處令則原役也處所也可謂初頭就緖者也政堂不可無扁號詢于
衆無可意者余乃曰倍補此地爲智山甚非著題令改山以海曰智海堂名曰正中
其義在記文中

○正中堂記

堂舊名鎭南鎭時作也今革而郡而余承乏其始至人知堂不可仍舊以不足也
然舍而新如勞民何故命修繕旣月而訖以是歲仲夏月二十六日八處于堂堂可仍
而名不可仍以不著也錫以曰正中客有叩其義余哂而曰微哉郡在洋海也中
名以智固也箴曰知用曰智今當從用處看夫智之於人其用甚大而任也而已
則邪與過隨之故曰智猶水水能濟人亦能溺人灌而反受瑤之智失於邪陘而
汨陳鯀之智失於過是則可戒亦智也余愚過不足憂而不及均至如偏邪寺不
以愚故保其私無凡此惟正中可以救之用是名吾堂而攻吾病非爲人謀也有
能一出於正不勉而中者主斯堂亦不知斯名之爲可積姑爲之記

○1896년 9월

九月一日癸巳陰行望哭禮後以大軍物庫起于正中堂各項軍物見失於東徒如
干所餘者廢鎭後羅州輸去見存者惟令旗一雙而羅以借得於積巨里及孝地而

洞裝時所用件大鼓小鼓與藍輿并借得於荏子島只此而已而座起也用軍物法例然也故强名之曰大軍物改所謂翔孫依樣草創凡具無非此類未知何時準備也思之茫然仍行座起吹禮受鄉長以下三班官屬拔剌及點考仍行罷座吹顧謂石醒德章曰今日儀物與咸安固城何如曰未聞勝於巴開未圓勝於已圓由此言之反有優焉為之一噱繼之以詩

古有沙筏國大發兵三十至今傳為笑吾於見此邑一初大吹打威儀盡起立二鼓荏西借鯉囉田間拾强補大軍物充置鳴金什坐作又不中泄泄無統總斷續鉦笙癸逡巡介胄揖堂階容僅容將卒通呼吸只堪自省過恐為隣聞及廉頻思用趙鍊武何嫻習憶在東南郡群下富供給罷伏無戲欠進退知階級如今非所擬仰望何可極諸君證案明為我一闕闐花月未開圓君言佳可入郡治方草創事功待後集等城操敗鋒掘井吾綆汲於汝何足謀事到吾自執

○觀察府甘學部訓令

(成均館入學生數)

二日甲午寒露陰見光州崔錫周告目渠以營主人擧行得差云觀察府甘學部訓令內成均館令已選士入學矣本道管下儒生大邑三人小邑二人令地方官薦送觀察府以陰曆十月望日觀察使講製試所選優等八人錄報本部則被選儒生之入京應試當更為定期訓令矣本郡境內講習七書能屬文著述者擇其翹楚二人起送于府下無或有不飭未及之歎事度支部訓令廢止各營捆邑鎮所屬各屯反民庫田畓結數斗落與乙未秋收之賭打間所捧實數昭詳報來事正供之越期上

納莫敢違越未納民之雖貧家鬻産如未充刷則不幸而化者之族戚者宜其隨力
顧助而卹債私債切論事與石醒對坐竹林下酌酒賦詩

酒因我愛尤愛竹一日不可無相邀清風一泳傳墨胎有斐三章詠淇隩一自作
吏風塵下失味有甚居無肉河陽桃李楊州梅古人先我分門族聞道湖南竹産
多來時已占花卉錄簿書相仍摺熱熾敗人清致身如東百忙撥來餘閒在甕頭
林酒告新熟官貧猶有竹數畝瞻彼西園青簇簇菜客好遊天中日擇脩不見墻
東屋不須問主成管領石友兼之慰幽獨凌霜抗節如相迎蒲地清陰堪可掬兩
人對酌盃無巡蕭蕭髮須髮便便腹有石有竹兼有酒可與梻鵲誇清福座上風
流并二難世外炎熱無三伏我笑維摩太枯淡篁林獨坐少相速清標不減渭畝
千逸趣相方晋溪六有鳳不啄非其實世間謾多閒草木逐如啖蔗境漸佳我欲
移來屛八幅

○各島海溢

三日乙未昨日午時海溢堤堰破壞已熟之穀多至傷損㶏內與附近各島報狀還
至海溢水高爲二丈餘而幸無大風得免滄桑然傷穀甚多云并各自附近洞并力
完築事申飭令年農形滌水也蟲災也已有失稔之憂而重以海溢民食之艱孔棘
爲之奈何也述悶一則

海岸少間土界水爭尺寸所責無沉濫禾稼不見損無是餒在中齊力成堤堰令
年水無蟲困已令人悶上無支給討下有聊生困一夜盲風發撗驅波頃萬白馬

怒方旋吞齧沙嘴嫩或駕低平越文從空鑄噴湯湯水方割田租庇逃適野老望
洋歎農功盡挫頓赤汙于何訴從茲詞訟健吾政愧反風臨食便忘飯沿港因徵
求漁鹽不足販今日巡審處不似農桑勸中勤慰田里天警不須根因之尋舊緒
來歲奇功建

四日丙申固城金永燮來見諸吏告目本倅吳哲善移拜康津而李黃鐘七月念間
赴任統營參領金禎根八月赴任而兵丁設置次各項制度今皆磨鍊云統營地形
之要害設施之鞏固即我東第一關防且經李忠武公殉節之所所重尤別余嘗公
幹遊歷固已壯其關阨慕其偉蹟又與校吏之秀異者窮椄臺登臨之勝話古今感
敗之數無不以氣槩相許歡若平常雖其閭巷愚夫婦亦知我之爲誰是以固城遞
歸後未嘗不憧憧在念或庶幾南州有路得一復見矣今聞其變改如彼奚但其名
號之不逮伊昔想其豪俊之盛人物之富非復疇曩遠爲之一發長吁
興言嘖嘖洗兵軒憲閣舟楼迴八雲控制三南大都督寬數千古李將軍昔時全
盛渾如夢此日荒凉不可聞想見省中舊豪俊强銷金甲事春耘

五日丁酉巖泰島宮監朴洪植下來便見家書劉堂以晉州蔚山等地牧場派員
來留晉州郵遞局專書來到有宮內府訓令一度要余傳致于鄭主事鉉烈許事也

○海溢피해지역순시

六日海溢親審次發行座首及首吏與鄭駿九隨之過廣井卅里長谷峴五里鳳洞
四里至破堰處各補項論堰見方三十餘名村丁來赴洑役赤脚塗泥絡繹畚鍤所

謂頭民前致問安慰喻以島嶼生涯雖在康年尚患艱絀今年年事蟲水相仍中又遭此碧民邑厄會憂悶無極然而今見堰壞多因人力未盡而致者不可全以天灾諉之令若知此董役功倍前往則今番海溢不足為灾矣以白酒一盃行下衆皆悅

之口號短律

天與能徙海愚叟亦移山古語宛唐甚無由置此間挽近民疲力抱牒訴恫瘝

歲終身苦平時盡日艱如何天不弔又此一重關策亂驅石至忍冷溯流還恍恍役赤

脚指挖不暫閒薄酒出心眩勞甫破愁顏

○黃氏孝子門

此是邑之止部仍訖東路至東面五里松項及津東破堰等處昨已修築拓附近洞頭民依北面例申飭將向南面之際黃萬户來請暫入其家甚力不容已偕至村可數十户而黃氏庄客室建置未久前有旌孝門揭以學生黃某孝子之閭余謂黃氏曰宜書以孝子黃某之門黃氏謝其無知妄作當依教改板云俄而午飯供進且有家釀酒味甚甜飲少輒醺倚枕口占

適海而南路過君一盃和王郎成醺東坡元有不如酒求叔雅知述以文竹裏洗

盞宜淡泊松間喝道笑囂紛寒厨雜泰休勞具中脚催歸報夕曛

○塩燈作法(製塩法)

因起復路至長浦五里日幾是見煑塩烟至幕所盖其煑法先築塩磴横鋪以木 木上藉松葉葉上盛耕曝海土注水漉之如受灰水撩其下有坑則之名曰塩井搭幕高廣上通烟路中掘圓坑可丈餘四隅築土為柱横掛長木其上以椽木間間鋪置

○各島地圖
○度支部訓令

椽木下則以竹竿密舖又以鐵鉤係在椽木上竹竿上先舖藁草次藉如拳小石次塗石花灰名曰盐釜以盐井水汲充後燒火于釜底則至半日煮水成鹽盐出一釜爲四石每日二次煮出此其大畧也戯題

海岸烟生處云是煮盐幕炊夫前致辭其方論大畧耕沙及陽曝汲水漉滓淪鐵鉤掛灰釜成底反郛郭煮之期到白四卷日再作有時時不利恒雨盐事惡又有一不幸釜或先時落學常歲一再坐此聊生薄前言頻有妙後語諒無樂閣下云

作醎箕疇肇藁鑰事固有完缺利鈍難逆度此個雖瑣瑣反隅足斟酌

日已盡矣乃還衙六日陰又往南面破堰處親審晩餙轉向西面亦如之未刻驟雨冒濕還衙申天五還來茂朱李基洪柳茂根持外孫全丙鎬書來見丙鎬去月生女令旣有了有如也觀察府甘結卽因內務部訓餙本郡屬島地圖道里遠近報來事內部訓令本郡所屬各島與戶結帳簿各項文券火速移交之意嚴餙前管轄各該郡而公廨修理一款訓餙諸郡該費額從畧報來事檢田卽大政也今年川汰㨾決消融虧損各別精畧執失無虛實相蒙事內部訓令據聞外邑憑藉吏適清帳排斂民間使民難保之說在在入聞查實禁斷事結戶旣定支給各有其額從前雜斂并皆勿施使自莅營別政廉探則前日邑屬之誅求名目如例尙在外若勿施暗自徵捧秖計厥數猶多於公納所謂各色收斂者一并禁斷事度支部訓令據改設社還以爲民生備荒之資前已知委而大邑二千石小邑一千石設備使官吏無得關涉俾

○學部訓令
(郡縣學校제도)

民糶糴而當此有年出力設備依章程準數舉行事全州鎮衛大隊長全漢昇訓令撓
近浮浪之徒輒稱兵丁作獘多端鎮衛隊兵因公出外則具軍服持公文是表其也
若或有藉托作獘者自各該邑以法捉治事學部訓令擴興學章程校土校復事左
開訓令飭謄甘餘懍遵奉行事一郡置郡訓長而置面訓長擇選冠童勸誘講習事曾有條規行會於各府而過期無報殊極駭歎本所
係是新設教與學恪定更爲列錄以送用充從用於各郡訓長成冊反覆辭形止不
日郡聚報承事一各郡校土校復縣或有查辭杳負執錄以來者而自度支如不陞
摠以承則凡復戶結校田畓反前書院田畓之存者皆依舊屬之校宮而無往他甚久
各鄉校復戶結錢何自何時劃給田畓幾斗落租賭錢何式係公田劃付式是收守
捐排式是紳士出義院田畓之來村者幾石斗落租賭錢何消詳錄數之息亦已有
定限訓令此又過期無報其案被若弃覺而然缺用表仍閱於各郡校土校復等成
丹下日部聚報未備式一直湜淺又式直爲款奏實之弊我有別收八處則設郡守
新當移然內部別般選德而不檢之責自看可辭事一各郡齊任姓名成冊都聚報
未事一觀察府將設置一學校即以本郡校宮爲廣冊名曰地方學校矣校既若違
及教育章程當自本部從後磨鍊而爲也依左項試取法選外庠生八人使之留校
誥學事一學校經費及外庠生措濟之方自度支劃給補助之前以本郡校土校財
括据八用如式不足則量宜隨取借近管下然郡校物以爲補充事一陰曆十月至
日茲士選取八人事已有前度訓飭而復等人校選者諸之外庠生成給留文錄執
本部以係本部知委上京就試選拔入庠外庠生置常住府校講習勤業是矣亦便
參量情勢及校費式常任式摘留錢月俱從一方使事一校任以一郡中有文學聲望
老成之儒式仍舊改差事一各郡置都訓長一人無論朝官儒生擇經明行修著名
一郡首自校中薦望差出各面首置訓長一人弁擇紳士中文學聲望冠於一面者
自校中薦望呈出而都訓長仍爲設面訓長事一各面訓長擇選該面中聡俊冠童
家計可以請吉者備充講生雖小民其才可堪而願參者亦爲許入各令自願一經
式一史定課讀習是遣講生姓名及所讀經史爲先成冊呈報于都訓長都訓長都
聚報郡事一現令各郡事力姑無以養士教學於校中校財稍優之郡則都訓長遂
各面講生從舉者數十人八處校宮留學教課講生等只得在家肄業或聚讀村塾
每月朔望會講于該面訓長家訓長抽出講章使背講隨即叩詢文義質問商確後
考定通畧粗不四柱成冊呈報于都訓長都訓長每朔都聚報郡事亦每陰曆仲月
業八月則十六日各面訓長會于都訓長家抽章背講質詢文義考定四柱一如前
式或出題試製詩策等文亦爲考定等第後修成冊報郡是矣會講之際講師生之

○關王廟秋享

等戒習揖讓之從容不得犯亂失儀事一都訓長隨時約束於各面訓長比講禮之
勸奬士習之臧否一一照管設法操飭事一各面每朔都聚各面會講成冊報觀
察府每朔月終都聚各面成冊馳報京府則優等講生學藝拔萃者自當七日朴洪○
有費無需用之道事一能中細知月及賞罰規則自府府量宜商定事
杜○八島時倅令申錫黃○萬戶來見卒一通引出邑西村路由將臺向松田左右夾路
山菊爛開黃色甫羅色間間相錯令人爱看口號一頁
閑地多生木種花秋来助我一看佳東籬節近重陽雨間色天成半紫霞香裹定
宜新醸喚病除聊發多餐加始知造化無窮妙播散芳菲繡稽芬
八日庚子本月十七日霜降即 關廟秋享日也獻官及差備不得不差出而初獻
官例當本官舉行詐其光州往還似有越期設初獻官親執次不為差出亞獻金助王三獻李
文丙大祝金得建執禮金行主奉香趙炳弼奉爐梁洪龍司尊李參謁贊者朴容才謁者朴允圭見盟巖金大興光熙書有回郎
雅洞吳顯敎招見之托也即為邀接和醫景三以設樂局事八邑居住九日陰是日
即重陽也請邀盧司果與石醒酌酒述懷
昨聞鵲鳩告余曰名國香國芳菲歇白露爲霜葭炎蒼序屬三秋時九月閭閣
不成蜂蝶衙舉盃欲飲還咄咄令之十月古也九案上太陰鬢覺忽一歲重陽難
再得何苦固守西山粉有酒可以吸鯨波有詩可以探蟻窟有友石醒與吉夫二
難四美俱無闕大設高堂泛菊遊濁酒三盃豪氣發籬下官僮摘黃花畫裹蘚仙
倒白髮勸君莫上望鄉臺關山迢遞不可越勸君莫待白衣使我官雖貧酒不竭
醉把茱萸仔細看風流氣槩兩鬼兀憶曾三庚河朔飲黃梅不足露道唱記否城

○각종자료보고次
光州行

東　聽鶯歌黃柑不足清人骨時氣宜人秋莫如花中晚節菊惟厥令朝只可酬
佳節莫問金谷有無罰
明將赴先府則邑事之如干區別者不得不一一報告故命該色修報一本郡初無
營捆邑鎮所屬各屯與民庫田畓及官屯田畓事一本郡曾以小鎮營門句管元還
只有米一石廿二斗租十二石十二斗安年十二石則社還設備更伏峡處分舉行
事一本郡屬島曾無可據文簿地圖則以各島形便道里區別圖畫鮮事色眼同上
送事一本郡舊各島嶼戶結帳籍等北道萬頃扶安全無一件之送交盤先務安羅
州多有遺漏不送件各項文簿傳當無期言念郡務不勝悶迫事及修解與各貢額
穀精約修成冊上送事修解所八三千二十六兩二戔三分各貢錢六百九兩四戔

○智島郡 結摠및
戶口實數

五分事以上並謄內部訓令一本郡結摠與戶口實數並查明修報事結摠合二千
五百九結二十一負一束内三百十八結三十一負九束舊陳除二結三十負九束
諸島摠不足除實二千一百八十八結五十五負三束内七十結三負一束未蒙頉
陳結戶摠八十二島合二千六百三十一戶因修正成貼出給隨陪帶至先府呈納
事為定
十日壬寅先州馳進之行因病差晚是日發行両日前以溢溢親審本島後諸各島
亦多報狀然觀於本島他可類推且營行在即未暇遍審不容不一體飭喻使鄉長
替下傳令

海溢距岸也挽近島民困悴雖康年案歲尚患岌業況遭此非常之變目下受損来頭役督又是一大厄會言念輿情不勝憂悶茲於日前躬親巡審本島僉周田而止者非他外島各處推可反隅僉除良營行時急無暇遍及茲督鄉長措辭飭諭是在果大抵以官親檢者觀之堤堰傷損處或因低平而陵越或因空穴而潑齧此乃人力未盡必致不可專諉於灾眚因天警脩人事此其會也則以衆爲藥者曷不以此時恐懼脩省圖所以善後之策乎令其海堰破壞處痛加出力到底經理是矣量其形便度其事狀雖至附近同心互濟期於脩補完築使低平者無凌越之患空穴者無潑齧之慮然後不廢可備歉歲可興如或泌泄浸漶宜越而不越可爲而不爲視以等棄則致陳荒以至於上欠公家之正供下失農民之資本則頭民面任不飭之罪必將悔之無及知此惕念預先知委俾無後艱宜當者

○光州登程路

辰初刻離發向觀察府隨陪羅樞瓊通引趙允基官奴永順升德力恐件進發子萬石使令薛光鎭崔鄭逸轎軍李學文金和平益丁相基金巳元卜馬二疋廣井一里四十户堂山七户長嶝二里五户佳亭隅店一里二户過長浦塩幕斗無室二里二十餘户松項店五里三户黄鍵周出待店街暫唔津東二里十四户過破堤新築處路左適有洞民故多艘申飭仍行藤山津店三里二户以津東至此三里之間皆松林此是津頭自邑爲十里云而計其程則十五里也將校安逸萬先来船隻預待以二隻船一行渡涉江濶五里浦坪二里此即咸平界安逸萬還送欑子開金志置未収

往復石醞使之隨便付送事裁書東有臨淄鎮今磨津頭對頭處有小岡名曰穠山中處小寺曰圓甲寺問是寺是三間僧是兩衲極其精緻環寺樹木擁蔽蒼翠而村家疎遠了無塵累以路促未能賞玩賦詩二截

○圓甲寺

秋江一帶碧如天無恙中流布帆懸會意千風吹纜纜行人指點使君船 右浪江

小小山前小小菴禮雲瘦釋不成三自憐役役紅塵裏前過無由法案參 右圓甲寺

○發山石彌勒

上岸則穠山院酒店四戶自津頭數百步發山十餘戶七里村前路左畓邊有石彌勒戴石笠而立云是三韓古蹟以佛也靈何奈不能庇護風雨路傍路左入跡馬蹄塵埃蒙蔽不覺感懷賦一詩

石笠峨峨佛一軀不生不滅在泥塗眼唐雨應成眛座異圖蒲豈用趺三世因緣都寂寞六時供養太虛無莫是蔡沙刃半熱只能度衆未能吾

碑石街一戶三里有郡守碑幾箇良干橋店二戶五里店前有石橋通海潮船泊此即海際而店後隱良村戶可四十餘土品膏沃足可謂樂居之地田畓各種除時番熟播麥之夫摘綿之婦真可謂八月仙賦詩

真仙天上在欲見恐無緣今日先山路田間過偓佺

土峙店二戶五里抹馬碑佐巨里二戶一里東有短倉即靈光捧稅所云松川店一戶五里前對店一戶三里無里巖一戶二里多慶向巨安支一戶三里馬山店一戶一里梨木亭一戶二里鉢橋四戶二里前有石橋烽火峴一戶二里土城一里路左

○望雲牧場土城

有土城即司僕寺望雲牧場靈光界望雲面昔牧馬時所等而自中年牧馬移設於慈恩長山押海荏島後毀破城垣起墾播穀云守掌店六戶一里望見南邊五里許有大松聳翠云是望雲牧場道送薛允錫招金樂炯來待于店次事分付又至二里許忽雲黑天暗驟雨卒至下屬衣服盡濕飛也似促行抵土城店三戶四里定宿所是日行六十里西邊望雲牧十里東去場基一里一六日爲市諸島皆會店前有劉龍洞八戶又其下有下土城通務安羅州界此店即上土城通靈光咸平界酉正到雨止金樂炯蔡注泉來現敍懷夕飯後蔡吏則下直去夜與樂炯穩話十一日卯刻登途送金樂炯行至通林二十戶三里此村又咸平多慶面界也牟村四十戶三里務安一西面高節四十戶四里五任面店前有烈女朴悌妻淑人宋氏旌閭喪輿巖店一戶三里店之左右有大巖形如喪輿後有上洞村七十餘戶上洞峴一里暫憩面南有僧達山下有務安邑自此五里其下靈巖月出山矗矗尖尖羅列數十里地界頗覺得好也以月出之名勝能聞久矣而今始望見如彼其壯雖此奔忙烏可無一詩遣情

山名月出眼先明天畔芙蓉類削成立傲鏽旗排雉壁散如棋子落崗枰舊聞每恨鼇頭遠此去相逢馬首生電邁風旋省不足征夫苦未會人情

○度支部訓令

過平橋逢光州持者見是甘結因度支部訓令內年分際狀十月內磨勘收租都案十一月內報爲事前經理廳府關加沙里鹽釜稅錢等文簿堅封上送事巡檢巡捕

憑公作弊難保必無巡檢之有奉職受書各帶將牌係是憑信巡捕卽巡檢之變使

凡於出使公支自在準此考檢如無信標捉巨報營事本道各郡上納錢中換劃京差

人今旣下來本郡甲午條乙未捧戶布錢準數輸上本府事仍行至碑石巨里十戶

六里前有大野名之謂鶴橋坪數十里田畓忠勳府屯土居多坪中間有二石橋名

是鶴橋自前店四里許橋之下有一店三戶通海潮船泊古有東倉捧稅今廢轎子

橋店一戶六里三巨里店二戶五里路左有孀尾窟方𨙻造尾而四時不撤云城隍

峴二里永川洞五戶一里古莫院四十戶三里前有石橋七虹蜿越邊羅州界名稱

浦內通海水船泊虎杖店一戶三里有布杖石橋新古介二里長嶝三戶五里松林

○古幕院경유 나주 경계를 지남

三里路傍竹松交翠風韻動人口號一詩

群芫征車味便忘怪来詩髓動清凉風鳴掀掀龍唫響秋聲猗猗鳳啄粮其下居

人應不俗所逢行客亦生香何由用作名樓瓦兩坐琴棋助我傍

間谷場基二十餘戶三里紫迯峴二里路左有秋氏始祖旌閭扁額木柱椽等處可

見誠勤所到峴之下郞神奇龍山氣雄偉節節行龍上有林氏先山路左有石碑羅

州林氏世葳山碑路之右白龍山此亦林氏世葳或云名師李毅信所占百子千孫

富貴複全之地山之南林朴兩姓所居之地至神奇龍店四戶五里此皆林氏圈內

松楸甚壯世所稱道也賦詩

福人方始遇明堂林氏林林在此崗子姓多於山上樹頁珉留作路傍光王龍訣裏

神奇穴杜宇聲中寒食觴過眼何須空起羨不如歸種德陰長

乃賦詩

錦峴二里巖朴店二戶一里馬峙三巨里二里有二路東峻馬峙路險高峻南緩馬峙路稍平順云從南路至羅州邑五里野開百里坪山圍四面羅列低屏百穀豐登

西塞陵羅島南州錦城山山前沃壤平如掌紅稻黃粱秋孔殷原頭短褐嗔荷蟥
我稼不擾桑家鐸風動十里香臭孔令人不去如相閑酒食豐年風日好大家雇
豎生光顏今年租稅除強半老農聽話山東還

○나주도착

○나주읍성의 모습

圭山錦城山山之下有鄉校竹林擁翠人家屢百戶又其下有城堞周回十餘里即本府八南門路左有羅氏三綱門由鶴橋出東門扁以東漸門東門內有大毅毅之北千餘戶閭閻櫛比衙舍縹緲客舍外門樓望華樓其餘各公廨鋪置左右以新經觀察府之致修繕塗壁極其華美而城堞則頗多壞缺處問是東學及義兵守城時致傷云羅之壯曾所聽聞而及至目睹地勢之勝人物之繁結搆之麗真可謂湖南第一不覺縱筆

錦山名已好羅府設何雄粉堞周遭起丹樓縹緲隆中處二千石漢家秩祿崇武庫龍蛇日歌臺燕雀風輪蹄長湊集佳氣藹葱葱胡商珠玉肆越女綺羅叢閭閻撲滿地一望無西東簾幕初生月橋梁未霽虹家家梁肉飫日日笙歌沨由來五百載盛事無終窮造兒在傍笑揶揄訴上穹監門驚望夢健夫驅青驄地白霜風

○광주경계에 도착

發啼呼號泣同譬彼殷潮怒沙堤激盪空令春蒼經劫腥塵莫孔道宣后貴安集
嗷嗷返澤鴻向微哀痛詔王師亦不功結之秋大熟滿目烟花紅控制山洞裏周
旋雨露中從來佳麗地依舊祥和龍頭借龍眠手模移一幅長歌和短律 持贈主
人公

本倅李瑞圭曾有面分路忽未暇歷訪東門外城下有十餘丈石鎮竹彌勒堂二里
至古介四戶五里廣墟一戶五里路左有大坪淤草舖過云是習陣墟也海松亭三
戶二里冷泉磴三戶二里光州界光州出八店一戶六里宿所行九十里丸亥刻莊
子島民來呈所志即以置就事議訟狀也即為題給十二日本邑問安使來見石醒
書閑金伴來曉發分吹洞橋二里至德貴津二里來船渡涉此野通稱西倉坪與羅
州大野相通烟雲杳茫一望無際沃野千里者非此歟聊賦一唫

秋入鄰城鄰不如無邊野色淨霜餘稻粱百里連阡陌烟火千家散井閭天外斷
雲疑送客馬頭層嶂似迎余渺然一粟浮滄海廣石鉄衣卞駐車

西倉三十餘戶六里後防洞一戶二里到亭三戶八里老人峴一戶十里真多里五
戶五里鄉校村四里東有鄉校南有杜稷壇百餘戶村落雜處竹林中中通大路大
川橫流名曰烏灘浜有雲橋橋邊有小場市四九日行市云渡橋則路左營主人崔
錫周現身因至西門外鄭五衛將塽家下處時正巳正刻十餘間舍廊極其闊傑
營主人崔錫周告以小人家只是隔墻外舍彼家借得此家然一省內同居情誼便

○광주 東學之變

○光州府의 모습

同親戚少頃鄭煥斗來見年今六十有五子宗且饒云余問此府人心此道內第一
淳古曾所稔聞而間經東擾之後或無不如前之歎歟鄭對云東擾之變莫甚於此
府且年來更張以後官屬所賴剝落聊生之共蕭散無此特因人心素有見稱於遠
近者故保有今日余曰此府之淳謹京中所知觀察營之必置於此府亦由是之故
也自營主人家酒物備來諸品極其奢美下屬亦一體供饋余每食不過數器而令
此盛備是何貌樣切復也午刻驟雨注下未正刻止使隨陪呈馳進狀入西門扁以
光利門至客舍門樓下下轎客舍扁以光山館門樓皇華樓小頃隨陪來云除 延
命以便服入來云故卽詣外三門扁以光州都會衙門自客舍至官門路北鐵碑二
十三石碑十六皆曾經太守遺愛也換着公服入營禮見觀察使余曰到營已數月
水土果爲適可而其間又有突山之行勞攘餘不至有損節且况新設之府許多草
創之務安得無大惱神用乎以公以私馳進之行豈不稽令而適會有身病未果遂
忙令治強策登途私地不安觀察使曰水土別無相妨而突山事不得不一往 面諭使
民擾歸化安業者聞已往諭安帖別無所苦至於新設府務百度草創無非辛酸本
以淺見薄識別無優策其在報答只切悶心至若本郡亦是同我一般聞果何以就
緖本倅聲績曾所稔聞想應良將所到必無堅城也余略擧本郡難處之狀談過一
遍後至於公事則不可以口吻具述已修報告呈上且攝錄紙以備便覽
各島民獎芬一結政也陸郡野邑近年災損無年不然而况海洋中島嶼如干田

○各島民弊를 보고

畓除非山嵴皆是海堰水旱之爲災有異於他山田而自成柴場海畓而轉作蘆田時亂荐經流戶幾半起忌無人陳廢相續然而結旣有摠元結二千五百九結二十一負一束內三百十八結三十一負九束舊陳除二結三十負九束諸島摠不足除實二千一百八十八結五十八負三束內尙多未蒙頃下由是而居民所徵未免架疊故未頃陳結七十結三負一束懸錄成冊特爲報頃俾存島民事

結之爲弊最是矜悶而右於今年初以潦霽後以旱虫其損過半矣今月初二日午海水大漲衆堰全缺各穗渾沉野色慘慘樣村報遝至别廩符合不勝悶迫摘奸執摠從當修報實特念島陸之別期於蠲減事

○疊徵의 폐단

各島田畓舉皆 宮庄與屯土而該監之下来収稅也留費行資諸般客徵邀於元納故恒有莫保之冤而右於陸摠後雖謂以結稅自 營劃納畢竟不給度支之促必歸於該島式有疊徵者多亦一大痼瘼若不指一民必渙散島將空虛矣别般 參互結稅專使本郡句管捧納而若使該監句管則更加責於民邑事另定指一事

○客費의 과다

本郡屬智島荏子即司僕屯土而曾於在鎭時使該鎭檢稅者今遣派監别歧句管則稅則如例無前之客費將不知其數則民冤遝至情景悶迫事

○戶役의 문제

海島居民素鮮農桑生計極艱執戶徵役不可與陸民同而挽近應役有倍於陸民恒患莫保矣右於新式執戶時初無貧饒鰥寡之别只以逐突而昨年視察之

○公廨修理등
경비移送稅

摘奸執捴未知何據矣到底摘奸徒費執卷則只為二千六百八十二户然其中亦多有鰥寡之混入特為分揀事

公廨修理各項費額精畧修報而此是為先隨毁修補之入本郡素以萬户鎮衙舍公廨不過三處而擧皆不成樣則今當新設事務浩大之時不得新建者多且客舍校宮不可不刱設而以若疲殘之民力果無擬議之道當此 國財之艱拙亦難仰請言念郡務將不知何以為好事

經費既為定額而外他邑用不可不自郡排備者無他方畧故各島船旅閣主人例捧口文鹽每石一戔中五分式捧而入用下於不恒費則於民無損於郡可為萬一之補事

靈光羅州之移送甲乙未收貿質查正則已納有尺者十常八九故令方從實停當留未收飭剋期督刷餘數還送各該郡詳料事

本郡屬蝟島南北市半里澳每當波市節一漁場故前有 明禮宮稅之設捧而令於革罷後自全州府謂以兵丁所需用派送兵丁而收去則其所為弊有倍於所徵之稅矣今屬本郡則使本郡句管收捧依例上納則可省一端之弊事

島民愚蠢同知法化徒事傾軋互相紛拏以是而島樣擧皆將廢則不可不痛勦而尤甚者當論報懲勘事

飛禽都草八禽瞄雖大也五島素以羅州屬島在於本郡地方之中道里甚遠而

○觀察使一覽 曰

○觀察府의 官吏들

以暫屬海南之故自莞島輸去帳籍已報 京部姑未分揀事

本郡素以殘鎭全昧事務每於公社多有苟簡事

觀察使一覽曰此皆民邑坊當庭事本倅用意若是勤摯莫當報告京司以圖後效

仍辭出衙之軒楣扁以宣化堂瑞石軒門楣何暮堂觀錦樓東有內衙衙後堂新香

閣尹主事奭榮居住仍詣新香閣叙話孫主事鍾九嚴主事興燮俞主事鎭徹在座

知面李鶴禧韓斗錫兩主事在京未赴其主事有述本以羅州主事來留矣對尹主

事說與本郡形便適梁翰川慶洙入來阻濶之餘便成邂逅暫爲叙話仍偕梁翰川

作伴出來往南門內松館相晤日晡時還下處夕飯至饌需豈備故又責以從畧麦

刻梁翰川出來穩叙一辰刻還去營主人又來話諸般本郡事務本府事實金允伊

以報告事來留來見曉起無寐賦詩

心似旌撓事綴旒洞陰孤客宿光州歸鴻落木天涯夜白鶴霜梧幕東秋酒盡定

難銷旅恨夢回空自抱民憂此時懷緖無人問畫角三聲起斗牛

江漢風流不係舟年來四笑折腰羞男兒交契誰青眼書劒虛名已白頭彭澤栲

前違素志平原門下有何求莫言遠客秋無寐蛩聲壁隙啾

青童臨起理征衣長路間心逸欲飛自是去留成鞅掌郡人何苦待余歸

十三日乙巳初擬是日發還夜間觀察使遇泄瀉痛不爲見客故未得發行而問病

次入營見尹主事則主丈病勢苦極云劉主事堂書簡本自光州來到故問於尹主

事則謂以自南原都護府專來故出給營主人送之矣余曰然則答書何以區處乎帶來行中而其中有 宮內府公文一度不得不善傳之後可免葛藤云則其主事謂以與崔主事東詢爲僚從間方在興陽地當善傳爲言故仍傳給回書仍出一回覽府內外三門東傍有主事廳南有書記廳首書記崔相鎭客舍後有射亭額以觀德亭南門內有光明石即此邑古蹟南門扁以鎭南東門瑞元北門拱北北門外有拱北樓內扁無依北斗望京華昔年大明水路朝天時使臣留館前有大場市二七日開市東有鏡湖水即景陽驛丞廢街北有柳林藪湖廣周四十里湖中有小嶼十餘蓮荷遍滿藪長爲五里不知爲幾萬株邑形爲行舟形云而邑主山壯元峰東無等山立石瑞石天皇峰廣石臺風穴臺天祭壇龍狀澄心寺元曉藥師等寺之勝槩南粉積山西王女峰北大峙山坊里四十面戶萬餘戶結萬餘結府戶千餘戶東門外則無人戶奴令等下屬輩並居城內將吏並居城外城之周回爲十里云本官則金敬圭移接將廳爲衙鄕長程晳永餘外許多公廨不可盡記本爲大雄府而今爲觀察府名稱又加一層賦詩

無等山下州州大亦無等幅員與人戶本莫羅勢稱內有宣惠郎外設光州並城池圓野合結措八塁迴葱葱無隙土人家霄鍾鼎太守埒古侯赫赫官不冷今歲陞爲府譬如錦尚聚南道歸專轄下風聽音察百度與俱升仰望青雲頂節旄駐風凜澄堂秋水瀅野渡無時閑來去列郡擬元來盡衷懷又從天上挺甘棠何敢

○百川橋詩會

芾召伯憂民拯饑共完營屹氣數有餘乘
路見永同月田居李閑亭秉翼耆方留長興主人崔教日家矣其辭意有暫晤之
誼因往李留處相晤余與李家六世相好而李閑亭則巧未對晤然可謂一面如舊
誼罷仍還下處方對飯梁舒川穊主事俱来崔去崔一洪鄭海倫来見一是主人之子
一是錫周之子也鄭令有幹事於外村告別於是別無所幹盡日無聊賦詩揭于主
人壁上
客散樽空畫抵年莅人詩思溢於烟三宵旅枕眠桑下九月他鄉坐菊前主翁出
外先於我太守偷閑靜若仙省裏他時留後約莫使青花伏遠船
俄於八府時見李耕山詩揭門楣次韻示梁舒川
逢場萍水郎吾家青眼飜驚白髮加莫遣詩愁動歸意先山九月有黃花
李閑亭晩然来訪語及石醒事余以其昨夏百川橋詩會事備說晩然曰何以知之
余笑曰他無推知至於詩家事自有靈犀之照晩然以其近日所作五七兩截詩詠
言故次韻示之
宦緣逢有愆先故講無處落晩江湖恨相将憩舊居
人共乾坤日夜浮凄凄不獨此時秋偶来旅館成相見猶勝山陰徑返舟
光州下吏崔教永来見云以考卜事出往外村得聞行次八府今始現謁云云而酒
物一床亦爲備来十四日陰早朝八府觀察使病情小可請謁敘別以尋昨日所言

諸般事吏爲緊囑轉往新香閣以邑事冞托尹主事摠巡李建初来見仍往梁評川
下處未晤歷問李開寧出下處書記崔俊錫来見帶朝床庭前無可受之理故屢次
固退不聽不得已受之巡檢鄭仁喆来見未初刻發程隨陪則有幹事未盡與使令
崔萬一落後出洞口望見校村邑府相去爲二里間而邑府則一帶城堞四圍周遭
城下閭閻重重疊疊樓臺聳空而是日適値午塲人多如海列肆無筭校村則十丈
巨竹連抱長松簇立交翠無一片空隙之土人家稠錯於松篁之間出沒隱見頓無
烟竃之氣且小陵環其後大川橫其中橋如臥虹路若平砥依然爲一幅畵圖爲發
一吟

○光州城의 모습

粵詹紅箭彼何門 道是光山鄕校村 舍風瑟瑟松千樹 翳日猗猗竹一園 竹邊者
松松邊竹 竹裏松間屋子存 連檐對戶無片隙 其百其千不勝論 似聞羿圖看次
第 青蒼白板畫陰昏 除非橘柚江南户 便是桃花武陵源 一區形勝諒難得 奇不
之多人物繁 湖南得此先先得 此丑國初年氣鍾元 前川縈繞橫帶體 後岡逶迤
眉痕 牛車搭負紛相錯 有橋橫臥龍蜿蜒 鷄狗相聞隣相望 令人忽憶二千言 似
魚忘河樂自在 誰識春天雨露恩

○歸路에 오름

至橋頭送營主人及金允伊 抵廣壚暫憩 遣驟雨 惟辛雨在余後 只沾得鈴鈴點點
抵昏入羅州 即向衙舍 見本倅叙寒暄 少頃夕飯 至出於格外之款 戌刻出店宿 友
刻驟雨 十五日寅刻驟雨 巳刻北風大吹 務安碑石巨里店中火 在野農夫耕種方

○望雲牧場의 遺虛

眩見其有不勝寒之狀述懷

我在高車爾在田同時冷暖不同天可憐造化無全妙偏送秋風布褐先

本郡問安使来未正刻到通井金樂炯蔡注煥金甲在候待路左固要入望雲不獲已從之此去望雲十里左右皆是松林到牧場入户可數百餘入吏廳下處憩歇令日還邑到此留宿亦一奇緣之疏實福也酒物備至與諸人入東軒三門扁以太僕分司東軒則十五間矣面午而坐宏麗新造未幾令茲廢止後金東肅以派員来留是堂如干修葺滿目蕭散門楣扁吉士齋南樓扁挂芴樓寢室揭挹清堂東北有刑吏廳其傍吏廳三門内上北有内公需下有官奴房又庫房二間其下郎三門次有使令間其下有拘留間面庭内庫二間馬廐三間馬房二間東庫四間樓之東有老松一株高可十丈大可數十圍枝餘四達望之如張盖賦詩

長松一樹倚高壇翠盖亭亭五月寒物狀固多相似者無端入自有心看

酉初刻金樂炯来言此牧場基地謂玉兔望月形入皆稱善上松亭則左右山川與一牧全局昭如指掌日力尚早一上觀翫似好因扶筇上松亭此則衙之主山也自務安諸嶺十餘里平地渡夾節節起伏恍若盤龍始騰之狀来作小磴上有大松數百株土人名之為松亭高不過一丈以蛾眉艙開帳東支主龍之本身西支迤至二里為油巖浦少女浦即船泊處又有小石窟曰將軍室古有一將軍産窟云又有藍與巖居前至海而止 正案造山自白希為自巳案外案花源日成山一帝正面羅靈諸

島羅列如碁置北支向西逶迤至海而止又西北一支五十里行龍渡𣘶山津為智島西南一支三十里行龍為多慶鎮渡江為押海島古棧面望雲面本以靈光地屬牧場城址以雜木種植今老大為界且四面五六里周回皆是松林交翠蔽日前後

○智島인근의 山名

左右殘山短麓高不過數丈自東至西北俱是海口潮通處海外則巽方僧達山也方都大山丙方木浦後山丁方王梅山未方忽味山申方松公山西方梅峰山辛方蟬島山乾方智島會山仙皇山羅列眼界真好箇奇地也余年來看山非止一二而此等奇觀罕所見也賦詩

少讀堪輿粗得方　不曾佳處過尋常
候亭金蔡舉手指　道是望雲舊牧場
鳴騶躍八松間去　太倰分司揭扁煌
平生相眼不禁癢　捨車扶筇陟彼岡
猪嶺逶迤馳度野　低不為低高不翔
到頭龍蟠鳳逸處　窈窕麻曼貫鋪張
暫遊須盡卯窪美　眼前形勝莫適藏
少女浦邊溪集壯　將軍窟東徃蹟芳
應接無暇憑遐矚　環控靈羅分界壃
如眉如月橫成案　宜雨宜晴遠挹蒼
井南元氣何芬馥　王梅僧達遙相將
南溟之水環三面　朝潮夕汐通潯陽
海門十里波斯市　明珠寶貝集胡商
佳哉此地無多見　監牧之居不足當

十六日戊申曉發金蔡二入至五里地叙別至壽巖二十里暫憩轎卑金巳元生足病落後問安使来現又至良干橋則金司果昌鉉来待店前下橋叙話胡然而至此金曰去乙亥年来寓咸平西面新基洞而以執贈事近留此近得聞令公今日過此

豈可不為待遇耶仍八店孫致旭亦来見與金同伴而醫理精明云也因作別未初
刻至㩴山津適際水時風又大津渡浩穰比日前十倍廣濶將校安邈萬出来護船
風起水湧舟輕甚怕中流聞囉叭聲蓋是邑需延候也賦詩志之
山歡水喜似相迎前渡官舟迓使行此去承衙知不遠重逢候吏更關情身隨衆
鷁凌空坐耳慣天鵝向遠鳴寄語風神莫調戲向来無畏二千程
下陸則鄕長及首校戶長吏房金永煥申和五等諸般官隸並祗候設中火於津頭
店余曰每於望雲宿所則此店中火容或無怪汝輩之多數出来邑雖不遠不無為
弊且以延奉言之五里亭等待自是通同之例而十五里来候甚非事例此後則勿
復也遂中火作
隨處溯水式履臨驕徒簡率見初心延迎有限亭長短承奉何煩語淺深在公夙
夜憐渠久從畧常平望我今思量苦口無人會且向途中費一唫
至松項黃健周出待暫晤金永煥蒸納甘蔗故泒饋轎軍與諸率至長谷峀坪則有
如干人收穫故停轎中餉蓋自光州數百里之間別無穀息之罔以平地連野百穀豊
登至於羅光兩州尤不可形言矣此郡本以彈丸小島防堰食力則別無平野之可
觀可稱而諸穀豊茂不下於彼且木花素稱宜土山崖水頭見方空白也似感闊居
生之利不全在於漁鹽而已且其自立為一郡而獨眼遲到于今日也通叙一詩
抵還歷數經行地眼中一部風土記種種物産多宜土終不相干自己事在智吾

○智島歸着

亦智大𨑳他不暇論且論智智之爲島僻丸小海堧山畬少生利古來此地無事
管視之可棄不可棄海叟髮白生於斯今年初見來命吏命吏臨政僻周悉出經
水史模糊字荒餘逋稅陳陳仍每憊民生多困瘁且將形便控上司大抵令行窮
有意去來三百八十里豊穀之土亦一二多泰多稌周原隰銅山丹穴巴邛誌歎息
吾州獨不得何由彼此無同異今日津東眼忽開在野未祿紛盈視祿祿餙得康
年條何渠不若愛羅德別有一種夸張處木綿花發豊無此地暖年年霜候晚摘
拾居常十月至秋來得殘花居半不獨漁鹽興利易可憐如此膏腴土向若設郡
令初置

中刹翠樹滿庭黃花始自日前綻黃呈香而雞冠花相錯映紅松濤琴瑟竹籟發竽
較諸經行觀稼之樂又是一種淸趣也與石醒廬司果劉談賦詩
知我前身香國入眷花有癖無時辰冬日妄盆憐早發春來長與紅爲隣犀芳續
續供三夏石榴鳳仙八眼頻似別情入悵南去思君不見幾一旬依依待還邀相
笑菊有黃方雞冠新去時記取初菩薗歸來方發俱青春處見石身邀同賞對花
酌酒盃無巡嫌我風流淡泊否耳畔天樂從何發松風陣陣琴瑟奏竹韵冷冷竽
簫傺神遊象外欲忘我誰爲主人誰爲賓

丹室新造之役吾訖後命名以淸心堂而余先州之行相值故姑留所在邪是日還
衙之夕許石醒移處于淸心堂爲之記顚末

○淸心堂記文

余於智務省約先從廨舍始太守之居且仍鎭之舊况貳乎然此不可闕取鎭所謂備置庫四間者而錯之最南為戶籍量案庫次官庫次堂次房為丹室吾友金上舍石醒處之石醒介士於向所云省約者非惟善吾之為益將規吾之不為吾復何憂哉然所居之室不可無名請以淸心堂名之夫堂之有人猶人之有心堂之欲有善人亦猶人之欲有善心欲心之善莫良於淸心苟淸人斯善人苟善堂斯得人况居斯堂者乎

○關王廟祝文

明日郎觀降而　關廟祭享日也初擬還衙躬執祀事矣巧為在府加留一日廸時才歸未得致齊終有未安於心者故使鄕長金炳秀適行獻官及諸執事請謁持見香祝使獻官陪進而祝辭則新製

於皇　大帝天錫神武風期草昧早識真主龍刀秉義赫赫斯怒推權拉操虎視孤危委扶漢鼎乃眷東土獲蒙　神佑再造邑宇於戲不忘祀典孔肅外至郡國上自鑾輔孔樂智原神武亭廷孰云社設義有攸取一間燕昭瀕河神寓祠茲靈現羣情踊舞苟在　廟中愀然復覩彌久彌尊卓冠今古惟時駿奔右我皇祖洋洋如在錫隆純祐瑞日祥雲和風甘雨龍德正中厥施斯普恭伸真獻尚　饗

十七日己酉觀降子和到諸執事行禮　開扇禮畢後飮福酒脯來到與石醒慶司果共受十八日孫致旭來見羅桓瓊還現觀察府甘結度支部訓令內省內各邑吏屬染汚舊習終未滌祛元定結稅戶錢外做出無名戶斂民情沸鬱甚庸駭痛嚴飭

禁斷事牧場每一結五十兩定數收捧而元統段就其中以二十五兩許納事十九
日兩定志九材料前已自京得來矣今當菊秋定宜服藥且大病之後不可不大投
一劑明日卽生氣日也今日照數藥料未備者並新備自茂朱外孫金丙鎬家專人
見書卽聞余之病土種蔘三斤白淸一缸送來兩大都一安云丙鎬之有此知覺足
爲奇愛不全以物也 志喜

所須惟藥病餘軀縱有家人遠若無靈草果兼缸來白專書送自寓中朱尋常只
謂阿家爾誠孝能推以及吾乃知今日御孫貴不待刀圭氣便蘇

二十日壬子日前飛鶴金文彦自京下來見家書菜種今始付來矣盧吉夫以省秋
事伴金文彦八飛鶴島云矣三朔源源之餘今此分張甚是缺然與石醒出待變亭
船冊餞別賦詩

津亭潮落荻衣冠風颭船旗陣陣寒橘柚秋殘人少蕉葭露重葉聲乾天涯百
歲同來遠海上青山獨去觀吾輩已令俱老矣且須努力日加餐

午刻定志九合藥而茂朱白淸極好八用調和亦一奇異事也推此觀之冥冥中似
有靈助服而有效也明矣志喜

瘴海炎風地患心白首入過遣二竪侮人鬼度無旬思用扶元劑爭奈之四鄰不
使兒孫聞空慫太守貧適茲專急足來自朱溪濱有物持餉我俱係所須琢藥性
本草箇人家蜂桶津從心細劑量材饒品且眞東西杳涯角致此本無因盡御如

昨日餘適索飯辰尙微衆有謗苟見誼能鎡充然心稍喜其助嘿嵒仁自視辭難
藐非輕負荷身上答分憂 聖下臨傒蘇民沉痾如不祛經紀竟誰陳良藥不求
至知有孔昭神分明終始患投劑撥吟呻丹參推從外陰晴卜自晨定應令以往
允為瘝溺倫一脈收神效日新又日新枯苗如得雨病樹再回春雲雷方草昧君
子以經綸重喜金孫大愛我如愛親耳待再成日仙方學屈伸

○金行玉의 興學事

二十一日癸丑鄉人金行玉以書役事八來興學即守令七事之一也況此新設尤
為急務故夏間帖諭一鄉迄無遵行之實居人之不足與有為可知然而初心不可
移也近日連見存問回謝人輒以不可不養士之意喩之云島人文學不及陸郡以
其無自官導率勸奬故也文學旣不及陸郡則下視之来甘心受之同是一 王之民
有此懸殊寧不慨然令則郡有表率且將有 校宫則都有司掌議之任亦將取用於
郡入一為儒宫章甫之士則向之校悔令可反爾而諱諱有裕 天恩隆重果何如
耶奈之何文喩口諭了無動靜自歸於下愚不移之科耶蔽一言曰下先務養士為
急務養士不可不有聚讀之所然後實效可期切宜在邑諸員相與爛商期於十月
内建立一齋則至於事功規模之如何措劃當自我成給此是有處所然後事也盡
相勉族閭者稍稍喜悅如是幾日遂相與感感請如教做去云矣然則齋之基前已
有心占者而理應詢同決定故是日與鄉長及諸鄉人在邑者往至內洞看審則自
鳳凰山丑寅落脈坎癸起頭節節起伏五峰連珠特立轉身亥官星乾入首亥坐巳

向仰水歸未仙人舞袖形老鼠下田格衆山清秀海水之玄田乜盡出一明堂二等
之地可謂不出凡眼村家匝在數十步內外而至今為田畝空虛之地無乃造物為
本郡養士所準備而留待者耶乃完定轉上其左一帳地有麥田假量為戌坐此為
大家基五仙對案形盤龍騰空格實合後日 校宮基址非比偶然轉向衙後松林堂
之恰然因命送諸人與石醒賦詩

文翁治蜀日韓子刺潮時昔哲知先務與儒第一規不自堅赤幟新退從何師儒
家宮數畝此郡本無之有基方築室盖聞鵠湖詩郡治南數武山氣頻明竒一轉
旋乎陸續往觀攸宜朝來自屢及同志樂相隨姑舍形家說且論凡眼竟發騃聽
珠綴回頭舞袖密審知石臺下明堂定在玆梅巻揷筆架松涌環硯池詢謀本僉
可何待灼靈龜辨此一佳地多費造化兆前過詎無眼神慳待後貽方知郡運美
事事如赴期卜地既云吉結構不宜遲特到堂成日揪揪覩士儀預為茲州賀村
秀幾俊姿盛舉忝三樂佳期際一治羣居欣有所文杏長新枝晧依知不遠又有
校宮基

○養士齋建立

金東甫遜去孫醫亦辭別二十二日諸鄕人入来言今已經始養士齋則第當不日
經紀而今擇吉日則開基十月初三日子時定礎同月七日寅時立柱同月十日午
時上樑同月十四日申時正門未庚方吉星照臨其福祿之維久雖遠莫追無疆云
此是梁相勳所擇諸般所入當自鄕中措備而監董鄕監與省役監官色吏並就差

爲言故余曰此等事必自幹事人務從省約使次序不紊唇舌不作則其人豈可不
難愼矣乎乃以黃健周爲監董將校黃聖起色吏朴奉一爲監色崔鳳瑞爲都料匠
德章還去聞慶月餘來留悵懷難抑倦書付武陵等詩以遣懷
一生喜從我今來最久淹護病宵無寐知貧淡不嫌有家終必去織子與誰焦霜
天相送罷腸斷暮山尖

○糠山圓甲寺僧
錦荷

糠山圓甲寺僧竺成錦荷與普旬來見以倡餃一囷帶來不獲已受之卽還有唫
粱肉方成飫蔬筍反欣甘雲衲來何自山霜性若諳情當嘗試一槽火固辭三到
晩瓢然去江頭圓甲菴

○島民의 書員毆打

二十三日乙卯午陰別監李和洙在喪代婢島金龍化差出海南右水營居丁監察
雲益以求任及磚東趙台書來卽向京中去見家書大都無頉惟洙令月初七日伴
全學賢還聞慶等云求任則令意後當從其德爲言矣二十四日養士齋造庚戌本
治役慈悬書負尹瑋琸還現云宮監以傳令云書負胡爲而入來宮土非本邑之所
關卽爲逐出事也而探其委折則該島頭民數輩以本無書負之地令忽入來將爲
棱弊之意許訴宮監之致也島民輩毆打書負帶去之下人事狀如此考結無望故
出來也聞不勝駭瞠宮監之昧於事體該民之頑濫所習係是極變怪也卽爲傳令於
該島書負旣爲見逐則不爲復送而其委折詳查報來然後未得考結緣由報營措
處事毆打官隸民李聖彩金奉云捉來事發送將差 明權宮監朴五衛將振豐以惑

思長山押海等島収穫事来見寒暄後詰責曰考卜書負不當於宮土之意逐出傳
令非但昧例事関紀綱本邑之無関宮土有何所據彼曰官庄則本無考卜而今番
考卜云者似是違格故依民訴傳令易地思之則不必生釁吾亦奉承　下教干来
者也余曰一自甲午陞摠以後豈無考卜之舉而此非自邑恣意即因内部訓令及
觀察府甘結而為之者也今則只是宮監吾則土主官也以客逐主甚非穩當而況
稱奉承　下教之説誠未知向誰而稱道耶彼曰未詳其陞摠與否而有此勿咎也、
申刻扶安茁浦居和知鋤来見以三十年相親往来書札無年無之赴任後因順便
專書矣今此来見云甚為喜話其年多一於余而其衰則倍甚於余矣夜話有唫
海國皆生面天涯少故人始疑何處客還見所懐親字内黄金盡塵寰白髮新愁
悠疇曩跡回首一傷神

○養士齋創建 目的

養士齋既已設始則其在一羣心齊家論之義不可無先期知委故措辭帖諭
物萬而人為貴民四而士為首士之為言非遊居遊食之謂也博學多聞識足以
長人行足以取法之謂也使斯人而居是邦則質美者慕效之氣麁者畏憚之彛
倫以之而明風俗以之而正是知天下之不可少者士也一日之不可無者亦士也顧
惟本郡素以遐邈之地處在洋海之中上無專管下無持循其於文學上事不甚專
力儒士之尠少固其勢也今幸遭值嘉會設立專治官民中外所當同心併力圖
所以宣風化俗之方則今日急先務惟養士是已不職初意有見於此故下車之

日帖諭一鄕叩發其端而迄今寥寥有問無答誠所慨然然而此係不可 但已
之事則間與一二同志講究指劃擬將建立一舍以爲多士聚讀之所期今未寒
前告訖雖未知屋下之論以爲如何而其吾儕秀子弟者庶或樂赴而不外矣芽
念養士之道自有古昔成規然現今新設之地經紀方便合有隨時制宜之不同
者則不容不博採於京居鄕許之論然後事功易而遵守遠玆以養士爲題輪示
闔境或論或說惟意製作而必以今日養士如何而爲便宜忠意各言所見限來
月念間使之呈納一則採取要妙補綴條視選拔優等特加勸奬矣待養士齋落
成日齊會時當有面試之擧如或認以例套借手應券而試之場自當露拙以此
知悉宜當事

二十五日丁巳今日卽 大○行○王○后○慶節詣客舍望哭鄕長以下諸官屬及在邑鄕
人並參班歸賦一詩

萬古無窮慟今日有此辰夫孰非臣子惟余獨一人鴻私如啟穀滄海浩無涯
賓齡方除歲前有萬億春豈謂天不弔奄違陟上賓髥方攀不得歲月若循環今
日是何日當年慶祚新閱睢歌太平深谷頌宣仁常綱忽墜地有口欲無陳含郞
度時日至今有此身嗚呼日則是哀慶胡不均緬惟賓廓慟萬事窮蒼昊

尹○奉○塋○以考卜次出去蝟島等地以采石江采石得來事分付朴○振○豊○還去金○行○王○
其間數日書役而以收穫事昨日告由出去以書手無人爲悶今日南面台川居趙○

炳鎭入來二十妙少年終日書役夕後以其祖忌請去以明日更來次出去自捋海
牧場勤得一牝馬以來色赤戲吟一語
人用莫如馬願得千里者伯樂不常有龍駒亦云寡南有溼洼窟上應天房社年
年拔其尤天廐蒲逸踩太守升之騎豈真無馬也河圖接吉象坤牝愛難捨朝見
獻馬入海山勒八把頭絡青絲索背沾珠汗稍九方今不在相經誰能寫生來不
見馴放牧烟蕪野一朝繫之維屈首寒槽下者芻辛口性時時鳴一假期以三年
養高價動夷夏寄語塞翁道倚伏莫論且

二十六日戊午霜始降報营庭除舊有四季花一樹始至見其憔悴爲之培壅護持
夏來花始之混在於衆芳競艶之中不知爲殊異至及風霜搖落之際如百日紅鳳
仙花之屬無復舊容而獨四季之繁華剩艶秀發於枯査落葉之叢殷餘春於秋後
併籬黃而抗節儘乎其可愛也
花氏之姑多産子孟是寒梅中桃李分與天時皆得一轉聘韶光似夢裡又得姚
黃買東籬鍾愛則多秋而止別有一種名四季司辰肇自甘露始生併海棠兒孫
如生關石榴兒戲耳一夜霜風歛羣英枯査老枝而已矣君看一樹四時李猶自
繁紅爛着藥供笑姸姸忍冷艶媚眼夭夭殿晚紫此時微渠太蕭索今我日夕看
花喜誰道芳菲春後盡化翁栽培有妙理

李基洪柳茂根自巖恭等島還來而李則還向茂朱云故付書外孫家養士齋鍤搆

材木自耳昨斫伐今日輸來云故慮不無為弊於民間申飭鄉長及監董處卒盃賜

明日還去云故以煑菊餻泛黃酒餞之石醒亦共之

霜天留飲故情歡銀漏沉沉夜向闌鴻鴈聲中人遊旅魚龍背上島彈丸菊醲未
乾君且去松哦有事我何閑小冊莫惜頻相訪且待止陰雪月寒

二十七日巳未夜雨旋止庭之西石榴花葉俱佳長夏供愛而所結諸子畾畾瓶兒
也似遇霜而熟是日命官僮摘取綴之以組掛着於常目之所看勝於剪綵之花也

已從花葉出凡叢葉也酷青花酷紅蕃衍有子畾畾結差大差小枝條中皮甲延
秋稍朧綠遂認歷歷殷懸童童日日看看爛熟熟全身欲似酣霜楓滿腹丹砂紅隱
映呼兒摘取移筠籠傍人流涎語堪食我心猶是看花翁故教離離綴在壁天葩
一種恰然同不離本相成真妙還笑隋家剪裁工

二十八日庚申與石醒及某某人登隱仙臺臺之傍即蔗圃子方肥大可食圃之外
枳實黃箇箇圍之若城其他種種卉木施蔓之族卞染新霜黃者半丹者半而紛之
青松之翠為之相錯便成一幅畫厨吟哦之趣不禁其搔癢也乃烹蔗泛菊命從者
拾韻

我園雖小尚堪誇如咲蕨杢漸八佳千紅灼灼春光好萬綠陰陰夏景奢洞房西
風吹昨夜秋懷搖落使人嗟烟雲慘憺鴈空叫庭院蕭條蜂不衙老我尋芳餘伎
倆隱仙臺下路無遮恰似輞川圖裏坐一層看盡一層加枳林有子黃於菊楓葉

經霜亦似霞容竹踈松又相蹈如八畫廚總自家卉木萋萋猶未萎似將形色競
芳華盡日徊環省不足更想詩入受停車莫言春度芳菲盡秋園還是留生涯心清
聽竹琴宜抱興溢看花酒欲賒若使此園人願買黃金一陌亦云些老叟忽報中
時稗到晚歸來引一茶
二十九日辛酉菊士齋材木治鍊自令日始而木手邊苜以崔鳳瑞舉行砒菊朶朶
殷黃怪石稜稜然在其傍忽憶劉士健所嗜政宜並臂同賞而令不可得可惜也矣
劉吾愈竹之舊也住在京洛最與余善見菊花必討我以酒遇怪石必索我以詩彼
方以來顛自許而目我以是亦一東坡非亦一東坡其跌宕之戲晴晨之跡類如是
已令忽落落參商又以時物之感遇境之懷而貽我豈非江淹所云黯黯消魂者
耶賦詩自遣
智海門臨秋水涯葭蒼露白云誰思越鳥依南馬嘶北懷土人情亦不移我來東
華城裏住自從童年結親知王樓金屋繁華子月鉤雲榜富貴兒就中一人劉士
健自幼而壯壯而衰惟君於我交莫逆琴來酒往無虛時東坡何幸得米爺伯牙
不可無鍾期行來六旬如一日至今白髮同𦈢𦈢老懷脆弱不似少暫時未見相
思悲自我南來今幾月路遠天長鴈亦遲況復霜凄水落後思君不見安支離
前有菊菊容潛松下有石石形奇石奇想君清氣宇菊潛疑君好風儀耳畔依依索
我酒眼中宛宛催我詩有酒有詩君不在天涯孤絶恨何為何嘗共剪西窓燭說
盡參商兩阻貽

智島叢瑣録 二

○1896년 10월

全羅道智島郡叢瑣錄二

十月一日壬戌行望哭禮後行座起吹禮于正中堂三班點考黑山島島配罪人尹震求來見云昨年春間配到黑山而近見同罪之人遇赦解去俺獨不解此無罪同解異之理則不可不來探於官司者故來也云余荅以知果解配則必有公文旣無公文則不解可知且島配重罪也身負重罪擅自出入是豈士子道理乎卽速還赴

事觔送坐燭籠一介造成以備昏夜之具賦之以銘

斲木爲柱體其成矣糊紙爲門用斯生矣中有一物其名曰光明卷而藏之是未判之太極挑而發之乃亭午之日月用汝作燕室之師指吾迷而補吾闕

晩後與石醒往後園松林下閒散因詣 關帝廟奉審後考其書籍則皆載重修記而至於香壚香盒等屬全不成樣者蓋因遐遠之故而享祀器皿則皆在於梁相燻家云矣內柱刻揭三界伏魔大帝神威遠鎭天尊又以紅洋木製帳掛前面門扃外正門扃以義炳春秋威震華夏東門楣揭幷參容 關帝廟記西門楣揭梁相燻重建記兩記并錄于左

○關帝廟重建記

(梁相燻撰)

關帝廟重建記 惟我 國朝以來島廟享 關帝之靈者固非一二所矣然皆因 國家之命以公議設建故殿宇之制梁柱之供實嚴崇蹟莫不盡禮敬之道而特本島則不待朝廷之令不擬公家之財十室之誠建爲世之廟由來已二百有年矣戊卯之財用不離海邑之見識不侈屋宇一間星子屢春冬往外卓且西堂馬于東西兩堂法禮全鉛供享臨時牲齋酒薄爲探與所不中不綱相協長是土自知覺之後未嘗不殊然自怵惕然自歎然誠深而力浸無長而氣經壞頹未遂者雖有歲年緒而戊辰家思除本島鎭官析亦 聖堂欽庭感依相協之微有茂誠而謝使得其力而展其志者欽赴任之後卽爲捐廪我錢木石重建 聖廟而廣之宇如寬路北前有奇殿龍于中堂以奉 聖位而百餘兩遠胡衛之舍而奉歲土之任未開善帥師徽後之因事配會置門閣而刻其名而以

○關帝廟記
（李泰容撰）

爲室山之丹然從廟擇遠有慶矣餘等個烜擬飾雕裝中安有司齋沐而進禮儀事善潔性而進退折旋各中禮儀灑掃閑閣并隨其時 聖室所安遠襲其德人無疾病歲有虞積凡我衆庶執款廣財爲記其事以資效愧而戊五月既望祿相樹誌

○關帝廟記 智之陽有廟焉人斯咸稱爲關帝安靈之所非因 朝家之令設特於數百年前額 聖於學屋庇一間至子梁君相勸綿鎮故也捐廩鳩材廣拓重建體封於偶爲初起湄東較盟枇困仍大義於春秋享祭成於草見捨當各只不受其迅風摧枯葉天不祚漢函飛井夷不能復燃嗟呼玉泉落月千古精靈怨憫不昧實昔東邦龍蛇之變道逢詩奮神師 廟佛腥塵昭出庇佑之豐功降殊錫冀昇配太常不足補望氣自我 先王朝暨我 聖上命建東南兩廟及北廟歲時修享殿宇之宏牲粢之潔有不可勝述耳是歲秋大化余副謀明之帝混歸潰誤編營于兹島自然之暇推戶騎軾黃花風犇笑龍山之落帽以登月影予湘浦之鼓瑟洒整冠案晴拜廟庭棗面風狀及翁帝威青龍寶刀亦免神爲靈爽然十我下令人起敬但一戶海荒制寘從索困共事力之未逮有能景仰高山禮發存羊使有上什下效之矣宜敬顧化永齊多福聞其言而嘉其誠敢顏稍類畧識然起而爲之記癸巳重陽李泰容謹識

○親軍營屯土收稅

二日癸亥親軍營屯土收稅監官李喜梱持宮內府訓令下來無有羅倖之托蓋其烟煙也傳令於黑山都草可居羅倖等島以送李景甫以債捧事持光州府議送題辭及尹主事書柬與全州留金致永書柬來到矣此輩之謂以當捧出浸營邑安囑緊路貽弊島民莫保之境言念騷歎勢將一番査實後乃已者故該民李待串傳令以給時政值霜重樹樹丹楓照耀左右向於光州往來時所過沿路楓葉甚佳而苦無停車之暇今則坐在看翫物固可愛而毛喜吾之閒適也爲之一哦

園有木分木有葉生在春天之雨露其色蔥蒨固可愛雖美於花不解妬繁陰爲我障暑日隱仙臺上草尚舖南去光山二百里是時秋序霜初度路傍之樹多如莪紅於二月花無數叢叢丹赤色可譬竹從無遑車暫駐歸來庭院看秋景樹樹曾經我愛護蒸霞抹朱時孔殷不待行尋動輒遇九分隱映琴書案一倍裝點疏果

圃坐我終朝紅樹裏不賞門前三四株乃知遠樹非吾有任他看過經行路爲園
須似萬木園一轉眄間衆美具
三日甲子立冬始脈定志允全東甫來見而林與三自法聖持船隻來到謂以茬船
次下來云是日養士齋開基日也余偕及見之則監役諸人昧於指使向背與均整
都沒分數余乃躬行地官之任定其方位度其絕直然後使之就役於是四十餘役
丁數其半日虛勞之費而喜吾一言便易之效也自役所進酒物爲一引盃命以二
盆酒汎饋役丁歸卧賦詩
有事行無事郡官無地官傍人若未曉謂我喜遊觀
四日乙丑李聞寧東翼近留羅州有書無詩故因郎荅書次原韻送之
聞適詩仙在錦城與來時復墨爲兵青蓮去後餘明月應照金樽飲者名
向日往先府時諸般新設邑事并皆修報又成錄紙酬酌并依邑報轉報京司之意

○本郡修理費還下

爲約矣故是日見光甘到付則本郡修理費三千二十六兩二戔三分修報成冊還
下送更須減數報來爲辭矣當初報府親執精覈者而府甘如是則勢將减報故成
冊中略略排减以二千七百八十四兩七戔更報事敦定焉匠旣喂養則不可無廨
槽是日始役於三門之西邊空垈所處倚旁挾窄如下冊子與書具實無可排處命
木匠冊床二件一短一長以爲造成八排頻適於用而盖鄉人創見之具也戲題一截
排置床書意匠低俱堪適用短長材草昧乾坤新制度應緣剏見半疑猜

○清國船員 劉田玉등 請謁

未刻永發來告云清國山東鄧州榮邑俚島口居船主劉珮玉劉田玉舵工張永洪
來待門外請謁云卽爲招入相見語譜莫曉以筆談相酬渠本船商如干物種駄來
并放於法聖等地以貿太次來到貴地方矣諸般事俾蒙曲護然後可免客地岨峿
云仍以燒酒二琉璃瓶葉草一撮雪糖一封大甘蔗二十介進前曰此是渠國帝來
之物甚不腆聊表情曲余以受之無義屢辭不獲因致謝適時使令金永守善清語
云故招使通譯本郡形便渠國風土說與談來眞是口勝於筆也乃以燒酒魚湯等
親酌連三盃待之清人無限稱謝累有忻豫之色并辭去余問於金永守曰汝緣何
而學得清語耶對曰渠本京人初年隨吳南陽慶淵卞判尹元圭陪往中國十餘次
矣學得清語而年前以船商來此際時東徒猖獗船破財蕩留在洛月島以艱苟之
致入於新設郡治使令之額云云矣余笑曰人各有一能能各有一用今日微爾筆
免而耳未快也仍命官廚烹熟甘蔗開酌瓶醪泒草試吸與諸座共之酒草則與本
國別無同異而蔗味則其甘勝似與石醴賦詩
青衣綸髮彼何人突如其來居上賓華東語音兩莫曉脉脉初逢如越秦手持毛
頴你通使爲我居住名姓陳蚓伸蟻屈僅成樣模糊斷續難尋眞時吐侏儁口代
筆滿座衆如但瞻唇可記可兒金永守早學清語談津津當年九度入中國酬酢
如流成近隣今日之語爾爲政播在兩間相回輪譯風雖殊彝性一往復繽紛禮
意淳嫂王壺酒一苞蔗物非可貴情可珎我亦慇懃傳致意口唯頭點眉痕嚬世
事奈田何足說萬國之中舊最親此去鄧州幾萬里情君水宿多苦辛商人重利

○宮内部訓令

輕遠別空負山東花島春

向於光州之行往返沿路見酒食價比前太減意謂智島店幕亦同一例矣歸而採問則酒食價與春夏穀貴時少不減下種種有行路人怨咨係是敗風傷俗之一端也嚴辭傳令揭付店壁使閣主與行人洞然知悉

飢者之食渴者之飲惟重且大則價之低昂必從穀價之高歇然後乃可無行旅之吁寃而汝矣以何窒慾同念穀價一從夏間穀貴時而捧價是加聽聞浪藉是何不義之俗是喻從茲以往食一床價一戔五分燒酒一盃價五分濁酒一盃價三分外無或濫捧是矣如復襲謬更或八聞難免重繩惕念勿悔宜當者

五日丙寅宮内府訓令司饌也土結畓一結四十兩田一結二十兩定式収林收境所在馬庄并收責事到付府甘内部訓令内寺刹僧尼念佛從善是分内當事而挽近無恒産者托名僧徒京鄉圖囑藉托官府勢力圖奪佛餉寺所頻云此弊不可不禁斷各邑所在寺刹與僧數逐名臚列鈔來事又寺發禁新事又本郡境内漁磯漁箭鹽幕鹽井蘆田竹田幾處優方等級與船舶幾處大小新舊當前各項挽頓一一修成冊報來事又本邑各島盜金庶數及加出里挽錄自經理廳林細者役來事又屯清而道藥今秋等陰曆十月十五日各等陰曆三月十五日到付清心甘蔗十五斗每斗給價三戔七分買得作粉末六日望雲蔡注奐來去七日馬厩畢役是日養士齋定礎日也午刻出看適值酒餅火餘汎饋役丁轉往東部書齋郎朱德潤家也外齋設書塾訓長朱明鐸學徒十二人皆務學因勸奬而還與石醒賦詩

單父彈琴不下堂吾令奔走苦靡遑營室厚丁難足時讀書諸子可能忘事功益自勤伐就志性元來近細詳門外滄江復白鳥也應飛過笑人忙

八日己巳間以木役事引鋸作板至今日而畢九日卯刻 關廟水剌致誠親事以

金聖孝擧行自光州崔錫周家紅柹五十介柚子十介送来此皆此近所無也時到而物不見爲可恨今適生得甚喜也賦而志之

一籠重疊架紅黄紅者味甘黄者香其大非櫻西蜀夏厥名惟橘洞庭霜從人求得如無路使我投分便有光恰似淵明寒菊日光州持送白衣觴

衰齡不似長年時苦乏官厨夜唉貧蕉葉難爲蘇子飲芝花無救皓仙飢忽有珎貴来何自可愛甘香味最宜而我頓醒塵土胃如逢火棗與交梨

○智島郡褒題録

又見崔錫周書則本郡褒題録来老録之治立寬猛之政이라海隅蚩氓이賴以安堵이오며新設之致官吏上下念不到褒題遝等事今忽得見過實之譽良可自愧而第未知此爲秋等歟冬等歟使之探来事分付府甘 學部訓令昭校士校復成冊禱任成冊郡訓長各面訓長姓名成冊親来事 又稱田考結中仍考卜次每結頭以錢叁拾式戔各定給事到付

○甲午・乙未年結税

向有本郡境内營邑鎭屯土之秋收與結穀斗數并報来事知委而本郡則無此等屯土之意報告以養士等事傳令各面

事不䟽則不立學不勸則不興人所共知也夏間帖諭秋末輸告寔出於同心共濟之意而迄今寥寥了無如何之報抑創見而疑歟自分而劃歟闔境僉意所在實未可知也見今學部訓令及營門甘結則生徒成冊朔講成冊里報于郡郡報于府府報于京升降接尤附之登庸其條規纖悉旨意懇摯此非但在邑擧行之不可但已乃爲士者努氣挺身之秋也都訓長與各面訓長以翹楚可合之士人各修成冊不日望報而各村齋訓長及學徒無論冠童姓名成冊亦爲修報是遣逐日捧講通粗畧不消詳懸録每月終無違報来是矣夏秋帖飭之日趂即修報

則今於京營甘促之時有何葛藤之慮此必是任掌之不即知委之故也如或如前沁泄視作文具而止則面掌不飭之罪訓長不遵之悔斷不容貸矣知此惕念近島五日內中島十日遠島十五日內星火馳來無或違越為旅且以養士齋言之行將非久告訖則其入處儒生亦於所報中試取矣并為知悉是矣今又漫漶該任掌斷當發差捉致嚴繩十分惕念宜當者

十日辛未陰雨甘結

現今調查官白元圭因度支部章程甲午六月以前舊稅公錢已發送未考尺及甲乙兩年結稅錢納未納隱結等查實事方行各邑特念為弊自本府據以檢查查官之行姑為停止事及營門莅訴以後各邑議送末詳事實難信片言每以詳查公決題送是在官使之貿查即閒各邑輒稱營題不查眞誣致使被訴者多有呼冤云聽聞慨歎從今以往莽盡緣明兩造對質則庶幾必也無訟處焉奔業指約冤更加發傷為殊議送到付者何以次折之由每月終一一修報事反據法部訓令內凡民刑事訴狀退却할時의理由을說明지아니하고無端이却下하는民情의疑惑이不無하기라知此境遇의는該掌官員이該狀民을招入하며却下하는事由를詳細說諭하여此意로該訴狀上面餘白의題下하고官印을捺하야自外操縱하는弊를防하고後日憑準의便케하여管下各郡에도一體發訓이可함事及即到議政府參政內部訓令內本年十月九日 詔勅二度賫送管下各郡一體宣布匪類由頑者歸治而去其汚染咸與維新事 詔勅詔曰京兵之出駐外道所以戢匪徒而衛民生也所謂匪徒皆窮恨失業不能困而至此及其投扶於操耒鋤去其汚染咸與維新則還我赤子也為守牧者或不能安集反以擾之或藉以侵漁頗兵者不善調劑縱使恣橫村里聽聞多有可駭甚至開砲成荒人命多傷民心靡定接遐很頗惟服而徒輕特獨不得者矣守牧之失兵丁之弊苟是朝綱焉敢若是思之及此極為痛歎如有復蹈前習飭旨別殺撤辨另加申飭於軍部及內部議政府議政金炳始 詔勅詔曰匪類之援接所通無不殘弊誠已為之甚除村里亦多空虛可亦憐矣惟彼匪類或百千為羣而就中巨魁出頭直不過一二餘外悉是沒覺無關效失業之民或出貧窮或附利誘又或為始且衣食而其究也矜安之哉先之以懷綏而剿致則寧不得已矣以威之當定所壓宜亦皆知其有孑遺矣凡爾民庶更勿胥動於浮訛其各安堵經擾之各道各邑不可無示意其令各該觀察使大小形便昭詳敎告俾或調戶或情節全安宜實奏議政府議政金炳始奉尺全州鎮衛大隊大隊長金茂昇訓令軍部訓令內開에現今各地方郡廢及廢止된兵水營以下各鎮堡의所在된軍物實數을尙無盡一之成冊이殊爲未遑이라責大隊長이各郡의一何通飭하야官廳現在한軍物實數成冊修報

州ㅎ外部家上送이고從令以往으로單物一款은本郞或責罪隊指麾外에는雖寵客使命令이라도不得擅移事建中飭ㅎ미可喜哉以訓令ㅎ시官庫現在甲物을調査修成冊報來伻郎都家上送事到付是日養士齋文柱日也午刻出往看檢酒果又至因派饋十

一日陰萬項金壽楨来見即玩山從氏外孫也去丁亥自京来寓萬項佛山浦日前因往復雖知其二音而不見積年得此来見慰喜叵量其帶来下人并令留接于冊室使官厨供之其為人端詳雅飭兼有文華之富尤可愛也念余来此四顧無親之地孤寂無比令於此孫得聞呼祖之聲實勝於図城妓蟾月假祖之呼又可喜也因述懐

青青弌年子伯考外曾孫風度擅英妙文詞擬解元念我在荒瘷飄然来拜軒從傍謹唯諾繞膝備朝昏最愛呼之祖油然入耳根久作枯僧淡翻成大父尊誰知秦越地得汝化家門依如親戚話徵士歸田園喜融如意舞情溢解方言孤絶今何有殆將忘寢飡憶曾蟾月妓假喚情如存方諸今日汝喜豈同年論

○李學西等 濫排錢處理

十二日癸酉向因觀察府選士知委以莊子島任行宰吳鶴鉉起送光州府修報以送十三日東部訓長朱明鐸来去八月日慈恩島頭民李學西咸鄭吳順權等以濫排事表權信等呈議送營題據八月十一日捉来李學西等六人當初八用與分排件記一一查櫛則同分排錢數一萬二千五百七十三兩五戔內五千七百五十兩或稱當五加計或稱債報者俱是不關於民七百五十四兩加排昭然二千五十兩雖曰利條係是冒錄九百五十一兩一戔七分吳順權等之初云為民総乃挾雜分排者故五千七百五十兩使其時頭民八名搭當七百五十四兩永為削減

二千五十两頭民八名處當推九百五十一两一戔七分吳順權等處當推合錢九千五百五两一戔七分除實錢爲三十六十八两三戔三分錢雖查正其良所犯不可不懲故其間杖之囚之俾悛其習後更勿如是之意捧偖音并與查正件記亦爲一體捧偖音使之成貼以給又成傳令其各知悉互相知委後新差執綱頭民尊位處隨到付以毅之意分付在囚八名并捉八鮮枷分付曰爾輩生長於絶島之中不經陶鎔惟意泛故不自知其陷入於㮎罟至以濫排事登於民狀及其查櫛癈瘏畢露雖使慈悲佛臨汝不容不押送地獄使之受苦償罪所以官之初意準罪照勘不與同中國良及至杖囚數朔親汝痛苦聽汝懇乞則愴悽之心漸然憫憐之意居多大抵有生之初爾輩亦應裹性所同而今至此境者所居之地使然也豈真本性之惡哉古人所謂憫人窮政此之謂也雖以今日言之鮮枷加意欲加之杖免汝之以悔過遷善辭氣悲悶還不勝惻隱茲以蔽一言十分特恕從今以往益前爲而圖新檢則豈非改之爲貴者耶八人者俯伏稱謝言不知裁因賜酒皿飮俾益感悟後命出賦詩

畫地爲獄期不入刑政元來非得已伯禹猶能下車泣皐陶邁種欽欽是樹揚纆
絨役何狀初意非真欲其死要因冀汝一悔悟善心油然勞後起悲辭若語有足
感性天渠亦人之子文張武弛八斟酌我酒態惣有妳理一盃釋汝查滓憾二盃
決汝回生髓當年寶鑑在不遠試思前爲自知恥壞心常月圓初鮮寒後陽春暖
可喜庭前掃與落花去卒爲善人于日企

○清國船관람

十四日乙亥此郡雖曰海鄉所産匪魚而獐也從前風高葉落之際自陸郡累樓飮
紅者踵相接也近日人多勸余起獵曰無爲疾足者先得然顧不急之務聽過而已
日前戚孫金壽禎之來亦意在於獐也於是石醒力言令日日氣清佳甚合獵事不
得已朝後設獵于衙之案松島後岡砲手張萬石金甲得曺敏株李化春林在學林
萬石黃海天先往始之辰刻余動行至待變亭津頭石醒金孫及鄉長從之見清船
一隻泛在中流乃日前來見劉珊玉輩所乘也過到渠近彼先倚舷而待欣然有邀
余之狀因下我船而登彼則其船制上覆板屋中隆而邊殺精緻而堅確了無雨水
滲漏之慮比我制其造甚好也呵彼乃請入房屋進酒又以耗一撮火石一塊贈余
余笑謝而受仍把我船抵陸直過松島村南至一帿許小岡而坐地勢稍敞環海諸
島西自荏子歷巖泰長山押海梅花蟬島等羣峯隱見出沒於烟雲杳靄之間已是
出門之一狀也回見陪隨者爲近十餘命皆還之未須砲響連三而至旋有一獐趙
走過前爲在傍人高呼逆逐獐乃折西向北而走至沒岡而不見俄而砲手輩跟隨
而往未幾砲聲出而獲獐之奇至於是鄉長告余以松島村民舍椽定下處請往如
其言至其前砲輩屛縛獐腰血淋淋然前過余乃入至下處使之宰而進血與石醒
及金孫三分而歃之落一脚烹之炙之以團餠燒酒佐之人皆以獵事利成賀之口
占一則

似麞非鹿躍如飛生在南山食荳肥草聚多於毛類族年年往伐不知稀自我南
來忘肉味臨飱政有長鋏歎居人爲我說獵較選徒囂囂趁朝暉江村砲手健如

○養士齋 上梁文

屛把守要衝匝四圍蔵九戟藥乙字鐵伏草遮林墨色衣令令盧子喚叢薄搜出
毛公失所依遠眸一時驚聰塞砲響紛紛霹靂威前徒走告應聲倒血滴淋淋拭
村薙猩紅入硫氣尙殘刀手催前恐失機恰似陳孺分社肉主賓獻坐盟壇巍去
時較似來時健扶我衰年脚力微
縱聞砲輩告以松島無㨾故使之越送于廣井後岡余又問此村有書塾耶曰有之
卽往見之乃一間斗室也訓長金鼎贊云而立在房內不爲出迎待客之節其畏縮
或愚迷未可知也學童年可十餘十六七者七人被在傍指使强前致拜問其所讀
高不過通史第三叩其年代及文義無非蒙然不知乃以温辭諭之曰爾曹勤於讀
精於書則吾將捧爾講試爾筆能者賞之否者罰之爾衆肯行耶或點頭或口唯亦
一笑料也聞有金鼓之聲隨風而至乃養士齋上樑例擧而來時囑監董擧行者也
因呼船促渡至見木手輩方抬拋樑而待余也時已及中無容少緩掛錢十兩又以
全疋綿鉤引而上連掛三間樑訖設脈一體酒一盤餠一甑虔誠致禮其上樑文曰
設爲庠序學校以敎實自三代由之謀及龜筮庶民其從事觀六偉擧者此乃有
邑之先務允宜多士之攸居竊惟智海在京師千里之陬瀛輿圖百郡之數若殊
俗見斥於諸夏九十島向隅之歎方深譽陰崖自阻於陽春五百年右文之化未
洽天於降才未嘗或局豈無聰俊之子生其間地之破荒亦自有時是必文明之
會在玆後衆於萬化更張之日集爲一郡專治之官其號名位次與之俱陞而壤
界幅員居於最大自顧守令七事之責興學爲先旬宦風化一新之方舍書何以

首訪趙師德使之授昌黎所以刺潮後得司馬卿出而鳴文翁之於治蜀肆惟育
英之不可綫奈其治齋之本所無爰採鄉論僉同經始儒宮數計太守誰也辨星
土而自栽匠氏良哉修月斧而樂赴牛山之木多常美若取宮中而用之龜礎之
石皆可堪亦自海上而至矣新令下胥悅可見未寒前竣功是期齋當日吉辰良
之朝爰舉虹霽月掛之役花峯秀碧控虎尾而抻筆架玉岳涵玄挹龍頭而注硯
池天若豫備然校宮之基適在寄通士將升降矣陳階之位必須端方于以闢六
經並窓居然成一日茅棟是所謂取諸大壯孰不曰樂與同人紫陽立鹿洞之規
可喜塾室有所安定掌湖州之學所見庠舍不容立於禮與於詩無愧于屋入則
孝出則悌必由是門秩秩斯干藹藹吉士暫停曾削且聽巴歈兒郎偉抛樑東瞰
日方升遠室中恰似草經精義奧明師啓發聽羣蒙兒郎偉抛樑南亂山高下界
滄潭遠津到此憑誰問待得軒車路始諳兒郎偉抛樑西天池望極夕陽低既昏
便息君知否恐被函関紫氣迷兒郎偉抛樑北丹崖翠壁高無極會須努力一躋
攀能辨吳門疋練色兒郎偉抛樑上天章雲漢昭回仰誰家乞巧費工夫須信文
人類讀浪兒郎偉抛樑下一方田地旋平野掃除微逕云誰須只怕日斜來者寡
伏願上樑之後化日長明儒風大振冠五童七爰得入德之門人十已十期造希
賢之域觀而感聞而與周卿之三物復覩鼓之舞振之作曾道之一變哉四免始
勤終怠之科有方興未艾之像
因頒胙于會者余獨全受一卓時清入三個聞聲而至命使優待以送日已西沉乃

○慈恩頭民提訴
(濫排件)

還衙砲輩又獲一擇而方至血又三分推余而賜鄕長
十五日丙子行望哭禮仍行座起慈恩頭民八名等有齊訴云當初始事之日同聲相應者八名外又有二十七名則今於照勘之場渠輩雖幸獲免而至於這間債報與浮費事不可不一體分徵之意爲辭故題給
題古語曰人雖無過改之爲貴爾輩悔悟之云一則可哀一則其然豈其然乎然而見欺於可欺之方古人爲之官何獨不然也改茲特恕是在果苟能心口同然歸而求之自有餘師是遣至於後錄各人段果如狀辭則當初何不一體照勘乃於出狀之日而露出致此罪同罰異之科也事甚駭歎是戾已屬過境姑爲參恕而若其併力刷適以渠問渠亦必無辭歸即爛商隨力排徵無至更煩大懲創之地爲宜向事
更思之則慈恩民習素歸詐譎今其狀辭外面則當然而難保無虛實相蒙之弊故更爲傳令於大小民人使之從實措處
本郡各島弊瘼中最大者濫排是也濫排中尤甚者慈恩是也嗚呼一片小島不是銅山丹穴是去乙攢斂之數歲至萬餘則民安得不困島何以不亡乎今夫所謂八頭民所犯諸條一一親檢這這詳覈則無非虛張名目轉轉浮剩者也就其中三千六十八兩三戔三分不得已付之仍存是遣其餘九千五百五兩一戔七分永屬爻周戾則決勿擧論於平民至於八頭民段期欲痛繩大懲創杜後弊之

訃矣及其閱月刑囚困之百端然後見其痛苦之狀聽其哀懇之說則非但其情之反惻庶幾善心之或生矣大抵刑法本意不獨懲勵亦在於改之爲貴渠若遷善亦我一視之下也設使一二入刑配實是無補於平民適足以塞其向善之路而已故服念旬日不得已特付參恕是在累其在平民之心或不無罰不充罪弊將復歸是隱喩是未可知然渠輩雖頑如是經勸之餘必不敢更生別意其各知此安心是遣又有一大閱挨大小民之不可不知者即八頭民所訴中後錄各人也據其狀辭而觀之當初之同一做措令番之隱瞞獲免論其所犯可謂罪浮於八民固當捉致痛繩期無罪同罰異之科是矣事係既往姑除良繼有八民併力刷適之訴則無論八民與各人甘苦休戚宜無異同是遣且以渠輩所謂京鄕間債錢與浮費論之譬如鋤草而遺根則安知無異日潛滋暗長之弊又大於今日耶此在慈恩一島可謂無窮之後慮也茲以各人等姑爲參恕使之自外分力以爲清宿帳絶後患之地爲去乎如是措處之便不便依此擧行之道不遵自島中據實修報宜當者

○諸島文士來訪

箕佐金佺彦前飄島參奉安㑂亮後飄進士徐徇基巖泰高濟卄皆是文學士云故前已存問矣間爲來見而至若高濟卄是日來見曰令番之來爲赴光州府選士矣阻涉失期令至晩時之歎殊甚憒然仍念余莅此以後爲興學文喩口曉可謂筆幾乎禿舌幾乎爛而無非沁沁泄泄曾未見一人語及於儒林間事今於此人而聞此言正所謂長夜鷄聲喜題一詩示之

御 恩出守海洋邊民物同胞視一家敢望武城與化俗循思蜀郡返文華謾勞
毛顔類經手爭祭羊肥不着牙今日逢君聞雅號老梅香動閣中花
去七月既望擬欲泛舟前江效東坡千載之願巧值雨戱未果尋常恨之今卽所謂
是歲十月之望也日且淸佳政宜失於彼而得於此也中晡步自正中堂行至于待
變亭石醒及金東甫金壽禎黃健周金炳秀從之篙師艤船而待余乃登舟掛帆湖
流時長烟一空皓月千里風順舟利不須搖櫓而行過松島前洋舟師曰此是兩水
頭交界也曳行甚難何以爲之余笑曰赤壁賦云放乎中流聽其所止而休焉今何
必行其所難耶因回船復路俄而隷徒供廚倚棄小舟而至天鵝渡堤獨兒軒颱因
行酒擧飯余謂從者曰茲遊之所以爲勝者東坡創之故也然坡有述作能贍矣千
古如吾輩雖使九日湖之頻數無異於泡漚飮痕豈不可笑之甚耶然時鳥候蟲各
以所能鳴何暇論其巧拙哉子其爲我把筆
子好遊乎吾語子遊蓋聞世界本缺陷人事欠圓滿知此則其知遊乎世之語遊
者必以赤壁爲最然謂之圓滿則未也今就其賦而讀之前所稱托遺響於悲風
固已有動於脩短後所稱鶴道士未免牽情於方外是其飮酒之樂良夜之與從
以欲然矣此乃吾心之缺界也故欲遊之圓滿先要無缺吾心知能擴充則浩氣
塞而無待乎外漸可學矣夫安往而不可遊乎試以今日之遊言之豈眞切切然
慕古者哉上而付畀之責下而綴拾之憂是二者交戰於胷中嘐嘐然病吾心而
餒吾氣苟不用良法而紬繹之其究爲缺界中一缺人顧吾地雖欲無一遊得乎

舟以羽吾腋海以盪吾胷慣流以導吾氣凌虛以谿吾意善風為我發其清好月為我揚其明以至天畔孤山空際烟雲各以所長助我我於是乎自不覺洋洋而喜油油然樂矣向之病吾餒吾者自知其不敵而請竪降旛從今以往惟吾命是聽是吾今日之遊自人觀之則雖不及古人而自吾言之則古人之所未得吾能得之又何古人之足羨乎若夫選良辰擇勝地偷休暇而遊役乎景物而已者吾未知其可也

布帆高掛趁霜天心界清閒郎是仙波面湧金來夜月山光觸眼起村烟茲遊羨矣如今得勝事依乎做古傳信手梢工任去向來船只許樂無邊

詩戌而舟已泊岸舍車而步燈光月華路明如畫抵還鼓三鳴矣十六日捉二獐飲紅適閒梁相勸以木道上京云故付家書而此際海屬饌品一無可稱者然至於永峽足稱貴物以我細君之暮年居鄉喫素久矣以如下魚族及監屬使將校丁相彥因所幹事眼同起送求乎場巖趙士人齊發歸小雲以八旬老翁每於余在家時源源相過來此後懷想憧憧今因此便修書而兼詩

白雲山下小雲翁身與白雲留住同雨晴不係當時責會頭猶為隱者功紫霞歸
人見之悅移家故近相西東解把自怡頻持贈節來屢往無時空一朝杏山丹鼎
破忍令送我投塵紅圍以溶溶之積水駕以陣陣之長風智湖邑僻地低濕三旬
坐閱洪爐中擧頭惟見天涯日兼患一路無由通欲作家書說不盡所懷人在雲
之崇一種閒忙苦不類凌霄黃鵠泥蟠蟲只恐高樓悠嘯傲樂處不知愁處忡念

我長歌苦用意臨風遙寄霜前鴻

○詩會개최와 장원

十七日戊寅陰法聖嚴士彥來去內三門本無題額余錫名以智海正由之門取出八必由正之義也歆刷次書付匠手法聖居金守和近因養士齋敦事事鄕之稍以文名者多來在邑次余松江沧月韻以八故批評之壯元嚴恭島居千斗生第二時別監朴根培第三下吏金炳殷末至者又成一軸進上故批得壯元屛風島居李君善而兩軸詩凡三十餘首也榜出後徐進士絢基作呼新之戲抹墨倒笠欄街騈闐真開鬧後初有也觀者如堵墻云此可見皷舞之漸迺喜吟

騷壇新令一軍驚光紫争瞻萬丈榮潑墨有輝先進戲攔街同沸壯元聲將他寂寂鳴濛地動得欣欣皷舞情爲鬧儒宮虛上座幾時人出馬長卿

因念一番勸諭此政好期會也以文以詩一回輪示

○勸諭文頒示

皷雲杷之瑟而不知其可樂者不足與語音按敍繙之衣而不知其可羨者不足與語文苟能聞而知其可樂見而知其可羨則皷之者皷之猶恐未盡其樂按之者按之猶恐未盡其美何也喜其與我者衆也夫文學者語其樂則非雲杷之可化語其美則非敍繙之可擬也自頋不佞武而不文方且自謙之不暇何可爲人謀哉然性嗜土炭職在表率不容以不能不爲也迺者按瀝底蘊臚列條規諭示闔郡非止一再而終未見有出而和之者間雖強營一齋名之曰養士然終恐相與者寡有愧於後所嘗慨然興歎曰毋與人田草寧採自家蔬拔出來霞詭陳編以研朱點抹爲自娛之資近忽窓暾射珠輝之映户風引蘭

馥之臭審問是有人從林下來者館舍不能容然則胡爲而來曰聞地主興學之風者始也愕然繼以捹然曰向之莫我荅是雲雷草昧今之樂余從是盍簪麗澤於是滿心充然喜不自勝又自豐然曰人之望我如彼其厚吾將何以紬之故昨對徐庠士有以同室之喻喻之言雖俚近意則功摯想當出而播脩一此何必架疊我誠頓僉章甫一乃心齊乃力使彼經始之屋終克有成以至於家興忠孝戶溢詩禮則遐邇可變爲伊洛太守與榮於文韓是則太守之望於鄉反有厚於鄉之望太守勉旃哉勉旃哉言不盡意韵語以足之其肯各言其志歟

憶昨身辭玉帝前 恩言如渥浹丹田 一千里外惟均土 五百年來所費天安得馬卿題錦石 思將蜒海變珠淵 梅臺近夜燈成穗 坐占文星喜不眠

十八日乙卯小雪 捉三褘飲紅八壺 巡監金鍾學持宮內府公文來此故傳令以給

申刻高濟升幸昨日壯元四人持酒肴三盤來曰是壯元禮也事出創見興感倍常畧具不腆之味以洽羣聚之歡而不敢自外專擅故冒控入鑑云云余曰此雖無於禮之禮然既自騷壇雅謔中出來則寧不貴珍耶爲下數著賦詩

禮云禮云壯元禮 諸生指我作先生 釀成六藝筐中物 供進三人橐裏榮 可是堪憐來有自 莫須深究出無名 一回喫緊津津味 勝似官廚水陸并

十九日庚辰 捉二褘飲紅 清心軒告成後合有宴落之舉而連日未果令於諸鄉人來在邑下一番賜飲似是兩得故是日使之設小供邀衆賓反午而至者三十餘人皆此邑翹楚云者也以酒餠肉湯菜蔬等各排一床饋之唫示一詩

○養士齋 齋任의 鄕薦·差出

○還米 1천석으로 司倉都監설치

畫閣西頭一屋新門楣紅日暖生春驚知獻賀爭簷翼龍爲呈祥鋪尾鱗先入室
中誰好主適來城裏又嘉賓如今善禱無張老且屬詩人悅靈神
是夕和詩成軸入來故批得壯元前麗島安炳亮台川趙炳鄉後麗島徐絢基又前
一日輪示前字韻和詩入來故批得壯元前風島李瑞裕二十日是日 關皇廟忌
辰癸亨自縣內民人等行祀後飲福一床入來故與石醒壽稍共之以鄉薦都訓長
金璇基差出且一境士民旣以設建養士齋則不可無齋任方今營建則掌財有司
亦不可無云則其在勸奬興起之地不可因循故特爲許施以鄉薦齋任進士徐絢基
汝玉·金洪珍掌財有司安炳亮差出使之董率勸奬掌財有司則亦爲監董齋
役事申飭且齋直金致文差出都有司則校宮首任而校宮姑未創建則不必預先
差置然向有內部訓令及先府甘結則不可不報告矣際時差出實係諸儒勸奬之
一事也故以箕佐金行彥望點後報營向因內部訓令還米一千石設置之知委故舉
民力艱絀屢度報告未承許施又有關飭不可不設置故社倉都監以巖泰島金
成祿差出因巖泰島居民李雨宅自京來見書慰甚招見賜款京奇 陽曆十月八日 咸鏡北道觀察
使元世常漢城府判尹李采淵學部大臣閔種默江原觀察使李鳳儀十月十九日
公州春川江界忠州洪州尙州原州地方隊廢止事同日夕丑時度支部庫在銀錢
賊徒欄入擾去事去夜丑時量賊徒十餘名各持刀劍踰墻欄入守直官吏侵辱擄
縛拘執擾亂閣全任自閣庫銀貨七千七百九十元九十五錢無難偸去事漢城卽
毓學校入學試驗國文讀書作文漢文讀書作文本國地誌本國歷史赴試特命寺
植公使閔泳煥參書官金得鍊金道一十月二十一日八來事明廢殿新建後別單
頒布事英國總領事務在明退任代來通與入來日本國依仁親王遊覽次入來事
金泰熙等獄事趣告流三年罪人李世鎭流二年罪人尹履炳金弘濟全羅道智島
郞古羣山島流配事十一月二日 璿殿各祭與百官入參事 山陵提調李載完

○各種稅錢

殯殿提調閔丙奭相換事清國直隸大名府馬賊騷擾天津紀兵吳殿元直隸總督王文韶尋中調發馬隊事守陵官完平君李昇應侍陵奉事全主錫祗安辛應斗趙斗弘來見久阻餘甚慰六百餘里之來尤極嘉尚留接于通房自官厨供饋接見裴松坡文杓趙鼎模朴龍夏鄭蘭言而俱言云趙鼎模之父志顔去正月二十日身死趙雅冀登亦以孟春化去云朴雅永脩以鄕長留邑云矣朴庚西裴松坡即余在咸時相與源源者而一別四年政有人還之懷今得其書喜豁何可量耶但其書多有感舊傷今之意亦有人事異昔者又可發吁也縱筆

三年不見戀中咸飛鴈初傳尺素緘夜話西窓餘舊雨秋懷南浦落孤帆人情別後無悲喜世味嘗來太苦醎千里一書眞次面百回披作子椐珍

二十一日壬午陰初昏後雨曉止間有光府甘結即爲修報書負考卜錢以每結一兩二錢事及本郡境内初無寺刹僧徒事及本郡甲乙結戶錢納未納區別中羅州來未収甲稅錢一百十兩八分乙稅錢二千五百八十六兩三錢二分乙未戶布錢二兩七錢三分靈光來未収甲稅錢七千九百三十九兩四錢四分乙稅錢一萬三千九百七十二兩七錢五分都合錢二萬四千六百十一兩三錢二分已捧留錢九千一百兩内四千兩十月初九日發送京司五十一百兩經費錢次次經用事及本郡所在元還未一石十二斗租十二石十二斗安年十二石故社還設備之節方大會民人期圖方畧事及北觀察使照會據本郡未納前監營營納修成冊合呼所納營郎吏捧標逐條懸録而黑山荏子兩島任掌待來現査報事及本郡屬島島名結

戮戶摠成冊前已修報事及本郡境内素無校士校復齋任段置曾前在鎭時初無
名色今當新設興學一款係是急務况今京部訓飭與上府甘飭若是申嚴固當倍
加宣力故到底知委於一境士民校宮姑未設建爲先以養士爲名設齋則不可無
齋任是如民願齊至齋任差置似涉經先其於勸奬不可不差置故擇其可堪可合
者今段新差姓名成冊與都訓長各面訓長姓名成冊及九月朔會講五十五人姓
名給栍成冊各兩件修正事及本郡鄕長一員首書記一人書記六人巡校四人使
令六名通引二名使傭二名使僮二名客舍直一名姓名列錄成冊而至於差出給
色經費筭表隷屬額数既有制度之元定稅務主管鄕長自在簿牒修正書記猶足
豈敢自郡增減哉本郡初無結色之設事且全州鎭衛大隊大隊長訓令内軍部訓

○全州鎭衛大隊長訓令 (萬戶鎭軍物所屬)

令據大隊訓令을承有さ은바本郡이素以萬户鎭으로昨年八月日廢止時所在
軍物自其時地方邑羅州郡輸去所屬荏子蝟島古羣山鎭所在軍物自各其地方
亦爲輸去事二十二日陰夜風雨府甘荏子島黑山島寨耕畓斗數落睹租石數及

○流配人移屬

本郡牧塲結自今年每結三十両準納事到付古羣山定配罪人李世鎭尹履炳金
弘濟有法部訓令卽赴本島後文蹟來到故發遣將校金致煥保授着節着實措處
事分付兼以三罪人許傳喝且有觀察使書簡送于李參務世鎭許李判官基禎素
所親切之間且其文華筆法見稱於儕流而其大人丈若氏以筆名擬於董玄宰文
與壽舊稱都下三絶此謂文翰家也来此後聲音自然相阻每逢佳辰可賞可稱者
則不禁興懷日前有數額堂雖遠寄盖欲慰余阻懷兼有衙舍題扁等字而題扁者

則付之匠手剞劂堂號則付諸堂楣以爲朝暮過之賓不知千里之云遠古人所謂書次於面豈不信哉賦詩遣謝

海東玄宰李公筆遺子箕裘不墜先青李來禽俱有名秋蛇春蚓各成質異儂欲學病未能尙得肩隨友好密曹碑較勞三十里許赴蘭亭洗硯日南來不見虹貫月涯角相思難盡述過石空懷來顏絶對菊如逢晉與逸雲面忽墜寂寞濱千里持贈情非一開緘先生正中堂墨萃泛灔書香溢莊留几案成披懸扁在軒楣疇美匹朝朝葭露盟我手日下故人書中出把作南州眞寶蔵一字不換金千鎰江南美墨非無手可與鍾王評甲乙習湖太守坐籠鵝光索煌煌所居室子以其書我以詩瓊來瓜去一笑畢

申刻出見養士齋役所則棟宇幾至畢竪而椽蓋未掛且見其洞房制造則占間半之三分一而隅壁只存一戶通之此是晝不見白夏不堪燠之所而渠輩所見若是未遠可笑也乃敎以撤其隅壁設其北牖曰如此爲之豈不開明通敞耶衆皆悅之木手等處各二錢式役丁一錢式施賞賦一詩

古人以室喩吾心心不通明讒竪深沉得半間便啓處穿迎西曜破幽陰綠渠錯誤空生費待我臨觀始覺今土木近來勞則大老夫憐德豈憐金

石醒以久不聞家奇見甚燥菀余每寬之曰家若有事則自當人來惟其無事故無消息無消息則無事可知旣知無事何燥菀爲也石醒曰唯而心不自唯思家之意往往見於辭色昨日語余云無窮起伻往探家奇余無答以示其不必然之意而如

登弦之矢必發乃已見其定意足出貸角數日奔汩如也余故若不知是日果發送
少須其務定吉及同里裵明老逆帝去隷而至家果太平而因秋務少晩云矣石醒
始動喜顔余曰曷若無數日之擾而喜事自至也因解嘲
石醒之心我習知萬事無慮惟家思自玆之來未一月隱隱已見形於眉有時露
言言忽止怕我嘲斥功於辭一念成痼牢不破食亦在玆眠在玆悠悠一日如年
度半夏三秋又冬時煩襟叵耐起身作忙了數日身心馳擧止種種多絶倒我故
不言看彼爲徒誰貸得一隻犢出門八門伻初離行未十里去者返迎見其欣顔
始怡紛紛送人今何益石醒石醒癡哉癡
羅州錦城山多寶寺僧隱浩號朗海堂持光府觀察使書來見而豆腐戰骨一器散
子十餘斤伴呈故有所觀顔不却然見其所爲必有苦態殊可憫也
山門不出是高僧僧出山門使可憎肩荷募緣稱勸善口誤卿宰託依憑門牙於
吾何有厚故來要拜似相仍辛勤禪服儲盃盒珍重營書抑入膝疑不明言思過
半欲應貽惱事多層如渠徂詐吾非昧擧世蝇營孰不冒貧逼誠齋辭未易上官
專囑理宜承別白招尤聞有戒不如隨俗度氷氷
二十三日甲申陰風微雨梁相勵船夏日前上京云故付書矣尚今逗遛始於今日
發船云者未知何事故也詩號雲樵者即金壽祺也昨夕徐絢基安炳亮邀與叙別
其詩軸頭畫蘭問是松石所寫即徐絢基也其寫法頗可觀人於所發見其似情輒
動況似之乞者乎蘭吾所愛而徐之寫真似之乞者用其韻疊之因弃持贈用小引

雲樵生朝昨諸名勝叙別詩詩固起余而輙頭之蘭尤復動人步其韻寄意而
成既成之不容終隱追呈于傲棠之右幸博一粲是希
點綴孤芳手自栽衣開箋紙溚無埃送君無奈臨歧路暮雨寒江落葉催
有生雖合苦無常況復歡情未半強路别去留臨水止話多端緒引盃長燈殘漏
盡和人到雨急風高似客忙還愛荀龍三日座幽蘭不歇畫中香

二昨書畫之惠留作求好之資而為題其後有所攜者今并韻語伴呈諒非吝
多欲望座下無隱於我必如我之畢露於座下之意也統希加亮

山谷云日觀法書名畫可撥面上三斗俗塵信乎書畫之不可少也余南來六個
月日積於簿書朱墨之間不知面上之塵已幾三斗而殆將舉全軀埋在這裏矣
近得古所稱南州高士者因公事而過假室書與畫兩絶其所挾中一也乃於正
中堂西牖下為余試腕其趯琢波撇揮灑點綴如口嚼氷霜目染烟雲使傍觀者
颯爽然若風度項門有物捲去周已覺襟子大真骨相露出一二分焉耳噫余於
此二事雖未窺古人藩涸亦與認鉦為日者有間矣從今朝觀暮觀風亦觀雨亦
觀期造乎歸真之域則塵雖三斛之多豈有不撥去者乎然後買一艇載泛前江
身遊於虹月下足乎云爾

二十四日乙酉都草島居金斗奉年今十九歲而持盧吉夫書來頗爲通引云故使
之現身馬廄日前已完畢今日日辰甚吉云別擇馬夫金仲文使之牽入掌喂而此

鼠甚似名駒然勒來未幾馴習尚遲必待僕夫之良手者監護然後可得充其眷善
其步未知金仲文能否之何如也戲占一截
櫪上昂昂一騣駒誰能剪拂更馳驅日千里者元帝有執策臨來莫設吁
近日汨於公擾不省時景如何僮輩傳道冬栢花開余偕石醒陝園覽賞有吟
花時見花本非奇奇在見花無花時一樹冬栢官園裏自夏徂秋惟空枝恰似南
豐曾子固名高一世反無詩自從露白霞蒼後羣芳一一就雕披姚黃魏紫俱如
夢老癖惟以春為期綽約仙姿那復見悄悵佳人久別離官僮掃雪傳相語冬樹
花開的見知依如小樓聽春雨怳策扶老去看之紅房香瓣初呈態冷藥深枝半
吐姿邀同石友作花伴傾我芭蕉引一卮
二十五日丙戌夜風雨金東胄以叔梲事去望雲金定吉聚明老辭去金壽禎請歸
念其侍下人事久曠於客地歸思之切宜矣詩以敍別
緇塵欲上遠遊衣知爾歸心戀草廬鄉路迢迢雲藥暗江天漠漠雪花飛老懷在
旅難爲別子道寧親勉不違野哭癖鵝還似昨殊方共得一旬依
申刻自鄉長家南炊餠蒸來味甚佳賦詩
三分米糆七分芥糆少芥多味始嘉松餠心識難可口桃饈油勝朱香弃君家此
物真良手今日於吾作太奢不離一堂成大爵楊州仙鶴莫須誇
二十六日丁亥金祺煥首校呈禰午刻出看畓於齋宕掛椽木大允事功之遅速專
由於董督而此役之如是漫漶苦記無期甚是悶事木手二錢式役丁一錢式題給

因加申飭後園甘蔗其間強半採取教鄉長作粉是日造饅頭以進試嘗味極佳品
主人不識甘蔗麪烹羹徒能鶻棗咽厨卽年少尤昧方如姑誨婦談一遍朝來試
使作饅頭一梲新供盤中膳其大如鵝其色皛初看甚似無奇羨嚼破全塊吞落
口一一香牙不可過津津便欲忘南味勝似出自京厨傳葛粉薏苡落下風未麥
缽餅歸後殿種蔗今年還恨少淵明秫酒非吾戀
二十七日戊子辛應斗趙斗弘還去錢二十緡贐行修付某某處答書此不盡錄而
惟朴龍夏來西朴永脩花石爽紋杓松坡許有贈詩故并書錄之
別來思仰久愈彌襟匪意一書穿到嶺海之遠擎讀慰浣如得合席娓娓就審
彼時體上節養靜神旺是愜溯祝而槐翁奄忽可勝泫然巴陵三老今焉少一
窃想伯牙之琴不復鼓山陽之笛不忍聞矣繼以獻懸記下非分名韁終然鷄
肋又此作苦海中人草創之艱又非仍舊貫可比熏惱萬狀寧欲使相愛者不
聞也養老社菴士齋此是數三同志積費所在而今為廢止想當同一歎咄而
此必依新式劃付校宮矣則在巴人猶為失東隅而收桑榆如僕每擬得好風
復南渡與社中舊徒好頓一嚼今則此計左矣設有玄都再遊之便非討喫則
不可是知向隅者惟僕一人而已寧不慨惜之甚耶呵呵拙作雖不足觀而亦
出於書不盡意為博一粲如何臨書忡黯不備
來岑秀色既蒼蒼千里書來證海桑聽鹿洞虛壇草鞠倚樓人去笛風涼晨星落
落無由聚古木悽悽有底香但願從今俱努力歲寒心事莫相忘 岵來

辛趙人來雖未承書詢而得大槩尚勝於漢然時也謹請寒天體家萬迪鄉望所歸辭不得劇務此在座下雖不足大而為巴民究力地可賀可賀但向而鄉隣之舊何以能公叙兩適是所仰念記下夫何業障身不離苦海來此半載百無一就方憂懼度日有何善狀之足言哉趙椳史之下世驚怛何言而竊想白頭如新之契尤非餘人可比其何以為懷也餘畧陳於抵夷西書計有以得照而至若韻語之呈此乃向時伎倆今於話舊而之日雖欲不爾得已耶想發千里一笑耳不備

地方制度舊維新令歲巴陵喜得人閭里艱難餘弊局財堂顏色動鄉隣一書贈我應無暇千里思君更惱神往事依依長在念幾時重醉洞庭春 砧花

松坡可謂強記人也尚爾能不忘戒寄書於千里外耶感感不能已也以審伊來清體連衛萬暢年來風霜劫界閱盡無恙人耶松耶真箇是松坡也記下聽明日負前時事務有倍舊邑已極憂惱而重以地無登覽之勝人無與語之伴所以自怡埔舊徒牽日往來於心眼之間雖松坡念我之功豈真方能於此耶為之一呵此來哦松之趣索莫無聊今因巴陵人來免復爾覽之一粲亦一事耳不備

梅堂回憶昔追隨契合如君問是誰操履見於難見處風流言在不言時分明宿世何緣業畢竟浮生有別離孤重一書千里外松坡真個歲寒知 右松坡

近日石醒以脚瘇委卧清心軒是日余暫為往見瘇雖不大其苦則可想吟晾一詩

我是先病者秋来始起身石亦有時卧因仍似效嚬同来瘴海地蛩蚷兩相隣非
犯下堂戒如何告不仁跫音户外寂貽阻己多辰少間作何狀来此見之親雖知
非漢癰良亦足吟呻朝朝門外候何異越視秦尊蘼僮一個頻走鹿難副責效循
無的悠悠欲浹旬所頼經百鍊安心喫苦辛請下一轉語不覺掩申申天時晴景
少人事苦悰頻知君讀齋物随遇解怡神努力加飧寢行將撤採薪東閤梅花發
早来共賞春

月初鄉長栽得杜鵑花三盆八来此無容置之所故送置于清心軒越房使僮課日
一漑期令冬間見花是日果有一朶綻紅戲占一詩
三盆顦悴杜鵑叢灌漑安排寄石翁造化全功元未易辛勤開得一枝紅
養士齋掌議荏子島姜永錫来見方有書役毋子故招朱明鐸語及則朱云現今短
晷十餘學徒之酬應他無暇及之意爲辭勢似然矣故置之固城千景祚自船便来
見而近因客主事往往於釜港令以貿来次載錢四萬兩向往全州近處云故使之
措送于萬頃佛山浦金壽禎處 相議所関事措劃因留内供需二十八日陰乍雨和
景祚與金永煥伴往塔仙浦船泊處未刻自張宗憲家食物一床来到故勿之之意
爲教則對以忌故入齋之日故因所供畧進非専意辦備云是日命採甘蔗所餘者舉
爲鼠竊太盡見存者僅三斗強虛精老物所習甚可痛惡賦詩討之
東坡曾作黠鼠賦陸人今作討鼠詩邵人燻空絶未甚南國穿墉後弊滋秦末偷
狗形勢倚遂令天下成瘡痍賈生筆誅誅不得欲投忌器徒費辭唐人錯比子天

貴諛命支流舉世欺蔵舟不入化圈棗奔托虚精學暗窺添生壯齒無完物種種生帽萬有奇厥罪猶難擢髮贖洪量蘭亭筆冢之我吾中山毛穎氏又有秦系之編師鼓鼓行出烏鼠谷末倉山圍井井旗幟厥渠魁鬃鋒鏑脅從投畀有北涯知我者謂有所激不知者謂甘蔗秘

未刻出耆士齋役所以役筆綫晩事别嚴董勵木手一錢役丁五分式施給歷八清心堂暫叙余謂石醒曰正中堂廳事所在梔子盆今則天寒漸緊不宜露置中塞顧余所居之室僅容吾膝了無一物添八之勢則不容不移送于清心軒爲梔子可謂得所而使石醒髎得卉木之趣殊可惜也相與一噱仍命移安于石醒座卓西邊石醒謝曰不求而自至謹當愛護不辭爲三冬主人矣余爲題一篇于南牖下

雨雪霏霏歲云暮觀瀾老人忽反顧竹瘦偏能耐霜威松健猶堪鬪風怒盆中一樹山梔子向我宛轉寒愁訴太守之室小如蝸起居飲食無餘措有人清心軒東在無憂梅鶴阿均付正宜太乙燃藜閣添作離騷草木註官貧致此三冬別居廣爲君一案具臨風咄咄我無恙期以明年春復遇

○論時文之弊

時鄉之有文字者幾人相與論時文之弊曰今之讀書者坐則拘於章句立則驚於功令口囊徒誤六經而不求蹊徑筆下雖有千言而實無取用其趣向不同而枉費則均也使今世而有如孟子者出辯而闢之廓如也然後先聖之學漸可復矣不然則勸奬之鼓舞之終未免勞而無功是可憂也余聞而語之曰子之言似矣而未也

因噎而廢食其能無死乎惡影而止獨其能無與乎自有書契以來作者日繁春秋時已有五車之諷而伊後經歷數千載世方以贍富為多奇巧相尚世道人為安得不隨而煩碎乎其弊固不可勝言然彝倫儀節不遑泯滅者尚賴乎州有庠村有塾章句者因之功令者籍之泛放祖率之流循得以有所顧忌不敢肆然良以此也今就此郡而言之僻在海洋俗不知學由前由後自謂挺出人上者尚不及綠驛之文猶之為愈也是以人以蚩蚩目之亦以歉然自處尚可曰文弊不足學云耶為此郡今日計嚴一言曰養士為急先務也天之降才未嘗豐於伊洛而嗇於潮蜀故聖人有言曰十室之邑必有忠信非謂學而成章者也謂其天質之美也豈欺我哉苟使居在此郡者齊心勠力一以滌舊染而沐新化為務則捨書而何以哉近見郡人文字欽諸作其所存本自不淺而又有聞風樂赴之意此余中夜起坐喜而不寐也士苟有志於學則世之汚隆人之知不知何可論乎但恨近時無論水陸屢經歉荒荐遭騷擾苟然資活念不及他非不知教子之為美事而力無以資其業非不知讀書之為可貴而志不能確其立所以相視泌泌莫得挺奮豈非可歎之甚耶顧余往在南郡政績雖無表著之可言而亦不至於大過悔者必以敦尚儒術無咈乎黃巷中人故也今於此郡亦欲用之而念其成效之方似與舊邑不同矣誠幸同志者起而應之至於建齋地頭功幾乎半塗間日就見心竊充然所望者先立者以克終為心末至者以恐後為念則藹藹濟濟何獨專美於古而魚蝦之窟一變為麟鳳之藪於

○宮內部訓令

○戶口調査規則

不美哉言者前謝曰所教廣博茲州之受賜容有旣乎

二十九日庚寅徽雲府甘 宮內部訓令誡因掌禮院卿上疏違此臣除服士庶有變制事大 日備賢委受誡奏本 批旨內觀此諸議俱未有定的而

宋奉朝賀與他春功有異之論其程於已經旨禮節亦未必無處及廢服制待處辛本 事本旨學行事及社還設置章程已頒部飭屢嚴如不別定規將無期限本部之

新設社還各郡鄉約一事啓開內部訓及本部以內各市買販殺於 事及管下各郡鄉排錢查實報來爲始承內事飭文郡內不得不嚴查轉報而本部

新設以後鄉排錢幾許以何名目排歛與否昭詳從成冊報來事及有限上納不可 然滯而甲乙兩年條錢戶錢姓名歲積滯過期未勘捧留條冊日存送已發送條莫日

考尺甲午條乙未戶布戶布戶錢輸上本府事及內部訓令內各該前郡戶籍時米四錢分收式捧之 諸習并革法新定戶籍表內定價全磨錄而然地經用致各郡安戶主分式收

捧充用該款其剩餘則本郡及觀察府存案件各件式編集則自觀察府爲從其報 部矣越限未勘事及府邑間公牒未往程里自在期限莫越而近觀史附爲其占內

使替傳於隣邑過去之路郡吏則欲其者費而覓於行有漫顚歸之使於以法意別爲 萬騎痛茲後則詐程詐日違限差錢是去乃不印擧至違近之弊則該掌史

暇嚴勘事及內部因內部訓令本郡鄉長首吉記諸隸屬姓名列錄從成冊報來事及 度支部訓令無論正結與大案結均是出土則蔬其隱漏查括陸摠法例即然順

天光朕嘉上兩郡此大案結之結付屬於該郡官庶者毅甚多已有登諸貧稅 推許於上則此結見之漏也審矣茲廣敎訓到即及兩郡同大案結從實終況顧 部以

爲陞錄而此郡如是他邑可知道內各郡一以嚴勤這這查并以往報事及內部訓 令內人口成籍與家戶作統非不莫嚴近來迷籍漏戶全不查明因循報來甚

非道理規則式樣新定以下送而依戶籍表式畫一定規俾無紊亂之弊而庶爲宜 及統表自邑依式刻板以爲擧行俾無如前濫捧無式違式大生奸之弊爲宜籍事表戶

口調査規則 第一條全國內戶數人口를詳細히編籍ᄒᆞ야人民으로ᄒᆞ야곰國家에保護ᄒᆞᄂᆞᆫ利益을均霑케ᄒᆞ미라 第二條十戶를一統으로ᄒᆞ야

作ᄒᆞ고該統內에戶籍이有ᄒᆞ고漢城에ᄂᆞᆫ五署正ᄒᆞ人으로統首을定ᄒᆞ야一統內人 을領ᄒᆞ고該第三條에戶籍과統表ᄂᆞᆫ漢城五署外各府郡의件ᄂᆞᆫ每年一月內로

聚修正ᄒᆞ야二月內로漢城府와各道觀察府에呈納ᄒᆞ며漢城府와各觀察府ᄂᆞᆫ三月內로內部에送致ᄒᆞ고四月內로內部에呈納ᄒᆞ되漢城府ᄂᆞᆫ三月五月 內部에呈ᄒᆞ고各道觀察府ᄂᆞᆫ四月內로內部에

內로戶籍과統表에編入ᄒᆞ고上奏ᄒᆞᆫ者ᄂᆞᆫ第四條人民의權利를許用ᄒᆞ되隱匿ᄒᆞ야 籍ᄒᆞ기나籍內에人口를故意漏脫ᄒᆞᆫ者ᄂᆞᆫ人民大中에原戶를許ᄒᆞ고

아니라法律에照ᄒᆞ야懲罰ᄒᆞ고第五條本規則은漢城判尹과各觀察使와地方官吏ᄂᆞᆫ 人民은該長官이處罰ᄒᆞ고主務官吏ᄂᆞᆫ漢城判尹과各觀察使가內部에轉報ᄒᆞ며

ᄒᆞ야懲罰ᄒᆞ고漢城判尹과各觀察使ᄂᆞᆫ內部大臣이輕重을隨ᄒᆞ야懲戒ᄒᆞ믐第六 條戶籍統表式樣은內部에셔各府郡에頒行ᄒᆞ고細則은內部大臣이隨時ᄒᆞ야部令으로

十條 本令은 頒布日로봇터 施行ᄒᆞᆷ

戶口調査細則

第一條 戶籍紙는 內部로셔 其式樣을 新製ᄒᆞ야 各觀察府에 頒下ᄒᆞ면 觀察府에셔ᄂᆞᆫ 各府牧郡이 頒送ᄒᆞ고 各府牧郡에셔ᄂᆞᆫ 各面執綱에게 面執綱은 里尊位에게 里尊位ᄂᆞᆫ 各該戶主의게 傳給ᄒᆞᆷ

第二條 戶籍은 第一別表式樣을 依ᄒᆞ야 各其戶主가 그 指定名目으로 各欄內에 書塡ᄒᆞ되 戶籍紙兩本騎合處 一張紙面에 同樣으로 塡書ᄒᆞ야 該管官廳에 呈納ᄒᆞ면 該官廳에셔 蓋印鈐章ᄒᆞᆫ 後에 兩本騎合處를 分割ᄒᆞ야 右片ᄂᆞᆫ 該官廳에 存案ᄒᆞ고 左片ᄂᆞᆫ 該戶主에게 頒給ᄒᆞᆷ

第三條 戶主의 父母兄弟子孫이라도 各戶에 分居ᄒᆞ야 戶籍이 別有時ᄂᆞᆫ 該籍內에 塡入안이ᄒᆞ야 人口가 疊載치아니ᄒᆞ게ᄒᆞ며 一戶主가 原戶ᄂᆞᆫ 成籍ᄒᆞ얏ᄂᆞᆫ되 他戶에 別居ᄒᆞ야 別居ᄒᆞᄂᆞᆫ 戶籍을 新成ᄒᆞᄂᆞᆫ 時ᄂᆞᆫ 該籍內에 原籍其地方을 欄外另付에 註明ᄒᆞ야 考閱에 便易게ᄒᆞᆷ

第四條 人民中에 無家無依ᄒᆞ야 戶籍을 別成치못ᄒᆞ고 親戚知舊間分戶內에 寄居ᄒᆞ거나 或一身만 寄食ᄒᆞ야도 寄口에 系入ᄒᆞ야 人口漏落ᄒᆞ미 無게ᄒᆞᆷ

第五條 分戶ᄒᆞᄂᆞᆫ 戶가 有ᄒᆞ면 原籍을 該管官廳에 照憑ᄒᆞ고 分籍ᄒᆞᆷ

第六條 移去ᄒᆞᄂᆞᆫ 戶가 有ᄒᆞ면 前居地所管官廳에 報ᄒᆞ고 現住該管官廳에 舊籍을 照憑ᄒᆞ야 改籍ᄒᆞᆷ 但本統內에셔 第幾戶가 第幾戶에 移居ᄒᆞᄂᆞᆫ 時도 該管官廳에 報明ᄒᆞ야 改籍게ᄒᆞᆷ

第七條 戶籍을 遺失ᄒᆞ거나 或被燒된 時ᄂᆞᆫ 該管官廳에 說明ᄒᆞ야 改籍게ᄒᆞᆷ

第八條 戶主가 身故ᄒᆞᆫ 時ᄂᆞᆫ 原籍을 該管官廳에 照憑ᄒᆞ고 其子孫兄弟間의 新代ᄒᆞᄂᆞᆫ 戶主姓名으로 [illegible] 改籍ᄒᆞᆷ

第九條 家屋을 新建ᄒᆞ엿거나 增築ᄒᆞ엿거나 或頹圮ᄒᆞ거나 或燒燬ᄒᆞ거나 人口가 生産ᄒᆞ거나 身故ᄒᆞᄂᆞᆫ 時ᄂᆞᆫ 該管官廳에 報明ᄒᆞ야 改籍ᄒᆞᆷ

第十條 第五條分籍과 第六條七條八條九條改籍은 隨時ᄒᆞ야 卽行ᄒᆞ되 二十日逾치勿ᄒᆞᆷ

第十一條 各府牧郡에셔 戶籍成給ᄒᆞᆫ 後에 一本을 謄書ᄒᆞ야 觀察府에 送致ᄒᆞ면 觀察府에셔ᄂᆞᆫ 各邑所納ᄒᆞᆫ 戶籍은 該府에 存案ᄒᆞ고 一本을 謄書ᄒᆞ야 內部에 呈納ᄒᆞᆷ 但漢城에셔ᄂᆞᆫ 五署區域內戶籍을 該府에 存案ᄒᆞ고 一本을 謄書ᄒᆞ야 內部에 呈納ᄒᆞᆷ

第十二條 統表ᄂᆞᆫ 統首가 該統內各戶主의 戶籍을 調査ᄒᆞ야 第二別表를 依ᄒᆞ야 그 指定ᄒᆞᆫ 名目되로 塡書ᄒᆞᆷ

第十三條 作統ᄒᆞᆯ다가 零戶가 有ᄒᆞ야 五戶에 未滿ᄒᆞ거든 本里某統中에 附屬ᄒᆞ고 五戶以上ᄂᆞᆫ 未成統이라 稱ᄒᆞ야 本里最近統統首의 指揮을 承케ᄒᆞᆷ 但本統零戶ᄂᆞᆫ 該里에 家戶增等ᄒᆞ믈 待ᄒᆞ야 十數에 滿ᄒᆞ거든 一統을 作ᄒᆞᆷ

第十四條 統首가 統表를 修正ᄒᆞ야 一本은 該統內에 存案ᄒᆞ고 一本은 里尊位에게 送致ᄒᆞ면 里尊位가 該里內諸統表를 收聚ᄒᆞ야 冊子를 編成ᄒᆞ야 本里에 存案ᄒᆞ고 一本ᄂᆞᆫ 謄書ᄒᆞ야 面執綱에게 送致ᄒᆞ면 面執綱이 該面內各里諸統表를 收聚ᄒᆞ야 冊子를 編成ᄒᆞ야 本面에 存案ᄒᆞ고 一本을 謄書ᄒᆞ야 各該府牧郡廳에 呈納ᄒᆞ면 各府牧郡廳에셔 該地方內에 各面里統表를 收聚ᄒᆞ야 冊子를 編成ᄒᆞ야 本官廳에 存案ᄒᆞ고 一本을 謄書ᄒᆞ야 該道觀察府에 送致ᄒᆞ면 觀察府에셔 該道內各府牧郡諸統表를 收聚ᄒᆞ

○戶牌樣式

야冊子를編成ᄒᆞ야觀察府에存案ᄒᆞ고一本은謄書ᄒᆞ야內部의呈納ᄒᆞᆷ但漢城內五署區域에는統首가該坊內巡檢交番所에게交番所에서는各該署에게各該署에서는漢城府에게漢城府에서는內部에呈納ᄒᆞᆷ第十五條第二條戶籍新成ᄒᆞ는時와第五條分籍ᄒᆞ는時와第六第七第八第九條戶籍改正ᄒᆞ는時는戶主는統首에게統首는里尊位에게里尊位는面執綱에게面執綱은該管官廳에直請ᄒᆞᆷ但漢城五署區域에는戶主가統首에게統首는該坊內巡檢交番所에게交番所에서는各該署에게各該署에서는漢城府에自請ᄒᆞᆷ第十六條每戶에該地方과第幾統第幾戶와戶主姓名職業을詳細記載ᄒᆞ야戶牌는門首에揭付ᄒᆞ되式樣은第三別表와如ᄒᆞᆷ第十七條移去ᄒᆞᆫ時는戶牌를改付ᄒᆞ되戶主의姓名과職業만改定ᄒᆞ고第幾統第幾戶는仍舊ᄒᆞ야該戶에位置를變換치勿게홈牌本統內에서移居ᄒᆞ야도本條를依홈

戶牌式樣 長木尺五寸廣二寸五分第一行書何道何郡何里向洞第二行書第幾統第幾戶第三行書職業姓名

三十日 壹倚正中堂一回賞雪也白菊也黃松也翠竹也青冬栢花四季花雞冠花紅而紫色色交映形形呈態一區庭院便成八疊畵厨孰云冬景之蕭索也吁兒覔牋一題詩

其日壬癸其色黑伊昔芳菲不復識蘆荻初飛洲渚間楊花如夢樓臺側閉門深擁紅獸炭枕上神遊衆香國妝底曉起窓曙早屛前素擽来相逼倚余觀瀾軒上之琴堂四面多顏色先以六花為素地紅黃青翠綠成歸菊與四季愈分明松及俏竹誇挺特令人應接無閒暇各以色相呈其極莫是一區春風来偏向我邊傳消息不然畵師神妙筆一番睡我丹青域胡為平日眼前景雪未来時曾未得色可餐形形變也知天也非人力官樽秫酒令餘幾擬續梁園宴文墨君不見鄒生吹律奪造化之變陰崖之閉塞智湖之寒令如此請君為我圖之丞

○1896년 11월

十一月一日壬辰兩雪望哭權停以邑事報光府年分槩狀起田九百九十六結二

○年分槪狀(田畓)

十八負九束畓七百六十五結九十四負一束內一百五十六結八十二負一束海

醎十九結八十一負沉水消融三結七負四束成川覆沙十一結四十四負六束蟲損合一百九十一結十五負一束實畓五百七十四結七十九負已上田畓合一千五百七十一結七負九束事及本郡去營門水路三十里陸路一百九十里而本郡今才新設初無鄕排與結斂戶斂息利錢捄本等事及本郡盐盆等庫數稅納文蹟卽當趂其時修報而管下各島皆是新屬初無存案件故別遣摘奸今才執數修成冊牒報而癸甲兩年稅錢之納未納素非本郡之句管今無可據之文蹟故未得賫

○農商工部訓令

上事及農商工部訓令據蘆田竹田本無一處漁磯漁箭蓋幕船泊稅處今才執數故修成冊牒報事及本郡雖是設鎮本坊一兵小島供係司僕寺則安有鎮坊之屯土果無一田一畓之官屯名色事及古羣山定配罪人李世鎮保授林瀅根尹俊炳保授金淑伯金弘濟保授田官均并十月十二日到配事及本郡境內場市貿販無乎事及本郡去月捌議送到付人決折之由修成冊牒報事也近以年來各邑叢瑣

○各邑叢瑣録

錄中所載詩篇混在於許多雜錄中難於取覽故拔聚於一冊以便過眼之資爲計而可使之書手多未入心故自手汩沒已屢日眼眩手戰若不堪任不得已分屬於僅能成字者數人是亦代勞稍爲助我而此諸咸周書寫人可謂類耗汲礫也

縱筆與歎

才無豐嗇別工有淺深殊昔何多且善今則足云無咄咄中書子何當復見乎壘跡未全沫摩挲與一吁慵頻思用趣庭愛邮鄲都手書非不欲眼霧奈模糊來汝授之簡僅能免鴉塗蝇頭何太窄烏𢀖不成峯一派傳何自童年學操觚祖知先

○郡舍板額詩

後畫自謂上工夫因之廢書歎回頭念舊徒差比咸與同此是畫葫蘆

二日癸巳大雪雨雪邑雖如九堂雖如蝸而郡廳之俱色則不可少也政堂寢楣揭智海政堂廳楣揭阜民軒西廳揭觀瀾軒門楣揭本國邦寧寢堂揭風應在公於是乎堂顏始生而名義可觀各下一轉語以寓箴儆

孔碩斯堂有儼其位舊雖以鎮今焉郡治常目云何顧名思義我砭吾愚頂針惟智是非之別仁禮之次用之如水其大環四混混先天恢恢餘地配之以海尊吾瞻視 右智海政堂

有敬者軒太守莅之厥職維何乃民之司厥民維何邦本在玆　吾王在上南風之時搏拊虞桐陽春熙熙民斯解慍財阜益池小臣賡載扁之在楣三登太平此樂靡斁 右阜民軒

郡名以智其樂在水源源有本湜湜其沚小軒臨上瞻彼泱矣逝者如斯淸兮可以觀亦多術必瀾其起進以盈科宗于底止活活潑潑其流不已謂余不信更請觀此瀾 右觀瀾軒

欲寧其邦先固民宗聖書中此理觀如舟有水水要厚若履爲基基可完五爲馭来民憂重自家箴儆從何看智山無義改智海觀水有術揭觀瀾五子歌中四個字揀来要義作銘盥匜夫不獲如溝納舉世無賡若恭安揭之朝夕視爲戒煌煌萃墨照心丹名言玆在念玆在庶幾臨民不素餐 右本國邦寧

旰食宵衣臨在上望美人兮天一方與我從事者皆是反躬自省以爲常內中畫

○관찰부의 甘結
(제도개혁관련)

日無吁喚庭者在庭堂者堂不夙則暮非公體何至顚倒其衣裳刀筆家中鷄唱

早簿書案上漏聲長分陰寸晷非私有寄語諸君戒怠忘 在右公夙夜

府甘 內部訓令據尼我國이元來로禮義을自重호고名敎를惟尙호야人民의彝性이忠君愛國호는道를極盡호야政府命令을敬服지아니미無혼지라行

政司法上에牧民官이되야升實에實政을曉諭호연感洽이非難혼바惟此年來로我政府에升地逐上에開明혼治化을做民고자호야或舊規을廢호고新式으

로도行호여煩苛을除호고簡便으로도徒호니幾百年來로一定規則外에專目見이自多祖悟호므로思從愚蠢이驕政傳晴호야先自東徒로結又頑擾호生

敎年間이官軍이貽勞호고生靈이全民호야武轉子滿容호는伏子誅伐호야遵自廢호니欲究其實전되엇지自負其罪호고肯從其誅호는者가有호리오

予人民이有혼然後에國家有호고國家有흔然後에政府가有호니政府는人民의事務을辨理호고國家의安寧을維持호는名비라土地의廣홀파人民의衆홀

파事務의多호므로一中央政府가總持호는權을掌握히옵호으로地方區域을分호야府을置호고郡을置혼비中央政府는大君主陛下의聖意를體호야推

令施行호거니와地方政府에付ㄴ中央政府의命을承호야治道을補佐호미當然혼事項이라夫政府에付人民을爲호는道는千萬件事爲中에生命파財産

을保護호미最重호니此意를解擇고자호야地方制度를新舊式에較照호야己行實施혼바各項經費와管區域파所屬人員과所掌事務와所升規則을一準

定規호야秋毫라도違越치못기호미國典에所著라該區域地方이되야人民의게行政司法이無他事件이바已行혼規則으로錯誤가無할게인주何難이有비

令호리오本大臣이偏荷國恩호야猥叨部務호니惟常悶沓호야言念及此건日何時오年來擾攘이無處不有호야或王師가未旋호고人民이懷違호야

人底혼方策과善義혼政治가아니연依舊負安이非所可望이라奈何로聽이或聽耳目호니誠無明諮에難以尊責이라各府郡에付人民을對호야或濫刑도有

額數外에官隷加設도有호며或橫歛도有호며或匿名掛榜도有호니是識何故오抑由地方官호며或抑訟도有호며或於徵도有호며或卜定도有호며或元定혼

民을益勉호미可호거날胡爲로擾違不獲혼人民이多혼지惟將一心호야是同야然혼지果緣民心이不淑호야然호인지新式을須行호야實施가未幾호니爰

늘發成호고人民을安堵게호연엿지安當치아니호리名此言이非創라實心布是協호되各其職責에無大小회一己의私로視치勿호國家의公으로事業

야有悔莫及혼弊가無게호자本部의此飭이非爲一吾니並加惕念호미可喜達호니令到卽時各郡에訓飭호야曲에翻騰揭付고左開諸條銘念施行호 各

條左開 事一 一目法上行政上에人民으로究柳호ㄴ事一詞訟裁處어賄賂가恣 元定頭規則外官隷增設호야舊習로民間의歛을君弁刑호ㄴ

○右의 各條

行ᄒᆞᄂᆞᆫ事一無名雜稅를濫徵ᄒᆞᄂᆞᆫ事一該地方區域內에挾雜輩類로官衙에出没ᄒᆞᄂᆞᆫ事一該地方區域內에饒戶富民에게橫侵濫徵과私行卜定ᄒᆞᄂᆞᆫ事一該地方區域內盜賊이滋漫ᄒᆞ야도調捉지아니ᄒᆞ고袖手傍觀ᄒᆞᄂᆞᆫ事一所管一區域에無賴雜類가或徒黨을湧聚ᄒᆞ며殊常ᄒᆞᆫ事爲가有ᄒᆞ야도禁戢지못ᄒᆞᄂᆞᆫ事一從前土豪武斷의舊習으로殘民을侵虐ᄒᆞᄂᆞᆫ事一酗酒雜技로以少凌長과欺人騙財ᄒᆞᄂᆞᆫ事一遊衣遊食ᄒᆞ고放蕩淫姻을恣藉ᄒᆞ야行悖行惡ᄒᆞᄂᆞᆫ事一京鄕의出没ᄒᆞ며非理健訟ᄒᆞᄂᆞᆫ事一歸結徒黨ᄒᆞ야恣行陰謀ᄒᆞᄂᆞᆫ事一從前賊徒ᄒᆞ던이越分紀綱ᄒᆞ야恣行悖習ᄒᆞᄂᆞᆫ事一他人의田畓과禁養을無難犯斫到境ᄒᆞᄂᆞᆫ事一非義設詐ᄒᆞ야欺人牟利ᄒᆞᄂᆞᆫ事一諸件事의犯科이有ᄒᆞ야作最甚ᄒᆞᆫ者令到後一朔內에各其地方官이錄名秘報ᄒᆞ되本府로從ᄒᆞ야轉報本部事

三日雪

辛應斗間往南原今日還來適時和景祿金永烋去萬頃佛山浦金雲樵家盂質米
事而辛應斗亦伴行余以別般省護之意修書以送巳刻聞慶青峯山下弓基村居
金司果聲鐸號石樵自京下來謂有省事於全州淳昌等地轉向咸平知令公在此
不敢慢過故來也云京奇久阻甚菀今焉詳聞近耗爽豁無比且其文華蹈致早進
京洛見知於杓庭相公為食客已屢年矣亦於前年松菴有雅分相從之舊也使能
清心軒與石醒同處申刻務安堂村吳進士鎭龍號雲史來訪相見乃湖南學者之
翹楚而洛社眼時之元白也余則又以花樹之誼相與之意非餘人可比來此後有
一再往復今番之來兼有飲糜之營故也因與話舊談新占得恩字敍情
誰家雪賦作魁元一蹴騷壇座始尊郡閣燈深同習靜海門潮落不生喧貧厨供
客嫌無味殘局臨民愧少恩驢背知君詩料富莫辭重與贈吾言

四日乙未其間雨雪連五日因仍但不大耳恰是深冬天氣風高水旺諸島之往來
甚艱所以公錢収刷還能零星以之排悶
郡地十分水九分芥舟浮没貢無垠雖在無風春夏日動經旬月往來云况是秋

冬水旺節蜑廉怒踯波濤殿郡門催發徵租使前月浮梁迄役漬及期望望無消
息來輒憑風托語紛欺方把作好欛柄坐此無由考慢勤狀例零星十未四不可
使之隣邑聞公家期會嚴程限府檄星馳越早昕前甘後爵來相續使我身心費
惱熏誰知往在東南郡百務先人最出羣
是日石醒劉史石熊煮酒甘蔗共賦皐民軒
一塵不向訟庭飛唯有佳賓對映輝是日鴈回黃葉涸何山猶宿白雲扉盃樽北
海邀歡合花樹常家講誼肥自是滄江潮信早扁舟來去莫相違
三門額踯智海正由之門六字剖劂告成卽令揭扁始可曰官門樣子也苟使出入
此門者知能顧名思義則豈不可卧治乎爰賦一言
禹鑿龍門水從流桑麻雨露見中州孔氏門從知入德尊王黜霸炳春秋通來門
路多邪逕散蔓千歧失所由海門千里余今至全轍相殊最可憂衙閣有門門無
踯肇錫嘉名揭上頭縱横字畫大如腕不獨鍾王筆法優其名正由有深義試問
居人知者疇江柴在巡蜀道鳥海石臨邊泰政牛不以偏陂惟以正一路須從心
上來周行百里道如砥好作三年卧治侯
五日丙申雲史爲獐獵事出往鳳山石蕉自外來言俄往菴士齋役所方始盖草而
見其會貟及役丁俱有胥悅樂赴之狀認是令公推赤心而置人腹因其固有之善
創其於慶之規所以雖勞而不怨不謀而同情此非但興學分內之務亦可見穨梗
入穀之漸乃知所到聲績喧動朝野者必自恢刃中出來也余曰果若尊言何喜如

之而詩所云靡不有初鮮克有終正是今日之憂也幸為我畫善後之策也石樵笑
謝而起作詩以自戒

草昧經綸君子以蓋聞謀事念終始心籌默運知者知建齋蒼士非徒爾消磨頑
梗入彀中陶鑄雍容歸化裏舟行若無副手稍日暮滄波獨自倚文史中人金石
樵々把心盃斟妙理分明解道余心事對剪燈花一夜案將來土木眼前景擬議
東南風蹟義天津好筏榔覰不意今朝見大耳借問先生何以教笑而不答仍
相視今夕只可談風月兩心默契言外旨

六日丁酉雲史自鳳山獵而寄四律六韻疊成十二首朗然一讀牙香自動與石醒
石樵共賦詩韻七日詩成修答書兼送燒酒一壺伴詩送去

座香未歇翰雲忽墜乾審道體多福田翁效靈區區歷祝宗下今日如昨日他
無足言但少一之歎添作一種熏惱為叵耐耳寄來瓊什讀來如入波斯市遊
目愛玩應接不暇何其絢爛璀璨若是之麗也況一鉢再疊郊寒島瘦各成一
家又何敏也至如拙作既同始事有難終孤遂以獻布鼓於雲門一噴粲霞之
飯要亦一事耳永喻文園之渴奈無謀諸何而適有鄧州一壺仰供車傍之擔
引白佐紅洗濯思我之宵如何獵事擬將幾何而止耶苟欲深入忘返則當與
石友選善日一訪於雲遊之下矣統希體諒

軒名欲換聚星堂偶枉羣賢共舉觴唐館何年隨國子曾狂千古學琴張興來不
負山陰夜綠重相逢海山鄉薄雲初消風日好平原觀獵喜難忘 右總叙賓主

飮紅還似醉流霞送子尋眞路不遮履底露萃胥鹿網杖頭雷響起狙泚仙緣鄭
重丹應熟道骨清癯癯豈肥想見小車山外日韶顏勝昔玉無瑕 右黠史翁
逢人到處說詩仙松下源源不記年別已幾多無後約道之云遠有奇緣山窮水
盡魚龍國木落霜凄鴻鴈天一掬梅陰成信宿海門孤月喜重圓 右砧瓶翁
邀同醎淡海漫漫記意初非一日歡霜後石鍾使自感老來毛鬢不勝殘詩輸賈
島形何瘦酒憶東坡量又寬白鳥與人忘已久盤渦心性任予安 右砧翳翁
儂家本住五陵西自擬元龍百尺齊南渡豈曾初意也秋來全欲解歸兮 右王言
在耳終難負民事關心強復隽教我誰能黃老盡願言師事素誠齋 右自述

喜事究濱頻不塞從余二客漆蘭桃松間庭院哦乃就雪後溪山興自饒肩共聳
驢挑醉聳心隨倦鳥忘還翅南來一歲茲遊冠縰有歷旋豈復捿 右捿回首尾
縣內面笛洞居金琁基世居本島以德門見稱而至琁基早棄經史杜門養志遠近
村秀挾冊於門下自少至老勤於訓誨不受村塾俗禮常有詩曰將消愁處翠書窓
不厭筆孰竹樹因清濁可宜無所失好人處處我相親此可見其爲人之大略矣年
今八十爲鄉望所推薦爲養士齋都訓長是日入邑請見邀接對晤其語默動作眞
個淳謹篤實人也余敬禮致款因謂曰邑之都訓長乃儒林重任也況本郡新創之
初首膺上座觀於公議可驗其所存所養無愧爲此之主而第念年紀癃深似無
自力赴所之勢則吾以一事專托豈肯存着必施歟金老曰願聞所教余曰吾於輿

○諸邑吏胥弄結之弊

學一款果有實心做去之志而一再扣發平難回聽君以陸邑例言之究不無責罰
之舉而草昧之所簿斂為貴所以容忍寬恕惟以多方牖啓使至感發而興起然此亦有
居中斡轉以通相孚之路然後漸摩之效可望而無其人是憂玆於尊座舉而委之
以為如何耶金老跪而對曰謹當體念矣因辭出有吟和其韻
俗難卒變良工苦事貴相須宿士因借手散分指頭月海鷗從此可相親
會於所經諸邑見其吏胥弄結之弊不一其端如養戶引卜防結偽灾等名目不可
不嚴禁故每於作使時嚴飭預防不至復慮矣此郡則新設也上項名色已為別嚴
申飭者而第湖南各邑由例書員有捉束作卜之風云今此創設之地何可效嚬而
生疵耶禁防次令書題
各面書員令既齊到而出秩方張是在如中夫結政上関 國計下保民隱則雖
把束之微不敢加濫者而每見外邑之作伕則一二束之零收為一負稱云該吏
之筆資者因念謬例可祛仍作依例之恒用已所痛憎者也本郡則令纔新設百
度始刱差無及今革去後弊難防故玆以揭令各書員收束之例一切勿施是矣
各別嚴飭無或入廉抵罪之地向事
七日戊戌日氣漸寒寒具未備是日造房帳有吟步白長庚新沐韻
老作調身計寒知卒歲憂新裁一寢帳文素質溫柔密如添厚絮暖似襲重衾已
辟風生勝仍忘雪滿頭夜來經宿穩倚枕剩茶甌不知寒暑功春意一何悠吁嗟
此帳外令我起閒愁雪屋凍將塌氷川凝不流絕塞淹孤戍羈窓滯遠遊區區冬

○各島書齋儒
養士齋論 및
養士齋詩製述

至粥何足慰幽囚安得遑生被覆之天下優所積在仁政惟憂不自由
八月己亥與石醒石樵偕往養士齋土役也怪樁也稍稍有成樣之漸也適時急忌
箕佐嚴泰等島各書齋儒製養士齋論及詩合四十餘張別定儒生賞來其意極爲
嘉尚批得論壯元金炳浩詩壯元金永七厥明供進壯元襮一床而爲其壯元郞者
深有喜歡之意云此其觀感樂赴之兆也其於勸奬之地甚是幸也作詩并小引出
送諸儒所在營建所以發其與起之心
文者氣也氣不銳文何以貫乎哉今見箕佐應券而軸非但文字之盛越限而製
越重倫而專致此其氣足以有爲益亦喜氣所使爲搆拙語以鼓其餘勇使之知
進而不知退蕪使塞塞者聞而有所興起云爾
維南有箕佐達海又觀瀾濯錦裁赤幟先人堅壘壇鷄聲破長夜龍斧鑿洪濛
鋒者誰也梅花越臘寒雪苑迴司馬南昌見子安白衣夜送酒佐我秋菊餐幽香
髥上座文彩爛盈盤可愛文字飮匪直酒盃寬始恐相與寡於今大可觀我有琴
三疊夜起爲君彈一曲淇澳上猗猗竹萬竿二曲農山探春和風一園終曲卷阿
鳳覽德梧岡翽太守今而後不作素餐官
九月庚子陰午後微雨吳進士雲史自松項洞寄書幷詩即爲謝答及和韻
擬晉未果坐屈　荐訊愧感之深謹審小雨　旅體護旺悵祝而攤事亦一大一
小之理何足以異哉宗下二昨果與二石大士約共夾攻奪紅旋被雨戲且有石
醒下堂之憂未遂初意矣承有先聲徒致虛擬還功愧悚然而已屬謾興吳松下

之遇恐似未易或勝於山陰經返者耶仰呵　祗言漢傾而便促之故所謂和去

尤非塵眼余何餘不莊例儀

尊師不記入雲深倒訪遊人斷徃尋遠居仙扉者鹿跡忘機漁浦押鳩心青山虛

對盡中冊流水自通絃外琴爲謝族婚勤用意書來一一賡長吟

十日辛丑金炳晟自先府還現而以結卜槃狀事有承先府關飭矣渠既在府無事妥帖云且有柿楠之進品極好而味極佳也石醒貪饕殆盡又一笑料也作詩解嘲

筠籠來自海鄉秋香動覩瀾太守樓黃似黃金懷可抱紅如紅玉掌宜擎仙果天上憎三竊交友人間惜一投不識石翁何似者饕風吞盡泛虛舟

十一日壬寅陰夜雨雲林應三上納船便付家書石樵亦上去而上納則以首校金完植定送朴景三自東萊還來見固城崔鎭恭書則房帳擴一件覓送而厚白紙十束甘藿三束紅蛤一貼金祉俠甘藿三條伴來矣未刻金石樵將發行與石醒贈別

詩有引

石樵之來我眼青青石樵之去我鬓星星無辜步贈我之韻聊以供思我之資

百轉逢迎百轉新殊方就我倍生春晩交漸覺陶沙石孤恨仍忘混介鱗鴈叫曉霜如喚旅鶯知秋社又辭賓歲寒歧路無相贈惟願風帆颿有神

十二日癸卯陰向於都訓長金璇基之來見也已有如干委托而猶有未盡底蘊更爲書及詩以送

獨　在得於可望不可望之中慰荷叵量而蒜恨昝促未穩伏詢比內　頤養體

力神護康旺清祉區區 宜才幽務劇只得熏猫度日私切悶歎而已就養士齋係
是本郡初頭出芽一箇盛舉而要其克終善後之策宜在乎動得一鄉之心皆躋
咸願之域然後不愧于屋而有養乎士矣顧官之於民禮有所拘嚴常掩和既無
家喻之勢又沒面命之道是所炯炯于心何幸如 執事之賢首膺卑此之望仍
賜假皇之顧一瞻德宇已知全鼎私心竊喜如渴得飲然而以其爲老筋力不必
勞擾於赴期聽講但坐在本齋益務養望每於門生承候之日與夫鄉隣來訪之
座特舉養士一款爲本郡當務之急而地主眷眷之意有足感動人者面面提過
諄諄曉解則素所飽服之地孰不欽聽而樂遵乎又使聽者歸而廣布此乃導達
兩間濡染一境之道也其究自至於胥悅而恐後其於養士何有哉謹搆拙語幾
句伴呈如遇有文者不必苦口使自願取則亦似省得一誓耳不侫所以覼縷至
此者欲藉執事之重兼借 執事之口誘面不齊之衷充闡育英之效其志可謂
切矣其望可謂厚矣惟 執事圖之統希勛諒
氣母剖鷄黃安排日出方檀箕基已肇辰馬蹟何茫休運爲仙李儀文煥有章閒
里閭絃誦州鄉列校庠一隅猶未洽乃在海之洋疆形皆島嶼生業半農商爲是
無專管人文未向陽高才塗半廢由例記名強人地同隨下欲然自視當微求仍大
作困瘁更非常 聖上惟斯惻於今闢一鄉蹟名階收府壞地巢羅先顧我適承
乏之分憂入此疆癸恍思報答草務貫商量七事誰先急興儒法最良端趨丁上柱
禮俗養中詳麗澤若無所營茲措一堂斯門倣大舉此郡最初境所貴在觀感州

○彩石江　怪石

人莫我諒回文聽邁邁遣劍視蒼蒼睠彼城西屋恐為虐築防旻夢心獨苦副于
念雖忘幸得牟此圭貴然上我床河汾推夙望恒空動出沓也識鄉邦棄一言四
孔彰西筵當審通衢守八瞻昂頗借賢為評播偕我胃膈先言當務急且道苦心
長反復詳諭地今人發家障提撕應叻叻皷舞自洋洋動得齊心膂方能事就術
嬪洲懸講燭魚市掛書籍樂哉官數畝林林集衆芳儒風溢街巷文彩耀隣傍太
守還無事彈琴是鶴翔請君明聽我嘉惠匪老狂
十三日甲辰蝟島吉鳳尹鳳奎還現彩石江怪石得來者甚多擇其有物形者一枚
盛于水碗置之案上其小而文者數百枚盛于沙甌置諸室之西南隅因作怪石賛
并引有所感附一詩
彩是文之過怪是常之反均所可惡非所可愛惟石則不厭其彩且怪為其天成
非人為也余南來從海岸人得石之彩而怪者幾十枚就其中拔其尤盛之碗安
于卓使眼慧者評之相石之面曰猿氣有藤蘿狀其居相石之背曰鷹又以疏毯
證其毛遠眡之迫視之胡為乎如彼其相似也余感夫是物也乃先天之舊而激
盪乎風濤各磨乎素浥不喪其天賦之形而遇余為几案之具豈有所寓者存于
其間歟是為之賛
甬愛其彩我愛其姿之美且洵孰取其怪我取其貌之古而真是果浧而染者歟
則雖珠其文而玉其章吾不知琢抑又鑿而斷者歟則雖麟其前而鳳其後吾何

○趙炳鎬書齋學徒

是隣曰爲猿與爲鷹匪贊辭之攸陳

誰人嗅石做頑顏我愛奇形自遠還天家久失青州貢流落江湖者等閒

十四日乙巳與雲史以律纖事久在十里之近其間屢有往復且以詩示其相論之意一番晉叙亦自好事是日偕石醒作行過廣井里至赤巨里五里自新堂村五龍洞踰三狗峙抵台川里自赤巨里五里而趙炳鎬書齋即雲史所住處也對叙多少學徒七人皆趙姓云而趙炳頎及童蒙趙雲澤來見俱有文雅也因步堂字韻詩成而日已夕矣

緣詩自瘦杜楠堂每引山紅佐詠觴出入習丹吞籛澤縱橫等古困蘇眠一句旅館專爲主百里吾州別有鄉此事世間寥已久故來相訪示難忘

因發還至五龍洞月上已高命傳舉火官隸以囉叭及燭籠袨服陪隨因於途中用雲史韻村字得一頁

未了清談告抵昏謝君今日掃山門臨民自許如棋着料事方知似手觥細膽入昏醒酒氣寒梅樹面暢詩魂官人念我歸途路故送殘鑼月下村

十五日丙午陰望哭夜雨午刻鄉長進食盤一釘此地人素不知造盤法余授方造之味甚佳也晩後雲史及趙炳鎬八來夜與賦詩

再枉山陰雪後行江關送夜破愁城爐香有縷偏能細鈴索無聲自在橫萬水難爲觀海眼一塵不涴讀書情達君文負詩中債敢借滄浪濯盡清

十六日丁未雨寢室壁隙有鼠作鬧每夜疾馳之聲令人不得交睫嫉甚而無奈是

夕又來亂聒余以鎚夫暴刺有聲處錐綫入而聲忽止使通引致隊視之的中其脚
本血淋淋如也傍觀者爭賀如獲劇賊賦其事志之盖有所激而發也
我有屠龍之寶釼磨而不試今十年我有餌猾之大鈎江魚不食河氷堅流火透
冷銷金薄塊桃琴堂夜不眠寂寂香爐銀鴨睡揺揺蠟炬玉蟲懸漆園蝴蝶驚飛
散聲在壁間煩騷然初如蠹質遇觸碎更似蜂壘因風顛知是嚴隊窟中物欺我
孤棲恣奔專潜狙舊習暗地伺偷狗餘方空隙穿儴曾作詩聯討鼠漏網如今悄
族偏牛刀焉用剖鷄地寸錐亦足竹奇權失於矢鏃莘能貫利似金鎞膜豈全陰
符燈下刺股法鼠輩焉逃吾手前如頂下針毫不爽立見維木狸紅鮮擢髓堪供
蘭亭筆移秉可佐蘇卽氈傍人喜如禽猾賊賀語紛紛起四遠世間黠鼠奚止此
可惜寸鐵遊空拳
是夕設豆粥犒饋衙近兩章及諸官屬與獄因因與雲史石醒錦坡出韻賦詩
塵刹身心愧未収扁舟湖海又南浮功名於我如相逼歲月其誰不使流筏動地
中陽綫伏梅銜雪裏暗香幽從余二客俱仙侶置酒茶堂卜再遊
十七日戊申冬至望哭　闕聖廟眞笠粥大風雪砲手獲水鳥以獻烹炙佐酒因賦
太始乾坤造化功天心無改子之中黃鍾起數從今日紅粥驅邪見古風萬事新
休容我續一陽和氣與人同也知地底逢雷處回轉衡璣不暫空
十八日己酉雪前而推窓因寒久閉是日得玻璃一片糊為窓鏡庭除間花卉之猶
有存者畢來呈形喜着靚用之但餘稍見也信乎鏡之於人不為無助為作鏡銘

一隨形質無物無碍識雲螢日明珠沉海我忘以紙隔斷外內有眼無之眼膽胡
乃明我鏡我誇于两界尤透空室靈通面背老莊憎頫形形未封何相眺遥如玉
其瑩

是夕與諸伯得安字賦正中堂

不下一堂百里看㢕㢕餘地正中寬適風燭穗光初定經雪梅花韻未殘念念在茲
心有主諵諵自收意無官我居其道如堝拙容膝三年當易安

十九日庚戌雪安逸萬上納次送京付書使之歷往萬頃佛山浦雲旗家芸載白米
以去與諸詞伯共賦瑞雪詩拈雪字

比年憂旱勞我契白如雪海濮奴券燒官倉賑飲設課日記陰晴占春豫冬節常
溫戎于和劇凍慮拙蠻會有陽春士含盃共慰渴壁燈清枕衣床衾冷似鐵怪底
窓曙早素輝銀海澈柳絮因風起梨花滿樹結萬家添曝畐街巷撒瓊屑時適日
南至曆書朝已閱農家臘三白傳作瑞徵說參潤芥將蝗寒旗散滅其占為有
年騰六兆先泄盆吽雷火跡財阜南薰閱上瑞孰踰此同我民胥悅蔵粟如水火
風俗美塗轍欲作嘉禾頌詞人辭點綴梅陰起相賀煮酒暖生熱是月先集發明
年當飽歡散作十分春何須憂政拙

柔上怪石兀然孤絕通引勉興夭採進一株松以待怪石之禮待之併置作對於是
其隣為不孤矣余乃卧遊松石之間東坡聽棋之韻元章具笏之趣其亦類是夫然

筆一吟

小小石前小小松安家童子手栽封清孤本性元相近羅列芳隣自可容只久憐

渠無竹友那知與我有萍逢朝来飮水何青請赤老黃仙願所從

是夕共雲石賦阜民軒得兆字

臘雪前宵動瑞輝官娥洗酌客忘歸自憐朱墨難爲暇每念蒼生有所希遺值票

宮同醉愠優遊壽域併臍稀踈才愧比山東吏粒我烝民甭莫兆

二十日辛亥陰夜雨沙玉郞金琦雲以冬至詩壯元供進壯元禮而鄉長金炳秀余

在傍二不爲別設一卓只與金琦雲合設云矣余戲謂諸儒曰身爲鄉長而依附捱

過挨以詩律不可無罰此宜付隨聲討如至許贖之境則足當墨卒一觴矣援筆揭示

騷壇律令與共家相爲表裏有犯必罰三尺莫嚴今夫鄉長之律壇鬼中便同韓

信之驚一軍則稀喜也惱饋也雖使族誅谷量盃舉海大尙或不滿於衆心即見

其殘盃冷炙未免間於李孟嘗然施蟣是豈成說乎況今闘鴻導祥之初處在鄉

長之地宜乎有殊異之舉以彼以此斷不可容貸茲以標榜于社壇凡我墨卒齊

聲共討一以徵干律之課一以明朔年之猶有存者幸甚

雲石以其所得誇字詩示之走筆和贈

閣裏寒梅已放花高歌望美斗橫斜政慚屛一河南守歸晩還三粟里家白首憂

民而已矣丹心報國奈何耶作詩擬續豊年頌惟有前宵瑞雪誇

二十一日壬子陰微雪全州李景甫自都草島來傳盧司果尚迪書有云島俗大變
稱以一土兩稅歸正之前莫可收稅故尚爾遲留云云雲史自清心軒又賦二詩示余
故和之

小小山前挾海流我來無地起高樓官情已付籃田日民事多艱摘戶秋從古得
吞同塞馬祇今浮沒任江鷗與闌幸遇陽春士借與梅花筆下收

東閣宵閑北海醪陽春詞客十分豪芬牙每爲看山爽棋手偏因賭墅高旅館派
光饒似水詩家晚節細於毫晚交此地浮緣重夜夜琴堂雪裏遭

二十二日癸丑雨林主事詒卿以莊子島派監下來邀接見家書是日養士齋原韻成
成都太守漢時文先務與儒風所聞村秀爭瞻盼鼓日天孫爲織錦裳雲同歸禮
俗三千里圖報 洪恩萬一分但願從今茅棟下朝朝書日暮詩云

二十三日甲寅陰微雪林主事去卞刻砲軍捉進一律與石醒分紅體律則雲史成
章云趙炳鎬來此凡九日而阻雪留連凡於有詩未嘗闕作又於書役代勞一一斂
給居遐遊年弱冠姿稟之美造詣之早可謂俊秀之尤者而但狃於習俗坐爲村塾
之長以是而居外曠日往往有不敢告歸之狀孟子所云人之患在好爲人師者良
有以也余默揣其中情故是日許其辭歸吟示

世間久無連城璧岷峨悽愴秋空碧索中我有賈胡金南遊海市窮搜索篤騎不
足致千里磅礴何能支百尺高樓長笛誰家吹明月白川夜生白年甫請纓西京

門才堪抱硯南昌席上蔦一束其人如不辭下拾黃仙篇琴堂未作席上珎[illegible]翫
朝朝復夕夕當年産此何物老近日為我枚馬客歲暮思歸未言歸老夫盡舉賦
無滿座上空留三日香貴我長吟慷脉脉

○岩泰島民 訴情
(宮監의 濫捧件)

二十四日乙卯陰微雪李景甫去都草島便謝盧司果書巖泰島民輩謂有宮監土
稅濫捧曾往京部訴情未果而今於捧稅之場謂以京部得情往聽處鬧云故問送
邑人曉諭島民一弁斛送安業且或民隱所到處不無不恤者存狀頭幾人及宮監
朴洪柱宰待事中飭矣是日宮監及島民文吾玉朴章吾李局汝弁未待云故及其
查實則噫彼奸猾輩故生釁端事甚無據故嚴杖十度報營論勘次拘留晚後與雲
史石醒偕往養士齋役所堂板方始而治木亢百見甚未精且在隆寒之節事多未
準可歎也匠色每名一戔式募軍五分式施給雲史明將發還為定夜賦別詩
驢背騎人興盡回梅花從此為誰開遊窮海嶽雲埋屐望極鄉山月滿臺貴館久
令彈寶鋏離亭強就倒深盃異時無限相思夜也有詩筒夢裏來

二十五日丙辰雨雪邑人金在興以上納領去事從木道去京付京府書雲史此日
發行為定者因風雪未果賦詩
歲暮歸期莫說遲茲遊政好賸梅時地宜遍覽湖山勝天欲仍留雨雪隨座上不
空文擧酒江南無限謫仙詩生蔦一束人如玉傾我氷壺更蹈持

二十六日丁巳微雪雲史去與石醒臨門餞送先府營主人崔錫周及朴景三來見

二十七日陰 通引安興天向日旣有檜松之供余嘉其童年而有騷致是日又得叢
竹一本手種沙碗置于松石之傍几案之具益見充備曾謂海門邑少有此淸爽之
風悟耶可向也戱吟一則
西江一片石來在館人案古怪旣寡儔孤絶又無伴與我成依倚懷抱各相半淸
癯崔一僮少小雙角丱似能解翁意日日進奇歌峯松栗里園採竹摩詰館抽之
沙碗中護石對隣開石以松爲友松與竹相貫翁一衣其間怕顏朝暮有想像青
惟貢道遇白鶴觀伯夷千載下淸風吹不斷芳隣接成四幽與難盡算梅花笑矣
我一一助閒漢量于豈無知灌漑事宜幹何物生卑譽其趣頗蕭散覓紙一題詩

○內部訓令에 따른 관찰부의 甘結

月明枯琴按

府甘

印到付內部訓令地方制度를調查ᄒ야實施코자ᄒᄂ바規則을確立ᄒ고
經費은循定ᄒ고入員은準數ᄒ고事務는簡便케ᄒ야毫末이라도違越치
又ᄒ거ᄒ도前後申飭非一非再ᄋ거늘現罔一定之規則也有各不同局各效
異ᄒ사貴抱ᄒ已久로되割一ᄉ옷ᄒ다ᄒ니間是慨歎이라如是屢飭依외遵府
八閒則當別敵背處더디不古案所主觀察使上當 參閒論警市더니協念茫
지요合試隸爲之類外名目과無帝唐塊左閒發廿云云後有書札掌官房文書任
貴支撿去役等事務前之吏房一書記掌人物工地民戶廟舍等事務府二戶長二
書記掌結稅戶籍社還文簿等事務前之戶房三書記掌享祀禮樂等事務前之禮
房四書記掌戶布及各稅上納收刷發造甲頒等事務前之兵房五書記掌文書侍
發各項結理等事務前之承發六書記掌詞訟及諸般禁係等事務前之刑房 社
還新設之初斗斛造給之費必有乃已故事杠所在每石頭取料米五升社首與守
倉事給料民其他雜費鼠縮充補條中措劃之急錄捧發甘云云後取剩米五升山
一升社首一升守倉直一升文書直二升斗斛新造工費 印到內部訓令內各府
郡無罪橫役者抱究未伸事民地方形民有利兵事役之末至本部之意訓飭各郎
揭示坊內如有浮派侵類無擲頑訴者自有當律云云 本郎書記依章程類致乃
擇其人分掌事務馱外任名一并革社之急是社果刊謂內工色官周色切庫色諸

馬邑等名色是何委差是喩先自本使以其件張自辨供需而至於外邑以供以惦務從非蔣另關簡使事　即到法部訓令內無論某色積年未決許久係因質把逃

蔡親戚氏因者此等罪因被因事件年月日略詳具案報未捉他役弁與原檢案於上事　卽到內部訓令表同元來経年名發志君受國各樹其追而年未表政府欱

做地逃上間明之治民廢舊規而行新式式除煩苛而從簡便月聞日見自多昭先自東徒綱又匪擾豈眞自負其罪責從其誅者乎奈何民聽聞多該月日各府

卽式有濫刑式有仰訟式有捉斂式有枚做式有卜定式有元額外加設式有已行規則上外使人民等事至有抱冤未訴於京部者式卜有邑名抑榜者是試何故此言

非例布達實心並可偽念事後一元額外增設官隸横歛民間事一司法上行政上人民究抑事一詞訟截處賄賂恣行事一無名雜稅濫徵事一間俠雜輸頻出入官衙

事一横侵畜民於什卜定事一盜賊滋蔓不爲剿捉事一粮類殊寄不爲禁戢事一之方人民恭截事一武斷侵虐事一酗酒雜技以少凌長歐人騙財事一遊衣遊食

一恣居捉戰半一京師出沒非理健訟官一締結從黨恣行陰詐事一截人越分事一他人山嶺禁養剝喰犯斫事一非義設計挑人牟利事一詐僞作化科最甚者今

到一朔內各其之官錄名秘報於本府轉告部事即到內部訓令內視聞管下令部에付結價을定支元定外에加徵하야多年戶數은元戶外에文有發許戶

戶斂加斂과雜稅擅捉之之該全額上何處何項을用之工시別收抹決確徐니在斂之外一例收捧之三人民浪費支境에至다已有確聞하니結價濫捧이라

案夫すい依此所關す야爲不從實報來す며責有所歸事詳將甘結可避憂致部飭之截嚴營邑之關棘樣無異並以疏節知委甘段眞詳發揚付通衙以爲當日發暢之地

二十八日安○興○知○供恭食鹽二缸與石○醒○共之未刻砲手拯追一擡與石○醒○分叔文

後忽有惡寒頭痛之節症擁衾委痛煎服正氣散二十九日所苦如昨想是食鹽與

擡血爲祟煎服養胃湯邑既新設則社稷壇城隍堂厲祭壇不容不設置而亦不可

自邑擅便且享祀費及　關聖廟創建享祀亦屢百年之久矣以如何措處事狀并

○飛禽·都草民訛言

報告光府貫問飛禽孫成七○金斗一○孫永七○李明都○都草金致中○黃安權○朴汝浩○朴

在卿○金仁浩○黃乃宣○等素以島中亂類專事虐民無所忌憚迨此置郡贍生歧鼠之

計煽動訛言稱以莞島則結稅不過三十兩而舊未納沒數盡減化諸智島可謂樂

○京貰濫捧의 폐단

土以此等詭慾愚民以願附莞島之意等訴于 光府自 光府有甘結於本郡者而厥輩仍為隱匿不即到付矣謫役孫永七如其事不諧意暗使其徑賫納甘結以為自媚之計奸細輩之反復無常即其本態而豈有若是之甚者耶依甘辭查報 光府

為牌報事十月十日出當日到付使甘結即接飛禽都草八禽島民人等訴內以為甲午六月以前舊納曰 朝令蠲減而島中亂類出沒京鄉更起督徵且稱以京貰錢數千餘兩勒排民間新式以後陞總宮結三十兩式收納各邑統行之例而屯戶輩誣呈智島得令旨來督原稅三十兩外租一百斗期於勒捧故呈訴莞島則舊納勿論宮租濫捧與京貰勿侵之意至有禁飭民庶安堵矣即聞云屬智島而風憲頭民屯戶輩依舊徵捧復敢乃乙甘飭禁斷亦為置在莞則與居在智則難支民訴還至不顧附屬島中任掌輩侵漁與京貰濫捧嚴飭禁斷刑止報來宜當者教是故島中任掌輩自下侵漁與京貰濫捧之弊依甘飭方禁飭該島是乎乃島民之在智難支云者誠未知其何所據而然矣大抵郡守五月日到任後合附設郡之由先而知委來待定規之意鱗次令飭各島民人舉皆趁限來赴而惟獨三島纔於六月日來到也諸弊禁斷之節各規較正之謄節目成給而止是乎乙遣至於宮結濫徵事同島素以明禮宮庄土初無關於爾邑自本宮送監賭打在於秋間則安有自邑非時責捧擅便濫徵之理哉宮差金凡伊來訴以都草島所在三年賭租尚在未收與捧標得給之宮錢亦多未推是如為乎所關係宮

納不可退却査實措處之意措辭令飭矣更聞有相持之說似或民隱送監色禁止而際於七月初移屬莞島云故置諸他境仍無舉論則該島之於本郡稱曰管轄未滿一朔只有一節目一令飭而已無他公私間一民舉待之發今則有何難支可保之端是乎旀且自莞島藁減之讚納不爲舉論宮祖之濫捧與無名之京貨勿侵之意至有禁飭云宮納蒙減之令宮結定價之飭獨於莞島有所可據是喩恐是詐惑本郡則新設之初有此難保不願屬之民致登呼訴至承甘飭顚怡舉行不勝惶悚伏念治政自不覺愧忸果難等底故陳茲敢舉縣牒報爲乎乙在果甘結成出洽過數旬肆然掩匿自叅島搜覓今纔來納則此無乃三島亂類輩之有近於莞島者敢生不測之凶詐致有此擧明若觀火是如乎忝商教是旀別飭處分以正風土惡習俾爲礪百之地爲只爲合行報觀察府

○1896년 12월

十二月一日辛酉曉雨陰望哭以身痛權停營吏入崔錫周還去答送邦主寄梁詩川書申刻拟一律與石醒分紅適時鄉長入來即余沸祟尚未快效故使鄉長飲向於冬至出韻廣示矣自春士齋諸負製呈詩軸故余考批簡得安睡山詩爲壯元而近日病伏涔涔消遣無方追評睡山詩叅之已意尾付一作以示諸同志

冬至氣之始也於律爲黃鍾黃鍾爲萬事之根本於數爲一天向一中分造化以冬至爲詩則於詩亦豈無可以觀者乎向見睡山冬至詩拍言歲功立其根本中言梅魂荳粥玄酒青陽發其造化之跡末言豊年頌賀著其歲功之成效是其起

結鋪叙可謂首尾相應條理不紊豈所謂始以其詩鳴者歟夫凡詩可以觀者不專在於體制而已以排置觀其經綸以韻格觀其氣像今此睡山詩排置焉有物我同包之經綸韻格焉有天人共和之氣像豈不止於以詩觀詩何其偉歟但其下字遣辭之際不能無一二可指處然是其一短不足以掩其衆長余故絕以評之曰為此詩者其殆庶幾乎由是而充之則草昧可以宣朗觸類而長之則吉慶亦將滋至為本郡今日地非足以見者其在於茲乎所可憂者詩本範奇而亡變為綺麗此乃三百篇後通患也苟能斂浮華而就本實捨剽竊而用窮格此又復初之道也盍相與勉旃哉

至人論道不論功凡是消長造化中碩果昭蘇無待種寒灰浮動匪因風一番復始乾坤大萬像回新物我同迓續辟和今以後稱陽漸進老陰空

○清人物價推給요청

二日壬戌陰鄧州清人三人突入房內謂以外上物件價於邑底人處未捧者甚夥請自官推給云云余分付鄉長諸般人并捉來杖刷以給事嚴飭於安萊湖辛在謙書來綱巾等數種價合為十八兩云而又云有緊幹於京中日間上京云故即為答書又修京第書訐投物價以送是夜夢作詩數十餘首初不經意而如水湧山出及寤而追記擧皆忘失惟記一首錄于左

南來海上遠孤懷景槩無非望裏開雪屋月明梅正好何人訪我泛舟來

三日癸亥小寒雨連捉二擔石醒與鄉長分紅酉刻雷轟二度夜風雨尤大夜夢趙

錦坡未見且以其間所作詩屢篇示之無非佳句余大加歎賞趣有喜色余爲賦一
詩次贈覺來忘未記得因而更睡轉輾達曙賦述其事

我夢前宵事甚奇非從見面見君詩現迎恭豈遙遠蛛手摘劉郎箇箇聽一日分
張猶可惜兩心相照正推知曉鍾聲裡人何去如幻如眞覺後思

四日甲子滯祟尚有餘戎而公務多端難於暫曠強加巾櫛視事朝後出廳事眺望
則四季花猶有存者墻底細草青青自任記昔咸固諸邑亦南方溫勝之地而每於
氷雪之候未嘗見花草之依生然則此地比諸咸固其溫不啻較勝也推此觀之則
地毬上五帶其各不同顧何如耶縱筆

長白六月山見雪左海之北北之北大都地勢東南傾舟木早得春消息固州孟
冬重陽會巴陵四季殿晚色一一記任叢鎖錄當時錯道溫之極觀瀾軒前朝起
余考以時候玄冥異萬樹風霜搖落後千山雨雪霏微域彼何花紅與草青即有
然疑眼更拭脫索堪爲蝴蝶飛細錄可使牛羊食灼灼芊芊猶帶春朧月天時渾
不識氷海一邊花復草前在咸固所未得方知湖候暖於嶺造化天機那可測我
有一部寰毬圖六洲五帶殊萬國寰有此秋而彼穫日或方昇分已昃車書所通
以外地無量恒沙幾萬億寒暑溫凉萬不同所可言之反臆塞虛不可拘時難儁
夏蟲河伯俱堪惻

五日乙丑陰崔漢植鎮恭書自咸平人來傳諸家姑無恙云是日聖老大碁也附念

時曩不禁悲悼聊述短辭以抒情

嗟乎聖老三燧回薄本自無多而胡爲乎自君之去斗覺怱怱也嗟乎生而敦其誼沒而盡其哀是乃骨肉間人理之常而吾之於君生未克如情沒未能如禮有兄如此不如無之想君泉下之靈必曰吾兄吾兄忘我實多矣嗟乎吾與君生而爲從父兄弟六十餘年自蟪蛄而觀則不爲不多自椇檯而觀則曾不足爲一瞬又自達觀者觀之蟪蛄與椇檯同歸於可哀也已彭殤脩短亦何足言耶然而吾方寄在人世請以人世間現在悲歡簡說一統使君知吾之於君孤負之緣何而至痛之在中也嗟乎君試念吾年來事狀仰而 國恩俯而家累萃在一身綴旒如也奔忙勞碌雖欲帶爾得乎既往經歷固不欲拖長而現今天涯一官形單影隻而旬晜閱妻孥不知歲暮寒燈家室無期尚可曰有一半分人世樂耶兄當今日宿緒鬅鬙己極苦楚而又無以大聲一哦只得忍淚終日以君愛我胡今忍此嗟呼吾之爲君作此等語亦止於今日矣而非惟言之無益其如言之不能盡何哉不如指泉臺而爲期證不悲之無窮

六日丙寅陰捉一偉石醒及鄉長共之申刻朴平朴順乭專來見學兒書學兒十月旬後上京轉向仙第留連而病狀則尚未快祛去月念間還去爲訃者問因日候之不調尚未起身第待日候稍鮮期於歲前下去云且渠之上京後書付於郵遞局而尚未抵覽矣蓋大都一安但餘慰路又以撤還都下之意爲言念渠情勢身恙未差而孤寄嶺外懷舊之緒戀親之惱實所難堪則還故之云人情之固然然而前切之

可惜現貫之影甚無非惱處處也凡此兩手執餅等事狀何以則好耶憂歎憂歎是
夕廣井居學童趙善文冬間来讀于淸心軒是日行醮禮云而床需備来亦異味也
七日陰林主事哲潤自荏子島来見旋去昨日仙第專書便塲巖趙小雲丈寄書無
詩三首故次之又以一律伴送

白雲遙想雪華鮮訪我何人記往前北鴈南来消息好倚樓長笛破昏眠
所思不見歲云暮定有梅香雪裏聞尺紙縱非眞面目書中君是意中君
冷冷欲奏海山絃彈到相思倍黯然離合關心如我獨聞吐珠路較誰賢幾回夢
覺梅窓下千里書来橘嶼天萬里歸期無定日好教雲老管雲烟
一書珍重伴三詩旅館寒燈歲暮時畫裏有聲皆妙諦篇中無字不相思定知老
去神愈旺且待懷来手輙披晩節漸於詞律細風流偶雅儘吾師

八日戊辰陰捉一獐近日烟草見乏金允伊下来時得送八斤草而渠則向光州去
云是日巳初刻京来朴順乭修答回送而錢二十兩白木一疋題給家奇久寂之餘因
順乭之来而得聞全安慰豁甚大及其還送之後懷復斗作楸壟瞭省之墓家渾
依賴之慮結轖纏綿竟日悽愴不能自裁夜而無寐詩以自遣

六十四翁千里外惟形與影相依積豈無萬里之琴書只携成都之龜叅憶昨秋
間病卧日奈越人情閱玩惕歲暮孤懷弱於緜苦戀家室無由會音書不来塞北
鴈夢謊只勞江東鱠今日一价来何晩綺窓寒梅信息大諸男手跡昭入看社友

○米價급등

詩筒寫如繪歡心忘却在天涯喜事依考平生最末人一宿夢言歸遠使淹留固
無柰我書送罷坐無聊心事搖搖似懸旆依依先壟巡省地歷歷前溪釣遊瀨不
如滿引一大白醉卧地席天為蓋
九日己巳陰捉一倅廣井趙善文來見盖其勝冠後也辛應斗載貿米百餘石自法
聖來而金壽貞千景祿書俉來聞近日此近各邑上納錢貿米次湊集於各浦口米價
太翔云廣井吳童永用年今十六而以通引次拓八通房以其初入站難與今行為
先置諸清心軒數日面無喜色使人探其意則自云八島六世貪宴之致雖不能表
異於人而至於通引之役則果是寃抑矣今若期於填名則抵死謀免云云且其所
讀所作頗有進就而其立志之堅亦一可觀也一通引何患無人而終奪書童向上
之志耶故即命出送各項扁楣剞劂告成即命揭之堂顏始生與石醒喜題一詩
一堂三板一時成粉白烟去各有名智海行將添郡誌阜民聊以慰黎情視瞻於
我從玆煥顏色緣渠幾倍主始得平居常目處免教空寂費神精
十日庚午千景祿金永煥載貿米三百餘石自佛山浦來泊邑浦魚見金雲樵書齋
光羅正淳來見懇其寃迫情狀錢五兩施給申刻捉一倅與石醒共之邑人金順九
以上納事船便上京故付家書夕後月色雲光隱映政佳養士齋之行近久未作因
節鞋出三門鄉人誰某及養士齋諸儒并從之至見齋樣則其間室板已成始可登
坐屋樣甚宏大比諸初立時斗覺軒豁因與從客酬酌清談不覺一夢頃之久持久

則恐姑各人所幹故即起還衙從之者各歸其所石醒亦投清心軒而余惟有侍僮
二箇與一炷蠟炬一夕之內鬧疲迫珠甚可笑也無眠縱筆
自營經始後三日一巡齋董役非無掌修功或失階施賞雖無典尚釋衆工懷六
同都料匠指麾事不差傍人不諒此謂我曳閒鞋近日天寒甚抑余委百般茶啜寺
傍侍詩囊擲小奚不然將攝效昏眼強回楷日錄編摩丁籌書敕檢皆鴈鶩術
元倒敍罷申時牌故試觀瀾步時天月正佳最宜深東池無妨薄雲靄回頭語石
友今夕與君偕少敵雖鄉射奇觀異海涯含哉新築屋慣記舊竹蹊步步三門外
行竹十字街及至新廳事掌平木理楷蓋白簷新剪燭紅逕不埋青衿羅排四杏
古又踈愧禮俗論鄉飲歡情放謔諧清興須史淺人言不可乎各自歸其所宮熒
誰與齊抽書仍對案出緒亦堪排獨坐成真趣晨鷄謾自喈

○韓鳳鎬 古群山定配

十一日辛未夜雨去夜子刻軍部正尉韓鳳鎬定配于古群山而從木道到泊矣自
外定下處于吏廳今朝始聞使承發侍喝朝夕備供事分付公需少須軍部訓校全
興柱來傳典洞閔判書及磚西閔承旨十橋吳叅高書用益因韓令手護事也朝仕
後往見韓令寒暄致慰余與此令家世誼自別今於料外不幸之行其省護凡百不
待僉牢另托而自當到底矣且念古群山距此五百里則檢護之節無由親審而既
是一境之內則留接此島亦似無碍故其留接處所使之相議則擇事分付申刻鄉
長擇吏爭潔房舍後往告于韓令則曰更思之此去京師絶遠不如古群山之為愈

明日期於發行云云余屢使鄉長㪅頻留止而牢不回聽夕後冒雨往見吏申前言
而一向堅執因還衙使鄉長傳致民魚四尾交沉盤一缸錢五十兩使之盤費未申刻
捉一棹飲紅荅吳參書
安得不然耶繼庸憧憧宗下秋間餘圍雖稍向完而公務淩遝多不入敎憂悶何
歲暮望深詹誦益勤即拜審此辰令侍體節連衛萬旺實愜仰禱而允宗赴公貽惱
喩就控韓令島旆誠是料外不勝驚歎之聲而至於另護等節世講迥異之地曷
敢不殫竭於有事之日乎備讀宗令幾葉另敎無一字非相愛中出来則可想爲
此令憂歎之意政與此漢同一情肚也況有游霞台爺教托者乎此去古羣山以
水則爲五百里陸亦三百餘里也而區域則一也故門挽任接于此以爲船艤奮
護庶不至阻碍之歎矣而以京遠之致期欲赴往本島目下嚴缺姑舍孤島留接
自不無生踈之慮雖則另飭於該島民人而安保無不以躬之端耶所以踟躕着
員一大何奈何前日聞慶金司果便所托事間果披覽否果係邑事民情故如是
覼縷耳此書後想無歲內信使年光已暮惟希餞迓多祉不備禮
近日余手抄日錄中詩文幾篇而正書無人寄書於趙東瑠使即謄寫爲托而 自
趙雅去後種種在思得五言一截
自君之去矣無日不思君遙憶人何在迢迢隔暮雲
十二日壬申雨韓正尉發向古羣山急使令李敏福陪往保護至於下處供饋等節

別般申飭以送且以韓正尉到配事報告光府軍部訓令併送係囚五人以李環洪
成冊修報府甘訖運依本郡所報民力未及則以五百石許施事及學部訓令謄與
學養士之方ㅿ乙本郡大臣之前後承命宣飭不啻申復而往與
之不講古吐道有時而不特古二教之下立古吐有時而不興古ㅣ니斯文之癈
與而世道之汚隆이每焉古ㅣ玆我聖上이爲此之有時而作古命以本大臣本作修
明文教古吩興延扶依이保不用捏吩은시陳茲因子長惟於訓風이以達學那望乙
又克捆發吩古吩大學之風이蔚然可觀而齊念學問一事가非仔心이吋無以致二
知乙致知之安乙講論是而已認之不眞이吋是亦文爲而已라故乙先이將爲學二
書乙吩送條發問乙吩使之深究自解케乙니是豈徒講明之一助리오先이實爲學
作成之安吉也茲送其問目合三十三件乙니到即精書題於分一傳以下各收備學
吩伴各出示該郡內多士之間收聚乙吩馳送該府以爲郡中上送本部이到郡以
文具相應乙吋無以口耳相授乙吩惟當精思明辨乙吋實心做去乙吋非但考其
優劣而責礪라亦將拔擢進升乙吩以爲朝家需用矣實進學行시丑今到日時
是亦即馳鐵가可也再問對之收聚上送之際州郡이니式不能精合乙吩名實不副乙
吩一歸混淆之歎則該郡守가亦難免踈昧之責이니惕念施行이丑遠近道則除
末二月內近道則正月內趁期收送本部가可也亦教是依問目一件乙送到即繕
書跪於出示境內多士問目諸條使之深究自解條條對擧節節研論一依問目中
凡例各成小冊子兩件自郡收聚後限來正月內馳送于府下以爲啓聚上送是去與學部教
振作士氣爲字收者之所當爲必不待京部之飭而府訓旣如是申重懼遵擧行無致泥滯之歎俾免京叱之責云云

庸學問目

中庸問目ㅿ序文曰虛靈知覺當分體用事ㅿ知覺或以爲性之用或以
爲心之用心性之用果不同而當從何說耶ㅿ支分節解詳略相因之說以
可以詳言歟ㅿ序文當分幾節首乎ㅿ全篇語心而不論性者何耶ㅿ篇題ㅿ朱子
平常之謂程子不易之謂亦有同異彼者之可言歟ㅿ第一章性道教三言語意在
何體用當如何分耶ㅿ人與物具可以言五常耶ㅿ先言氣以成形次言理亦賦焉
理氣果有先後之分而亦可謂氣先於理歟ㅿ性道即同之謂人物同歟ㅿ亦從道
之然之單言人欲氣言物欲ㅿ不聞不睹即未發也戒慎恐懼則是發也然則不睹
下所之詩豈可看作戒懼之工乎ㅿ未發已發之際亦可以明言而果人亦有未發
乎ㅿ衆人之性不可謂不發乎抑亦可謂未發歟ㅿ第一章章以何句爲
爲一篇宗旨耶ㅿ第二章章內德行之中性情之中當分於何節而中則一也性情
德行有例可分小注黃氏有人人同不同之論果足以可信耶ㅿ論語加爲德字而
無能字此章加能字而無爲德字其不同何也ㅿ自第一章至十一章爲一大支
則開端在何歸重在何綱領在何節目在何體用如何分工夫所致如何分而宗旨
在何節何字歟ㅿ鳶魚飛躍自是尋常語程子何所見而曰喫緊活潑地耶ㅿ居然

與行政其得失苦樂可許言歟△第十六章是神章之居於大小賢隱之間者何哉
△第十七章是神章下即接以齊文武周公之孝者何義耶△古人有言中倘以孝
為主其亦賦即△九經與大學之絜矩為治道之綱目其義可許言耶△成已成
物當而下工夫即一抑成已然後成物△第二十六章至誠之道可以許言歟△為
物不△生物不測一節工夫何段下何段歟△此章天而十八章天人文者同或歟之精
義歟以第二十七章至德凝道何指度文之所以為三十二章義可傳同何閒歟
義可一一章言二十九章何議而言十二章△第三十三章大而小經是何府大△
第三十章小篇引小德大德而三十一度二第三十三章以十二比章義何中△則
本是何物大下誠為德然為之三十一度二第三十三章古人以此篇何如耶△讀
章內六節可分論言中誠敘其者△中庸與誠明分叙其條理而示之義也學
盍中庸一部中庸想經之暇賦於實詳言歟或世理民之說謂之境仁誠義可
問目△庸夫文一部中庸立想經之暇說於賢詳言歟或世理民之說謂之境仁誠義可
之冤寒者或無尚量歟何者之謂子之何者上之寒耶△未而輯學之者指何而言補其
閔塞者何言乎△篇題△子之先何之者上之寒耶△未而輯學之者指何而言補其
△由是之指何言△篇題△子之先于之者是子何耶△未歟△而為學之者指何而言補其
具於明德之耶明德性經有一章性有明是德何物謂其有日心性之名則何心言補其
明德即文之子也何以上一明德者明是德何物謂其理日歟△口名則何心言補其
不外明新之事何又持加一分在此以明德知之覺是明德何則可以其理日歟△口止名耶與心歟
以來存△具應有能非之分此可以立三綱領物何則可以不二體于記默歟耶至亦心言補
而曰致知在格物格致即此可傳而細分耶虛不曰二子窮理而已者且心之名則何心
章曰只知格物致知△不曰誠意何耶△虛不曰致其知且如者有八格其抑方
而行曰致知格物致物同虛歟△不曰二子窮理而已者且心
知而言之曰知至誠意正心修身之法歟情意何歟耶心曰有體之用分之不撮日扣
知行經物知中庸首經致而文心之正修曰身之有大家別之分之不撮日扣
即△於格心與庸首成有同歟異經文正心而正正修之曰而有大家之用分撤曰扣
適於△經致言中首成同歟異經文正心而正修曰不身家之分撤格用物改
適經文傳一至章可以有同歟異△文章正心修章傳修不家之分撤格用物改
適以文傳一至章可以有同歟異義歟正△不曰心修傳正心而家曰用之不撤
通傳於節節句句未得取學精義耶△此傳明經則導人中虛性道則亦言
物何歟△新民只有致之辨之一事何也△誠意正心於中形於外非無指善與惡者
耶△何歟△民只有致之之一事何也△誠意正心於中形於外非無指善與惡者
物何△五新民只有致之之一事何也△誠意正心於中形於外非無指善與惡者
七聖四一有有精義耶△能教矩事此之不能也心之所以八章下章之何耶△
四經文絜矩一有精義耶△能教矩事此之下者是化即此傳之上既必反其謝何三歟
經文無字明言事歟△家齊於上而教成於下者是化即八此傳之上既必反其謝何三歟
而此只言一事何耶△平天下章絜矩之道在第一節即第二節即△孝弟慈絜矩之三事
之以抑以絜矩之事△耶平天下章絜矩之道在第一節即第二節即△古人以天下與絜矩中無語
何耶△以大學一篇歸宿在何事何物耶平其用工當自分何治即△古人以孝枝術中倘
大學則當以何物喻之可的當耶△既讀盡大學矣
一部大學必瞭然於胸中者矣請學之又演其說而示之
凡例
條一極小冊子先書所問一條逐條如
次書所答一條逐條如一

○觀察府 甘結

是而答之長短通意多少少止一行多止數十行郎訊先傷然此首例△一姓氏半紙文祖仁監試時式而書于本冊下方但不敢相時△一退百年以來文人師等姓禮之訖有足以補佐先儒根致之論有足以利府之主人名也非前日之幣吏也並答此者一並別錄上送當刊布之冊底昭明府甘在前郎史則過插 道上與從處溫欽故郡京外共知而新式之後永革所弊本隨其初施是在米所謂今日王人郎文牒侍撥之在負功非書之郎吏也此實為郡非為府也舉即革罷無所閱得而此若迫指役價添排於結戶之間則非但有違新式安有不害民不害公之本意乎一依倚牒在簽而施給則可也若或拘額事滯有所一介藉兆之訖即今勿施矣自本郡充體此意毋或違越抵責之地及本郡境內戶總另出解事儒林眼同毛快吏鄉遂里偏件修成丹而件呈大親來是負其面其間戶抱無一遺涵從實執穀以為自府定規之地是在果若客私存技則府亦別道衙查矣偏念操餉事

京奇

十一月十三日趙秉式為議政府贊政閔泳駿為副將同日李允用為農商工部大臣閔泳煥為軍部大臣△北美合衆國리바보리世審大統領候補者以乙則氏止設國大艦須이되고대바도氏가副統領으로被選하△清國四川省西藏州付將廷査反徒邑征討次發兵召△議政年捧五十元贊政半件三千元△慶運宮修理貫二萬元機械破修理費三百二十六元五十七錢四歷各監理署印事新造費十二元八十錢△十一月十八日命全游陸為學部協辦△濟州洪州慶州安東安兵義州江界成川原州江陵北青全羅北道全羅南道慶尚南道黃海道平安北道江原道咸鏡北道釜山港元山港慶興港林川府原順天豐光并設公立小學校出教員判任官△十一月二十四日命全在當萬營務使△前郡郡吳派泰平安道前江習主事全本於經城吳三甲有立事現△慶尚道義城郎守因暗行御使平安文道肆摩△十二月八日該曰上卸之出莊豈得已吉武臨雖斎男不道許偏以效其敵愧之誠者鄉共分卯實而義卯當盡而服未客一日安義心對俟枝著當度審與令化穴推本之師夜休息此同我赤十之自新內化而亦子壯士之力也賬心息辛為有非秘切然慈賞服有常與大不將本之出駐各道勤學行潤當令事都大臣親規增籌命等間錄死者衣收之典一体八卷以亦朔家例功之意△他方十三道各郡那四食貴枝服資押守給料米因理英貴明中食貨每日七十五錢押守一名年給三十六元而濟州仁川水美他源慶興四港口那因校服及諸具冬夏服貴各每人二元盛笠價每名九段五分式草鞋及被貴每名一兩二元五分式係貿及頭貫每名一兩式罪因中或物故而無吏疾者理英貴每人三元以內足臨時支給吾△地方官

○地方官吏擇用規則

吏擇用規則府部中判任官三十六朔勤仕者齊才請則擇用事當經文官兩司以上人不拘勤任用曹經文蔭武官六品實職의入仕參下朔殺并三十朔以上人隨才請擇用市曹經文武科榜外蔭仕外技仕의對十年者適才請表者擇用當△十三道各府各港口部送文司閱究事度支部請議各國學校費頌支出事議政府令

年度經費預算豆狀事△宗廟署社稷署永禧殿景慕宮提擧以提調陞正事△十
二月十三日命趙東式為法部大臣△東路各兵站巡察委員朴善鎬入來事△國
英郡監提調李正香事△本月二十七日軍部兵卒十餘名有閑入裁列即為開非
常者北紇付不可容貸光寫之李春三和廳之費致乾安九成係究成並施以絞刑
其餘負從考姓重叛懲不善操觸之當設中隊長韓鳳鎬充本國小隊長白南福李
福列俗休職事十二月二十九日奏 言宰案赴閑打破法衛罪化配佇首化兵李
李谷三依師奏施以砲刑其在好生之義亦不無深諒者存次化兵卒黃致純安充
成從究成並特貸一縛其今本部軍法句流終月迄訛中隊長韓鳳鍋不無頗賭有
難寬恕亦施流一斗迄此以漢城裁判所檢事背文錄言之趙不然會搜內中人打
違章程為允免官△一月一日度運官引件各國公使外領事卜陞毘含△議此月
贊政金永壽議謁歸 批旨省號具意昧冬迄臣既主其事慎終豈幸無不定流木
可日無減肷匹旿為今此老成忠愛之言若是明正 大竹王后謚號殿號更
當談近部其訴之△一月六日話日 山陵以清涼里為定三香官從仍為封標△
記日刑法者因不可輕重南老弱病疫之值此祁寒什猶昔楚共在衣於之意亦不
可不倉總役非北中保及竊盜強益通好騙財外斗七十以上卜五以下及發疾人
一幷特教以示朝家曠萬之典△宮內府官削中奎事阮己以合寺開二生段捕中
丑鄉令學上坐陟桐事雅道院邑以以文館呈呈段捕本丑卿令太學士呈段捕事
典醫司邑以太緊院ム呈改捕市丑長側長令以都提調卿少衙△呈段捕事 王
太于宮下州付講院三字邑烙入事△仁川港來茶港警務官‥人五十八元零總
巡二人十八元式巡檢六十人七元式歷使三人三元式押牢三人三元式歷賃七
百元張費五百元修理賃七十元夏服貨七十五元冬服賃一百九十八元附爵諸
具四百二十元罪因食費一百二十元合計八千四百七十一元德源港警務官一
人五十八元零照道一人十八元巡檢四十人七元式廳洪二入三元式押牢二人
三元式廳費四百元張賃四行元隆理賃六十元夏服賃五十元冬服賃一百三十
二元附寄諸具二百八十元羅內食賃一百元合計五千八百四十二元慶興港總
巡一人二十元巡檢二十人六元式廳使二人三元式押牢二人三元式廳賃二百
元該賃二百元修理賃四十元夏服賃二十五元冬服賃六十六元附爵諸具一百
四十元罪囚食費六十元合計二千五百五十五元△衙立新聞社云京城內外男
女人口十七萬九千八百二名家户三萬七千七百三十七户都城內則男女
人口十一萬七十九百十五名家仏二萬二千九百七十四户本年八月日半計得聞

近奇　大行王后　山陵定于清涼里不勝欽祝謹述一篇 并引

其年秋不忍言不敢道之禍變春秋不討不書葬之義既無可講之地則其所

萬分一自盡者只在乎 陵隧如禮而已而禮月已過 因山無期凡為我東
臣庶者孰非一日而有一日之痛迫二日而有二日之痛迫哉顧此孱蒙 恩
造右侶常品每一攀號穹壤莫逮矣近因京奇伏聞 山陵完吉于清凉里從
此而 神理有慰安之日臣分有瞻依之所痛實之餘又何等欣祝也謹效數
陳之體庸寓哀慶之忱
藐兩間予中處兮道事一於生三忌難名於覆載兮事莫狀於言談壤蜍食夫太
清兮胡時運之孔慘綱墜地而義晦兮痛彌穹而哀含雲軿遊以厭極兮廓氣獨
於諒闇遵無憑於禮限兮路險峨又巖嶢何八域之孔悖兮曾一坏之靡堪泣深
山之歸攝兮自東北而西南顧一介之斷斷兮德恭岳與滄瀛思糜粉而莫效兮
指渴火而猶甘天在上而戴頭兮生一日猶心慚奄茲冬之道盡兮貞大何其疇
捻龜有信於日邊兮奠清麓而神秘龍蟠秀所準備兮烏訣秘而搜探諏良辰其
有期兮佇玄宮之攸奠既封樹之得所兮寓瞻依之的語諒一哀而一慶兮聳誹
忱其靡戡瞻庶儀之儼成兮解隱憂之旨甜佇來世之秉筆兮炳春秋於書國嗟
報答之無地兮庶彈節於寰畀

○荏子島崔氏旌閭

十三日癸酉陰捉一擇昧日京居朴雅和持崔僉正景圓書來蓋因慈恩李學瑞
慶捧債事也且很桓默持張雲漢書故并邀接荏子島崔鳳瑞之祖崔贊直孝行其
夫人 氏烈行俱為旌閭事公文下來使郎知委而夫孝妻烈已極壯哉况一時旌
褒豈不偉乎哉但為其主孫者貧窶無賴現以木手賣傭於養士齋役所而今當掉

楔之營頣無以自力隱然有依仰於我之意缺界鮮固如是也賦其事

漢峰崔嵬天半撐下有南濱四回環百年前有崔氏子隱居行義於其間事親之節盡誠敬比古董生若是班況有賢妻助內義一家三綱不越閭鄉隣咸歎登褒狀九皐聲聞厥惟艱而今何幸褒旌表由禮由營愧有閔孫力綿為人貸棹楔經營巨如山閭里皆嗟騰賀語主家艱絀動愁顏嗟哉隱然有所恃咸人之義吾何慳但恨手無昌黎筆一播歌行動九寰

○都社首差出

○岩泰島民訴

十四日甲戌都社首逓代巖泰島曺柄煥差出捉一衛巖泰島本是雲峴宮屯土而咸平居朴洪周以収税事前月已為入島矣向聞島民輩謂以島掌華罷只陞捴結三十兩式納上於本郡之意有官令云而聚會諸民無限惹鬧云矣因該島掌下隷白活勢不得已發送將校黃雲起以令以餙解歸諸民狀頭文先玉朴章善李局汝等捉待查史事分付矣日前果為來待查覈則島民輩之訖全是虛無孟浪煽動衆民徒生釁端故以其不然之端曉諭後決杖十度嚴囚長房已五日而今日島民幾名出來等狀也税依前擧行而仍乞放還故特為分揀且慈恩長山兩島所畜馬匹自泒監所放賣云故以本邑崔馬次幾疋馬擇來無以驅馬之際或不無大端為獘故別定將校梁命煥色吏宋秉渊使之令飭入送矣近見泒監金東書書則本郡監色輩操縱馬疋技雜太多云送隷捉來嚴棍九度慈恩主人黃在權出面三朔終不還現今日捉來嚴棍汰去是夕月色正好望見前浦掛帆一船泛泛來泊余心語曰如此

雪月良宵彼東訪戴之人耶在京時余與劉士健果有山陰之約矣抑亦若人之行歟追聞之乃悤悤過去船也顧歲暮友朋之懷不待緇物尚多統綣况於良夜有物牽動乎以詩自慰

海関孤寄若逃空谷與跫音不入聰燈深童子齒頭睡日出朝衙簿退公剝是天寒歲暮夕悄然肩手倚軒攏月何蒼蒼雪何皎令人欲想山陰蓬彼何人斯小舟子瞞過梅軒獨立翁忽憶來時劉士健一番訪戴期會同七分是疑三分信誑覺當前過去風仰循我友非仰友牽動幽緒還無窮迢迢南北縱云遠恨紛如斷橋之虹安得歸鴻寄一幅使君知我心忡忡

十五日乙亥陰午刻雨望哭近日無日不雨雪風其間因上納事付書京中多至五次而尚未見回音惟與石醞或討旅懷或論往牒依㨾消遣而但邑事膠擾動輒生疵以至債訟不緊之嚻知舊難恝之懇無非重惱之端也甚覺悶歎引酌排悶

兩雪漉漉歲向闌旅人無計可邀歡心同落雁偏凌遠身似殘梅巧耐寒鄉信有書多不答郡形開務漸知難堪憐一片他山石日夕氷壺兩照看

十六日丙子雪曉發至春雨室見府君外內兩位坐在室中余以平時樣拜謁府君問汝自何而歸對曰自智島還曰新邑形便何如而能無難愼事歟對曰海中絶島與陸邑迥異果多難堪曰王事也何可言難乎勉之哉余因見滿地皆花菓睒龍之狀仰視則雲氣擬藹俯伏言夜必亂氣府君曰非嵐是雲也吾乘而來去亦將乘彼也如是之際欠伸而寤窓已向曙語響諄諄在耳儀範宛宛在眼而心神

戚戚然若不自定嗚呼孤露孺慕惟是省楸繞塋以展瞻依而南來歲暮曠久莫遂
而日前家伻之歸右不禁不寐之懷本此一念承顧豈必曰精誠發宥耶是蓋一氣
流貫自無間於幽明之故也愴何可旣哉謹述句語以備忘

天涯歲暮白頭垂三十年前膝下兒欲養寺城親不在可堪重讀蓼莪詩
霜露淒淒歲一適歸心長是白雲悠無端尺帛前宵雁叫起新愁倍舊愁
葉島未化化莊蝴繞在庭前宛弄雛太似平時遊子返怡愉不覺此身孤
分明提耳語諄諄勉爾臨民郡務新當物青臨三字在不欺君是不欺親
上有形雲下菊花依依音取在吾家方其夢也何知夢只作尋常過境佳
城鷄喔喔曉鐘鳴千里醒然一轉驚風樹如新孤露恨此時心事若爲情
寫蒼浩浩岡涯恩冥漠誰教做夢魂事不辭難要訓子憑將幻境故垂言

十七日丁丑雪已晴是日撤擇獵李景甫自都草島出來咸平倅留致旭靈神丸十
箇餽及此是治瘴毒聖藥云也巖泰島宮監朴洪柱還入島是夕月色爽朗與通引
輩夜深出廳以遣胷中積鬱之懷時星斗正中更漏沉沉見松上雪堆猶存影寫于
庭面而有時風至搖漾綺旎真活畫也余走呼一截示通引輩和之

松高雪白月當中影落階庭實是空搖蕩依俙如掃雪非爲掃也卽因風

十八日戊寅大寒曉雪法聖鎭士彭來見問以光府抵古群山李警務官匪耶書簡
帶去將校全致燮今始還現而以李警務歸自光府之致不必答書云而不受而來

其曠久也疎虞也甚庸痛歎亦復無奈具由載報于新香閣主事以爲稟過棠閣
十九日陰申刻雲巷士齋役幾乎竣畢且歲色垂盡故匠料等并解送門窓戶與諸
般物件并使洞首處任置李景甫去向全州云故金都事教永及金潤燦許答送金
進士命奎卽金殷文之子而今居全州奈林云矣向日見書則殷文昨年五月初十
日化去云而爲書者也是日答吊狀偕送殷最使四來索題曰以若老拙之互儼谿
新設本사良工이獨勞本且垂俗이賴安이오며在傍者賀語紛紛而石醒曰可謂
今日着題目也余曰人以褒賀着而余以戲做着也詩以解之

閱歷之地拙鳩人　視事于今未十旬　九仍爲山初相土　一船抗海杳無津　居人生
長無官邑　跋扈頑氓不易馴　并用恩威生憂濫　備經一事百艱辛　試嘗自顧何功
業　依舊抵風洋海濱　課功嗟嗟與將及　恐被人言筆下臻　名實難誣公議在　暖寒
元是自知眞　可慚今日南來信　蘊紙嘉褒溢義陳　先言老拙會經績　且道全安向
化民　西施唐突無鹽畫　賀語紛紛座上賓　將欲責之先獎詡　樂成人義上司仁　非
欣伊懼中心切　過寵如驚古語諄　上上月評何自得　事功忽反顧吾身　官怠小成
眞格訓　志盈虛譽豈風新　史知言外藏深意　事在前頭勗勉申　偶待加鞭能致遠
玉經重琢乃成珍　一座之間情各異　人方欲笑我嚬　那當剩得湖亭酒　散作吾
州百里春

二十日庚辰雲

二十一日嚴士彥去向押海等地趙炳鎬八來向日所托書役訖工

帝来見其造冊與字畫楷精且楷其為長者誠敬之意可驗於此尤覺佳哉也吟哳一詩

詛家李子玉為婆反到重逢又一奇卷是年編精就造字皆心畫細成稜與人有
信知長慶臨事存誠卜遠期賓館喜添良士座為君今賦芬三詩

是夕將校李東實婚來二十二日台川朱明擇為助冊書入来使慶清心軒授一
簡始役二十三日臘見歲時記臘日夜以胡椒入于井中則辟去瘟疫等証云故使
鄉長試之又撥水島山獸作羹佐酒與諸客賦詩

雉俎雎陽風俗通臘之為義獵相同吉辰維戌神攸伏除夜將申歲欲終螺酌可
斟酬節榮井椒云有辟瘟功此與金丹詎較勝願賜吾民遍域中

二十四日甲申京奇一月七日大行王后謚號文成陵號洪陵殿號景孝一月十一日全拙始議政遣ム相地官全源性洪陵清涼里乾支龍良吐排日官金東萬給役洪粉正月二十五日析草成土三月初五日作痕家司月十一日開全月同月十四日穴深四尺五寸外梓宮諸則同月二十六日下外特官同月二十七日中時啓檢官丹月二十八日巽時發引四月初四日丑時下主官同月初五日中時一月十二日分議政府肯政事郎大臣閔沐埧為時命全推公使前付笑德倪義法埧各圖見貝駐利泉理使事前杆城郡守徐相大貪贓慶較特以減一等事本吉張壎憲追酒案與石醒反趙
朱丙雅共之賦詩

智湖掾主也堂堂擬續嘉平佐舉觴絕勝桂蓋調夜胃翻教梅柳放春陽聊同白
螢知音客肯羨丹砂却老方刻燭閔門仍坐久頻忘史漏五更長

二十五日乙酉盧吉夫自都草島出来使廒内公需供饋夜話島中形便飛八等諸
島之民依阿於智島莞島姑未歸正之故正供都不収納而聲言三十兩外錐一分
錢不為加納云又或有風憲圖差者覬望而還為失役得此之計所以愚頑素習又

復濟雜夜已闌因酌酒賦詩

燈大青熒夜向闌故人來坐閤梅寒鄕懷各憶家千里民事相憂島一九戶外雪山公與重鬢過年論我同殘不如滿引盃中物澆潅胷襟醉去看

二十六日丙戌尹有道自京來見劉士健書狀因名色本自無幾而當此歲末不可不輕囚放釋故是日特令考案放出惟慈恩島一民而已也申刻長孫懶泳自聞慶來到全雅聖初偕之昨年春相見之後今始見之且家信久阻餘詳聞都安之奇已是一快况余生朝在明初若孤寂度日今則滿膝有人之人乇可喜也且渠秋間上京下來後渠父又作覲行於永峽仙弟月初下來而病餘人事別無所瑕云乇所幸也使之奉在清心堂夾室所率馬夫崔一宗卽聞弟雇奴也安接官奴房夜坐述懷

幾多海上未歸舟一種寒燈歲暮愁而我除他歲暮外又有一種君知不難忘易知劬勞日旅館明朝又一周桑蓬往事悲徒切蓼義遺篇德未酬豈無兒孫寬慰者散在迢迢圻嶺卅書猶難見况其面盡日無聊搔白頭鬚鬢馬上一年火來下三門入正由乃是吾家之阿戒初看滂淚喜欲流氷雪銀関千里路曷云能來海南洲津津口悉家中事消息真傳解我憂向翁今作抱孫老適在茲辰奇喜乇不似前時太孤絶舍飴除夜迓新休

是夜子正刻自養士齋酒物入來而黃主簿健周安玄彔奉炳高皆至盖以余弧辰在明日故也以其新設鎮舩之地而有此料外之舉甚庸不安而旣熟之物莫之如何與

座客共笑作詩謝之
鄕飮儒家本色貧又今營室備艱辛需雲一朶從何墜慚愧諸君讓效嚬
二十七日丁亥朝鄕長金炳秀備酒物數十種供來皆此近所無也盧吉夫金石醒
及惟孫與金聖初許各排一床見甚大用力也余曰今日之有此非我本意而胡不
諒悉至於枉費又況若是夸大耶乃與諸客擧箸因命公需三班官屬及養士齋留
儒與諸人某某處朝飯一體派饋朝後戶長南宮德供進午後作饌夕後將饌次第
供進余亦一例受之趙炳鎬宋明鐸及鄕人某某來見申後并去盧吉夫向長城女
婿家去夜久燈深不能無耿耿述懷 并引
孤露人之遇弧辰當倍悲痛程夫子嘗言之矣世之嚮用全福者爲其子若孫
例設豈供以飾喜抑亦人情之所難遏歟顧余今日地仰而俯而合置忘却之
科所以日漸近而不露幾微人亦誰肯向我提道耶意謂度了如平日樣亦一
幸事矣豈料好事者從何聞知雖盱作供及是日而雜然前陳眞所謂好沒人
意也然而遂事奈何只得強意安受四吁作笑轉戚爲欣使爲我枉費者不至
憮然足矣而乃若我中情結轖之懷則終非外物所能移也肅是發諸韻語以
明今日之酒非余之本情也
旅人當歲暮萬念寒如灰有樂不知樂無衰亦自衰有時馳意馬悽倚望鄕臺迢
迢千里外上有白雲嵬拱木深霜露荒阡長草萊懷哉春雨室蓼莪詠一四劬勞

日漸通撫念發長吷昊天何廣漠烏島謾徘徊忍享專城供寸心半已推蒼茫問
家室巖嶺路悠哉病子孫如鶴寒妻瘦似梅杳杳天涯裏相思莫往来所辰頻不
遇胡爲荏苒催人情當倍痛觴政不須開不自道初度胡孫豈覩猜昏刻經如嘗
幾微掃若埃阿誰費饒舌漏泄鬼頭酷錯錯腊膏異洋洋翅藥盃此時難喜怒心
事再三裁添作一端惱且宜三發哈旣云寛慰地不使善顏擡四轉保壽歟我媪
酌彼罍冒睫強成嚴言談故近訴只當依此做非是我矜恹苟求過盍藴詩語即
良媒須看我鬢髮添化幾莖枝

○郡内 老人 및 孝烈人録

二十八日陰夜雨境内老人及孝烈使之録上之意發令一朔餘而今始録来數甚
零星迫歲之際無暇更探随所録是日頒給米肉措辭傳諭
壽與孝烈古昔所以昭世瑞淑人紀者也顧此島嶼之地雖云僻在遐逖而苟以居
生之人論之稟受之氣秉彝之性何嘗以島嶼而或殊遐逖而有間哉其必有老
於耕鑿而年及乎耄耋者篤於倫綱而行足以表著者矣而雖日昃而未登優
老之典凡皐遂而未家聞天之褒是則所居之地使之然也豈不惜哉不職猥當
新設之務尚蔑對揚之效今當歲暮憂懼并至玆以自前月採訪境内老人及孝
烈次發令已久而今始録上者數甚零星迫歲之際無暇更探随所得年八十以上

○老人・孝烈人頒穀

十三人年七十以上二十一人女老二十四人孝朴德允一人烈曹氏鄭氏二人
六十一人每負白米三升黄肉一斤式頒給以表存問之義是遣且邑部洞至貧

○押海島民狀

○慈恩島役價排給事

無依十二人錢一兩黃肉一斤式巡給爲去乎以物覩物雖涉瑣屑就事論事有
尹孟祚俱以面主人出面三朔不爲來現故捉致嚴棍汰去官奴仕廻出面不還亦
爲兩朔故捉致決棍并爲懲屬來此後各項詞訟題辭難以一一謄上故今於歲終
揀其事件各一項都聚于此

押海島民狀題　他邑民之無公文捉去本非事體亦除良況此海郡新設　朝
家爲島民保護之意何等隆摯而有此駭瞻之擧隱喩即當枚報務安邑所謂兩
朴捉來查實報京司嚴懲乃已○押海島民等狀題　此等弊習曾所稔聞所當
捉致以施懲一勵百之義是矣狀辭旣無查徵之語故姑爲參恕是在果同錢段
一併勿施若或更惹是去等濫徵兩民自該面也隷捉上是遣任掌與頭民一人
眼同來待以爲查實嚴處○黑山民崔昌業褒孝狀題　功摯之誠至獲神佑詢
同之論竟發褒孝若人卓異之實極爲嘉尚至於轉報一款更俟博採公議○慈恩
上有司下記及役價排給事狀題　向於官分付招待時數三人等待之知委矣
及其近十名出來未知其委折抵邑一宿而還謂以浮費每戶六錢式排斂於四
百餘戶合計爲二百六十餘兩民究狼藉申飭之下焉敢若是其時排斂發論諸
人一併結縛捉上○飛禽孫永又狀題　慮其收刷之愆滯至於議送之周旋可
謂勤幹畏公之任掌也甚庸嘉尚況營題申嚴公錢收刷不可晷刻遲滯至於邑
隷眼同此不無爲弊之端必自任掌督刷是矣如有頑拒者一併定面隷捉上無

○土豪嚴斷訴狀
○縣内各洞民狀
○箕佐金時哲訴狀
○達里島民等狀
○長山執綱稟狀

至生梗○京居推生員奴狀題　金景凡事已自營門勘處則所謂浮費零條之自邑徵捧甚非事理是在果所謂無頭無尾之鹽價未知何條件而果係當推者則一一調査推給是遣所謂金景凡之爲弊於島民及往來船隻等事前已入聞久矣此是土豪耶此是強徒耶以今番事言之以自己事侵徵於金永善者其弊習可知査其委折一切禁斷如或頑拒出面隷捉上○縣内各洞民等狀題　役錢之地容或有此等說弊是在果附近民之役煩倍於他面他面亦應知之則自鄉會中豈無酌量措處之議乎必須爛商區處俾爲不磨之定規○箕佐金時哲狀題　有究末訴事宜査正是去乙乃反肆意聚黨焚燒件記此何宅心此何惡習査實歸正次可考文蹟持是亦崔慶玉等五名即爲星火祗待○達里民等狀題　觀此所訴衰哥之所爲極甚痛悪物件買賣之必從時勢通古今不易之規而奈何以鹽一石六兩時價者而以三兩抑買者是何蹊徑至於鹽價之先用以每兩五分利許給則宜無不滿於意者而况稱托公錢期欲抑買使此殘民至於難保之境言念所習節節痛悪若以公錢言之公錢之推利抑買在於何等章程是喩所當別般衆措是矣始觀來頭事會是在果鹽價段從其推去時時勢區別○長山民執綱稟狀題　初次圈點之尊位果何如人今此圈點之尊位亦何如人也以一島一任掌之事官墨未乾又登稟報該島之民習可知此等弊習不得不嚴査懲勵前後圈點之誰某及曰是曰非之事段消詳報來以爲嚴懲歸正之

○古群山　李景淡狀
○安昌　金正彦訴狀
○押海金敏順訴狀
○荏子島民等狀
○押海　金仁學狀

地是遣且戶布錢之過限未納戶籍報之日字迫頭自島中這這區別趂板紙入去三日內收納無至抵罪之地○古羣山李景淡狀題　島以船業資生則成敗利鈍間必有莫越之史覕況自諸民已有公議則此是十分得當也○安昌金正彥狀題　果如狀辭可謂怒乙官以養民重結爲本而民則毁民報嫌專主可謂表裏背馳此等弊習若不嚴杜殘民何以支保此題之後若不出給是慢令也作援頭民結縛捉上○押海金敏順狀題　當初之不能禁葬必有理屈之故而今於斫松之日有此掘塚之擧者究諸法意萬萬駭瞠查其妄折報來是矣斫松者之見掘果如所訴則原狀民眼同捉上○荏子民人等狀題　荏邑之後各島陳結已爲查實而今忽六十餘結之究徵云者如非嘗試之計則必是沒東西之民也若果切骨之冤則宜於修報上府前來訴是去乙令於事過後吁訴吾未知其何所見也容俟查執更報之時是在果該書員之陳捴錄去云者亦近爽實之語而旣有此訴則且當查覈也○掌議姜永錫遆狀題　儒宮之任本非夙夕鞅掌之務則不必以家故辭免是遣且今齋役方殷不可尒圣旋遆是矣旣以老親情地爲辭則此不可不念特爲許施以便孝養○押海金仁學狀題　旣已定婚消吉而今忽背約是何道理是何體面是喻爲其父母者爲女萬福之初約背無常使失大節係関風化此等所習曉解其不然之端必遂初約則是亦歸化之一端題付後自頭民及鄕負招致趙民一一曉飭與狀童依初約擧行是遣如或稱托不

○靈岩　朴致旭狀
○法聖　嚴柱亨狀
○蟬島鄕員稟狀
○咸平　金興烈狀
○木花價와　清商

許查實嚴治次趙哥與狀童之面隷捉上○靈光朴致旭狀題　諺曰間債之子勿産胡為乎作此廣幅褒也然而錢不可不捧給乃已以此題往推是矣頑拒捽待以爲嚴懲推給○法聖嚴柱亨狀題　世以島民必稱愚頑云者似是畫像贊而官則以為沒知覺所致也公錢替代何等関係而至於登訴之境若使渠有知覺則必不至此是矣至於此事不可以沒知覺置之自鄕員查實推給是矣頑拒之面隷捉上○蟬島鄕員稟狀題　謂以鄕員以此等事侵毆極甚駭然以一人居十家以一人之故而遽領十家之役是称且以杜米言之以己排之米一人之故而擧改一邑之分排乎鄕員之沒知覺甚矣○追題　觀此報狀之無着押處所謂鄕員之無忌憚沒束西胡至於此此可謂我飽而不知人飢也所謂鄕員即當汰去是矣姑恕是在果此後改悛念○咸平金興烈狀題　果如狀辭人理安在無倫無睦切切痛惡事當捉致以正風化是矣此等蒙昧之事不可準信一狀之訴自宗中會議果如所訴而一向頑拒即爲捉來

三十日庚寅雨金在興船隻還來自言船到忠清地聞清國商人方以木花興販于我國都城近地由是之故花價太歇各處花商多木商往往還下去云既聞此奇不必前往故所載木花並放於論山而上納則執摠上送云云顧今日即歲終也古人許一日所事稱心則睡不稱心則不睡余於今年一歲所爲所做之事徒費心賛實放蕩如宜乎坐而達曙不必爲守歲而然也坐而共之者在賓位惟石醒聖初在家

○放砲로 迎新例

人惟惟孫而此皆身無賤責艱危一歲有何緣繞於心 自問耶鄭軒睡通宵可也然
則雖有此三人而其實則非我同守歲之人也吾以述吾懷而逐睡可乎
丙申庚申夕崔人問崔人官御是命吏職務卽臨民一歲奄過盡事切且細陳早
春叩受 勅首夏乃辭 宸捨陸從船路試嘗涉海辛艱閱到新邑時五月中旬
彭澤無隨累珠崖有絶濱心迷如墮甑事事杳無津壤形皆積水民俗半荒塵下
車無處所寄宿吏廳因鎭堂蝸如小仍舊不圖新營室非無據欽民豈是仁任使
苟充位益見人才貧偪俛趨刀筆招邀集趙秦條規四十一膽瀝腹心眞有利便
民邑無疑質鬼神只盡在吾事那知遵不遵急務在興學奈非絃誦隣自未無導
奉貿買久因循苦心思鼓舞筆禿又唇焦勸奬痛三樂提撕悠五倫辛勤營一屋
爲養士彬彬才傑何嘗限閭風稍可親有時文字飮近日禮儀賓從此做將去庶
幾席上珍最是難醫疾舊來徵索頻民隱縱云惻部文奈莫伸思之如恫已不覺
兩眉嚬治愧彈琴宓憂深納溝辛昆咸與寬猛自謂十分臻宦風殆強梗究竦拔
沉淪舊染諒難祛尙多漏網鱗日月已曾幾鬢毛漸化銀奄及催科日空疎自反
身慚愧南巡察優褒語意諄居指功安能回頭化未均縱能無大過那得體洪勻
君恩何以報可畏彼蒼旻天涯今守歲海上又迎春萬事猶餘在洗心坐待晨
是夕自鄕長以下三班官屬除夕問安依例爲之東軒內公需丹室反鄕廳吏廳各
官廨放大砲一放式蓋其迎新之由例云風雨比晝左大終夜不止明日新年爲民

○關廟祝文

國致誠于 關廟不可但已之事故措成祝願文
維歲次丁酉正月辛卯朔初一日辛卯通政大夫行智島郡守 臣 吳宖默敢昭告
于 義勇武烈皇帝伏以一歲載元萬像咸新造端托始無間神人竊齋微誠敢
此前陳上願乎我 大君主陛下 聖體康寧萬福川臻道德彌隆遐邇歸仁願
登俊士野頌輿民熙熙洽洽穰穰蒸蒸下願乎我智島郡官民共孚有腳陽春令
申毋謅切叙有倫百事如期利涉大津農桑安業絃誦成謠以至乎知郡 臣 宖默
變化氣質洗滌心身聰明日旺志慮清真上無獲戾下有仁親鄉績就緒 仰答
重宸茲蓋伏遇我 於皇大帝 安靈兹土眷佑有因爰今載造宜畛 睿神
道力攸屆何錫匪純庶齒 仁恩歆此菲禮

○1897년 正月

丁酉正月一日辛卯陰微雪卯刻詣 關帝廟行致誠禮仍詣客舍行望哭禮後還
衙受鄕長以下三班官屬正朝問安後幷退送官屬於是琴鶴就静梅竹俱清與石醒
及惟孫全聖初以清談相酬繼以詩話
天涯守盡一庚申海國今朝歲鑰新賓策不移尭陛翔椒花猶記漢宮春瑤徽許
共知音友衫舞未添統膝人喜事預期三大願躬將香祝赴清晨
二日壬辰陰雪立春門楣書付春帖建陽多慶字三日雪照考符余於莅此殘百務
必從便民庶幾無愧之心而今聞惟孫於來時路次有未善措施者云故爲先傳令
布諭兼以句查次各洞長來待事輸示

當初官房柴草不用在鎮時無下記之例必以從時價依民論所定者則其爲豪
利每年爲一百六十兩矣其於民力宜若比前稍蘇無所未安是去乙近聞以柴
草事民憝朋興事之叵測莫此爲甚其曰價不出給云者以乙稅未納條遠到隨
除則不給價之說萬不近理是遣其曰分東爲二云者此又何等惡習是喩此無
柴商交易之處則從各洞同價買用何損於民而至此呼冤之境耶此必有中間
作奸及惟冕輩譸張之故也到郎查其委折如有未受價之民使之來訴受去是
違柴草段從今爲始許排各洞使負柴者直入官廚從時價捧去一如街巷買賣
例之意須先知委俾無不知之弊是旀又有向查事各洞洞長及知事二人式趂
今月十三日這這来待是矣如有闕漏者當發差捉来如此惕念無致後悔爲宜

四日甲午雪金聖初日聞將發向星州黃亭而轉還聞慶許矣家書中未盡以尺書
形容者 講以句語示學紀 并小引
親之於子期望也大故戒慮也深以汝稟賦虛弱每庸悶念所以平日口誨也書
示也頗多歲辭死今病蟄僑㡿地無醫藥可以如意治療重之以戀親懷土無
非常情難抑之端則坐在千里奚但惟疾之憂而已耶今於惟孫之来語及
家中事百慄斗起焆焆無寐聊抒短述示汝以吾志也
樂有賢父兄以其教義方雖天下至愚於子識慈諒我家青氈舊傳之恐墜傷孝
友與勤儉如吾不足當自汝成立後門閭待熾昌良金鎔作器美玉琢成章 青此紙

又來逼送 遴薛事場書刱期初志督纓襲世光時汝年齡少處爲理生妨憂念無
時已懸燈坐夜凉每於有書日歲辭嚴且詳掩忌無掩義言短不言長那知元妄
祟痛久若平常爲卿沉消喝秋寒望太行到老眞情見前言悔太剛稱年踰不惑
吾已望七强薄宦同鷄肋寄玆海上鄕光陰何苒苒家室極蒼茫命三千里外思
之淚盈眶 前書語還故認是出參商親老而子病離違詎可忘事勢誠然矣何須
貧彼蒼現狀雖如此中多許沒良掀遭非容易菀衷奈蕪荒況我如匏繫難爲一
助幇而今合聽于去留惟汝量空餘舐犢愛只望哺烏飄所喜今除夕惟孫侍在
傍上有 天恩重下臨民事忙從今幾年月容我卧淮陽

五日乙未雪徃在丁亥東郡見一夜兩毀尺餘之雪其翌年移宰嶺南七年會未見
一尺雪而雖或四五寸猶之爲罕見云矣今於此郡昨聞四五次壯雪土人謂之以
瑞雪故曾所祐得雪字賦詩以誌之矣及其昨日晝夜之雪洽爲一尺之壯而今亦
片片霏霏終未開霽是爲農家占豈之兆耶余以光府歲問之行爲雪沮姑停而仍
念窮節祭未之政必多難繼者矣其在護養牧民之職豈得無燥惱於中心哉爲賦
一詩

玉龍鱗甲壓塵氛片片紛風到夜分逸士乘舟會古有高人閉戶殆今聞每多貧
屋應愁我更看飛禽亦念羣安得來鹽將此幻爾生足以張吾軍

六日丙申微晴趙炳鎬來宿七日光府歲問之行因雨雪差退不得不今將發行而

○牧場推尋

金聖初亦於是日還鄉故修書付之使之先往望雲留待辰初刻發行隨陪尹琫圭
通引趙允基使令崔萬一崔鳳俊鄭奇良房子萬石等隨之行至免時四十里抹馬
所經道路山川間經大雪一望白白眼眩難視蹊沒難行余白香山雪朝來與欲請
李司徒留宿先以五韻戲之詩仍次

雪後江山白酒思引詩情寒切盃過量與高韻有聲硼澌添地凍層溜化天晴自
念承聆故須憐遠問行休身無暇得咨歎憫餘生

申刻抵望雲初擬移安碑石街宿所計矣所謂轎軍輩一一不實十里之間停轎爲
五六次蠢蠢禽犢項強自意只得任之而已且金聖初既有此地約故仍停行宿留
隨陪前告云轎軍一名臂瘇一名脚酸不可舉行則勢將遞立云故余曰初謂朋餘
故不實矣今皆有病人也轎軍備待自是汝輩舉行而當初之苟充病丁已極無嚴
况今路中遞立與否焉敢問我仍郎喝退適時金樂炯金甲在來見此事扶藹望
雲轎軍二名充立初夜李禹卿金東憲來見云因宮內府訓令專有內牧場錢菲尋
事下來云而聞智島亦閔牧稅云故來此云余曰既有該區域派監則郡當相議措
据者也李曰渠是金鏞九之壻也與今有可知之誼云是夜雪八日微雪午晴曉發
至三巨里分路處廣探審梘未逢金聖初必是過去也悵然有詩

悵懷多在別離時我後君先恐失期行路迢迢人不見一般苦思有誰知

抵務安古幕院店四十里中火午刻雪晴又抵羅州邑三十里宿望雲所立轎軍亦

皆不實故更定羅州鎭軍二名代立 九日 微雪曉發至光州界途中有吟

南帝經冬暖冷林春欲痕村繩仍舊俗門帖撰新言寒證郊島亂氣升地島鱗詩

酬行役苦憂却樂惟存

未初刻八六十里光州府營主人家郎前日鄭令家也是日風吹雪飄氣候甚冷申刻八候觀察使寒暄後備說邑事仍往尹主事處所暫叙月已上夜已戌俄宣化堂暫見申監牧官守嶫此人與吾編髮之舊而少余二歲年前以家間事避寓於鄉庄昨春得拜興陽牧官而至八月廢止所率四口以盤纏未備尚留興陽地而與觀察府有舊昨冬方來留云矣此人本以風流男子志氣淳厚言航詳明流落之餘得

○智島·荏子島牧場稅

與相見甚多慰藉也仍往申留處敍語歸下處則崔主事來詢來見語到智島與荏子島牧稅事以晦內送人歸正事相約友刻梁郎川來見去子刻自觀察府送饌人傳喝酒物一床盛備以送甚不安少後崔錫周進黑荏子粥床永陸兼備是日府下馳追守令興陽李舜夏海南洪埴茂長鄭道源樂安李奎鱗長城申昇均同福崔俊相谷城權聖沫來在府下與諸主事會酌童妓幾輩加笄云以余則以年老不與焉

十日見府題則以荏子島甲乙稅未畢事有首書記及該書記上使事故以今晦內了勘之意防報飯後入宣化堂叙別轉往申監牧處所叙別崔東詢而金營將漢昇適來相見矣渠云巧值全州營將廢止仍帶全州中隊長去十月圖遞方寓接於珍島云因與申守嶫話舊賦詩以贈

用親五十年緣何書面久違傳吁嗟世事會多舛邂逅心期更得全印縱旋

○觀察使와 郡事情을 논의

損奇毀在身家淹滯苦思幸莫言如我虛名好自有仁人分內天

仍還下處崔敎和崔俊陽華並來見俞鎭澈及首書記來見飯罷將發之際綾州倅柳澧烈八來以其同舍館也故暫相叙面隨陪曰轎軍之不善擧行下情甚悶白北府幷遞立云申刻離發抵西倉三十里宿翌日曉發有吟

鷄打雙鋼報曙生酒婆初起芼煎羹籃輿伊軋前村過犬吠足令困睡驚

至古暮院六十里秣馬酉初刻望雲四十里宿夜見崔光陽勵書慈恩長山押海陞摠結自郡勿捧之事也金樂炯來見故給尹主事書抵靈光郡斗護事一札本邑所謂問安使方於今日碑石街始見邑隷之凡百擧行推可知矣甚可歎也十二日午刻至羅山津船隻不爲待令而都無官人名色候待者尤可歎也乘船述懷

擁車人所役尤好使舟行渡頭風浪悉纜奈何如

渡津而見其間雪積比他尤甚跨歲連仍信是一平生初見而此地之感甚又是叵測事也沿路村人見方汨沒於滌雪蓋因余行之故也心甚悶然而只得含嘿過了抵衙時申初刻也扶安格浦金洙豊來見郎金德賢之侄也來留郞舍已有日云今番光府之行觀察使見待相與之意益覺款密至於邑事籍錢以二錢八分施行事敦定此是光府例也結錢則歲萬金收捧之際費用之幾許勢所必至者也他邑則原定三十兩外有四五兩加捧之例而本邑段姑無貴款名色磨鍊之事故備陳憂悶之狀則答以每結一兩式加捧似好云故余曰當此更張之時每結三十兩外雖

一分錢無得加捧事申飭截嚴而至於智島郡新設之規之地不可以結加斂名色爲名號者畢竟追後渠輩之言曰吳知等內新創事必將爲欄柄然則其在遵 朝令之地亦是不安必蒙別般措處然後邑事可以歸便答云今之所辭至於如此果是言言切切必須商量爲之甚便好也今必有別般區處之計矣余曰恩意則每百二兩式付斂則其實每結六錢例也以此費用似可支過而有異於結斂名色未知何如答云甚善矣另加省略務定一存之規也且庖稅每朔十三兩實非不多之物然如本郡初無場市與庖廚則不可不斂民乃已此係民斂故更爲防報須諒報告京部須下民邑之所願望且七山海漁場稅與蝟島等地波斯市稅皆均役廳上納者也昨年自全州句管民弊滋多云矣今已設郡則自郡專管非但事理之穩當其於省弊所關甚不細且鹽釜稅如沙里漁磯等稅亦自本郡句檢然後民效可見必須自邑專管幸望矣答云七山海稅則當照會北道公州等處蝟島漁稅則自光府句檢之論到底故不無爲弊姑爲因循置之令言旣如是則吾不必干涉自郡到底句察昭詳報來以爲措處而蝟島飛雁島海稅則萬頃扶安豪輩抑奪殘民之定基者誠甚可惡令將發甘必須詳探橐許報來也且鹽釜等稅令言如此茅當商量計也近聞令之到郡後諸般形便各島頑蠢諸習實難形言之狀畧已槩矣因擧各項難堪之端一一說盡昭如目擊而指掌余曰諸島事狀果如所教洞燭之下不可更煩而至於養士一款不得不急先務茅擧邑之當初興學勸學獎許士林等名目詳盡

一遍則答以累目下急務事也凡百事為無非有紀有綱然後事也養士有實效則其於新創之地可謂思過半矣何幸如之耶第於就緒之際其如何立規如何勸奬等事状願一詳聞也余曰諸規停當之日必當詳細報告計也答曰且聞令之到邑後雖一島民初無致捉之事雖祀料之過火以各島頭民自為曉飭後枚皆聞懲習寔出於愛民至意而有罪無罪間自島中懲治則是無異家喻而户教也豈不欽誦乎且曰吾於年前来寓此地值有東徒之擾受困也損財也難以枚舉其時辱己者率在此府矣聞吾覲察之行而彼輩舉皆自畏逃走云而第念宋擾郎我東一大厄関則以此滯吝而逞憤甚可還笑故一并勿問今既幾月彼輩稍稍還集依舊安堵且以各邑濫排事不容不痛懲杜弊者故其間查徵為幾萬兩而姑未知如何區處而得當也且以各島蓋稅等事来言者甚多而今言為弊云今姑置之也近日民情結稅三十兩外幾數間加捧為費用之不容不省者而民情則不以為然正與浦稅之前無而今有民以為究也豈不難哉且以勸學事言之到營後非無此心而寓許近時諸般事舉皆有虛名而無實效矣其間因京訓申飭亦可日到底而姑未見顯然可稱之邑苟使邑邑皆如今之措處則何憂之有哉大抵今番所得於棠闈者以邑事則致力於民邑之漸既如是而自家之不以宿憾為心使頑徒自安其包容之廣又何如耶此又余所覩感而願學者也所得豈不夥矣乎在傍諸人聽此一遍莫不咨嗟興歎因有感而作

不把今行說苦辛雪中還得藹然春望存民邑如心遂禮欵逢迎與歲新韓信己
忘屠少辱孺文非爲故人親歸来王慶餘香𡊮麾播吾州百里脾
十三日癸卯陰在光府臨發時崔教和贈遺生人蔘十根體大者故使之帶来是日
洗切和白清試喫黃主簿李汝基来見去金永豐還去贐五兩題給京奇宮內府大臣李載純
證癸陰曆十二月十三日郎癸亥年 聖上 御極之日且再卯年告于杜稷合
福國中名節每年此日以興慶節爲稱事○恩詔使趙秉世證奏山陵封標今既
移之爲力所需使同新備依昨年例國葬費十萬元今度支部預筭外支出以爲
及期取用事○安眠一島全屬洪州郡管轄事○山陵香炭位以昌平郡柴場劃定
事○學部請議校宮享祀以下諸費還屬內部事○山陵既封標石儀材尼勢稍撤
毁運移及期八月○山陵封標處始役不遠標身民家斯速毁撤私塚待日氣稍和
後便掘移事○山陵大巢定界事○韓劉日本全權公使李夏榮爲特命全權大使
事○內府大臣朴定陽爲議政府贊政南廷哲爲內部大臣陽曆一月二十七日○
奎章閣學士金宗圭前縣令柳致養前縣監李應善金海幼學李敬埈未興幼學趙
基洪九品姜遠馨星州幼學李基照海州幼學李源夏鳳山幼學崔中立鐵城前謨
單呉三甲掌禮院御閣泳毅
并有言事跣而各設時欸去事十四日陰今於光府之行日氣陰冷中氣以無日不雪
與風其苦楚難堪在道中猶能堪耐者不思衰老之比前太減猶自強作及其還衙
之後百骸刺痛神疲身困頓無臨事營爲之氣儘乎六十四歲之不爲少也擁衾委
懦以詩排遣

南征復北還擾擾六日間轎夫不中節雪路又艱關腸肚中熏惱筋骸外膠剛試
看津渡句木道安如山歸来畫擁枕呻嚶體多艱璺飱龢失味茶罐欱無閒憶在
東南郡營行會所㑹路遠加三倍天寒每一經備經氣尚健挑駕無愁顏今吾節
昔我胡爲迴莫攀朝来看明鏡添却鬢邊斑公道真無奈吾年異火班

柳謹菴協用以學行名譽籍甚家孫惟沫從師之昨秋惟孫自聞收徃於始興之

任所則爲御恤行素而且一邑民戶門首令揭仁義成俗賊乃自滅八字余惟孫爲
我誦之益見其蘊蓄之有素也因謂惟孫曰柳謹菴高人一等之行甚庸欽歎而余
則以素衣冠終三年講定在心未知無碍於禮意與人眼否耳余有白長庚詩集一
卷常携在行篋中而其中與劉尚書夢得相酬者居多其契好可想也吾友有劉護
軍士健郎編髮之舊而亦平日鄭筒之交也千載之下得劉氏友又一奇也今於上
元佳節因風土之殊而懷伊昔之遊拈其集中韻贈劉槐泉士健

同庚到老己孩提志合芝蘭一樣齊素局看花秋食實松亭賞月晚聞鷄遣情自
有含盃醉搜勝每多覓句題借問故人相憶否孤吟獨坐不眠兮

十載官遊五郡疆堪憐風土各殊方粉餻一卮云酬節火砲三聲是導祥藥食乎
名耶得識胡桃也果未會嘗海鄉物色今如此豈可無思舊社觴

十五日乙巳望哭禮畢後八　關廟展謁三班點考權停上元是一歲最初佳節也
遊戲之盛辟邪之具不與他等亦我國攸同也今見此地於今日所謂酬節郎一卮
餠三放砲故盡日閴寂不知爲與他殊異之日且無望月占年之例余謂左右曰今
日驗致不可若是蕭條夕後與石暉及惟孫鄉長以下某某人乘月出紅箭門外遇

○踏橋俗

街衢小橋輒一登踏凡五處因上路傍小塢看月未食頃而還猶可曰踏橋乎夜賦一詩

長安盛事上元遊今歲茲辰此地酬口淡荳餻看藥食齊平柳塢認高樓風流不
減當時我懷抱都勞少日儔萬國無殊惟有月祇堪仰見占年秋

○民怨　13條조사

十六日丙午向以民怨十三條查實事有傳令於民間以各洞新舊洞長及知事頭

民各一人今日齊待之意知委矣今日來待者二十四洞內十八洞一人式見到六洞都無至者故發差捉待次分付中刻量石醒之允琮鉉小名恭元年二十二徒步抵來盖爲覲親也其隣居朴雅寅夏偕來而帶行潛霞金顯默書即斗護札也余與石醒久客于此一歲餞迓之際不能無孤寄之懷而余則臘末得惟孫之來侍石醒則今日得其允之來覲便成兩家之三代新年喜事先見於此也相與賦喜

我微石醒孤如鶴石醒微我惟形影飯顆行人詩以瘦廣文先生官亦冷臘天喜事吾先得千里阿孫遠來省衛寒就我生春色含笑看渠慰暮景獨坐守庚清心夜此時君應懷耿耿新歲春正月既望誰家少年來自嶺右叟霞眉山忽展怡愉情話通宵永朝來正中堂上集二姓雙翁座井井我有孫兮君有子旅遊忘卻天涯境今日吾軍張亦足打破愁城追徼靜

十七日丁未惟孫來此後擬使欽紅而連值雪戱未果始於昨日砲葷開獵是日生縛一獐奉納作賣使服之十八日微雪捉一獐固城黃鶴來傳書來便見黃鍾台全龍斗等書各洞未待之民皆已來待云故使之照數則或有令前出他云者或有稱病代送者發令段十日地方三十里拈待之難若是則民習之痛可知其在懲後之道不可仍置故期於捉待事分付見到諸民處出送查實件記使之爛加詳覈以入事分付後繼又申飭曰官於本郡民生極知從前受困之究故新設凡務必從省約首尾九朔以曉喩歸化爲主初無一民捉待杖囚之擧自顧無一事悔恧者而今此十三條云云之說惡聲載路至播遠近事之叵測莫此爲甚矣不可不一番查明使

一鄕之人洞然共知然後官可以有則改之無則加勉民可以有究者解之造言者
懲習茲有今日之招待須各畢陳所懷無或有隱若或拘私掩匿或依阿黙昧使此
非情之訟終歸匿瑕之科則查場各人俱難免譸張誑訕之罪十分著實爲宜事分
付又招鄕長公兄等使之眼同逐條臚列以八事申飭是日 巖泰宮監以島民之
更擾拒納事使宮差專書來訴故別定兵吏金炳偉使之傳令入送曉喩歸化無弊
捧稅之意申飭

○岩泰島 宮庄稅문제와 各島民疾

宮庄屯土之賭稅徵納非徒巖泰所在各島俱是同然之例而巖泰頭民 文宣王
朴上善李國汝爲名人以何所據做出浮說煽動平民本島打賭百端沮戲是如
故三民捉致枚囚期欲論報京部與觀察府以法刑勘俾正民習矣渠輩亦有耳
目情性京營公文聞之見之前後悖習悔之反之更無起鬧從速收納樣屢有民
訴則人民有過改之則一般化民官不無參量曉飭入送且爲令飭于該島該民
則必無如前騷擾愆納之弊而不日收納是去乙郎聞更有何沮戲之端收賭如
前愆滯云聽聞之處實姑未指的旣爲改過之文宣王等豈無曉飭禁斷之道哉
然而莫重宮稅一任漫漶法無所施生梗在郎故別遣余矣將此令旨一一曉喩
後眼同收刷不日竣畢是矣無論某民果若有起鬧沮戲者一并結縛捉上以爲
報府勘法懲一勵百之地事

○縣內民 13條査實畢

十九日己酉捉一偉并與昨日所捉使之成膏縣內民十三條查實已畢云而并入
毬庭故及見查實記則初無一事近似者矣所謂饒民挪貸則當初到邑後初無一

分錢上納所捧又無京司區劃錢則勢將自此中循環然後可以排用於下層之往来各邑公文路費及在邑人食費紙筆費等用故使之變通入用事分付矣擧行諸輩来稟云此島内武有幾人間幾十兩式貸用後還給恐好云故以此許之而二百九十餘兩五人處貸来入用事而民以三千餘兩民貸不給者誠萬萬不近之説且柴木言之昨日南部民柴二負入来時一負則以二負分来誣罔以納者諸民等之親所目見也推此一事民習之無嚴衆口之無據昭然可辨其他諸條零瑣之説尤不近於倫脊而至於會衆查明之境其在下情誠不勝惶悚愧恧無敢發明矣余曰汝輩所言之如此吾已逆料而官亦自思實無可言之端則今不必深究也然而今發之後趂限来待之民則是真知法之民且其代送者亦近於畏公之民特令恕至於初不来待必於發差捉待後入来者不知法不畏公之頑民如此之類合有別般擧措懲勵矣并令懸罰二十日

○古群山定配人放送

府甘據法部訓令古羣山定配罪人李世鎭金弘濟尹履炳并放送事及金福淵檢案中千三用保因事到付古羣山罪人放送事傳令時姑復韓正尉郎聞懸罰諸民相與悔恨云吾輩生在海隅未嘗見法意攸重今於招令之下槪以在鎭時一樣未即来待至於此境今日始知官令之莫嚴而悉遂自觸復誰怨尤從今以往依令趍走不有晷刻遅滯之意互相戒告無有惟孫及在傍諸人問其景狀交相請解余曰新法之地若假借寬恕則島習之蠢何可馴致入彀耶然而渠輩悔恨之説似出真情則吾亦何苦而必欲故困耶乃并令放釋有吟

滿腔是惻隱吾亦與同情官招民不至盡覔海風獰斧斤宜排擊梁内合治平綸

○雇丁·商旅輩作犯

人懸在架最下與之爭痴習懲辟戒善心苦後生罰固當其罪愿尤不敢萌嗟
蠱蠹動忍見鳥衣鳴一張還一弛何待在傍評彼輩令而後應知辱與榮

二十一日辛亥京奇 法部大臣趙秉式 奏本即接警務廳報告書則懲丁崔光一所告內懲丁宋春興鴉自甘北日當此冬寒喫苦汝我一般吾等某某既為一黨一齊突出云矣該囚崔光一知機來告情類反獄之計從而未遂容念其志濟有嘉尚特為放送之意謹奏奉 旨依奏○建陽二年陰曆二月一日法部大臣趙秉式謹 奏逆賊弘集以岩喬木世臣位至鼎台而一自甲午以後藉外交而挾 君權樹黨與而結陰謀昨年八月二十日事變弘集實首罪山吉濬來夏義淵貸而和應以大小事務令總理裁決之 詔恐動威脅急請頒布專擅威福無所不至至二十二日懲惡亂兵露刃按砲擁圍 闕門使秉夏危言脅持請亟降廢 后之 詔渠與吉濬義淵弄自製偽 詔於 乾清宮行閣啟署名而頒布之當蒼黃罔措之時自持操擇之 奏本至 宮內府勅請允命至十一月十五日繼兵近密之地又使肆橫出罷於 闕門百方恐嚇直入 卧內勒斷 聖旨自八月二十日稱兵圍犯尺不通水泄戕害忠良並張主勢罪加恭探惡浮倍泄矣同日出送東夏以岩部徽學使 國恩濫躋卿班而交通外人作事陰出錦怨迹寃設詐報諭八月二十日大行王后故遇禍變則遠路奏達請以出避震釁于外兵之戕八成歎以良為頑擊我亂軍初無惡意巧說言辭猶恐其陰謀之或不遂作外兵未前之偽詔使全晚基往傳之其和應然出昭不可掩其巫諸偽担之頒怨持斷矣之議則窮山倩郎於我無餘悉有甚於趙至之懷刃肆尤巧於秦檜之貪國叉〃尚伏念二賊乾元之日事在蒼黃未得快行 天討明正罪名此矣刑之大者也臣部將罪王罪名追施極律之意謹奏奉 旨依奏前後章疏之聲討此罪人也未免異發真贓而民斷宗社罪當所能敷每一念及尚爲之惕然而心寒嗟呼昨年八月之變柔輩之許多出國八而急持于內出而誇張于外當朕有見有聞於渠者以渠輩登渠輩萬古天下寧有是耶今此所奏剖析行逆之事觀破諸出之謀公議大可見朕何必疊諭○命警務使金在豐為 因山時陪往入侍 命李恩末為頒殿提調賢政尹容善斛議政署理○建陽二年二月三日 詔曰現殿以 景明殿為之○詔曰 真殿 頒殿移奉之後今始經宿于是宮此可以小伸朕與 宋宮之誠而間值冬沍工役未畢令春序將届另加董飭斯速告竣陰曆正月二日○高原幼學李培勳 京圻幼學趙岸熏 有言事疏 邑近無雜技云矣近因歲時之故雇丁及商旅輩有犯之者即令捉囚長房夜深後厥輩毀壁皆逃該掌之泄泄已極無嚴而邑無牢獄此弊易至誠可憂歎此若不別般措處後必滋大為先嚴加令飭而雜技罪人中朴贊景白首

究捉故特爲分揀昨歲余在京時劉槐泉士健屢言以余南遊所作詩抄示爲地故近命趙允基抄集叢瑣錄中諸作彙編爲乾坤二冊名之曰叢瑣詩抄盖其所抄一任渠手未盡其善頗不愜意而旣成之物不必棄之故賫付士健聊慱一粲之資二十二日荏子島泒監林主事哲潤来見云荏子島民公錢未納者甲乙丙三年而今當没捧出場之地勢不得如數盡納則勢將莫保貿接渠輩渙散云云無人不然云余曰新設之地京部督捧之訓不啻截嚴而島民情勢極知難辨故前已具由報告未得許施矣其在地方之任勢不得不依訓擧行而民輩不諒衆許惟知怨咨然則爲何而好耶得見新聞紙則陽曆一月十四日大邱觀察使報告內部內近日許李烟鎬慶州倅權相文報告本郡境內犬也似大小猛獸羣聚成隊遍行山野不分晝夜逢人輒咬死者數十人掘人塚十餘塚羔羊狗彘逢輒食之名曰勤大緣此而人不得露行雖邑底多人之地不得夜行而境內火砲前已盡收無餘無以試捉民情岌嶪特設方畧以爲弭患之道至於砲料亦爲磨鍊以給事而自內部照會于軍部使出駐兵站所訓鍊發砲捕捉云是何等妖蘗也向在咸安時得聞此邑之有此等獸患使砲軍四圍砲獵則獸皆避入水中如干在野在山者隱身不見云而其後數年更無聞矣今又於此郡有此所報云與前日獸未知其何如而此何怪變也聞甚憂歎徐進士絢基安參奉炳亮俱來見而徐進士以其親病因謝而去箕佐金行彦歲前九月因鄉論差出都有司矣迄今無來見之事昨日始來請謁如此沒分數無體貌之流曾未聞之矣牢却不許大抵鄉間都有司之任郎士子爭窠而此邑則初

不知都有司是何物也故金行彦之所為如是矣由此言之新建養士齋將安用之
乎甚可歎也二十三日陰林主事哲潤去已刻萬頃金壽貞送蟹醢七十箇一缶故
試一嘗味尤覺醒胃此近初無所産是真貴物也呵惟孫發程使之歷入萬頃佛山
浦金壽貞家馬夫崔童一成錢十兩帖給使令李服福使之陪送念余此來都無家
累之隨其為孫寄之悵郎人情之同然而及至昨獵弧辰前一日惟孫抵到慰藉已
無勝言而又於守歲之夜怡愉在傍頓忘寒燈之愁其他晨夕定省洽滿一朔使我
有含飴之樂不知身之孤寓矣今忽裝束行具僕夫驅馬登途陪從納履隨之而孫
祀辭拜等茸然出門而去于斯之時只得任之看過而及其垷空虛窓無他接晤琴
書龜鶴俱覺寥寂心眼間依顆之緒謂在於何邊耶平生遠遊怙於分張至於今日
果難以為懷也性又不嗜酒謀忘於醉亦無由則無寧以詩驅遣歟
襁褓呱呱如昨日而今能作千里行念我孤居海鄙久來趍弧辰稱壽觴從傍唯
諾知承順課日晨昏遵法程人或盛稱佳年少翁亦無憂古家聲最是旅館寒燈
夜乃祖阿孫共守庚閤中梅萼發香艷令我種種春風生琴鶴欲與歡娛供書
仍忘熏惱嬰撫頂之語含飴樂自汝之來多喜情男兒自有桑蓬志肯教久淹魚
蝦城遠遊馬卿能題柱英妙終軍解請纓僕夫堂堂朝理馬天亦為之春陰晴將
身拜辭出門去踐路衣冠城半傾三竿紅日亭亭上屈指糠山舟已撰是時無獨
坐惆悵搔撻心事如懸旌閱眼儀形宛在側回頭語言無由并靡我無酒憂以寫

争奈物不得其平百轉千回強自解家累不隨陶淵明宦遊龜鶴吾心法早時書
翎渠經營大鵬一日因風起再望萬里通衢亨況是吾家在日下何解少輩儀上京
是夕黃主簿安參奉諸人欲慰余懷請拈韻賦詩其意亦可佳仍次之
雪嶺氷谿路正遙至情難抑去留時解余將向帝城距為念欲除家累隨顧我對
君惟苦語荷君為我更題詩夜來一醉陶然坐未醉何如醉後思
詩成客散夜久燈深而余猶未就眠在傍惟通引二箇待余就寢而侍立余命使賦
詩見其思索甚艱亦一笑料也及其成句余步其韻示之
斗鳳垂頭跪膝遲亂基依壁看燈時和韻還少言意溢欲成未就愧先處

○前後鄉規 및 養士齋設始之顚末

二十四日甲寅與佐郎洛範請謁即為邀見其言欲動作甚是端雅余略舉前後鄉
規及養士齋設始之顚末說與之蓋其可與言者故也余及石醒俱是老境也其於
佐食之需如豆腐蕨菜此是常食之物而都無供支之意至於春菜如薺菜水淑菜
圃乃菜蔘菜軟艾等屬正當其時而都不知何許物件每於臨食不勝淡泊因歸公
需云此是除令之方般也必須供之也對云名狀俱不知云故細道其形容至於認
得後乃已其果令而後得嘗春菜之味歟金衎彦請謁不得退還在外者已屢日矣
鄉儒及在傍之人以色容參恕之意交謁更請而余都不許是日金衎彦之自陽狀
入来大槩以為愚迷負犯懇乞寬恕仍念一向不許則左右之苦懇殆無向熄之日
不得已題給
鄉之都有司郎　國之大司成也首因聲望特差校任矣因循五翔拈若無聞似

此駭習期欲痛懲反而思之必是海曲昧識之致然而現今諸儒日事苦戀寔出
於崇尊首善之意而所謂掌首善之任者胡不知事官之道乎官民處義固不當
如是第念闘鴻之地特示僉章甫開喻之意特令叅恕向事
金生琮鉉欲以明日發還余云雪泥姑未乾淨容俟幾日登程未晚云而以其離家
曠日難復加留期於如許故不得已許之仍念吾非送兒孫餘懷未已又見故人之
子辭去殆與石醒所懷同也相與拈韻排遣
一般惜別夜眠遲丁漏今餘幾箭時之子惟憂携杖獨向孫曾慰命人隨佐疏深
勸消愁酌覓紙強裁排悶詩去叙平安家有喜共君何必費多思

○內需司 鞍馬島등 收稅監官파견

二十五日乙卯內需司派監高永澈以鞍馬島松耳島梅花島等島收稅事來見金
琮鉉之去餞十兩白木一疋去核二斤筆八柄墨一丁贐行巳刻離發午間得聞渡
江過荒之奇追思尤悵賦得二十四韻遣情
酌金罍余自覺兮送阿戎之餘思驛西原而路掛兮雁南浦而帆遲羌曰留而曰
歸兮我遠又此將之諒不見之為愈兮認乍合而旋離自余遇夫石醒兮知乃家有
琮兒心乎愛而不忘兮爾脩行之靡愆阿兄秀而不實兮我寧欲乎無辭琴堂寒
而歲暮兮兩形影於天涯麤穢釀以慶酌兮稍稍備夫庭儀清心夕其繞膝兮大
衢晨惟含飴儼三世於兩家兮濫謔浪而愉怡歎圓滿於缺界兮各有故於言私
橋雲青而路指兮草暉紫而心馳鬚生惱於老懷兮一燈夜而三詩人生足於別
離兮又之子之臨歧在乃爺惟莫過兮別於我而何為折芴牙而悵顧兮以何物

而贈持貽彤管而共笄兮遺木綿使奉慈帷仕之焉而已兮兩襃翁而三嘻烏喃
毋而下上兮鳳戀雖而差池慚無德於裕後兮仔勿墜於裘箕家聲留於嵩陽兮
摘源發於湖酒何自苦於暫別兮蔭子葉與孫枝天湖嶺而踰度兮喜消息於他時
二十六日丙辰金衍彦見恕很繼有請謁之願余無意於見而石醒苦勸之不得已
一見而罷箕佐鄭溶範辭去務安堂村吳進士震龍專書以來而春雨室記及詩三
首並人序又有其近文士之作春雨室詩皆鉅手深可感也金泓監自荏子島來見
且全州金允桓持金進士命圭白礪山元圭書來盖因蝟島南寨收稅事而金俊之
生時已爲和買於金汝光云矣且有農商工部還給金俊之之訓令則向於辛益賢
出差似是無效而辛益賢之自京來則又必有京部訓令矣事事如此還覺一笑也
高泓監永澤明將向梅花等島云而入來故敘別二十七日梁相勲金完植自京上
納後從本道下來見諸家書新年慰藉紅草與肉蜀等種下來申刻鄉長之安化去
云酉正刻初八日專人金永守還來見回書萬頃金壽貞書來甚慰而蹲柿二貼仁
切餠十二介綿襪二件伴來夜與石醒賞咲而在此後每飲一喫而今始得之有吟
造善延安手名高弘濟院吾亦口相似南來不可見海樹秋蟬餓空餘白露戀金
孫念我嘗打送十二斤燮之供夜咲若出京厨傳誇與石人共津津口流涎
二十八日戊午望雲金欒炯再昨來此辭去昌原金仁國自渠家船隻來到云而柑
子一樻雪糖片薑谷一封見贈矣昨日鄉長一樻柑亦有所送而向在咸安時常常

見食之物也此來絶然無之未得潤肺尋常恨之今而得之其爲快爽矣止於說梅
止渴耶仍共在傍人分甘喜題一詩
玆來不見洞庭香時復回頭憶舊嘗瑤海燔桃空入夢琪園火棗但餘膓云誰持
贈籠中物又是來從嶺外鄕梅下邀同風味好幾人牙頰動宮商

○荏子島民稅納事

荏子島民稅納延拖愆滯至於自光府上使關旨之境不可如前爲民寬限而止卽
爲發差鄕員金亨哲頭民李敎來姜義淳李玄汝金文汝等捉來推問則鄕員所告
內前鎭吏金敬杓朴瑞允兩漢煽動各洞民人以甲乙稅蕩減操及每結二兩式加
捧操播府吏以此事擧皆觀望未得收捧云云故捉入該民而造査實則實非曖昧
之說幷令嚴飭以何間畢納之意分付則渠以來月初十日畢捧云故幷卽懲罰使
之畢納從當處分事分付且聞荏子島民輩以還屬靈光事李玄汝金文汝昨年十

○金敬杓등 선동으로
荏子民 영광이속
청원

一月上京周旋云而未果與京中食主人臘月晦日伴來索錢云矣此錢將欲收斂
於該島民云故亦爲查問則渠以甲乙稅蕩減事上京云而路需與食費將欲分排
島中云故嚴辭曉喩後查問誰某之指麾則李玄汝所答內金亨哲姜義淳李敎來
三人等指嗾云故其時所費幷徵出於三頭民處使之出給後島民處傳令無得收
斂諸民事飭諭林主事哲潤自荏子島來懇諸民等寬刑之澤而金東郁亦爲屢屢
故幷不得已解懲罰使將校黃雲起眼同入該島刻期督刷限以四分定來月二十
日了納之意嚴飭以送黃雲起處更爲分付曰汝之出面食費不可無者則必以末
納諸民擔當而至於今番捉來諸民以渠浮費不無分排民間之慮到底嚴禁俾無

○古群山定配人

○觀察府甘結

此等弊事分付後亦爲一體傳令於民間而刻果部四隊大下士朴和俊兵丁金漢
坴李弘石以平壤正尉閔泳宰參尉千應聖下士劉根石流終身古群山定配事須
釆押付該島保授主人崔長榮處後受該島文狀來到矣仍爲留接於私館金仁成
金東肅林哲潤并去二十九日京居金五衛將學信持萬頃書來入見故答書以送
都訓長金璇基來見去府甘

社稷大祭上戊日二月初九日 明常廟嘉祭臘日
二月初三日厲祭城隍祭淸明日三月初三日○以角
祿商業社房業罷班肯接長提四圖署文憑收上事因京部訓飭已爲鋼餘足在民
此等之弊以客樂時儀所出無名雜稅勒討於南堂水城土木等面民處所浦口場
市渡街旁路羅織濫刑恣聲浪藉尚爭紀敵興言及此事不痛歎到甘別探境內現
存者一一捉囚所討之錢嚴懲智移所謂圖署文憑亦即收上不得接跡事 京奇 州九
月主事嚴一與更代具告述○全羅南道新定一千八百四十三號二十六大許減
舊定三千一百九十六號六十二頁四未許減○二月十日詔曰朕郡守未允
還御宣出於非得已也不但大小臣民之憂遑悶迫久於此亦豈朕所欲一哉須住
冬涉工役遂停毁字權制并未有竭再以至今未遑也前徒迂拒踐請不止一再迈
又有多士叫閽之舉是雖出於向闕愛戴之誠實不知朕心攸在也苟欲還御豈待
是請哉况因此而胥動浮言致疑於不當疑之地尤不可也旣令承宣曉諭使之退去
而見今春暮新長宮役不日告竣還御即其早晚事耳又何疑慮之有爲特降詔洞
明欣由并令內部將朕此意揭示通衢咸須知悉○韓圭卨爲法部大臣
○駐劄英德俄義法奧公使館一等參書官閔尙鎬二等金基龍書記生金
祚鉉金東玉孫炳均○贊政郡監提調趙東鎬因典郡監沈洞李正常相換

○春雨室序 및 詩
(나주 李澤緒撰)

羅州李澤緒作春雨室序及詩持吳雲史書以來蓋雲史昨臘來留得幾日唱酬之樂而去
後歲已換而春欲半令因其書而懷戀復作聊以短述見其思想之意云爾

出宦洋海上寥寂苦逃空見似猶堪喜坰如雲史翁雲史富文史翹楚於湖中卉
館占名早斧盧巷望崇友道無宗誼於吾少與同前冬雲月好來係山陰逢白頭
驚意緒青眼照談叢遂令我賓館座上有卑公風流消鄙吝意氣鼓戰聾咳唾成

○1897년 2월

珠玉唱酬日見豈紙讓軒輊尚肥杭越簡不知日不足奄見歲將終一朝歸思

次輕擧雲間鴻別浦雲埋展鄉臺月滿兮回頭如有失懸榻坐忡忡燈寒孤守歲

天曠獨依風紙有中宵夢恐非兩地通茫茫江海裏飽縈恨無窮那當復一見相

笑樽西東漁舟如有待春漲武陵紅

二月一日庚申望哭禮後仍點考軍部下士朴和俊等還去以路需戀悶故錢二十

○關帝廟齋祭 祭官差出

兩題給韓正尉鳳鎬書來答送社首曹炳璵來見再明日鸑鷟郎 關帝廟齋祭也

各資備官差出 亞獻官朴英圭 三獻官金鍇麟 大祝金聖孝 執禮宋允 掌司尊朴永敏 奉香金連坤 奉爐朴容才 贊者沈學能 二日齋居撰

祭文

皇靈陟降與時偕行殷春載屆有 臨孔明道格有動德溥多生肇兆康年配天元

亨乃眷茲土偏降嘉禎燥濕襁襁室家盈盈爰及草創相胥于成門無詐旅野有

歡聲乃聖乃神仁覆幪幪非具敢薦格此微誠

丁相彦自京來見家書申刻獻官具黑領封香祝使大祝陪進奉安于 廟卓

○關帝廟祭儀改定 追錄

三日壬戌鸑鷟子刻詣 關帝廟具黑團領行禮式禮儀註有改定故追錄 祭前日申刻詣

執事奉香祝詣廟 正殿奉安于卓上 祭日子時前一刻獻官以下先詣廟門外待

禮大吹打鼓砲三聲開門○諸執事詣 殿庭座起吹打鼓砲一聲○陳設祭物次

放砲一聲陳設○奉香奉爐○祝官司尊分左右排立 正殿門外○呼唱○謁者引

初獻官以下俱就 殿庭位○謁者引初獻官詣盥洗位盥洗訖復位○獻官就位

跪興○行詣 正殿跪奉香奉爐分左右奉香奉爐獻官三上香○興跪○行廟獻

禮司尊舉冪酌獻 獻官獻酌○仍降復位跪俯伏○大祝讀祝文○興樂作四拜興平身

樂止 跪○亞獻官詣盥洗位盥洗○復位○跪興○行詣 正殿跪○奉香奉爐分左

右奉香奉爐亞獻官三上香○興跪○行亞獻禮司尊執酌獻官獻酌○興○仍降復

○荏子島公錢未收

位跪俯伏○興衆作四拜興平身衆止跪○三獻官皆盥洗位盥洗後復位○跪興
○仍詣 正殿跪本首奉爐分左右奉香奉爐獻官三上香○興跪ム伏三獻盞司
尊執酌獻官獻酌○興○仍俯伏位跪俯伏ム興衆作四拜興平身衆止跪○乾贊
祀一斝後ム獻官與平身ム仍詣爵前各位前跪各獻單酌○興俯伏位再拜○與平
身ム初獻官詣 正殿門外飲福位西向立司尊執酌執福執爵獻官飲福復位ム
收祀一斝○撤 正殿陳設○退詣排設于門外位○獻官皆門神位前跪獻單酌
興再拜○興平身○初獻官仍詣地神位前跪祝文○瘞血ム仍獻爵幣一伏祝 因
家太平ム一張訊民物安樂年事豐登○餘外諸幣從獻官所題祝題○獻官復位
ム大吹打收祀
三嚴開門贊畢仍還衙祭時有微雪矣益祭享禮式其節次迥別而前時由行之儀
頗多做錯故今畧做大祭禮現行之節改定如右四日陰午後雨至翌曉又風安逸
萬自京還現日前有酒禁之令而即見下吏尹瑋金玟以沈醉之狀露見於衆中所
習痛惡卽令逐出境外以潛沽者言之許其令禁之日則似是令前所釀此與故犯
者不同故使之小贖事分付荏子島公錢未收尚爲二萬餘兩而島民專事拒納不
容不一番大懲然後刷可出場役可勵習故鄕員金亨培刑配次報兆府近日公需
之饌需每不過三四楪而此是恒所式豐者則勢所固然而其所盛者全鰒海蔘熟
醬者無過六七條鷄卵熟者只六塊三片一器或菜肉蒸一器或鹽醬魚醬而已而
海蔘全鰒則此近所無而謂之貴物常常排器者所見甚不似且豆腐言之日前所
進者皆熟如毋指樣六七箇盛來者屢矣且苦草醬與甘醬並魚等常置房卓對飯
時輒設加饌者也余恠之問於石醒及左右人則向於營建所金炳晟及所謂官奴
仕進漢適時相對而金炳晟言內饌需所盛甚寥星不類様事爲言則仕進答云凡
干物種節用則必見利物種備待之人而反爲吝我無乃心喜極而外生嗔耶又聞

○面主人役價

仕進所言則饌需非不欲加豊而通引輩之充口豊嚼恒所可憎云云之說非止一再此盖一邑下之所共知共聞者而所謂公兄輩何不一言開口使邑人誰某以爲口誘之貪乎且通引朝夕亦以不滿器而饋之則通引輩所食只不過此兩時而惟恐充腹至於如此仕進之心法可揣也一自法聖人惟福入養官奴後以此漢差出刀尺則仕進漢何關於刀尺聚斤而此漢之跳踉無嚴所習極可痛惡近聞仕進漢自得在子酒婆後沒於溫柔不省人事可謂酒色沉淫此等漢使不接踵於官前及公需而以金協晨之詳細不及察得而致此耶盖此漢本以務安官屬人苟可用則次無奔托於他邑之理其爲人之不用此已可知且以面主人役價事出面恣意淹留三朔不還及至發令捉上後還現則其無嚴又如此事當伊時汰去而關係人情姑恕仍置者以今見之則乃反添罪於渠也是日夕飯後與石醒及戴健周語到耶邉仍戲題一詩

對飧詳看饌需兇若草艮醬自在仍三斤堪憐鷄卵熟數匙還笑菜魚蒸老夫只道甘酸錯渠輩應知水陸登然而豊備猶吾恰碎碎零零不可憑

昨見京來書金鎭海潤九去臘月二十一日作故云非但其年可惜其親喪三年未終奄至於斯可勝悼怛賦詩抒懷三截

玉樹人間長一枝風儀濯濯典刑遺電光無奈春暉短泉下應經寸草悲

老覺凋零益惘然惟君與我記當年天涯惡報無窮意不獨悃親瑣瑣憐

君看逸文帖蘭題脩短元來物馬齊令世高陽見才子一能當百况三參

○笛洞 金行玉事

五日甲子陰午微雨六日陰未刻雨飧士齋土役始之云故飯後與石醒往至役所
黃健周方在監董而等墻亦將及令詳料然墻基裁制未能自度云矣余乃命取抹
木及藁索親執裁度以定四方方面時雨意濛濃仍郎還衙賦詩

規圖爲後矩 方前兩夾東西畫一然數仍宮墻千載下吾人門路至今傳

七日丙寅陰未刻雨在子島林主事來云望間當上京覲親後更爲下來云而去張
鍾憲進南瓜餅幷石醒各一器而未揷十分南瓜末一分此雖比前加八樣然前每
有此輒以揷少瓜多方佳之意苦口曉解而斯不聽施其果土鼠使然耶甚可怪也
時黃健周適來共喫余以雪糖佐之黃健周曰今日墻役始之而役軍爲近百名余
爲念日氣陰寒土石之役其情可悶命沽村酒二盆待令于役所事分付仍與石醒
至見役軍輩可七十餘名或等墻或負石其執役貌樣漫漶無比石醒解之曰鄉曲
會衆之役本自如是以都下所見太不妥當余笑而不言仍令派饋衆丁兩又適下仍還衙

春陰冪地海吹寒石役村丁故去看等者半强負者半泄泄沓沓無終端君不見
都中役夫善趍事有力如帍健能殫輕身猶恐落人後衙能爭先足可觀已聞鄉
丁元似此於汝何誅俗習安苟較勤慢雖千里不耐飢寒郎一般來時已囑村西
酒試使犀飲翻生欲湘亭一盃還恨少憐爾蘸口無甘酸

俄於出八三門外有帍藁俯伏者使使令問之則曰笛洞金行玉也盖此人昨年九
月聞其有文筆之名故余拈試之可謂退取俊秀余愛欲留之渠云秋務方殷欠歸

畢後必於五日後来謁余許之使去其後閱盡三冬齗然無如何之奇余心自語曰渠以讀書人名色事長之道必非不知而十里之地五日之約至於經年而忘置此是海隅頑習也固當有懲勵之擧而不必以么麽輩致動聲色故含嘿置之乃於今月初一日始来請謁余拒而不許曰渠先絶我我何必見之耶其後數日畧聞或往或来逗遛邑下云矣今日果有此擧也大抵不見則已矣何至待罪門外徒致風聞之怪異耶卽命毆出邑部境外事分付因有吟、

我於才子愛如金不以面知知以心 死是茲州肇興學 引進年少令他欽 肯渠海澨凡民秀 故作嘉賓以来今 豈謂圯橋五日約 化作經年遐甭音 至鄕童習終難掩 不令涵我軒梅陰 晩来門謝還徒甭 昨非今悟吾難諶 哉然處義如斬釘 我意誰回未動岑 無辱麾去門墻外 免教聽聞增煩襟

○掌議薦望

八日丁卯掌議有闕之代薦望八来而趙炳鎬忝望故劃出聞自外有以趙炳鎬年未滿為言者然儒以文華才識等其造詣之高下則何可拘於年齒耶春事強半農候漸近不可無先期勸戒故傳令各面

○各面에 勸農傳令文 보냄

語曰平生之計在於勤一年之計在於春見今新歲以後春且將半則一年之計其可不念乎竊見本郡民生之貧瘠盖居多故其於耕作似近玩愒寔所慨惜也大抵務農之道必也先時預備然後人有餘力地無遺利此在陸邑尚然況瀕海之地堤堰為農十居七八而重之以昨年海溢潰缺之患無島無之此若不及今修築茬葺之項節晩而農失則下而該民聊生上而莫重正供其將自何而濟接

於將從何而策納予言念及此寢啖靡甘嗚呼農成於勤事立於强恐夫之所知
而必待在上者董而率之然後能者加勉不及者無警故古昔有田畯之官 國
朝有勸農之書今之面任卽田畯勸農之職也面任於該面事宜無所不摠而至
於農務一欵尤倍惕厲者也挽近爲此任者全沒此義每於農候恬若餘事雖有
官飭祗以文具而止所以民不聽曉事無實效法之寒心寧有大於此哉茲以備
陳先諭爲去乎將此令辭播告各洞里農民使各勤心趨事是於堤堰之陳猶可
復者潰而當築者相其地宜度其人力該作莫可則該洞助之該洞莫可則隣里
共之期於完就無或未及是於至於農器農牛此非人人盡有家家畢備之物則
必須相資互濟莫有秦瘠之視務存周恤之誼此乃同居閭閈守望相救之美俗
也其各知此自勉是遣亦自各其洞洞任糾察該洞農民中如有怠而晏起者食
而無耕者小則自洞調制大則指名馳報俾無一種病農之弊是矣如是令飭之
後若或有犯於上項諸條至於登訴或別廉則該民懲勘已無論而面洞任不
飭之罪亦將悔之無及知悉惕念是於到付日字擧行形止幷卽馳報事

是日卽 王太子殿下 誕辰也不勝吞聲之慟敢撰不文之辭曰

念昔甲戌至乙未二十餘年之間每當是日上而 三殿下而百僚外而八域齊
慶喜歡頌融融洩洩雖以如某之微尙得側鵷班而效嵩抃不知萬億年之爲多
矣何今日復至而時不同雲軿邈而少蘇閶悠悠乎其無陽春氣像也伏想我

王太子殿下乾乾在疚撫弧辰而感草暉也其實廓如新頋何如哉嗚呼慟矣
九日戊辰政堂前階舊案甚難行命使補石補廣眷士齋掌議趙炳鏞入來行公時
年二十也余習知其風就故劃為掌議政是其才可及而其年不可及也然余豈全

○智島郡 各島戶籍 마감

為趙也盖用勸一獎百之道也本郡各島戶籍今日磨勘先府而籍戶二千七百二
十戶男三千九百三十八名女二千二百九十五名合人口六千二百三十三名各

○面主人役價관련 傳令文

島面主人役價名色設郡之後別般措飭每戶一兩式春秋備給事申飭與節目非
不申嚴而各島之不遵必由面任頭民輩之從間生疵故傳令飭諭各面
本郡諸島所謂主人役價謬例已久轉成生民難支之瘼故今於設郡之日特念
民情以每戶一兩式定為不刊之典另入節目之中而化者與受同罪之意喻之
飭之不啻詳嚴則有耳者宜無不聞不知之理而頃自主人輩出面之後舉皆數
月不遝慮有作弊生疵之端并即捉致或汰或因方在查實是在果近又因島民
八邑者轉聞則各面主人輩多備周紙草匣烟臺等物乞媚於島中有風力者原
定一兩外又至有七八錢加捧島島盡然云噫噫痛矣此何惡習此何悖俗也主
人輩之冒犯同赦已無舉論而島民之法外加給豈真樂為而然乎此出於任掌
輩貪緣肥己之計而平民莫之奈何之故也身在承上接下之地符同奸細剝割
殘民以至於忠不下究惡有所歸此等痼習必勘乃已為先令到即時各該島加
給條裝許數這這查報以為懲處嚴懲之地宜當者
十日己巳社米五百石今日畢捧磨勘於先府而出是自該面社首處執來則自邑

不可無一番查檢虛實故使都社首當面與面造給斗升到各其面封置社米點檢別置後報米事分付京奇

陰曆正月十九日移御于慶運宮告示之節擧行事○詔曰命宮內部特進官令柄始爲議政府議政○詔曰朕自移之在前起歲百度之頹廢者情之憂慮朕豈不蚤夜念到而謀出於事勢之不獲已此皆臣民之所共志今因政府之力懇運御于慶運之宮庶可以慰輿情外之望矣嗚呼惟朕不克于治本大恬讎所以刷致今日者也其自今凡百執事一乃心膂府部任事到務盡其職將卒侍衛刑獄竭誠忠警如共舟而濟篤而擇而各用其力乃可以利涉一戒衛紀文見命胥存亡之機如在呼吸而回否爲泰轉危爲安亦惟在於此時夫豈朕一人之宵旰惕厲不遑暇息而已凡我臣僚亦宜咸思共濟之義毋或玩愒朕言不多其各勗哉○世界各國銀錢數丈壤地則一億七十萬元比利時一億一千萬元清國十五億萬元埃及一千四百萬元佛蘭西十億萬元德國三億萬元伊太利三十萬元日本一億七千二百萬元墨時古一億萬元荷蘭一億一千萬元俄羅斯九千萬元丁抹瑞典那威二十五百萬元而亞美利加諸國六十萬元西班牙三億一十萬元印度近處英國屬地二億二十萬元西合三千四百萬元土耳其九十二百萬元英國二億三千萬元美國十二億八千萬元都合八十億萬元以上并銀錢且各國所在金錢竝加於此數云○陰曆十二月京鄉間處絞罪人三十五名○警務廳巡檢數交合一千八十名軍部兵丁數交五隊大中每隊八百名式合四十名○春川觀察使李鳳儀報告內江原道內近日匪徒更起擄勒村閭多殺人命奪取財物民情莫保邑邑皆然蚩蝎指劇事云云

時擾近頻向息庶幾無杞憂今見京奇又至春川府報告之境此同病間而復作姑未知朝家措處之如何而天涯嫠婦之憂其將何日可已耶且以私故言之家累及親戚姻婭近皆僑接于春狼而適當其剝床之會政俯仰煎惱也援筆自遣

拂長劍而倚雲兮南風不競可奈何九十日春晴景大兮一十年事亂時多南征壯士歸來幾時兮又何東人之子奔波閫府概之星馳兮未知清談廟謨做甚麼以渠冏而治亂兮吾見無時袪沉痾矣白心丹天一涯兮無補隴頭之悲歌問家室之蒼茫兮隨風散蔓如藤蘿指春狼而凋陰兮乃孔路而靡他前有封狐之隱

突兮後有長蛇之磨牙鷹迫迫而魚沉兮援令較前非同科方昇沸於接壤兮偕
問清淨在阿那一公私而懊惱兮不如滿引大白長聲哦
十一日庚午社稷厲祭城隍等壇行將設始而地姑未得以左廟右社之義推之當
於西邊擇可故偕石醒歷入養士齋新差掌議趙埛鎬先爲之灑掃設席而待之見
等壇之役幾乎告訖而役丁爲近五十餘矣命從隸往沽村酒餽飲役丁事分付仍
起身至宮城舊址有小岡根北而南長可百餘步横卧於田隴之間土厚而勢敞爲
社稷設壇如若準備然也因爲完定回過養士齋前聞役丁酒至不飲待余擧酌云
故復往見之果然矣即使派饋諸役夫依墻而坐烏集如也有一夫擊鬆然持一盃
前進曰請使爺先引也余爲之擧飲於是羣徒亂巡顯有歡豫之色曰今日之酒看
吾腸肺云云日晡余亦微醺而還是夕 朴景三自前曾患有病而來謂有所作詩云而
誦之其詩頗多勞碌苦楚之語余次而寬之

燃燭今宵見子還嗟君未暇一身閒詩以強懐亂以酒舟能渡海象能山沽契毎
供奔走隔醫方多在是非間逢場幸有連城者雅謔清談最好顔

適新聞紙新到因屬景三讀之未數葉睡昏往往墜書至於編次之錯誤字音之誤
外足令人絕倒時使令輩以經文者擊鼓亂擣余問於通引則謂新年逐鬼迎祥之
由例云故余戲贈景三一詩而嘲之

景三何以最多眠對讀新書毎失篇爲君傳語經文者能使睡魔逐一邊

○可佳島作弊조사

○鳳凰山 望鄉台

十二日辛未統營朴僉使世洪率其子京鎭以船路來見七十二翁之千里駕海可壯可慰而僉有船商營利之詐云乃分付公需使之住接而以統營廢止事嘖嘖不已也可佳島民高乘賢金乃賢金基弘適以公事來到而向聞稱以官屬輩入島作弊等說故招致探問則初無此等事云然而在營飭之地不可無一番查探而千餘里海中莫可往來未得派送別廣矣因其此三人之歸別定查探民弊事傳令以送荷衣島派監權興洙又來持宮內府訓令及光府申飭故邀接傳令以給未刹趙炳鎬還去 日氣甚清和而草木漢山俱有陽春意思與諸從者登南山周覽形便則是天勢圍平野河流入斷山眼界闊遠宵矜麗落合置一亭為消夏之所而但恨無林藪之可以蔽日者也賦詩

蒼岡隆背汶如鰲暇日登臨出世高天際四回雲靄靄區中半是水滔滔富庶此地須裸察逐覺今來浩興挑欲起一亭無好樹不妨舒嘯任東皐

十三日壬申今日卽 先考生辰也有懷之懷不禁炯炯與石醒登鳳凰山趣聽昳及聞蒡所在處因名為望鄉臺口占

歲歲逢今日今年又此回碧海連天廣霜華向鬢頹憶昔斑斕子趨庭學老萊樹林風不止欲養恨難裁炯炯懷無極我廬陟彼嵬東北浮雲外茫茫頭遠擡眼中春雨室指末武陵堆衆賓從我至誰識此心摧志事諒靡遠時辰此每催家人應念我南望也徘徊百年楸櫝老千古墓莪哀兩暉何在每幽緒未全開寸草如心

短寒鴉得意廻此山誰是主知我望鄉臺鵬籠思栗里螺殼諮天台不飲心如醉
何須逐酒來遊子天涯在高仙夢裏陪強策來時路蒼崖滑若苔閒井炯橫拭乾
坤海泛盃登高無限意歸詐閣中梅

○荷衣・安昌島公納稅

十四日癸酉荷衣安昌等島公納愈久愆滯民習可駭將校梁明煥使令林萬石別
定將差出逐督刷納鄉負捉來事分付矣非但限日之已過旣捧之錢任置於島中
只以鄉負輩捉來而所謂討索錢二百五十三兩云矣到邑後此等禁弊不啻申複
亦渠輩之但所目見而冒犯若是痛惡之極已無擧論雖以鄉負言之豈曾無耳者
所習不可長也并郎捉入查問則林萬石初無所犯故置之梁明煥自服果如所聞
乎法外討索與受同罪之意亦但口諭而謗昭在於耳目中而看作文具不爲遵行
故嚴棍十五度後討索錢準數還捧傳令于該島許除於所納公錢所謂鄉負亦爲
決杖三十度後并囚長房此蓋鄉負輩非不知不法之事而貪緣肥己之習自來依
倆故至此也如是懲勸之後未知能止戢否耳可歎也夕後朴景三錄入來賦詩
不須爲問卦湖海飽艱難晃忙方識遠經苦乃知欲燈未夜深寂花遲春峭寒愧
我無長物誰能厭九丹

十五日甲戌望哭後縣考傳林主事晉潤來言日間上京云故付京第書衙內耕菜
田十六日陰萬頃金士吉便見金壽楨書答送養士齋掌議徐絢基遞代以金鍊麟
劃出此是都訓長之子云府甘因內部訓令經費用額田細書及經費決算式樣因州各一件下來○現聞會前滿網之魁素未爲之

○派房(各面主人 및 下吏任命)

徒假托西敎敗肆不逞圖詐萬惡者居多是言道理乎西來敎師云以培才育英名志則若知此悖類之此跡固當擇擒之不暇而此輩之蝙蝠行私鬼蜮逞毒似未及周參而然後執法之官痛懲嚴飭者也先自地方官指名報來事○周內命訓令各郡土木役費叙觀察府轉報事○上納息駄今爲加倍則其駄貰綽綽有餘剩而豈可自歸於該掌之私索侵剝之利實乎前日原納致久充完乃已以剩補欠實合良莫是駄中餘剩者一一執錄併補用費不足事○管下各牧場暗結比他民結有弊苦重令因宮內府訓令四每結二十五兩皆每結三十兩式另定許施事○賦出沙汜土宅店員祗南華執杖侵漁官隷校差輩謂有公用强責牢捉勒排一切嚴禁事并到付

荏子島鄭麟澤來見洪魚二尾持來此是八今年初見生鮮也京奇陽曆三月二日話曰英國君主爲兼五印度后帝六十年御極稱慶之辰在通照以全權公使閔泳煥特命大使赴時前往進參賀儀○大行王后謚號望泉華子判付中以副望明成奉勅事○山陵都監提調閔丙奭園墓都監提下吏全正杓姜貴秀全東見李聖瑞全調閔泳達相根山陵都監提調手戩完派房昌烈全昌日如差下○什首軍官黃實起左兵房丁相彦右兵房李東實軍器監官安逸萬一都將全致現戶長南官總吏房籍色張應憲戶房朴奉一禮房全在法兵房全炳律刑房船鹽稅色羅祖權承發工房押海主人蔣益東均役色全甲在官廳色彝書員蔵恭主人全炳晟庫馬色尹筆色全炳律帽島書員姜寬秀箕佐書員全昌烈荷衣書員全宋見蔵恭書員全正杓荏子書員宋東淵沙王書員李佑根縣內書員李彝瑞荏子主人趙允基使令主人秋蟬島薛先振一嵓都使令黑山崔萬一二嵓都使令洛月鄭尙近安昌全一三沙王林萬石縣內林在學帽島李殷卜古群山鄭順基者羅沈一奉官奴荷衣姓楢都吹手鄭仁瑞

十七日陰命鄉長楢種各色茶栓於衙園及內園是日作臨民自戒箴

官急小戚初甚易之久自黙檢諒匪我欺昔在桃源事不勉強闇無警鼓野有擎壤及慈戚固肯填衆難頃常引杵勞軏思安頽有貞符喚醒乃復不用良法恐負天則剝茲草昧宜倍殫竭規火直諒諍多千譔自有靈臺無待他求相在爾室常目何尤官我慮我匪民曷以于于蚩蚩 吾王赤子聞古格言至愚而神姸媸兩照病療一身我高人低威惑易作我一人衆亦宜惕若親惟家人疎則越秦付畀

字牧黨臨天闕無我負人惟其實心刑期于省惠寔于深上帝臨汝孔昭日監庶
幾侃焉無愧于歲
十八日丁丑春分務安吳雲史前有專書兼寄春雨室諸作因安余扵示近作故謄
寫幾首付叙事
走不嫺於口叅乎日雖或有社飲聊不免之作而輒抛不收未嘗轉掛人眼自官
遊以來始乃編小冊錄日事而間用韻韻以綴辭然初不經意且違恒法是何足
詩云乎哉譬如時鳥候蟲天機自鳴不知其巧拙矣昨冬綿城雲史宗人贅然來
斯雲史令之詩宗也其所到江山爲之助花鳥爲之愁況兹海天雲月衆興而至
誰能禁其有聲乎余於是讓與二松籍其日哦首尾一句所得爲萬餘言而箇箇
是驪珠也及迫歲而歸又爲作吾先人墓閣記及詩兼屬諸名勝得七篇專書寄
來因安余扵示近時所作乃知雲史非獨能於詩又能爲人親闡揚微義也如此
豈無所本而然乎可敬而可感也人於德意之來腹心可披況區區露拙頋何足
恤乎兹呈近作幾頁庸表不敢孤俯示之意云爾
十九日戊寅各色菜種卽前日工桑所所得來者而品皆上品　進獻者也昨日命
鄕長使之播種於內公需前園令日又播於外衙後園而役丁輩謂云此等種實難
得傳則文許派給廣傳爲好云故此亦好意如其言施及有吟
我昔宮園供奉官蔬畦雨露　渥恩丹南來欲用閒康濟壑闢春田舊種安

○樂水論

太守閒無學圃翁散分住裡試春功官貪吏有歌長鋏咬菜何妨與民同

前日吳雲史之來為余言此郡名之以智則合有樂水軒或齋余用其言得樂水軒三字揭之因作樂水論以發之

惡短於智惡知夫水之可樂乎今從於智日起居飲食於智之地日處樂休戚於智之民又有大洋之水日與相接請以所得於習性之近而論之可乎夫五氣成形水最居始四時代序水最居終其功用之大涵信土周萬物滿之不見其多洩之不見其少不似木主於仁而精竭則耗火主於禮而勢燥則熄金主於義而缺衰則能是知水之在於地如智之存乎人人之善用智者爲周流無滯而不渙潤下之性浸灌有漸而不悖盈科之理反是則詐智也非正智也汨陳之餘盪蕩之流是將惡水之不暇何可與語於樂水哉故曰聖人所謂智者而後能樂水也

使道允基分種各色草花於庭除場圃之隙地二十日金在興上納回便見京第書大都一安京家舍則間爲完定於松泉三十六間家價二千兩云而且來第今月內搬接爲定聞第亦爲上來云此非出於余意而少輩之自相轉移至於如此坐在遠外又無如之何矣凡直處舍也再從聖勳氏今月初四日戌時卒逝云遠外切怛無可言也賦輓詩抒懷

風流真率性寬仁生老丹平七十春行影好隨雙弟雁奇祥為抱一兒麟那知兩後臨江別遽化雲間駕鶴身漸覺歸田情話日李園誰與敘天倫

〇비금·도초도
智島移屬

京奇

陰曆二月初六日 王若曰寶籙益聲於永世昭 先烈而齊休歷躋臨御於慶宮陳賀箋而稱慶用寶誕告其尚明聽顧寡昧嗣守丕基奈家邦屢値燕會在先甲後甲之歲乙䓁財狀壬兒之誅自上古中古以來未有宮闈乙未之變尚胡忍說天人之倫常已淪是誠何時民國之危虞扉播亂崩逆鄭久當舛人之債究天詩王章未仲春秋之嚴正嗟單恭吉警於宿衛而 殿宮播越於皇華事會自夕靡遑往荐再值春序時然尚未克濟憂勤一念昕宵憂請回 鑾卿士庶民之所斯祝久仰聽詔中外遐邇之所致翹維庚逢 舊御之宮有我家乙行之舉昔 宣廟庭譯之圯壹妖之弘恭克昌粤元陵脩慶于茲舉稱之懿典莫盛奠洪基而增恭盤之固於箴不忘昭果許而貽豈芑之謀休式今至其丕責既承厥志序明吉維新乃成疏慎 膺陰之移安幸密通而仲誠禮 別殿寢齊之新建爰始謀而月止時不修于前克韶岀耳宮之昭儉不恐率蓍庸寫肖肯堂之圖切天伏回而吉日舒和宮披看而氣花消廊龍章鳳賁儔衛千而燈輝鴉駕鴉鳴燭星海而重慶集科雲於闔閭千宮乃培動獄雷於宸匿篤姓蹈舞用霈所洋哉宜 洪音所有應行事宜開列於後

一 天地 宗廟 社稷應行禮典着察例擧行

一內外六品以下各官着加資一階

一朝官年八十階二品以上者照例賜米三品以下及士庶年九十以上有司以時存問示意

一軍部各隊兵卒着照例犒饋

一各地方所有鰥寡孤獨及殘疾無告之人有司留心以時養贍毋致失所

一內外宮員有因公降罪者該部查明 奏請免減

一各道流配以下人犯俱着減等發落

一京外監禁人犯查明所犯情節分別減等發落內有案情本輕可與矜原者亦着該部查明請 旨定奪 於戲 景運開於乾符坤珍紼條綿於恒日升月欽五福錫承庶卒乃倣行而稱世開太平自今伊始布告中外咸使聞知

〇國葬都監提調金宗漢 山陵都監提調李載完相摠

〇陰曆二月七日飛禽都草島莞島郡所屬乞此兩島乞移屬智島郡事

〇平安北道觀察府의位置定州는寧邊으로改定함

〇奉 旨謀反強盜窃盜殺人通奸騙財外各減一等事

扶安德山村辛濟民來見卽和敬重之任也

二十一日爲暢敘未量出待變事砲圖及鄉長黃健周安炳亮朴魚使世友并從之風厲頗甚移席于南岡之東崖時潮候方始盛科之進信可觀也屬傍人各拈一字韻余得聲字少頃酒至酒罷而詩成

離家憂樂戒餘生 齊物當春各有情 莫怕翻驚鷗鷺夢 自任浪得畫圖聲 脫潮界岸隨呼吸 孤棹衝風較重輕 試問祇今心內事 如雲底眼未開明

○講學帖諭

二十二日辛巳萬頃佛山金壽貞以木道來見阻餘甚慰入新年以來鄉內講學修報漸至零星此不可任他而已措辭帖諭

爲地主而歆一鄉之興學亦如爲父兄而喜子弟之進業此乃人情之所同則想各推己而自知矣顧不職猥令十朔留心興學以勸以激盡瘁反覆而自建養士齋以後彈冠來見者有之抱券請批者有之此固已稍稍振作之漸而又聞境內各里往往新設塾舍聚徒設教幾潮屬而化都曾庶幾見於吾鄉則太守與榮之喜謂當何如抑窃許本郡致有今此之回向者實係一初文明之運而亦賴僉鄉遵奉之力甚盛甚盛然而世間萬事有初非難克終爲難則爲今之計惟在乎上依

部府訓飭課日講試逐月修報以爲嚴程式考勤慢然後學業有進成效可望奈之何新年而自境內各書齋無論新設與舊有所謂生徒成冊講學修報尔斷不續或有或無髣髴有漶漫玩愒之狀殊不勝惘然失圖也大抵士是有恒心之謂而本郡爲士者心不得有恒之由蓋有所自來屢即一歲之內再遞訓長是也初以學遂行明也故擇置師範之位則使有久安之心益勉進修之工一年二年雖至幾多年可也今反不然爲先生者苟懷一節之利爲弟子者先盡半年之限迎新送舊徒費時日詐功論賞有若貨賄無爲不然已成習俗似此情風安望其有恒心而不至有今日有始無終之患乎蓋此膏肓之祟雖若猝難醫得然苟使各家之爲父兄者幡然改圖姑捨數遞之謬例試用溫故之義法則禮俗漸成

師道自隆此又本郡勸学上急務也其各勉旃哉抑又有一說焉向日趙炳鎬之
掌議爲望也人或以年少捨之而官則以年少取之者新設邑勸奬之方宜然斯
進者先之使弱冠前儒生有所企羨各自勉勵則殆同一鼓而作三軍之氣惹用
特意劃出正所謂爲楚非爲趙也聞雖以年少昧識乞遞而許施然其文藝之夙
就操履之端慤矣但以年少少之哉此可爲全鄕年少之赤幟故尾附告示亦并
知悉者

二十三日壬午自昨日乞刻霏微之雨可謂隨風潛入夜潤物細無聲台所趙炳鎬
入來以掌議請遞事呈狀故題給

向在薦望也人或以年少捨之而官則以年少取之者新設邑勸奬之方宜然爲
進人先之使一鄕弱冠前儒生相象而言曰趙某年今二十薦爲養士齋掌議以
其文藝之夙就也以今觀之學不可不勤也云爾則其爲警動興起殆同一鼓而
作三軍之氣所以排衆論而劃之今見所稟亦自以年少辭巽此又足以使患得
患失者消落其鄙吝矣豈不嘉尚哉特爲許施向事

日前南岡生字韻自鄕士追次請批及選魁乃張鍾愿也是日佚追壯元禮一卓亦
一韻致也雲樵自營建呼來傳新拈韻故走筆次之并引

使人興起莫善於詩故曰興於詩新年以來寂未聞騷壇鼓角方擬道人警鐸
恨少鄕生曖律忽雲樵生從西隣拾韻而至吾若蟄户聞雷用恭雲門爭鼓幸
發首一粲焉

條風習習八人深帝動寒郊疫島心座爲酬明閒晏堅齋因養士集青襟春於二
月方佳節詩到三唐是好音自笑老梅經雪健暗香猶待宴壚尋

二十四日癸未雨掌議邊代因鄕禀以押海島姜進士學秀劃出昨日星州嶺洞金
春坡家仵人千時東來見云自以尋妹於咸平次不告于春坡而來故無書而歷路
八石醒黃亭本第帝得金琮鉉書而來矣春坡久阻信息甚菀今雖未見其書而因
千時勳之口悉而槩聞二音亦可慰釋也寄春坡書及答琮鉉書幷裁付千哥而因
兩仍留且聞渠言則回路必由於聞慶池洞云故付本第書府甘 子獨立協會會報冊每冊價五錢式
收納事○度支部訓令內現今中外貨幣輸運無難而立漢城銀行則宜有外道支店然後公貨可以滙換商貨亦卽流通故本銀行會員金淳璟委送府下方設支店玆用發訓須卽知委各郡無論公私貨幣啓其兌換送付銀行支店仔爲無碍運納而銀行規程費徃章此施措矣本郡各年結戶錢未上納則期智刻輸運支店投劃事
務安朴佐英號雲坡年今七十三歲老人日前持吳雲史書以其捧請未錢事也問
其老而理且直故優題以給矣詩以遣謝故次之

才短臨民愧少仁南來空見一年新行春縱欲融深凍傾海無由滌舊塵天氣尓
晴還尓雨世情難笑又難嚬忽聞湖上詩仙至喜動荒閒寂寞濱

二十五日甲申雨趙錦坡夜自營建所來傳諸儒又設詩會三鼓而氣不竭良可喜也
爲之走筆次其韻示之二疊

吾以吾州視一家向宵無寐剪燈花使民有節移舟載憂國盡心倚墨斜風味已
首開域化雨切將就長春奎篆烟細繝香生處醉頰微紅膝脈霞

詩篇見笑大方家更欲省書䁥眼花番得信乎風習習溶隨潤美雨斜斜梅從清
質香兼美松抱堅心茂不奢憂樂生來天有定遣情何妨醉流霞
二十六日乙酉雨 扶安倅在謫于鍾郷來見而云以自京來持渠父書及本倅書仍
叙話本郡七山島每年春有石魚漁場而將色曾有發送之例當此本郡創設之地
不可無別般操飭後立規收稅以備上納者而亦以七山海幅員百餘里地方八道
船隻之湊集設網者幾百隻商船之往來亦不下幾千隻云則其世情不古之日多
民聚會甚切爲念將色則以兵校黃雲起下吏金甲在別定鄕人黃健周稱以監官
董率將色專管漁場事務以是日發往不可無戒飭之語故作詩示之

○七山海 漁場稅

籌杳挑燭話心遲恩兩旋晴送別時反覆由人往自重是非閒我責應隨興來當
戒過惟酒忙處難期有此詩美爾士林聲望大律身以節善維持
二十七日丙戌昨日自當建所詩軸入來批得雲樵居魁余甚喜命公需辦供壯元
禮派饋各所今刻微雨未刻朴世汶父子俱以本道還去申刻去月二十日 慶運
宮 還御後頒教文來到具冠服祗受後有感吟

○高宗 慶運宮還御

當年萬事說明難旰食宵衣別舘寒軌度失蹕軒七曜朝儀依壁漢千官鳳集九
闕綸初降龍返重洞宅始安思發春江作賀酒同吾黎庶抃蹈歡
二十八日丁亥辛鍾郷去多日之雨今始開霽拈成字以新晴爲題與諸客共賦
新晴物色化功成喜聽田家布穀聲日候暄姸調節序天心委曲答人情不須屋

裏看花史正好林間對㭗生我願吾州令以往陰庭同得此陽明

翌日午刲日氣清和命公需備酒物來待于養士齋事分付與石醒偕至西部村前
有鵲坐在豚背有若兩忘以彼異類而相孚可異也口占

寡欲清心古有言物於無間忘機存平時知爾貪饕性恠底令看鵲騎豚

遂至于養士齋儒士之徒而來者亦十餘須臾酒至泒飲因吟示即事促其和

春原物色雨餘何芳草和烟暖更多謝眺城邊山滴翠賀監門外水增波善風微擨隨人到晴晝長長與子哦芥梀如今功漸就那當喜聽鹿鳴歌

容俟諸儒詩成獨坐無聊又以五律自遣無寓眼前景

郡西多窈窕新篘一書喬鷺羽時翻白麥苗已苗青晴光務盡意佳境助詩靈種樹能成蔭無妨好鳥聽

日晡後承蔡來告靈巖西面芝所村李五衛將廷綸字汝奎號醉伽來訪方在衙軒之由此是趙尚書心荷舊徒也阻濶之餘聞甚驚喜因撤座還衙握手相視真傾蓋如舊白頭如新也年今六十七歲而風儀氣宇昂然如瘦鶴降來去癸未年間喪其妻子流寓靈巖而寓趣於阡陌今爲十有年近於光府行得聞余方在故專爲一番叙阻而來云矣因與話舊定寢所于內公需仍念此合以其畸異心跡老而相逢於天涯俯仰之懷不可但以言語淘瀉故倚枕賦一則以示言不盡意之意

有客有客字汝奎古家喬木之苗裔少時遊你平原士三千珠履無與齊筆杠壓倒毛生穎談鋒排却公孫舉全堂駿馬論高價一蹴可到青雲梯吳儂併世躡後

座學儒佳名芳樹春顏同心異人如霧惟君於我最相親長歌短筑照慷慨玉壺
秋水留精神麻姑在傍笑呵呵雨覆雲翻夕陽俄衣冠第宅驚心眼遂令戚戚隨
奔波魚沉鴈斷書難寄兎走烏飛歲已多杳如黃鵠雲霄去一幾那知在何處況
我南來濱寂寞思想徒勞費心膂詩中白露蒼葭晚琴上高山流水但誰謂棠花
春信遲好風吹送拂梅軒伊昔風儀餘卓犖至今言笑記溫存潭國春寒猶未開
道之云遠曷能來相對聱毛非昨日只將肝膽酌深盃往事傷心那忍說不堪同
上望鄕臺太似重逢隔世人半疑如夢半如眞江海扁舟載餘智請君爲我說收民

三十日己丑　微雨金壽貞辛巾定五以木道往務安木浦臨送有吟

傳聞木浦自今春萬古鴻濛闢一新貨路居中通日本港名開左達天津營庄就
便先觀地謀事圖功只在人有意此行惟汝送才能知屈又知伸

與醉竹石醒膽鱗酌酒有吟

江湖蒲地客如萍醉竹莅圖兼石醒座上三人頭盡白天涯一一着眼偏青詩情解
引春風暖酒力能消瘴海腥簿墨堆中多少事爲君今日付稚停

○1897년 3월

三月一日庚寅　雨　望哭權停昨見瞻行御史秘關則皆是時弊禁飭事而正月二十
一日　慶運宮　還御後奉命出疆矣向聞南原出道之說而未的及是始審問於
醉竹令則御史即稷山居前主事李承旭云故別定金聲卿使之探來事分付二日
醉竹令告歸臨別甚悵金壽禎姑未見還而李令又此分張連日去留之懷亦足惱

人為遣悶上南岡野嘯

往事多悲說洛東人生能得幾時同吟髭堪笑緣詩白衰頰何妨借酒紅李令去

經三日夜金孫歸待一帆風無端懷緒難為說付與鳥啼花落中

時韻士之從來者甚衆咸請今日即清明前一日也適會有此登臨之會不可無聚首之吟因令各拈一字余得紅字命鄉長辦酒以來且屬安如亮發通于各書齋以再明寒食日訓長率學徒來赴詩會事酌定而余詩先成

滋鄉文氣適吾東物我當春一樣同海西木蘗經廿苦柳北林花匝白紅輕鷗自擬三生萘孤棹循含萬里風取次明朝重會意期圖勝事詠歸中

三日壬辰清明出坐養士齋命僮多取花卉如梅櫻冬柏紅白紅杞子四季花木果等數十本分種于墻間之內且僱役丁三名修掃庭院於是屋宇與道墻頓致清淨頗可觀也時韻士之聞而來赴者比昨又多幾人拈得年字

春晝晴熏欲抵年風光窮寵與難遑花酬好客無從歇鳥唄幽人未覺眠一日望同歸鳴鳳國一堂高出闘鴻天墻根種植還堪笑來者誰能記往前

午刻金壽禎自木浦歸云此地自有開港說以後洋人日人買取家舍及基址揷旗占標令無斥土為元居人所有僅於尹姓人許買一家基田假量二斗落只價三十兩且圖形一張摸來故取覽其形便則想見到七八分而寸土如金之地能辦一屋之寬今行可謂不枉費也諸生之詩姑未見成而余頗無聊畳前韻

○木浦開港說

四加耳順是生年 逢憶家山遠夢邊 投筆薄宦追驥頓 按圖佳境學龍眠 清明氣
得三三日 仁壽偕躋六六天 香老歡娛惟實事 閒愁不到此盃前

○各書齋에 詩會 通報

四日癸巳寒食前 此聞此近風俗 每於寒食日 不知設茶禮上墓 只是書齋學徒各
備食物以酬佳節云 故再昨使養士齋儒 發通于各書齋 使以是日會于郡齋 為較
藝之事矣 果於今日 學徒之來赴者七十餘人 設所于南山 余與石醒朝後上山 則
官隷已設依幕矣 余措得設遊之意 數語榜示諸儒 繼以寒食南岡即事為題 而先
成一詩 并揭

暮春天氣於人甚適 故古稱令節多在三月 晉之流觴曲水 唐之鞦韆蹴踘 或
失於放達 或止於遨遊 皆未得其中矣 今日之酒 雖不足擬議於古人 而所貴
是文字飲也 歐陽永叔云 人知從太守遊而樂 而不知太守之樂其樂 誠亦文
中之雅謔 然人之樂即吾之樂 吾之樂即人之樂 使太守而自樂其樂而已 則
吾恐從我者非出於真樂也 盍各言其志

管領茲州島嶼還 濫叨常思負故山 禮義学在官民上 思量惱少簿墨間 辟土化
歸風漸寂 幽翁詰對樂相關 天時人事俱如此 愛惜春功莫等閒

○詩會 壯元禮

日晡時 詩券始各來呈 故批得三十六人入格 壯元趙允瑩 安炳亮 趙炳鎬 徐綸瑩
趙瑀元等 并以白紙十張式賞給 其餘參榜者并五張 落榜者亦發 而此是此邑初
有之事 則其於勸奬之地 不必有向隅之歎 故以張式派給 日已久矣 懸燭還衙後

聞諸儒以安炳亮居第二爲嵬捷共設呼新之戲拔髻墨面一場壯觀云余若及時得聞則五壯元并皆呼新矣而恨聞未果可惜也戲賦一詩示諸儒

蹤跡淒涼意氣還呼新設戲最奇聞使余前夕聞知早墨面非徒一睹山

五日甲午出坐養士齋適箕佐金行秀作春雨室記及詩又其從兄進士金宗權所作銘及詩來見且有汝玉島金洪珍羽田島金瑛相及徐進士安叔奉趙學儀諸人皆在座余曰昨日詩會見所以當頗多佳作可知新運所來而氣聞思頓更舉云亦可見興起之狀矣豈不嘉悅哉故余欲慰答其心以旬題樣出題試之而詩古風各一題賦則闕之必以蜀文爲題而不必他取必於各其所居島山川風俗人物堤堰交界道里古跡等設結構成篇勿拘長短以此收券考其尤等都有司掌議差出則其於勸奬似有助矣未知僉意如何咸曰所敎切當云云因拈韻得松字

蕿翁何事恨新松人到漸磨有所從肆業篤來皆謝鳳養才高處是看龍細流不擇能成海跬步無休可上峯倘使雲雷開草昧亢然多勝曉聞鐘

盧司果吉夫自長城來到阻餘甚慰兼見崔長湍鶴奎書六日出養士齋共賦

風光濃似酒萬物發生初憂國愁無緒涉園趣有餘花爲知面慣竹愛對心虛青帝多委曲使余除粗疎

七日丙申巳刻兩京奇 陽曆三月十四日 軍部大臣閔泳煥勉訓令兆相勳臨時署理○三月十六日 詔曰今日召見政府諸臣已有所面諭而凡百政務未有實效者蓋有官制之或多變更規則之尚有不便故耳君臣上下苟能勵精圖治國勢庶幾民情適洽豈與若是之甚乎此正更張之一機會也自今另

設一所折衷新舊典式諸般法規彙成一通以爲恪遵之地議呈人員另選以入○
十八日 詔曰一自匪擾以後我赤子流離落所在萬心而最其被坑戕戶厥
數甚多云 每一念之錦玉靡安道臣守宰果皆盡心撫字無一夫不得其所歟特下
錢四十元令內部郡查各道所報分等題給去關北水災人戶亦一體照給以示
朕如傷若保之意亦令各道道臣與該地方官烟加商確別般賙恤各結蠲安撫
○古阜山之配罪人韓鳳鎬放○本月二十二日駐京日本代理公使加藤增雄陞
敍辦理公使○命全炳始趙秉世鄭範朝爲校典所總裁大員○本月二十六日伏奉
詔勅下者自今另設一所折衷新舊典式諸般法規彙成一通議定人員另選以入事
命下矣處所設置於中樞院稱以校典所委員另選以入而各府部院規制令各該府
部院結送校典所以爲酌量完成之地如何奏旨依奏○命校典所副總裁大員
政全永壽○朴定陽尹容善外部大臣李完用校典所委員顧問官李善得具禮栢卓
安從載衡○駐箚英德俄義法墺特命全權公使閔泳煥參書官李埼書記生全東
玉金梓鉉孫炳均本月二十四日上午十時出去 府甘 本府設兵一款令承軍部訓令各邑所在驛土與各廢止營鎮屯皆劃付本府設兵之需而募集人丁年紀則
二十歲至三十歲以內人有根着多凡旅壯健無痼疾少藉分明者各三名從自願
懸錄保證期自上送自府點考取舍事○即到學部訓令內前以庸學問對都聚上
送事有飭矣又將政術問目一統合三十三件下送此實時政之最先急務分付管下
各郡輸示該邑內多士定期隨其問對依前都聚上送事○條目云云○縮甘各項
幹端及邑
事申飭事

○飛禽·都草島 등의 移屬事

飛禽都草島還屬本郡事已出官報而今見府甘故依原甘飛禽水雄都
草大也結戶帳簿與各項文件無一遺漏收拾以送事文移莞島郡又爲傳令知委
於兩島

內部訓令據即到觀察府甘結內飛禽都草等各島因 勅令移付本郡結戶帳
簿各項文件一一受來於莞島郡亦教是故方文移於莞島是在果結戶之查正
修報萬萬時急故別遣汝矣同島所在結摠戶數與鹽釜船隻逐處摘奸修成冊
以來是矣報 府時急無或暫滯爲旅新舊 宮稅與結戶錢之已納未納已捧未
捧亦從實查核懸錄而以甲乙丙三年 宮稅事已承 命意之鄭重而同島多

有携貳之端已所領畧則不可不一次查得其民情然後究則歸正頑則懲勵是如乎後錄諸頭民先即眼同起送是矣其中若有稱托不待者是亂民也當有措處之道十分操飭俾無後悔之地宜當者此亦中各屬島一体舉行次

○關王廟告由文

甘井洞前浦德基地有廢堰設邑以後土人咸請修築故是日躬往審視假量爲三十餘石地而若得改築成完則其於民食大爲裕惠故即令相度堰址尺其把數爲二百三十把涓吉始役以明日寅時擇定歸製　關廟告由文及德基祭文

○德基祭文

伏以本郡地形環海爲壃農依於堰必先隄防事竊力綿賴在神佑粤瞻德基陳廢之舊斗泥石忝拋棄可惜爰採詢同方茲啓役有事必告　皇靈在上乃眷茲土冀蒙陰相人思樂赴事就克壯完如盤石沃若雍壤民蒙其利郡以之興儻若有臨歆厥乃升

德基土地之神伏以用天道而盡地利生民之大本也仍舊貫而圖新功守土之先務也謹按本郡生理惟以堤堰爲業朝潮夕汐常患壞缺之易致事鉅力綿率多陳廢之滋久民物以之凋殘行路爲之咨嗟今當郡務新闢之日上有黎庶衛生之天寸土尺壤莫非率普之惟均河神海伯想當效靈之不暇伏念樗散之材猥當草創之務圖報于　國庶效勞於涓埃苟利於民何所恤於膚髮爰得城西廢棄之所允叶羣下詢同之論築苟完矣鄭公之渠不足羨細斯作之廣民之財可以阜茲丁吉日用申虔禱伏願　尊靈嘿垂冥佑一撮土一拳石期就九仞之

〇防堰監官　差出

功不破塊不鳴條蔓獲三登之樂　神所勞矣民斯賴焉敢竭鄙誠庶　賜歆格

八日丁酉陰防堰時不可無董率役丁故都察都監金德彬都監梁聖奎李勳永監董崔祥植黃雲起領率東部監官朴雲瑞朴良彬西部金公希羅仕淑南部金順七姜斗洙荏子島金文石李西汝沙玉島金有賢金奉允色吏朴奉一等差出申刻行關廟告由及德基堤堰處致誠而始役矣伊時多民聚會謂以本島本以煮鹽爲生而今此堰役有妨於鹽事非不知防堰功成則蒙恵大矣然民情惟知目下利害則嘵嘵之論容亦無怪本是爲民之計而停役亦是爲民也吾何必執一耶即令罷之然愚民姑息之見良可惜也酉刻龔兒與金司果聲鐸徒步下來與萬從之具悉京第安信及得近奇之大槩可慰也乃綴筆

天涯魚鴈動經旬叵耐思家欲盡春白首獨爲南渡客青眸難見北來人喜蛛恠底平朝下雛鳳翩然薄暮臻鄉信憑渠聞一遍江關雲物更精神

九日戊戌嚴泰宮監朴洪柱來見睹稅畢捧云茂朱趙生還去便栽書於金杞川祖孫掌議金鎖麟遞代荏子島鄭麟澤劃出未刻與石醒及諸客出養士齋賦詩

輕塵不動鶯飛來坐看化工細細開看傳晉士和金鯉酒對唐人暖玉盃惠風解越春心暢痴俗難圖字量低莫恨林園花易老也知芳樹又陰回

十日己亥朴洪柱去向光州午刻與諸韻士登南岡以眺望爲題得題字

如茵芳草入凄迷海際天光盡處低雲從青嶂千層出水與白鷗一様齊好花謾

日成緣業佳士登道經品題思欲移來圖畫境故將玄玉試丹溪
十一日庚子此地濱海花卉甚尠春序漸暮尚未恰好了看花是日爲見山紅辰刻
以節屐上壽朴峴頂上苗草而坐惟杜鵑花時正爛開紙而積巨里崔康稙及書室
主人朴明圭來見請邀此是昨年勸學時所到處也因偕至仁智堂學徒羣羣羅拜
于前亦頗奇愛少頃午飯至從容亦一體備待學徒詩一軸考批後從容詩亦爲評
批而已夕陽在山因起身取南邊沿江之路又屬諸客拈得絃字約以路中畢成未
及廣井前余詩先成處在後入姑未成篇因行至廣井前拈聚在後者吟示余作仍
督諸作石醒及翼兒與石燕士是口誦而安睡山趙鼎燮追至還衙後始成此可見
較才之三十里也是日余所得詩凡五頁

官閒喜作賞春人點綴幽芳取次新沂上風光三月暮湖浥觴政九回新詩中盡
各言其志花下諒多恍我神隨意冥搜行漸遠春橋一路梧前因 右路中
部光駘蕩最宜人且看物華圖是新詩境友來黃鳥喚竹廚盥洗午鷄頻山花芳
結構風䫋村社綴經賽穀神前後緣生誰得識不如此地有今因 右壽朴峴
百年誰道可憐人松麓登臨與自新齋長對看來意好學徒驚喜走呼鄰井帆無
恙天垂海得景由真句有神借問諸君知我樂茲遊全爲讀書因 右松麓
函席容儀賀美人佳哉肆業日回新俗庶多訓喻恭款禮數從看舉酒頻吟處詩
文皆骨格座前桃李總精神可與師道能成就仁智堂名有所因 右仁智堂

吾輩詠歸家所憐暮村輕素引長烟香槎籬落青帘川海島天邊片月懸花氣逼
來風拂面吟第住處草爲還尋眞自有登仙履飯步勝車路似綵 路古歸
十二日辛丑陰風申刻微雨亥刻雷雨金永煥自東萊來昨夕朴景三入來云其間
過于婚而綿襪吐手各一件與如干酒物帶來故余曰酒物則固是婚需所餘則或
似分味至於兩件式出於不當與不當受之事而言屢辭不獲姑置之因與石醒石
樵賦詩示賀朴景三
誰家寶樹自新春鳴鳳喈喈報吉辰月裏雙棲金翡翠雲間一角玉麒麟黑頭奄
見爲尊舅絲縷尤奇在近隣可想禮需多且肯送分梅閣讌嘉賓
十三日壬寅雨十四日雨未晴因邑事裁上光府觀察使

○邑事의 문제점

到邑後周察島俗則從前奸猾輩桶以救瘼出沒京營畢竟以浮費濫排殘民之
弊無島無之故隨現痛懲不少容貸平民則悅而猾輩怨之甲乙以來積滯公貨
并督於設邑之初則應什之納民豈不知而惹因則不無此又取怨之一端也諸
島之舊屬各郡所在文簿不得不覔來者屢次照會不肯輸送至於報告京部訓

○舊屬郡文簿

令下來後僅僅索還則隣邑之守令見憎在時之陸邑吏胥勒徵餘條一并痛禁
則陸邑吏胥稱怨就其中所與相爭者只是平民與如干儒業從事者而已自顧
從任後做措毫無愧怍而悅之者亦不悅者衆所以目下事狀如坐針氈今於繡
行之日惟彼不悅輩豈得無交織疵纍思逞宿憾之端乎下燭事狀轉托繡行之

○獨立新聞抄録

○五署戶口

地荇望

是日見獨立新聞紙有可考者故抄錄如右伍署戶口 京城中署人口男人一萬一千八百十七名女人一萬二千一百六十三口男女合二萬三千九百八十八家戶瓦家二千二百八十四戶草家一千二百四十四戶半瓦半草家五百三十六戶合家四千六十四戶○東署人口男人一萬九千六百五十一名女人一萬六千八百四十五口男女合三萬六千四百九十六人家戶瓦家八百二十八戶草家六千八百三十五戶半瓦半草家五百三十九戶合家八千二百二戶男僧二百六十一名女僧一百三十八口男女僧合三百九十九人寺十八處○南署十一坊人口男人二萬八千三百六十三名女人二萬五千三百九十二口男女合五萬三千七百五十五人家戶瓦家二千四百五十五戶草家七千二百五十四戶半瓦半草家一千三百十四戶合家一萬一千二十三戶男僧十七名女僧十八口男女僧合三十五人寺三處○西署九坊人口男人三萬九千一百四十四名女人三萬五千六百五十七口男女合七萬四千八百一人家戶瓦家二千八百二戶草家一萬一千六十八戶半瓦半草家一千七百十二戶合家一萬五千五百八十二戶○北署九坊七牌人口男人一萬六千四百七十二名女人一萬四千三百六十一口男女合三萬八百三十三人家戶瓦家七百五十七戶草家五十七戶半瓦半草家五百五十戶空家一百十三戶合家六千四百三十戶男僧一百二十六名女僧三口處士四名老婆四十三口來往軍八十名俗人八十名合三百三十六名寺十五處瓦家二十二戶草家三十九戶半瓦半草家十一戶都合七十二戶○五署字內人口都合男人十一萬六千十五名女人十萬四千六百二十口男女都合二十二萬六百三十五名家戶都合四萬五千三百七十三戶

○各港口

各港口

元山港居留各國人家戶人口摠數日本男人八百三十六名女人五百口家三百五十七戶隊長所中隊長一員小尉一員特務操長一員小操長一員兵丁一百三十八名在稅關人端國男人二名女人四口露威國男人一名英國男人三名女人二口德國男人一名女人二口義國男人二名女人五口法國男人一名俄國男人一名清國男人五十三名家合二十二戶○仁川港居留各國人家戶人口摠數日本男人二千三百三十五名女人一千五百六十九口家七百七十戶英國男人十二名女人三口德國男人八名女人八口美國男人六名法國男人五名女人二口伊太利國男人二名荷蘭丹國男人一名西班牙國女人一口澳地利國男人一名希臘國男人二名清國男人四百二十名家合八百四十八戶○開城府居留各國人家戶人口摠數日本男人十八名女人三口清國男人六名

○稅關

稅關

丙申年內三港口稅關稅入濟物浦輸入稅二十五萬一千五百七十三圓八十錢輸出稅七萬六千四百五十二圓五十四錢船稅七十四百八十三

二圓夭十錢都合三十三萬五千五百九圓八十四錢△釜山港輸入稅十二萬八千二百六十七圓五十五錢輸出稅十三萬三千二百六十九圓八十一錢船稅八十
十一圓二十五錢都合二十六萬九千五百四十八圓六十一錢△元山港輸入稅六萬八千二百九十五圓八十一錢輸出稅一萬六千六百二十圓十錢船稅一千
八百十圓都合八萬六千七百二十五圓九十一錢三港口稅錢都合六十九萬一千七百八十四圓三十六錢△陽曆三月十三日自朝鮮設電機自京至仁川港口
仁川電啓自三月二十二日爲始役是夕又雷雨七山海石魚際時方産將擬　追獻而近聞石魚姑未
豊出云問於土人則每於石魚之出必有雷風前驅然後石魚多出云矣近日雷雨
荐作此必石魚方至之會也倘桃有吟

海國新鮮石首魚年年生及暮春源香肥梔縰佳肴佐價重松鱸巨口如我欲
天厨效芹曝漁人網利尚云疎望望七山傳喜信夜來先你去京書忽驚窓外鬧
雲雨燁燁電光紫焰嘘聞說官僮解時候魚將至矣送雷車八域商帆爭湊集一
時錢佰說贏餘丹心白髮先驚抃南有嘉魚上斗墟水族知能隨節氣人間誰道
蜃樓虛梅陰欲做維魚夢且占豊年喜動余

十五日甲辰陰望哭後點考停前於所經諸郡每當春秋以旬題試士此郡則非
但文士尠少且近時公令之學不講至如科條等事寥寥不擧顧念勸學一款合以
時行豈可無的古用今之道哉本郡新設之地可謂百無一備而最是境內形便全
無可考則今可因旬題而發問其地政也乃措辭帖諭

夫地之有圖經輿誌欲其考實而措諸事爲也顧今本郡百度草創動値疎迂中
最是地政一款都無可據凡於措做每致骨瘞向於監邑輩摘奸出去也詳錄以

○島嶼實相調查要目

納事分付矣及其還現所謂錄來者模糊脫畧無足採覽信乎無文華不足與有爲也則不容不徙原居士人文識淹博中採取詳核矣茲以因旬題發問而其餘例左開輪示惟我闔郡多士毋謂創見另加尋思就所居島每島各一張式以備文製呈而勿拘體制勿計長短惟消詳是務開卷瞭然昭如指掌使得綴爲郡誌垂之永久則豈非讀書人之事業乎然而以文而已則或似未詳另成一冊如成冊例列錄條件註明其下眼同製券然後未詳於文者考諸成冊而可悉矣若本島中無能文之士未得製作雖只以成冊錄得甚詳則亦許一體參選如有高才博識不局於本島而已則鄰傍近諸島以至總論全郡亦無所不可及其嵬中者特以都有司掌議施賞而至於詩賦既有地政問對故只以詩古風各一題出送亦互一試舊奉功勿借手以來來月晦日內製呈于禮吏所以爲考取施賞之地爲宜

◯地政屬文◯ 姓氏(土屬大姓) 山名(向背大小) 川名(源委廣狹深淺) 人物(古來名碩仕宦迎 士文科孝烈文學) 坊里(村名相距遠近) 風俗(遺來所尚) 形勝(山川中景槩絶勝處) 堤堰(名號大小長廣堰內幾石幾斗落) 關防(武古之設塡征亂古蹟) 樓臺(古有今無古蹟題咏) 寺觀(古有今無事蹟題咏) 橋梁(名號大小) 林藪(大小事蹟) 書塾(名號設處) 塚墓(名賢遺塚) 道里(遠近當問) 島嶼(名號大小) 題詠及長文(古來所傳) 土產(魚物藥材果實石品花卉瓦物宜土者) 交界(東西南北何島相距) 戶口多少 結卜多少 古蹟(傳來可聞如黑山島大明時水路朝天等事蹟樓臺舊址) 津渡(名號交界) 古祠(緣何創立古有今無) 詩司馬相如亦出其中

斛(習文漢史) 古風種柳(解箕子都平壤既設八條之教又種柳散民姓和柔) 準十六句

少輩出至耆士齋以所吟詩歸示故次之

花事悤前好合杯酒孰先自從膳字日空繁釣魚船踈看衰翁伴歡憎少輩連石
醒船會我時對豈非緣

十六日乙巳曉金壽禎以船路還去統營高鶴梧來見而甘藿五束帯來一束出給
公需四束付送京第趙炳鎬還去繡衣從人曺士允第因廉探事入郡云十七日
石魚進獻令晦內可以及時云而蝟島等地距此甚遠故別定領去邑吏姜寬秀
且以興萬眼同起送兪付家書及衣籠一隻通引趙允基爲人安詳端潔頗多嘉尚
而但恨其生在海隅所見所學未克其才爲可惜余故令書寫習之自昨冬至今春
其所進可謂刮目相對作之不已則亦將誰渠不若勉之哉賦贈古詩一則

海窟蚌珠明似月賈胡得之論其價誰家生此寧馨兒他日可爲魁奇者閱人多
時相眼高吾亦伯樂之於馬巴陵應斗起衆中固州生年抑其亞湖南古補才府
庫刻乎智郡開明初我來經年攬人物風流題品非毀譽聲音笑貌權輕重事物
營爲探實虛趙氏之子時知印暮暮朝朝接起居口有三緘樞機訣肯無一點塵
埃棲可兒可兒吾見汝惜哉生爲島嶼人遐荒設寡無從學虛負芙年十九春眼
中無營差千字猶是叢間璞石琢雖無黃石素書贈何愛昌黎師說陳楷書如亦
學之半使與文房四友遊申勤課日抽毛穎刻苦經冬寫蠅頭以時提警兼開導
而我自處嚴師翁日計無多月計足如今不與嚮時同傍人看見皆驚歎非復吳
下之阿蒙從玆其進何可量弱冠年紀前程多爲山九仞無虧簣如水一源必盈

科成就一個猶未易老夫緣渠喜如何為你一詩加勸勉閣梅花下發吟哦
未刻鄭掌議蘇澤供進洪元禮與客共之因出韻賦詩轉往養士齋登軸
谷口風光醉物華新詩吟處酒加餘會由真率終為貴樂得從容豈有諸流杏將
來能結實杜鵑何事自開花養人誰道如嘉卉效着芳菲成一家
諸詩姑未就余見齋前杏花新開以時候論之京中杏花已於清明節爛着而此處
則今始見花想是氣候使然也因念冀兒與石孫自京發程時已是杏花向晚之際
而其間已為一望則早晩雖殊一番開落則無彼此之不同口占一截
村人拾杏帝城來矚目今朝始看開天氣殊方從此見人文將有自回怀
十八日丁未固城黃鶴來黃鶴松以船路未見而方擬加沙里買取事也官僮云今
日潮水多入可以登高觀瀾云故未刻與諸客出南岡潮已極而向退然前之兩岸
平沙盡入於浩漫令人有廣陵觀之想信乎潮候之盈縮一有定期也縱筆
分外無求日省三觀瀾每談羣微南止於止處惟吾適何必經營起一菴
鷗鷺翩飛自西三羣山多在海之南草茵露坐春陽載庇得片陰傘勝菴
詩成而有酒物適至問是崔康範杜元禮也與客共之詩以酬之
海鄉風氣自歸真老白少紅都是春道心修鍊開金鏡談欄滋瀉流王津細推物
理終為始深究世情故得新拭眼歇登將進酒誰家詩子語驚人
十九日戊申穀雨本郡新史俵下十九結十一負五束舊史依下四十九結九十九

頁八來事甘結到付故書揭官門使民知會編徙曹士允去東部書齋學徒以是日
各備倉物登鳳凰山依詠歸之遊盖此近由例也午間爲余備送酒物一床與諸客
共之作詩謝其意

禮數士林近不踈春功　聖化際時餘抽苗豈有無名葦開卷便且教子書此地
遺風今記得舊來能事老多虗可憐每享詩入供似我寬閑誰復如

詩成而東部原韻至次之

檢書課日未登山喜聽桃邊泉響潺熙雍自謂唐虞際貪富誰云季孟間花開古
木猶生色江近輕鷗堪作班聞道東村多勝事明朝吾亦咏而還

二十日己酉陰微雨午止酉刻趙炳鎬來因成韓露終日不捲閑門焚香靜淡如僧
床有易林頭戴巾焚香點數到今辰　偃息偏枝誰如我過分攢叨自問身韓露
漫空難見日友朋近座欲生春孤臣天外丹衷在抵事期圖一洗塵

二十一日庚戌盡日冷風閉門塊坐與諸客題瓶花
十分春色不同時短白長紅各逞奇折取如前慇殺種揷看依舊賞餘枝扶幹樽
席詩入愛移様綺窓繡幃知借得芳菲偏近我異香清氣最相宜

二十二日辛亥翼兒以船路發向木浦金石樵市天五偕之黃鶴來去向飛禽島午
後與諸客出耆士齋賦二詩
聞道通商其庶于海區新闢置均輸覽斯行李送兒去泛彼高檣好友俱野色晴

○漁庄豊　塩貴

歸朝霧杳山光碧出夕陽孤人於辨理何能殺雁旁無妻氣味殊

用前韻賦即事

勝遊日事豈然乎拂面風光景轉輪江樹參差蒼翠并山花明綃白紅俱酬春高
興詩無敵對酌深情酒不孤漸盡芳菲君莫說綠陰取次更何殊

是夕燭下見瓶花影子寫在素壁婆娑搖動奇愛可觀戲述花影問答示石醒艇
花問影傾我與君無淺深只能形寫未能色何異知人不以心
影答花一從真相聽於君平生我笑丹青筆縱得三分失二分
影問花曾逢月下淡相忘惟君今夕閑酬酌還似人間解語娘
花答影移土孤棲面面生從我惟君相伴在可能緘口度深更

二十三日壬子雨新掌議柙海島姜進士學秀來見蝟島留黄僉卿書今年漁庄
豊出而塩貴之故生鮮至於臭傷之境云申很與諸客遣興
每看島影浴清江還似洗塵化此邦花吐新香來錦帳山如舊面近書窓理窮古
事除疑網語對賢人折慢幢更有詩情生眼界斜風細雨渡前矼

二十四日癸丑辛鍾坰以漁場收稅事來見旋去午刻與諸客登南岡遣興
太守尋春似我稀忘機無偶自相依懸崖小摘細田下遠浦多人捉蟹歸芳草夢
回詩律健新醅酒熟野蔬肥檢看老去來園悟是處須知昨已非
滯雨多辰出洞稀南岡真面更依依殊紅繞樹憐春晚遠碧連天望子歸斜逕細

隨松兼暗平郊浮動麥苗肥官閒近日身無事此樂深知爾莫涨
鄉士来留營建所者夜来閒談度了無所用心為可悶也拈韻督之因吟示
孤城景物最多佳無盡風烟入壯懷郡屬匽公新鋪置山如簇立舊安排崇尊大
義　關王廟涵泳斯文養士齋琴以自調詩有侶珠璣不俗此中習
二十五日甲寅金樂烱来見申後出養士齋賦詩
白頭喜看少年文日向山齋是所欣院透幽香花似女風翻微浪麥如雲聳天點
點三山出滿地落落二木分數曲樵歌清興發兒童拍手自成羣
二十六日乙卯金學信去飛禽都草兩島頭民輩昨暮出待云故諸般事為措處自
外處爛商議入事飭喩昨暮出韻賦得示營建所求和
飛絮遊絲春暮痕常隨盃酒自温存青肥草色王孫恨紅暗禽聲帝子魂樵豎捨
秋歸古巷漁舟懸大入前村人生易老須歡樂非是中間兩忘言
二十七日丙辰登南岡賦得
日事清遊間日邀西齋近好南岡遂爰看潮進常因漸保得花開或恐飄詩酒寓
心聊自適輕肥知分復何要請君莫恨春將盡更看評人上月朝
申刻巽兒及偕行諸人自木浦下陸于會山津即至于南岡方有過期不来之憂今
見其還喜豁無比志喜數語
教子曾聞不遠遊悠悠我思六宵周行由木道經艱險反必山寬却苦憂傳語全

生知舊伴入描圖誌辨新區吾軍自此張惟足較藝牙旗指石頭

二十八日丁巳與諸客共賦二頁

生遇明時貴者男五遷榮官到湖南吾年六十今加四春日九旬餘計三最喜身過無疾病惟知心工戒善惻可憐老壯難重得實事歟娛是所貪

紅兩籠山綵暗郊春懷飄蕩倚風梢已將樽酒酬佳節更對床書訪道交蝶散謾勞前夜夢驚飛還有舊時巢年来熙檢人間事半是光陰手自拋

二十九日戊午長城居金澤麟来見都草島居高濟國子盧鴻来見去飛禽都草兩島亂民輩圖屬莞島未果而今又還屬本郡之後不得不面飭事執使之歸順故日前招待知事幾人矣見待者十八人也招八近前飭諭曰汝矣輩不念 朝家為島民設郡本意不有訓飭不有官令至於謀避當納圖屬他郡以致葛藤紛拏之獘究其所習則合有當施之罪然既是事必歸正依舊還屬則乃吾境內一視之民也其在先恩後威之政不必念其既往之惡而塞其將來之善故特此森恕須體此意各安乃業大抵王民道理阜輸公納是第一義也目今汝矣島積滯宮納數甚不少則決宜及今辨納不至公私生疣然後官之特恕本意民之歸順實效可見矣汝輩各言其志也民輩齊聲應諾云 海曲蚩氓久困徵求靡所定志其間做措果多罔赦之科而明府特念其無他之状下此恩到之誨民雖迷蠢敢不感服乎云云 因成傳令布諭坐在諸民別定色吏金東河張時燮分送兩島

○諸島民에게 반포한 傳令文

○濫排의 弊

○面任의 弊

到郡之後凡係民瘼多方周察則最是民莫支保者濫排是也所謂濫排不一其路而語其最大之源則面任輩厚賂圖差是也圖差之初所費旣不下近千金而繼之以濫用附之以各項不正名色統計至屢數千金然後勒排殘民或戶或結百計割剝風邁雷厲莫敢誰何今年旣如是而明年又有甚焉彼人旣如是而此人又有加焉哀彼無告之民其何以聊生乎其間諸島之或以等訴或以別廉所謂濫排名色對衆查櫛存則存削則削以云懲勵之意是在果大抵汝矣兩島之民於智於莞有何利害之不同而捐誣於京營屢致紛挐至於隱匿營題自官覓來之境言念所習合施何辟令旣還屬本郡矣則莫重 宮納屢承 部飭之餘勢將反令收刷者而以若擕貳餘習之地不可遍加督令故先有解事幾人招致之令以爲爛商歸順之計矣及聞來待諸民之言則從令以往一洗舊染積在宮挽不日收納云正所謂人誰無過改之爲貴也官於一視之地何必念舊惡而杜來善乎茲以來待之民不加一責特許入送汝矣兩島諸民務從和協汝輩所謂宮民名目一切痛革毋在 宮納不日督刷是矣如有如前角立有妨於刷政者自島中定隸捉上以爲照律嚴勘之地爲遣至於從前面任圖差之弊前固習聞今果親見也奈之何來留數日人人圖任面面刺囑此豈無潛賂暗遺之端而坐借人口乎未知渠輩有何豐出之賴而期於必得不惜少費也其將濫排詐耶抑自面中別有厚廩鍊耶顧今萬化更張之日雖方伯守令月給外無他一分錢

○面任差出事

○豪强의 弊

歛民名目况乡應面任敢蹈前習不患革面豈不萬萬痛惡乎到郎自面中一年
面任册給條及面任八邑例給條從實穀列錄上送為旅亦自面中量其一年任
額幾何為宜之數并與逐條臚列修成丹報來則自官當爲互磨錄另成不刋之
典是遣至於面任差出事大抵面任一窠是亦一面之公物也無論誰某惟才惟
均然後人無向隅之歎俗無奔競之習是去乙令則不然豪強者歲執自專況屈
者一未試用夫如是而禮讓之風何從而生仇嫉之俗胡可以息乎今番段一依
節目大同會議以圈點施行是矣勿拘曽經與新八一從公均惟勤幹晃公者薦
出必以圈點亦件來納以為後左劃差之地矣如是令喻之後上項事件如有
緯繡於令辭者必將悔之無及知此惕念舉行宜當者

諸民退出後與石醒石樵及翼兒語到諸島事狀因縱筆述懷
海洋之地如棋散海洋之俗如麻亂閑物成務乃在令我以非材當力幹綱洙易
滿呑舟頑難弱難田胱御悍公家百事不從心鬢髮星星舌欲爛原田十八條宮
屯度支捴結新添案宮輸户納莫非王民曰疊徵瞳眼看府檄星馳晃簡書煁仰
不由增夏歎就中都草與飛禽閒於齊楚視我崇措虛先府三書投懷刺京司百
計鑽區分本自有界疆一塊昆侖今始判傷人多勸懲其尤俾勵他時有所懲柰
能制剛息先威吾技無他是斷斷甿風自古無頑舭郡務宜今循吏漢正忠門前
悟昨非一口同歸十八律待蜀以齊齊待身曽見張公盡像贊不係其往先待來

○養士齋　詩會

吾政誰知非汗漫心存寘猛徒使宜事歸公訟仍舊貫臨民吾有一副規餘刀恢
恢試手段身經湖嶺四五州手用饑荒十萬籌烹餌治術問道人況是雲雷象與
豪我姑與客且歡娛酌酒梅陰到夜半
近日暢叙輪環於養士齋及南岡賞花之趣足矣春序漸暮花亦爛班是日偕石醒
登隱仙臺見枳花方始而冬栢花亦尚葩芬且長松脩竹草卉蔬菜之屬種種可愛
命官僮更枚壇土茵坐其上呼酒縱吟
閒散登臨倂樹羣簡人謂我白頭豪事歸真率須知樂功到形使自忘勞冬栢留
紅蕉枳萼麥苗起浪又松濤可憐脩竹偏相逆似對虛心此獨高
三十日己未聞養士齋諸儒設餞春會於塔仙浦皆望余至云難孤其意朝後使契
紀及石醒石樵賡韻先往抵彼聞示已刻余登舟於待變亭至塔仙浦依幕定座冠
童會者百餘人往往坐店邱方始吟哦採矣余之韻封中所送詩已在榜示第上矣
東皇整駕向誰家空有新詩路莫遮柳縷不支飛去絮葉媒難住落來花署無餘
悵鶯雛囀似聽前遊鸞自料千里孤懷酬未了人生到此正堪嗟

又步一頁

挑看風氣海鄉家此日遍當情莫遮軟綠新交壇畔草殘紅孤照水頭花細推齊
物多歸睨或望餘芳更有斜君去我來偕悵意相留無計自吁嗟
從此後儒士相從又是養士齋幾人而已每憶二藪亭前遊不勝馳神而茀悵今雖

後得美是日則可謂亦足張吾軍喜甚賦詩并小引

不有餞春會多士何由得見信手陽春造化雖此辭歸之日而猶能令人合歡也餞春之意則先已露拙而茅有得見之喜非餞春之意所可盡故聊復架疊幸各賜諒焉

寄語騷壇諸大家為誰今日路無遮衣冠海內人人玉烟月江南樹樹花山媚似迎惟款近鶯飛如舞不標斜少時儀亦春頻餞漫效隣嚬故作嗟

○考選者 30人 施賞

考選三十人以白紙五張式示賞日巳迫矚茅念今日之遊本島之貽笑必無其慮故以二十兩錢付下于本面鄉負因以木道還衛冊中有作

春餞歸舟楚夕昏風頭一笛爽神魂派流莫問來何處蒲地江湖揔一源

○1897년 4월

四月一日庚申行望哭禮點考停聞昨日晚未參會者數十人早晚抵邑其中鄭○○

○邑中 文名著者

後○○基源盤○○日元○素以文名著云余為之設詩集于養士齋命公需以骨董餠備午供事分付已刻出養士齋共賦得二頁

天氣清和爵正陽燕猿酪粉味應長蜂充窠窟還初靜鶯為乳雛故自地花賓現岳千顆畐樹陰將乾四隣凉幸逢此地群賢集寄語蘭亭借一觴

山下新窩闢向陽槐陰翳翳日長長晴嵐下捲猶含潤大海平流不見地竹氣侵床衣帶淨松聲繞箔簟紋凉今古月朝評品好茲遊非是學流觴

○無角牛

朝往養士齋路見無角牛牲問里老答云老牛傳産至三四生則無角云戲述

胡為乎此牛無角甬雅記聞曾不學諺傳老是至四三其然其未詎知覺

二日辛酉庭前王梅爛開紅艷可愛與諸客共賦

開先開後故多曾欲嫁東風早未補芳質溫存齊楚璧織紋麗奇勝吳綾却含羞
態蜂蝶見更展濃粧蝶使憑堪笑白頭猶管艷祗愁風雨鼓無能

晚登隱仙臺與諸客拈韻得生字

酬世如何白髮生消磨不到此風情身心除得淸和氣自是詩題畫有聲
齊物經春恰受生南風帽畔阜民情教化亦由人在上茲鄕郞得動歡聲

三日壬戌午後出南嵐前嘗所坐處新搆松亭名以一葉亭賦二詩

搆得淸風五百間酬人物色最寬閑花明十二欄干首雲捲三千世界顔跌宕自
任詩韻健縱橫常聽棹歌還賞心樂事兼斯足惟有憂深報答艱
林香石氣襲輕衫一葉亭高廻出凡郊野人望翻浪穩江湖得意飽風帆原多燕
綠牛羊散山護耕蒼草木緘管領烟雲如許大前頭何必問巫咸

朝仕後甚閒適拈韻消遣

遊心物外戒傷廉拄笏看山翠欲沾自解治機魚躍沼似曾識面鶯窺簾子書蒲
架牙籤潤孫竹生芽犢角纖惟有客愁消未得酒盃巡到喜先拈

○大行王后因山발인

四日癸亥立夏 大行王后因山發引在今日丑時行望哭禮五月申時 下玄宮
時也自京到兩下帖注中量行望哭禮前月因京營知委已承 因山日字而其後

○一葉亭記文

例當有望哭知委而日字奄居未見文字詞苑萬萬然旣有初度知委則不可以後
無例示闕禮故望哭不敢不爾者也未知隣郡則何以處之第當探知許耳六日高
鶴柱向洛月島轉往統營云而去再昨日上京使令林萬石還下來見京書則仙第
三月十三日搬入松泉第而聞第亦於去月二十七日自役處發程搬移于京第云
念初就鄉備經營貴曾未踰歲又此撤歸世事之不可逆覩果如是耶縱筆叙懷
昔我營移鬢欲蒼今我聞搬心轉傷鬢欲蒼問何以蠶繰蜂壘貴商量十年占取
好風水一生當度冝農桑云爲一一出指使未必人心似我詳及到挈家南踰嶺
又一憂惱添分張自謂研未用之盡鏡裏恰得千莖霜心轉傷問何以初計明知
非失當吾今年老子且病家論冝京不冝鄉一紙三過千里外雖知不可勢難强
由聞去洛半千路矧今艱險如羊腸朝歌盜藪猶未廓前有長蛇後豺狼于嗟莖
埃黔無暇又褁來時五巻糧五斗零餘本纖劣糜盡長途盾盾塲安知後日非今日
世事推遷難可常使我生得麻姑壽應見桑田屢變滄鬢蒼心傷更何益不如舍
置付兩忘

是日一葉亭記成

智草創鄙也舊無樓臺可以登覽者余嘗病之今年春養士齋成有時與諸客
往遊差強人意春晩爲看花上南岡岡乃諸山之小者而無烟火鷄犬之鬧有
湖海魚鳥之勝於是眥有簿書之暇非養士齋則必於南岡然顧其究宂幽頗
之勞罔愈乎齋故罔之往率常五居三焉至則藉草爲茵兼樹障日自野鋤水

篙者觀之不知爲太守遊也一日至見其處有亭突然柱樑架檐一圬以柃蓋一鉀丁一朝勞而郡人爲余謀者也從者笑之余融然動喜曰斯亭也以材則足擬黃州之竹樓以境則不讓洞庭之岳陽吾何歉乎哉是宜名曰一葉亭也夫少莫少於一也而數必自少而至多微莫微於葉也而物必自微而至大此吾所望於此郡方與之像也郡宗禪師曰須彌納芥子芥子納須彌夫以須彌納芥子形之常也以芥子納須彌理之妙也惟彼雲山烟樹帆波鳥求之以常形非華搆傑閣所能盡求之以妙理即在吾棟子大一心上此吾所望於從吾遊者也然則一葉之義不亦廣矣乎如吾不信觀吾五十六字其無餘蘊矣

○諸島巡行出發

明日將擬巡省諸島之行而諸客已有拈韻賦詩余亦和之

書杳靜積篆烟安吏試舟工蔬緒端江國天晴梅雨早田家晝永麥秋寬南來事

秦餘叢鎖西渡經營蟻木蘭瞻起捲簾仍坐久黃鸝清囀午陰闌

七日丙寅頒此草創之郡境內形便風土苦無可考且勸農興學之方閭審罪不用極而生拍齟齬每患未敷無寧迫此清和爲一巡省目擊而面喻以示以身先之之義或庶幾矣然而先有行聲不無民間爲弊之慮故忽於是日朝任言及鄉長金炳秀使具一隻船朝後已刻登舟於一葉亭前洋翠覓與金石樵聲鐸從之金石醒寅吉鄉士安睡山炳亮趙錦坡炳鎬隨陪金炳晟通引趙允基官奴千德房子應元使令崔萬說藍輿俱在行中適時昨雨初晴帆風利順過松島前洋眼界甚曠海上群巒星羅棋列岸岸明沙鷺群翺翔商帆漁船隱見出沒於烟雲杳靄之間正是詩篇

好也呵

風光浩蕩正陽天営擬茲遊到二年詩子便同漁子侶布帆還作席帆仙揭蓬山

捲松江兩㣲浦村生荏島烟初不嫌驚行步穩只憑梢手去無邊

○荏子島鎭의 모습

歷塔仙允郎竹島在左水島在右午刻抵荏子島待變亭津頭水路五十里因下陸

步行至一帿地掌議鄭麟澤料余之来顛倒出迎路左有在鎭時遺愛碑或鐵或石

也行一里歷入鎭衙衙以向南扁以修政軒雙栢堂又有如干詩板一自廢鎭後不

灑不掃而惟有庭前一松雙栢園後翠竹青松令人有荒臺之懷轉至鄭雅庄上暫

憩前掌議姜永錫士人鄭雲作姜永厚學徒姜鳳俊李先順等五六人来見主人追

酒物唉訖上衙後主山云是童山前有鵂巖形甚奇大松幾百株蓊蔚蒼翠鎭衙前

閭閻可百餘戶西有大屯山右有大博山左有巨幕山北有廣巖浦排吉浦莞表浦

台耳島東有沙工津西有收島浦皆為塩豊出之地北接大小洛月南界後甑西控

大海又有東西二部分十六洞戶近五百戶自鵂巖四顧政是環滁皆山而不知為

島嶼積水中也且以大博巨幕兩山言之則青烏所謂雙帆體格土人之行舟形云

者良有以也及到上頂西北通遠乾端坤倪與海際接西有鵂峰其下數十村家閭

是廣産郎桂德㜸所居也前此已聞伊人文華凡百為本島翹楚而今適在外未還

定有室邇人遐之歎也日已近曛矣因回下口號

島以行舟妙訣存雙帆暗合古人論店門揭帖多新製碑面荒苔埋舊恩藴藉由

中居不俗淳庬形外色恩溫融和一氣天機靜喜看簷前偈習飜少頃檢校黃雲起鄉負金言培自外村來現日今聞行次到鎮顛倒現謁而公錢之其間遷就雖出民力艱絀京營府申飭之下在下舉行極涉悚慄云矣第念三萬餘金積逋有非殘島民力所可猝辦豈不欲寬其限紓其力使不至愁苦之爲至恵而顧程限屢愆訓責還至雖欲自由勢所末有也不覺憂悶有吟

春後行春念所存民憂此地與誰論連歲積稅應多困每慰空言不是恩淺望始知滄海大陰崖有限艷陽溫就中一事令人喜麥嶺南風翠浪飜

○荏子島의 稅納額

居民誰某來見云行次出於不意或出他或在野未得一齊候謁甚悚云云余曰凡係民生衛生事已悉於前日節目及飭喻等文字而最是本面以舊稅收刷困瘁有甚於他島每念及此愛莫助之大抵鄉負向來營門推捉此是渠不善董飭之自作孽則所謂其時浮費理應自當雖一分錢切勿排斂於民至於檢校朝夕之費必於多數未納者當之勿爲混排於已納者餘外更勿舉論如是面飭之後如或有冒排之八聞則任掌與頭民俱難免大致悔惕念也因草成時務十餘行以備所到里民泒示之具

○時務條目(勸農·興學·察瘼)

告示爲布喻事今此之行自人觀之則必曰海嶽遊覽之興然自官言之政所謂醉翁之意不在酒也一曰勸農見今耘者畢出之日堤堰防築其盡就完繳農牛農糧其盡相資歟二曰興學際玆日長如年之節其盡設課肄習歟三曰察瘼當

此新舊交龕之際其盡安生樂業歟與凡酗酒雜技一切病民者其盡屏息歟其外諸條一依節目恪遵無違是矣如是向飭之後如有登訴或別廉任掌難免別

般抵罪矣體此至意以爲惕念擧行爲宜者

鄭掌議前言鄙家今日煮漿房堗煥甚經宿恐似不便故議到於李五衛將敦求定所於李庄矣請移炎焉余果苦熱中得聞此言正合吾意卽起身歷入書齋則以吾行中人下處事都無一人見在應接仍至李庄見甚精造主人自鵲島漁場處聞余之来忙發来見初夜訓長金興壽来見曰適有家故出他今纔現謁甚切惶恐云矣自晩後忽有雨意至初昏雨下翌曉始止第聞鄭掌議以深知吾意之所向或念爲弊於村中昨日支供自家專擔今朝則自主人設備云此可謂情供甚多不安且主人之子聖直聖章兄弟来見甚淳質雅正方肄業者也臨行賦詩

出門一笑意寛饒大悟淸江和尙招騷致惟堪依昨日天晴更喜足今朝對山莊

自幽深蘊觀水智徒鄙吝消那得濟時如濟海風帆安穩不知遙

○學徒 李聖直등 考課施賞

學徒作詩請考考取李聖直等六人以白紙施賞本鎭村姜雅義淳曾聞老成見稱之人云而今余經宿之地了無聲息其果病歟抑緣婚撓歟未可知也因行至烏三里村人家數十戶招頭民別般申飭又至七里輸峯山下二黑巖村人家三十餘戶此是鄭麟澤祖父都正學源所居洞也且三頭里吳權彬所居亦文士也初意歷入暫叙及到村前潮候正急若失半餉時辰勢將阻水坐海不得已歷過又至五里刘順令里乘船姜雅求錫以酒肴提来小酌鄭麟澤李敏求鄭雲升金興壽姜求學從

○後甑島巡視

之且本島士人鄭處權金永希聞余來八鎮村不及因追至相向後仍叙别鄭處權
仍為同舟且聞鄭都正聞余直過方在來到然水時漸晩悵然移岸中流望見則數
十冠童白立山頭想是鄭令一行也以其八耋癃老眷顧至此而直緣水時難失覓
至孤負甚庸歉歎也是日即八日也出韻述懐
谷口老翁來信聞隔江未暇納交欣可憐逝者如斯水自笑悠然等彼雲佛界傳
燈經幾劫舟中記蹟做三分已知泛海無塵事鳴鷺平生自不羣
三十里越津地即後甑島津串而此近漁磯豐出云下陸還送鄭雅步行至二里防
等洞人家十餘戶又行八里後甑大村百餘戶鄉飮全海圭迎候於洞界引進至虹
見齋齋甚閎敞建齋時彩虹見瑞故因以爲名云此即李月溪之齋所措而有原韻
揭板及諸名勝和詩鱗鱗然掛着爲近數十板金蒼窩一湖亦賁訓過此齋蓋與月
溪并稱云少頃居人李在景鄭瀹允金柄郞李文珏徐澤基李仲希李秉煥李文振
李秉洽次第來見面諭後告示二帖出給輪示又學徒李文燁等數十餘人亦來見
故署以誦讀事提誨少選李雅之聲來見年近八十向以文學聲名之士因補閑報
薦者也思欲一見之餘有此接晤甚喜也見其癃頹之狀似難對客久坐故勸令還
家因辭去未刻本郡問安使來現題送午飯罷與諸人登後岡主山曰竹山向西南
而開帳依山面海左右砂格足可謂蓮花浮水一島五洞東麵山西釣山又有津串
浦廣巖浦胄沁浦皆魚鹽豐出之所東沙玉南前甑西南慈恩皆接界也竹山之下

有徐進士絢基累世先塋而祭閣前有暎山紅一樹花方盛開而徐庠近移慈恩未
得相見甚悵也回時諸士賦詩
惟利魚鹽饕而巢青徒守戶屋栗茅滿汀鶬鷺閒情伊統宅松篁翠色交水畫環
毬天作界天開大地水爲包居人款客慇懃意辦供香醪又膾肴
因次虹見齋原韻
百里觀風海上經有齋虹見倚漁汀已聞文史三冬足復道絃歌五日聽聲教朔
南天覆廣英才江左地鍾靈訓謨不墜青氈舊門戶向洽列幾庭
九日戊辰李鍊庠来見即此齋訓長錦竹史而月溪之子也聞往慈恩昨夜還来云
時學徒作詩考取李文攝等十三人以白紙施賞臨行過見隣家芍藥盛開行從来
得滿意注看可恨也暫入月溪庄回謝叙別因行至十里路堤潮水新退沙白畢露
磊磊石砥逈亘十里至南造是前甑交界有一老從山谷出来見是鄭都正基源也
其孫又澤從之因行至二里釼洞峴冠童數十人羅拜路左問是大棗洞樂英齋學
徒及鄉員安信文等某某人也暫憩峴上賦詩引芍藥起興
誰家芍藥待来賓花不留人客向濱潮落路堤堪越涉児迎釼洞即看新尋區非
爲佳辰適遍域期要　聖化璪十里行如圖畫裏前甑物色更精神
又行二里即大棗洞書齋扁以樂英齋有如干詩板訓長趙小山日元學徒數十餘
人主山上將山向南開局東有仙上山登仙山西有白楝嶺又有飛鴈浦花島分在

○羽田島巡視

東有四山擁翠不見海水亦一仙人讀書取格之本相也東屛風西羽田南唐沙爲界村居凡四洞人家合九十餘戶李鍊和李文攝及鄭都正從後來到少選居人安陽煥李光休安鎬喆趙綺元趙洛洽鄭雲戊安鍾煥及學徒金夢宗金容來來見故并依前時例面諭因次板上韻

湖上儒宮敞畝寬主人於此養家端統欄山屹巖巖出循除泉鳴瀨瀨灘不亦大子傳古道其爲樂也勝高官我來寄宿茅淡下喜看青燈徹夜寒

飯罷聞之則此距羽田島爲連陸十里地余欲往見居人願從者甚衆詢問則曰羽田多海棠花正當其時故從太守遊而兼得賞花也計云因行至一里長庫洞十餘戶書童李學仁安基豐來見路左又行二里藏資基見海棠時方盛開遍被於明沙十里之廣試一縱目曠漠無際微風時至剩香通鼻古語云海棠無香甚可訝也長洲金山寺江陵仙浪浦曾已見之擬此較彼未必多讓而獨恨僻在海島名不甚顯及至榜見後知之東坡所云天涯淪落亦類是歟携節轉入之際鄕員朴文淑來見年少洞民及學童數十人迎拜于前見甚嘉尚行七里至羽田村入向陽齋訓長朴炳文居民朴來奎朴炳寬趙炳翼金綺雲學童朴來奎等來見故依前面諭此齋書童十五餘最中朴來奎爲實才云村之形便主山羽田山村坊間南屋基二洞四十餘戶載陽島多產魚物云青竹翠松前後擁護而論其格則仙鶴下田信不誣也接界則南巖巷西大海北後甑是也路有拈韻故題於此

曰羽曰田因以歸水禽機忘土如膏白沙沿路塵遻淨翠竹成村境愈高始信海
棠無複錯證有秋菊落英疑居人不識閑由大謂我有花跋涉勞
又聞吳中巖在村之西二里地而奇形古巖處在海崖洄流之處上可坐數三十人
之盤石爲六七層高可六七丈居人每釣於此又有落照奇觀上有大松田五六里
近一抱者甚多云此是此島之第一形勝處居人指此彊留而難於貽弊且晩陰欲
雨未暇至見可恨也得古詩一則以抒情
海史山經我欲搜一注二甑行行収奚囊取次拈形勝九以風帆一以輀聞道羽
田弾丸小乃在沙王西南假中有海棠花十里只此亦足擅名區可惜吾行在午
後賞遍明沙夕鳥投居人面面苦留我蒲說奇觀在前頭曰有吳中巖最壯七層
石臺臨汀洲西通萬里烏瞬遠俯瞰千仞蛟宮幽廣足容設蘭亭禊磯日以垂嚴
陵釣一一瓌奇削不類除非鬼刻卽神謀若使具眼一經過不應將此換公侯又
有落照通觀處若木枯枝不勝秋皺頭波亦羲和馭眉際山青景公牛仙翁聽碁
且在近淅瀝松濤洗塵愁白鶴棲巢閒自在老龍鱗甲錯相稠箇中兼此三奇絶
使君使君休便休嗟渠知一未知二爭奈重貽雞黍憂種種大觀觀未了臨行不
覺頻回眸武陵虹橋如不斷且待明春理漁舟
茶罷因復路出一帳地則樂英齋學徒并爲來到矣行至德嵝里安曲山家暫憩旋
出見村後佛堂洞松楸甚盛其中有冬栢木三十餘株其爲先局護蔭之像溢出於

林木之間問是安睦山先塋云還宿樂英齋雨大至士人請余出韻故仍與鄭都正出韻賦詩

牛宮豚柵又書臺水鹿山明大帳開曾有蘇橋成野頌未聞康節得村盃雖云生理由前薄最喜斯文結往來汝玉羽田隣不遠井閭從此淨無埃

十日己巳使學童作詩見皆羞澁不肯就正於先進此非童年來益之方故吟示一頁

雨後青山望東齊聊憑一語指津迷彩鱗躍處魚能變篁舌巧時鳥以啼非我言耄思鼓舞見人年少喜提携君詩何似深閨女對客含羞不肯題

是日午刻雨始霽日晩水阻因爲留止考見學徒諸作頗多開眼處且因再宿之故詳見其儀容動作端詳安徐可謂此行初見也盖其鄭都正趙小山安睦山諸人爲足而居薰陶鉗鎚所及也擢其嵬取鄭又澤金容來羽田朴永奎等十五人以加于白紙施賞是日又詠懷

鵠髮鷄膚奈老何蠶眠三起麥黃多詩令苛於秦政苦酒懷寬且漢謨和風雨初收皆勝境池塘細皺亦高波自吾點檢年來事每受於人所料過

酉刻李光烋酒物持來云是渠從嫂小朞祭日也

十一日庚午鄭都正連留同處今朝始還則不容不回謝且路過其門前云辰刻發至二里登仙洞即鄭都正所居也鄭都正出迎于路因偕入見其所棲精緻清淨面墻外列植梔子木可幾十株也仍念數日穩話之餘分張在即意甚缺然吟贈一詩

幷小引

在偃室而旣枉潛臺八剡溪而果遇安道荞悵漁舟子塵心未已其奈樵柯客仙緣易虛谷口殘春空有賞花之興吳洲遙夜詎無見月之懷玆搆五十六言畧叙百千萬緖

江雨初晴趂午天武陵樵客躡登仙不愁風浪虛舟泛豈有塵機淨几捐林鳥每看飛款款石泉常帶響涓涓昨宵連榻今来意圖向君前作少年

因欲起身主翁苦挽云路臺方在水汎未可動行因出一冊子示之乃自家着作而其中多松菴記序及韻詩倡和余問松菴自號之義笑指門前一株松曰此吾年二十時手種也故因以自號也因請一言以惠之余以歸將搆送荅之俄而酒物至啖訖賦原韻以贈而還衙翌日松菴序成幷録之

世所稱挺特之士徃徃畸於世而惟志是勵勵之至於利祿不能誘風霜不能奪則有所謂趣者生趣旣生矣則不能無情傲托與之資於是取物之似己者以爲號故觀於所號其人之志趣可見矣然世或有名實不副之號是則又不若先觀其人之爲無失焉耳不侫来管是邦新務苦無人物可考之誌適者山海崎嶇之行盖意有所在果於前龍之登仙山下遇鄭都正基源得二日晤高潔其氣宇也端飭其儀度也淹博其經史也簡重其語嘿也問其號指門前一株松曰是吾年二十時手種而因以自號余唯曰然乎吾於松菴先於號而得

其人後於人而信其歸也若其他潛光蘊徽諸名勝撰述備矣如吾晩文豈能髣髴也哉

手栽今作老龍文翠盖亭亭上拂雲霜後留歲春四節月中移寫畫三分放翁只合梅爲友藕子猶能竹對君松與松卷題品好歲寒心事視同庠

因叙別松卷欲追餞至踏臺余苦止之至踏臺諸從者甚衆擧欲越餞彼岸余曰古語云千里遠送終歸一別何苦乃爾耶李光烋趙日元趙洛洽安鍾煥鄭雲成鄭又澤金容来金尚來金夢宗安周鼎弄辭別還之穩渡踏臺仍行至二里後甑島曲島人家三十餘戶招頭民曉諭又至梁防串只則數十餘名以堤堰改築方在役中故招陪吏金炳晟鄕貟金海圭以三兩錢特爲施賞別加申飭又至三里廣巖店暫憩沙玉鄕貟金宗淳士人林正奎來待八現自後甑鄕貟備酒以待而徐澤基李文廷鄭洛元李秉洽李春彬亦自後甑出來祗待而李埭庠李文燁金綺雲多日追隨至此其用意甚不安也因盡叙別以送乃歷叙今行顚末搆得一首詩示諸人求次

廣產之村竹苗齊伊人望望來曾諧千層潮漲騰筆聞一樹花明照雁懷夜短倚樓投帽并天晴谷口贈鞭御臨行怡悵何須說沙玉瘦頭船已排

仍乾木道三十里抵沙玉堂頭津下陸石磴崚嶒始用籃輿至堂山路冠童之來接者想是學徒也行十里至堂村兩洞分在前後可五十戶主山堂峙向西南開局以體言之則足云渴馬飮水格雖無大異之兆至於居止可謂樂地也本島六洞合百

○沙玉島

○志成齋

餘户金姓主之且地勝津塔仙浦及内島元達浦等地別無魚産且東智海南屛風北茌子為近界也入金雅洪珍家牛唉林正垈金洪珍金洪哲金洪勛洪德順黃東源来見依例飭諭因賦一詩

烟雲十里有人家濟濟衣冠衆所誇嘗飽何曾沙作飯求文要欲玉無瑕麥疇浪漲黃梅雨草逕泥粘白棟花抵邑誰云容易去非舟莫渡大江斜

各書齋學徒請韻賦詩故拈東字以給詩未成而鄕長金炳秀適来見云舟已等待于塔仙浦因卽發行村人強挽云日已向晩遽此上程大非諸民所望且村前峰上西通海際素以落照有名故每有自遠故来者則何可捨此大觀而徑返乎云云余慰以後當一来卽為上道越一岡至二里猶洞洪黃兩姓居之户可數十户入書齋扁以志成齋黃東源卽其訓長也學徒盖數十人而并在階下以日暮之致未暇拈接問其原韻發行路中作

萬水千山深復深中藏一屋闢書林班筋馬髓芸窓下夏誦春絃杏樹陰泉石乞為君子有貧裘永慕祖先心志之所在成斯在我視齋名起感吟

又越一嶺至五里灘洞户可二十餘金安兩姓世居云而安雅栽希曾有一面翹楚士也日暮未暇一尋甚悵然也至三里塔仙浦前行来告無船使鄕長查由則今日付次船等待事自邑私通来到津頭則船主人令前出他之致船隻無人執置以至此矣分付曰船主人雖曰出他豈可無替幹者乎如此愚頑之習不可長也船主人

次知使之押隨入邑也旋思之則我余所作末句非舟莫渡大江斜乃是自我詩識
也一津通塞自有前定故露於詩語則何必乜人爲也即令放釋傍人皆曰善措處
也梢工等津船急往元浪浦貰船次上去而夜近二更仍令館主徐俊五炊進夕飯

因用學徒韻賦即事

日輪西指月生東舟子拍拍劈岸風村比極幽山影裏行窮絶險水聲中安穩未
暇酬三白徐店仍催煮二紅莫道暫時茲滯坐松江雖曲必能通

飯訖本島士人金洪珍黃東源林正奎鄕員金宗淳并令辭還梢工所貰船隻際時
来泊因來船下隷則來津船前引于時水波不興月色正佳口占即事
舜勝隨聞記勿忘於輿於舫任便長島輪入海紅杈照桂艦當天白放光民事
國恩俱軟掌身形心役異閑忙浮生大要誰先覺憂樂榮枯戲一場

及抵正中堂時已亥正刻退燈穩寢

十二日辛未玉梅花向別時猶帶繁盛及歸見之已盡飄零如干所存又爲夜來風
雨所損益覺悵悵感吟一詩
顚狂風雨惡緣齊無奈飄零東復西肺腑已輸蜂作蜜膚肌渾入鷰含泥筆下香
餘詩白也原頭魂化草虞兮刻紫雕黃何處覓春痕如夢鳥空啼

十三日壬申未刻微雨暝　先考忌辰也聞慶撇楸　桐板之行其間抵京與否無
由得知祭需亦未封褁在遠孺慕乜不禁愴愴夜賦三截

○京奇중 突山管轄區域 改正

○五署戶口數

一千里外天涯客三十年前膝下兒此來此日羹墻慕愈久愈新風樹悲
漢箒嶠岳兩杳然今辰香火在何邊向來滿幅書中語半是然疑屡驗前
著存訓語昔諄諄獨享守城恨更新旣不以身爲闕例一封爭奈空違辰

十四日癸酉陰午刻微雨京奇大行王后因山各項擇日吏爲會議以入事命下矣發引陰曆五月初六日丑時下玄宮同月初七日寅時設定事○渦母四月二十一日命令始爲宮內府特進官○四月二十七日記曰向年宣禧宮移奉於毓祥宮盖出推宜而其在事體誠恠未安祠宇移建等節令宮內府擇日擧行○命平安北道觀察使朴齊德爲忠清北道觀察使○五月八日命韓圭卨爲法部大臣○五月七日突山郡管轄區域改正事議政府會議定經也後의上奏亦本者麗水郡四面古縣也曾因前左水營設置仍爲麗縣而令旣廢邑則復照因其宜也自今另置處乃郡位置前左水營制度經費等節令內部指定以奏事○陽曆五月十七日全羅南道區域內前左水營州麗水郡邑新設市之事務一條全羅南道區域內前左水營州處水郡郡廳邑新設市且㫖天郡栗村麗水三日召羅四個面으로設郡區域邑劃定事務二條郡等은三等으로互定市作人員穀外總費表年俸을左開事郡守一人八百元鄕長一人七十二元遞校五人二百四十元首書記一人八十四元書記七人五百四元通引二人七十二元使令六人二百十六元使緫二人七十二元使使二人七十二元客舍一人十二元鄕校直一人十二元享抱費八十元飛費二百元旅費七十元會詳二十五百六元○詔曰 先王 先后忌辰衆衰之節五禮儀其無文粤自 仁祖朝已行之而不著其禮在 肅廟時禮注大臣之議有異同而夫有終身之喪者忌日之謂也來子家禮有奠祭之禮出乎情得于情則亦合于禮矣此禮可以達于上下綏後 忌辰常行望哭禮矣廢所以使殷階上爲之侍衛八直居殊涉求儀節令掌禮院擧行仍爲定例

今見新聞紙則五署內人口與家戶故有與前相左者故後考次更錄中署八坊家戶四千六十戶男一萬一千八百十七名女一萬二千一百六十三口男女合二萬三千九百八十名○東署內契五坊家戶三千五百九十二戶男九千二百九十七名女八千五百五十六口男女合一萬七千八百五十三名外契二坊家戶四千六百十戶男一萬三百五十四名女八千二百四十九口男女合一萬八千六百三名○西署內契七坊家戶八千九百十一戶男二萬三千六百七十七名女二萬二千四百六十二口男女合四萬六千一百三十九名外契二坊家戶六千七百二十戶男一萬五千四百六十七名女一萬三千五百九十五口男女合二萬八千六百六十二名○南署內契八坊家戶七千二百十四戶男一萬九千八百四十名

女一萬八千八百三口男女合三萬八十六百四十三名外契三坊家戶三十八百九戶男八千五百二十名女六千五百八十九口男女合一萬五千一百九名〇北署內契九坊家戶三千四百七十六戶男九千二百二十五名女八千七百八十三口男女合一萬八千八名外契七肆家戶三十九百五十四戶男七千二百四十七名女五千五百六十八口男女合一萬二千八百十五名〇五署內契三十七坊家戶二萬七千二百五十七戶男七萬三千八百五十九名女七萬七百六十七口男女合十四萬四千六百二十六名外契七坊七肆家戶一萬八千九十三戶男四萬一千五百八十八名女三萬三十六百一口男女合七萬五千一百八十九名五署內外契都合家戶四萬五千三百五十戶男十一萬五十四百四十七名女十萬四千三百六十八口男女人口摠合二十一萬九千八百十五名〇東署字內寺十八處男僧二百六十二名女僧一百四十口合四百二名〇南署字內寺三處男僧十七名女僧十八口合三十五名〇北署字內寺十五處男僧一百六十三名女僧四十六口合二百九名摠合寺三十六處男僧四百四十二名女僧二百四口摠合男女僧六百四十六名

○都有司·都訓長교체

十五日甲戌望哭後三班點考都有司連代金璇基都訓長連代鄭基源劃出日前荏子諸島行還後縣內面各書齋學徒得聞其詩會之盛莫不奮發擬將齊會于台川趙炳鎬書塾余聞之謂養士齋諸儒曰縣內學徒欲效隣面之嚬亦頗嘉尚而但乏所于台川有道里不均之歎無寧以養士齋爲所則四方遠近甚適以此意自養士齋通示也是日自平朝各處學徒來集養士齋者冠者四十餘人童子八十餘人忽憶咸安二藝亭詩會會者五百餘人而余有詩云松桂中人元不俗璵璠會處自生輝今日之會雖不及二藝亭之多數然其不俗也生輝也則同矣行揖讓後因賜酒拈韻共賦

我發英才玉汝成一番文酒費經營鄉將變陸思鴻漸齋故依岡待鳳鳴坐速只

緣均道里端趨喜得趁逢迎也知爭也其君子盡日交酬飲禮明
見羣童青紅錯綜如魚隊鳥羣之不可計數適賣餹人至余命官僮招集羣童于庭
上白餹一介式次第面給者爲五十人而其遊逸不入數者則未得盡給亦一笑料
少頃詩軸至前考取一等三人朴鍾萬金龍甲崔鳳化二等五人梁洪天黃義鳳金
醒魚張奉彬黃義大三等三十三人朴得琳崔錫禄朴成玉等合四十一人以白紙
施賞月初一藥亭成後余以記以詩登在叢瑣錄者爲常隨人撰綴是日揭諸齋壁
諸士讀了曰賣餳草搆化爲華閣攬括汗漫歸諸方寸真造化手也且此亭雖小吾

○志成齋 詩會考選

侯所爱削拔不從以詠歎我於是和之者數十餘人也此亦寺其中事也十六日陰
午間微雨旋止十七日汶玉島志成齋訓長黃東源率學徒冠童十餘人來見請考
其所作諸詩見其句語與字様俱非借手所爲則尤可佳也特加賞批而勸奬之十
八日午後出南岡韻士弁從之拈韻思索日氣凉冷咸欲早還故詩成于正中堂

身閒今我亦忘吾不樂何爲其庶乎江碧鷗磯清愈見山青雲影淡還無朋來詠
得全蘭簿樓靜宜披墨竹圖最是南岡多勝槩登臨曾未費招呼

十九日戊寅與石醒石樵登隱仙臺叙嘯

工桑餘種滿畦疏去歲曾經手自鋤可笑我頭惟白髮日梳何以未能除

二十日己卯小滿汶玉金洪珍後雕李鍾庠來去未刻都有司金璇基來見因與總
話養士齋諸般事務後贈一詩

相看頭俱白風謠信可聽箇中無盡意簷外數峰青

二十一日庚辰庭院間花卉本無多數而亦得續續無處時冬間以冬栢花者到于春春晩玉梅花繼之得旬日之繁玉梅衰謝而四季花始之自今則不須論其他種而足支一歲春矣喜今

玉梅飛盡竹爲隣葉綠葩紅照眼新叢樣高低因樹勢艶容窈窕見天真故教孤寄生幽想那與羣芳委俗塵青帝渥恩偏汝厚花中自任四時春

二十二日辛巳黃春歐陽來自都草出來晩去向余島嶼之行過二黒巖以水候適悤未暇訪鄭都正還衙後每結轖在心西望翰峰鄭庄在其下詩以寓懷

翰峰青出卓光塵蘊藉渾如對可人爽氣朝來猶尺地信音日望隔迷津當時退老稱弘景何處耕雲隱子真每恨經過登未暇奇緣不是苦無因

二十四日癸未日前莅島之行務難曠務南邉諸島未得遍覽而顧初意不可無終也是日乘船於一葉亭前洋從者與莅行無加減時風利水順疾如電光二辰刻百餘里之間沈玉前巖羽田慈恩巖來在右蟬島屛風梅花在左餘外島嶼不可勝數雲烟沈島種種可觀詩以點取

西區巡省又南湖無盡景光爲我輸風棹撥輕船有翼烟雲生浹岸如圖隨漲鳴鷺千頃濶入望島嶼一拳孤但顧茲行惟俗義才疎難得使民歡

船格等告以如此風疾之時若以數火格卒前頭波濤實難行船云故雇得船格次

○押海　宋孔山일화

湊泊于宋孔村前浦暫住之際或云彼岸巖孔即新羅宋將軍太之産生穴謂之宋孔巖其穴深且廣雖不足信亦一古跡之得於野人也有吟

宋君已去鴨浮江孔在巖顏客在船海上淸風無點累人情可笑見羊腔

時船上諸人皆以午飯計料事次第下陸過二辰刻終不還到及其諸來後聞之則謀飯于店主則辭以新設無鼎洞人則托以鄕負出他故千殘無從可辦而只得二格卒還來余曰一時闕食庸何傷乎末句微及其意未正刻因行船到淄河海南通海南北有押海西風最緊船道甚穩一辰刻又行百餘里即向達里島船人告曰艤

○木浦海關

安木浦在近可觀且今營始海關云而此去不過一津之隔則暫臨遊覽後還次于達里島似甚穩當云而且不耐諸伴強要不得已向木浦前有龍頭石島有傳云自靈光浮來爲木浦之捍門自此左右諸島控引成港左邊是務安地右邊皆吾州界也左右浦邊每疊石塗石灰表白蓋商船往來時表其水道之區分也行三十里至

○埠頭시설처　標木

物成浦因下陸自此謂埠頭之始處云仍與諸伴登一岡岡下有如掌垣處處即前日金壽福申天五兩人所買得而立標木詳細一覽轉向一侯地則今之所云設港處倚瞰畢至自靈光蓮實峰至鍮達山以石面向南開帳一脉自東而下上有老人巖中有露積巖下有賊巖野人云賊窺露積而老人守之格云叢石滿山殆無盈尺

○木浦廢鎭後모습

之土自賊巖而下一侯地絶而突起爲木浦廢鎭戶可四十餘此村以譬九小地石確隆背而土被於上也民舍則皆已見賣於外國人云且其前後東西二侯南北三

侯地今皆潮水沮洳之地而此是海關經營之處也云又自山上至浦邊皆立標石
其中如干田畓浸入於各國調界云而亦有標石且江之南衆島近處圍如屛障真
天作勝區而自南至東皆海南界自南至西是智島界流花島一岡松木鬱蒼環立
云是李忠武公勝戰碑所在也適時申天五同舟而未詳問其形便則始役未久有
日爲之云申天五固要入鎭村詳覽余曰在此俯從疆形盡露何必即其地然後爲
詳耶乃回下登船賦詩
自從瀛域效才能惟利經營大比興交易止陶多寳務貿遷爲市笑空稱蚕絲蜂
蜜功將鮎魚妄爲兄勢共憑素性本踈商販理故看圖版佇帆來
於是夕陽在山欲向達里島則風逆潮漲莫可如之何矣較以來時之易則此亦無
過一辰刻事而未果知意水路之不可預卜蓋如是也第念此行專由於觀風察俗
以爲臨民時耳目之計而海路多艱隨風經歷有差覽物客相似深可歎也因弛帆
挽檣亥正刻至押海島盆浦下陸入長甘村坐至丑刻都無一人視形甚可怪也因
無寐集唐人以下詩句得七字韻一首使諸客要和
清遊絶勝碧溪頭暇日登臨事事幽無限世機吟處息幾多身計釣前休蘚沓蹊
雨窓書捲龍氣衝星匣劒留長笑一聲天地窄浩然歸興滿滄洲
二十五日甲申早朝本面金梅洞居掌議姜愛秀來見暫叙詳問形便則此村主山
馬牧山人户四十餘本無有數人居生只是漁鹽作農爲業未嘗見大賓故恇㤼不

敢來現云飯畢乘船姜雅偕之適有訟民三名依訴剖決且佳蘭島書童四人來見呈單見是設接請助也故題以赴接于養士齋之意因發船掛帆促行未幾風水不利因下帒撓櫓而行中流炊午又至佳蘭島前洋則有漁船一隻擧網得魚乃是江豚二尾及雜種魚買得膾料佐酒并與姜掌議所帶酒物大嚼又行至押海上津日已暮矣擧燭入伏龍洞金雅來復家端雅文學人也蓋聞自其祖父始卜築于此今成大村戶可五十餘云夜深安歇翌朝雨意方濃與石醒及諸人出門前槪察則松竹疏果頗有園林雅致因賦詩

長松脩竹傍荊扉庭果成行圃菜肥昨夕愁寒今日煖積陰喜聽暮鴉飛池邊草綠初生夢分外山青可染衣寄語世間多少事何須較計是還非

且此洞凡二村向西北開局仙人挂笏格下金主之南有笏山東有後嶺西五里鷂城山下有押海縣古基基之北三里許有磨峯山城西三十里即宋孔山上有山城東南鉀津東牧洋西宋孔浦蓋此島自咸平太白山落來爲蟬島渡海爲笏山有鶴洞姜朴島川金高大伐里文金朴水落村姜金宋孔里李金朴佛梅里姜李古寺洞姜崔新基曺張苔島朴蓮長甘里李千新庄村李龍井里金姓并主之云而一島二十四里人家四百餘戶也書齋號松館訓長朴德弘學徒金應春金成七等數十人飯後居人李先達得紀姜永世金洛亨金洪柱鄭珍會朴義先李奉旭金奉七朴炳埈金哲鎬及學徒幾人來見各隨其人職業曉諭後出給告示二張使之輪覽坐在

民人等慶諸人因言今日非但有兩意各里諸民聞官行次至皆願奉邀矣此去十
里有半地村距全面道里甚均敢請屬次那地以副齊民如願之望云云 余曰爾甚
洽好而南來已為數日不容無曠務之憂且初欲簡率行過無或有居人識知余之
何勤輒先聲未免貽弊於窮閭心甚不安稍慰情意直還許須勿見訝也諸人固要
不止余曰姑觀兩事更思之因有吟

斷斷無他技毋哀是一函民如舟以載官愧政惟凡彈坐傳琴譜散分鮮窮巖生
來嘗土炭不必問酸鹹

也
刻雨來無可動行為排悶作近體六言示學徒并引

押海智之冀北也余來觀風未知文物人才之盛比古何如而草創擬重惟茲
區是時眷癃苦症尤倍常品茲庸別搆一語以示殊異之意惟我村秀新進勉
旃哉

智押海南連押海民覂滿載扁舟風俗家絃戶誦倫彝夏禴冬烝才府合稱冀北文
治愧比潮州今日明珠先摘當年寶蘊重修箕裘可以無忝溫石行將拔尤六言
近體持贈不盡太守茲遊

二十七日丙戌金碩鏑吳士彬丁浴鉉來見李弁得純幾人固請往半地然曠日也
為弊也俱係不安以回程牢定自學徒作詩請批考取李奉郁金喜昌丁弁秩金明
水崔牢宗等十人以白紙施賞因發行還至上津昨今兩日所逢諸儒并出餞于船

○王山山城

頭叙別順風駕帆過多慶鎮前洋午餘賦詩
天垂波面勢風送棹歌聲幾日寬周地相隨鷺有情
直抵古耳島院庫只水路二十里暫憩酒店轉至古將村人家二十餘下處于然成
齋訓長金碩義學徒金敎伯年化文邢昌雲等及士人成樂熙年興基金相根來見
曉喻與告示依例為之本島凡四里人家七十餘戶自蝉島浚江一里有射亭山山
下有村朴金主之南走為王山山城城堞猶存中有將軍井馳馬臺城北即古將村
年金居之村向南面開局分明有眠狗格南接押海西是屏風鄕負李乃興來言因
出他今來甚惶恐云本郡問安使林在鶴來現又集唐人以下詩句成一律
自愛心期樂靜居閒情本與世情疎層峯八戶開青嶂大壑浮階引碧渠次數綠
頭相并鴨水深紅尾自跳魚山人滋味為誰說床有清琴盈有蔬
二十八日丁亥考學徒詩取金斗萬年化文等及製詩者八人以白紙施賞昨夕出
韻賦倣古詞體
一棠再一棠詩智羽太守為誰不須强解魚之樂便已相忘鳥也親慶慶江閑絶
唱人人海坐生涯優哉遊哉仁壽域聊與子歌詠　明時
餘罷還發再中有作
一帆風正好高坐覺新悟無物能如此何人敢議攙鳥應惟恐墜雲自不知沾善
濟憑誰任尊為衆所瞻

○蝟島

風快帆輕一息之間至蝟島十五里蝟津本島士人及訓長學徒先知余東来候津邊因至酒店暫憇訓長金濟朴泉昌載鄉貞金滄及學徒金仁祐等七八人来見暫晤步入蝟洞下處于會英齋齋様頗好於謝四環而地埃塏令行之初見也士人梁相鄉金馨來朴炳教朴文載朴洪載朴洪奎朴炳均朴約来朴基來及學徒金基奉朴鍾述等數十人次第来見曉喻與告示依例爲之晩後聞朴茱容犹間遺外數而二昨過來云故以名帖伻問俄而具酒物来見因出韻與諸生共賦

芝蘭一室我来参諸子英華飽咀含螺贏稅蟲化勤苦蛻爪掛壁應肥甘疏通事務由湖學雅致嬈方見晋談水滋山青今復覩暫時相過可幽探

午後有雨意因與諸伴登齋後形便則主山北山自智島渡来又有帰德山大鶏峙至本洞向南開局居人云老蝶張網然以其格則蝙蝠格也户可四十餘金朴主之北村朱姓帰德山下朴姓石山村李朴梁林梅溪洞南嶽里俱朴姓居之并六里一百五十餘户西接屏風東炭島北本郡有青石浦梧里浦諸生詩成考批取朴正述金昌翼李恩宗朴鍾述申同祚等及學徒許并以白紙施賞蓋新進者頗有將花之望也夕間出韻賦詩

水秀山靈明氣在形形呈露天真態蝦蝶高併判陰陽單幅低回分畫海諸子切成學業勤居人畢出田疇織兒童爭慕使君行竹馬相迎右可愛

二十九日戊子飯後還出蝟津昨日知面諸士人及學徒并出餞朴鳴載朴洪載以

緬禮事未別因再行初意今日往覽梅花屛風兩島雖費一宿期欲如許矣及至津
頭風勢與潮候俱不利於兩島之路船格及土人皆難之故仍定直還之計然心甚
缺然舟中有作

廵者吾州俗儒文盛此邦浪花風轉亂日影棹搖雙潮驗看滿斛酒要訪釣矼屛
巖何處是空聽落梅腔

水風多艱午炊於船中申正刻始泊會山前洋下陸至樓洞洞長姜景先書齋訓長
朴圻佑及學徒等幷洞界來接請入書齋暫憩以酒肴見接歇罷日已暮起身登途
至五龍洞貰得轎夫二名至釣山還送轎夫又未幾擧大鄉長以下諸官屬祗迎因
即還衙夜已戌正刻因途中出韻有作

書農勸盡覔歸蹤隨分閒忙有所從清債於詩未曾了欲情惟酒不相容胃醒杳
嚼黃花菜俗愈凉調紫草葺海嶽異搜酬宿願玆遊足冠再難逢

白前島行關由不一而察瘼居先興學次之事務與學邊者已示於爭真錄而恤察
瘼邊事則無以悉擧故總之爲苦海行一則以備爭真錄對耦耳

智湖太守鬢如星爲海民作苦海行六大部洲一胞內好榮惡辱人常情我來玆
州知海味種種可哀爾爲生田隴三分二堤堰十變九欽農經營倍費辛艱得穀
以輸公所居無餘贏半是生涯付潟鹵漉白耕沙假陰晴終年煮出凡幾砂債帳
猶多未盡淸早學家潮事魚利扁舟出沒駕鯢鯨朱衣許那圓似網五之三之皆

稅征〻又有商販營生者風波往來損神精市門成敗無穎第年年變化逢千塋于
嗟四事苦萬狀假令專利無足榮俗漸渝兮風漸降舊弊新瘼來相迎屯祖宮納
以外稅〻每來侵索令心驚〻人間最怕靈羅卒〻輕我獨島惟邪令〻徵求威喝無顧忌〻
甘受欺侮誰能攖〻縱橫挾猖洞無席〻反覆食肉行乞擰〻誰曾教爾京營債〻寸勞今
你無權衡武排之結武排戶柳奴其歛空疏覺〻勤身你苦終何有膏澤沒入權豪
航蟹舍無烟蜒雨冷〻天高不曾聞究聲高飛遠走寧不欲家有妻挈山有楚嗚呼
何時見天日〻吾亦吾王之編氓〻萬事從來窮則變〻陰崖暖日春王正〻聞道南來新
太守〻已自前年管專城〻疲癃扶杖喜再〻造〻四十一條明章程〻農郊巡審勸勸課學
舍經營樂育英〻村巷不吠閭如水施措一一殫其誠〻何幸吾曹有此日〻須臾無死
見太平〻嗟渠邪望也如此〻獨奈無力哀其鳴〻三申每見欺奸胥〻疊稅虛還訴上京〻
敬在彈丸不入轂〻高多漏網魚頑鈍〻東邊日出西邊雨〻阻水不能如期呈〻 周年臨
政做何得〻愁苦民情每一伻〻若欲此鄉濟甚染〻滄溟之多不足傾〻諄諄 天語尚在
耳〻以島治島克底成〻事不從心將欲奈〻時回欲語向蔡驛〻上而惶恐蔑寸效〻僨則
慚愧沽虛名〻日夕觀瀾軒上倚〻鬚髮百憂膏中縈〻我本爲民歌苦海〻苦海今反於
吾并〻苦海之苦苦莫苦〻分較官民孰重輕〻寄語域中諸父老〻必涉乃已此滄瀛〻同
舟載去無胡越〻一心浮來是兄心〻中流布帆扑無恙〻終有前頭陸路亨〻歸來面面
賀利涉〻洗酌醆壇弄墨兵〻

○1897년 5월

五月一日己丑望哭後點考傍晚夕法聖李長燮便見家書聞第一行去三月二十七日發行先送四月一日八城學記則以時泳歸去三月二十二日戌時生女之致四月十三日始發十七日八城云矣遠路搬行今已無事團聚則甚是喜幸而聞第善後之托未知無跌虞之歎歟是可馳想也石醒每言令公書法儒欲使少輩學之而無由多得可恨云余惟吾於臨池之藝初無恒法不足為人摹範而石醒之欲得其意蓋有在也爰就叢瑣錄抄得詩文若干不借人手一字必自手畢書自早春至今功始告訖兼為數語卞其首

易曰同聲相應同氣相求夫奚獨聲氣為然至於交際之道歲霜歷而成金蘭引磁針而就膠柒以其志同故然人心之不同如人面之各異所謂同志又豈易得哉顧余賦性狷介不能苟同於人自外官以來所相過從者一再嘗試便相望望彼之不以我為同亦如我之不以彼為同其不能久共理所必至也以此益知同志者之難得而又數夫久客遐荒孑然無與為徒矣星山金庠士石醒與余素相落落無舊年各四五十而後偶得邂逅於仁山公館一接晤而藹然相照蓋余薄有土炭之嗜而石醒亦惟經史是娛每公退有暇所嘗從事者非汲古蒞肯必寓物遣情而至於世俗營利等事非惟不發於口并與忘懷于中此豈無所同而然乎自是而蛩距相依形影相隨十年如一日而今則可謂莫逆也顧吾兩人相與之誼雖百世可講而即恐時務事往之後兩家來許安知有今日之舊乎茲就所

嘗漫錄及與石醒唱酬者必自手書編爲三局奉與石醒俾作傳後之物此余中晩心跡也雖皆荒拙無取而以其持贈之意則未必非王壺氷後之覽者其亦有感於斯云爾

二日庚寅法聖羅章彦自京來聞京第信息而度島行事實與詩篇及諸士所作編集爲冊子名之以尋眞錄而第念此不足有無於人眼然其在爲少輩興起之方亦不無鼓作之效故廣謄書手旬日之間得十六件同行人各持一件其餘分給于所經各島而別撰數語以弁其首

生於衆妙之門而伏於無極之野能使人得渠則充然而樂不得渠則欿然而餒其名曰眞古今人皆知其不可不求而往往卒於無得者以其求之未得其要也夫所謂眞也無兆朕無形狀而於天下事物無乎不在其求之也必先從吾之當行當爲處推去此乃入眞之門路也旣得到此界頭而後大着心猛着眼不捨其所得之門路而進進不止以求造夫眞之所在是名曰尋知此則眞庶幾可得矣然非曰我能之自顧今日所當行所當爲宜在乎興學一事而許非坐求可得則不容不有迺者諸島之行卽所謂入眞之門路也因於所過之地形勝風土戶口物産窮搜之博採之宿士碩人村秀才子歷訪之引起之或文以記之或詩以詠之卽所謂進進不止求造夫眞之所在也旣而收錄于冊子幷與諸家述作無遺畢載以作茲州故事之資而使與於此錄者皆知其文不徒文欲其廣吾見識也詩不徒詩欲其諷吾性情也則其於觀感興起之方不能無少補夫然後吾之眞

得矣即所謂充然而樂者也於是乎總名之曰尋真録嗚吁觀此録者其亦庶知
吾用心之苦矣若夫沁沁然揜之曰是何足屑屑云則吾恐終日説龍肉不如食
猪肉實美而且飽不其近於歟然而餒歟未知其可也
三日辛卯未刻雷雨槓巨里訓長朴○來○欽○學徒崔○康○範○來見去四日李○長○燮○去邑人
上京便付家書蟬島訓長金○濟○率學徒等三人來見去五日陰午刻雷雨是日即端
陽也鄉長及張○鍾○憲○有酒物之供云故與諸客出養士齋賦詩
南來如昨去年今驚見天涯節序尋碧木無情歌競渡丹墀入望進江心驅除世
故君同醉酬酌風烟我有吟屋就未遑張老須佳辰還笑此登臨

○各島에尋眞録分送

尋真録間爲各書手繕寫得十六冊派給所經各處智島荏子後甑前甑羽田汶玉
押海古耳蟬島各書齋以爲後進勸奬之資撰告示文附諸冊子
官以菲材遽當草創思惟先務宜在興學故到郡以來導率也勉進也自以爲靡
不用極而幸賴天賦攸同之性漸至人意差強之境或庶幾因此進步則九仞百
尺何嘗高遠而但今所到界頭譬如火之始燃泉之始達去濕引燥濬源疏委惟
在掌之者勿忘之如何耳故多方究索或至忘食然而既無家諭之勢又無聚講
之路寢然隔絶衆替漸解則凡前苦心所做未免爲壽陵人所笑寧不慨惜哉兹
庸爲此賀乎乙之擧以示庶有補之意雖未如大拍頭高眼目覽之以爲如何云
而大抵是録也驟看外面則不過吟哦拙唱然苟究自來則擧是英妙初軔安知

異日局卿不出於此錄中耶倘使與錄者喜幸其己作之見収益勉其前進之歟
氣則爲多士編摩之本意亦與有榮矣但恨書寺不廣其間所謄僅爲十六件故
未得均布一鄉只於邇者所經幾齋呈送或隹手謄去武爲人書給未必非義事
而此何可厚望哉惟冀主擧比者善爲導達至令蒙士有所向慕如各策勵俾有
實效之地幸甚者
六日甲午芒種雨巳刻晴　大行王啓殯引丑時具縗服望哭於客舍諸鄉員諸官
屬恭班七日丑時　下玄宮望哭如昨日例全州樅永善便見金允燦書八日京隸
和聊同及麗水人鄭志憲專來便見家書及尹局長晋錫書去二十五日移拜麗水
內部設邑訓令及便道赴任事與印信官章　勅旨并爲下來抵受自顧無似偏被
鴻私至於如此競惕悚凜無以名言且家書中渾都一安承洞趙室去二十日生女
云學兒上京後病情稍勝近日頗能出入云　因山諸服吉日更爲會議擇入事
詔下云未知緣何事故伏切悶菀兒姪以學部局長韓允洙薦選入於漢語學校云
而教師漢人學校則前日典醫縣學徒凡五十餘人而皆宰相子侄云且聊泳錄名
於日人學校云而姑未赴棻云且去月初七日　魂殿茶禮祭需退餕十四罷皿
賜餽故泒送親戚與隣里云身在千里之外有此受　賜榮感萬萬因歷叙京奇得
五截
千里音書苦未詳開緘一讀意遑遑天涯白髮無窮恨回首梧雲只自傷　右因山退之

字字家書緘 洪恩內厨琢錯及私門光榮別有難名慶身在天涯荷 記存
麗水新卅隕自天煌煌 恩誥邃當前消埃未散徒增重瞎望穹蒼感淚先
新還爲舊舊還新世事無常似轉輪稍喜病兒今勝昔方知洛飲最宜人
富機廣教赴時寀王謝金張競慕之我亦今人無別法爲章云到芬三兒

右賜緞 右移拜 右還 故 右學 校

九日丁酉鄭志憲來告云今日專人於麗水云而新迎與赴任等節如何擧行事入稟故余曰新設未赴任前有何官屬而新迎名色初不近理且擧行等事云者前此亦嘗權停爲主則今尤不當擧論乃以此意措辭傳令于麗水頭民等處遠當遞等

本郡事類多未就而先生案不可但已者故是日成案署名作卞首文

自有書契以來上自國都年代下至家乘野史咸有考古垂後之籍况承百里分憂之 命而掌民社圖版之重者何可闕然泯焉而已乎此郡邑先生案之所由作而不惟著交承表年月而止抑臧否勸懲之義實寓於其間而與諫院題名記所云無異苟使載名於此案者善觀而有得焉則其爲持戒不爲無助又焉可火之哉余以菲才猥當草創之務凡係立經陳紀之方一未底成而遽當遞歸不免忝名於首題未知後之視今指名而言曰某也如何云耳寧不愓然哉然以屈伸乘除之理推之此郡方膺嘉會之運實有未艾之徵天豈遽嗇福星之照乎將賢於隗者繼至而邑就于完必矣於是乎必竊自幸而諾從事卞首之請有不容力辭後之覽者其亦有亮會於斯云爾

○養士齋完工

十日戊戌掌議鄭麟澤林主事哲潤來養士齋擧已畢功而塗褙今日始之門窓戶等亦皆朴排石醒云日前鄕人聞遽等之奇以願留次同夜往光府及京部人員數則未知幾許而蝉島人以願留狀本草來示故受來也因開示其文云 云云伏以本郡僻在海洋未嘗蒙惠治之澤弱肉強食民隱日滋抑鬱之痛膏肓之疾殆將澌盡無餘矣何幸仁天廣覆太陽戴回設置郡廳簡送賢侯惟我本郡城主下車以來一心撫字視民如傷定成四十條節目而務盡矯革之方收刷幾萬金積逋而不見杖囚之用巡田勸課農民悅服建齋與學士子爭趨公錢之外民不見斂終年之間吏不出村剔擧好情而排徵之風永絶褒奬孝烈而彝倫之化斯興若其他邑咸斉行之政措恚得宜之事蹟以按達矣由是之故此治下之氓如嬰得乳如旱逢雨方顒向慈怡未洽旣是去乙際此而忽伏聞遽等之奇此何異於臨戰易將中流失楫乎嗚呼五百年不見天日之地幸逢有脚陽春曾未幾日遽爾奪去哀我智民何幸于天長聲大呼惟二天是已甚敢冒瀆齊籲伏願 觀察相國閤下特軫疾痛之氓雖之情氣燭凡他迫奧之狀以報以書俾吾侯究惠于兹邑使此島民獲被安完之地千萬血懇不任屛營之至

○養士齋節目成冊

養士齋事可謂有庶幾有成之望而赴行在迫甚功歎咄嗟以爲先可行者成節目以給

官於本齋果有多少料量期見就緖矣今忽當遽竟至甕箕良延歎咄姑就簡而易行者著成節目以給然苟論纖悉則不但止此而難保其必靈故寧欲留俟後來之隨機得宜矣僉章甫倘能念此苦心遵而勿失則千萬之幸甚○後○一都講長一員掌議二員擇置本齋句檢事務以存隆師道禮先進之儀事○一本齋都講長與掌議必以一鄕中文學行義翹楚者愜公薦望稟官劃出事○一白日場居接講學三件事俱係年例應行之擧而此不可不有錢財然後事則鳩財之方宜自儒林量宜出力之如何而遞當遽任事之究竟難可逆料玆以一百兩錢

捐廩劃付以此便分各里以每兩頭五分遏每六臘月收捧補用是矣如或值不
設三件事而至於留置之境則即為添本便分以為及時取用事○一凡講會時
各面講長一從都訓長知委施行事○一凡於三件事時必稟告　官家日字與
凡百事為爛商措處無至自下操縱事○一本齋居接時則以二員掌議中揀出
一員以講學掌議差帖成出後凡諸般所用條使之掌用俾無濫費踈虞之弊事
○一本齋柴油與不恒費及庫子所賴都無區别可用者則此不可不别般措處
然後事也特以飛禽島匿主人一窠永為付屬此不無幾許銅餘剩矣須以從長
區處以補一臂事○一衆會學處之場難保非争詰失和之端若犯此窠稟于官
家論輕重勘處是矣甚者鳴鼓或付罰事○一講學製述時額外儒生食物切勿
擧論事○一儒財拮据中或不無時掌任或怙勢鄉儒中犯用之慮此不可不嚴
防乃已雖至告官期於督捧而該儒段自本齋永付罰名事○一儒林中或有助
納本齋財需則必昭詳登諸冊子告官成帖以置以為憑信一鄉事○一未盡條
件追後磨鍊事

養士齋扁額一曰養士齋東曰育英室西曰鳳鳴軒書付剞劂各有箴

士也元氣失養則餒養之維何無暴無怠如雞斯伏似苗其壅爰有新宮濟濟挾
縫湖庠雅飭鹿塾全集曷哉夫子追德修業　右養士齋
天降之任先覺覺後剔茲才英得為吾有曾思栽簡周詠譽髦心乎勿忘斯薰斯

陶朝習暮誦下學上達入此室處三樂之一 右育英室

翔彼千仞我名吾軒窓儀瑞彩户覽朝暾洋洋絃誦和氣致祥噫噫藹藹有道東方像取沂對時際虞韶吾將賀鳴德音孔昭 右鳳鳴軒

十一日己亥陰巳刻兩都訓長鄭基源遞代朴永奎都有司金璇基遞代李之馨掌議鄭麟澤遞代黃慶周姜夢秀遞代安炳亮因鄉薦劃出是日錄丁酉三月十七日所作臨民自戒箴一則揭于智海政堂又錄丙申十一月二十二日所作養士齋原韻律詩及丁酉三月五日所作與諸儒往養士齋一律詩并揭于養士齋廳楣惟余賦歸之後期使諸士人之凡會此齋者常目覩對以為勸勉之意春間養士齋告成後諸生請余作記文者屢矣而非但手拙亦坐少暇未果矣今於遞移在迫其請益力故畧叙顛末使之剞劂而揭之

○養士齋事實顛末

建陽元年春　朝議憫嶋民無告設郡専治無似適膺是選五月始到郡視事風氣草昧俗尚粗率悍戾阻而事務稽矻矻數月茫然無以為計既而自惟曰人性不甚相遠而此之難卒與有為以其地無庠宮而疎於文學也於是迯訪郡人之稍有識知者商其事咸以為既有邑矣則校不可不設宜及今始之余曰不然時有癘紲學有漸次見今本郡事狀以民則困瘁以儒則膂脊敺困瘁於土木騷膂於俎豆吾所未聞苟若小其役而紓民力先其易而作士氣之為兩得哉故吾意姑置一舍名以養士齋選俊秀聚讀如古小學宮之例俟其知方者稍廣然後

立校為未晩也然此不可等待必以今日營始矣即與諸從事環視城周得基於郡西數武鳳凰山之下負亥之地為之定其位晝其區六楹而複之因屬郡人黃健周幹其務安炳亮掌其用經始于本年十月告訖于翌年正月方擬過寒関而落其成麥秋至而鳩其財聚才子設夏課許而第念繼得振作仍復倚閣恐不無駸駸解弛之慮乃於簿墨之暇日與鄉人之以事來留及邑近學徒稍知文字者會于齋課近體律詩第其高下而獎之境內聞而來赴者漸多舉有設接稽遲之歎主事者亦庶有溉根食實之樂矣而麗水移除之 命際至黃健周安炳亮諸人遑遑然前造曰侯於本郡勤勞大矣德惠周矣凡厥百務何莫非仰成者而就中學宮一事用意為尤摯受賜為尤厚今忽當遞路迄只隔旬衢泛獨之歎尚矣而奉光範承德音恐無其日請親記建齋事實俾作永久瞻慕之資余曰齋之名則有矣而齋之實則無矣何記之足為乎至於請益力而不得強辭則迺曰吾所謂齋之無實非為無其人即為無其財也吾欲捐劃一百銅而以焉爲居主人付齋直兼就易付者也成節目矣其能遵而不隳歟咸曰昔非不足今又至此苟有合生者孰敢不感鐫而死守乎余曰然則吾無憂數付文於其間因悉次為養士齋記

十二日庚子兩養士齋諸儒以余未及落成而啓程在邇為叙悵次通奇于近邑儒生以今日齊會事發文矣以雨事之如此未果來赴云掌議安炳亮以禪祭前有難

○新任郡守　金漢鼎
發令

朴公云故特爲改差其代以朴斗璧劃出十三日京幇子便見京奇則本郡新官金漢鼎也兼有新官書簡故答之新官問安使使令薛光辰上京便付家書十四日朴世玟以木道來見未刻與諸客出巻士齋適時李鍊庠來見相與穩話諸般事務衙庭雙樹石榴際時爛開石樵將欲題詠之意故余先搆一詩示石樵要和

安石來傳種雙栽小沼前朱英當夏引　絳實趂秋天霜破珠璣積露沾琥珀懸甘

○關帝廟告由文

醱醅細嚼能醒酒因緣

關帝廟〻享祀之位舊無定本每臨時辨供苟艱簞薄甚非禮　大神之道故在此後多方詢謀得邑前廢堰修築可量爲數石落今已完成秋可收賭則從茲粢盛之備可無太窘矣今忽遞移發行在通念此事未卒而起心甚悵觖搆數行文告辭陛之由

伏以　臣姿雖樸陋彛性則同自省髫齡讀史至　皇帝陛下伏義報漢奮勇擒賊未嘗不傾瀉欽慕慷慨激昂自以生晩千載之下未得致尺寸於策馬麾蓋之前尋常歎恨矣今適來守　安靈之地　廟宇咫尺瞻依孔邇時節香幣躬親將拫所以寓寸忱償宿願區區榮幸之私不知曠世之爲遠而從來　享儀之有諐者做南廟而改定　粢需之未備者修廢堰而補用擬到今秋霜候之　祀殫誠於供具之節致虔於薦祼之數寔所蘊蓄在衷者而遽此南移有　命行期斗迫瞻言愴惘無任結轖之至謹具菲薄之饌敢表葵藿之誠伏惟　皇靈俯賜　歆格

十五日癸卯行望哭禮點考傳仍詣　關帝廟設朔水剌奠禮忽念今日即昨歲到
任周朞也天時之推遷人事之去留俱可興感拈韻抒志示諸儒要次
濫受玆州治運開令朝許滿一朞回版圖每欠隣嚬授校吏須憐伍合来導率庭
無萘政苦措施未克漢規恢惟將興學多方勸有隕　恳移行李催
酉刻鄭都正基源來見曰前鄕民等光府願留云者今日自民處謄送題音內汝矣之婿
去顧惜之情固知治績之浹人肌膚而麗水女新設之郡也朝
家之擇此良守已有成命府不可遽有論報諒悉退在向事是夕月色正佳步出
養士齋與鄭都正敍話審見少輩有騷暢之意余不必與座故巽記與石醒留後而
余先還倚賦得一截
皓月渾如一日明人何憂樂老無生月華對看看無厭人事難圖老少情
十六日甲辰京奇大行王后因山史擇發靷八月初六日丑時下玄宮同月十七日辰時巡題其間収券數甚零星而
不可退待多日故是日并皆考批得賦一等一人朴弘載二等二人朴應載朴英圭
詩一等一人趙炳文二等三人金樞澤李鍊庠安世宗三等十三人朴仁佑等古風
一等三人安興祿吳永龍安佾諾二等五人金文成朴鳳甲朴鍾述徐占童孟達重
三等二十六人金善樞等駢文一等一人朴炳文等合五十六人出榜其中以各壯
元券揭示諸生仍以呼中白紙一束真墨一丁青筆一柄式賞給一等人則加給一
束紙駢文壯元朴炳文則依前下帖居魁儒任之辭特差掌議措辭諭示養士齋會
中諸儒

○養士齋落成

爲帖諭事本郡之先務莫如養士養士之先務莫如勸奬故自初至今做措之閑
係士民者無一非勸奬中出來僉章甫想當已有所揔諒矣向日巡題下帖中既
以蜀文居魁儒生曾經掌議則差都有司武都訓長未經掌議則差掌議之意措
辭輪布矣凡在此鄕應無一人不知不見之理而今於收券蜀文名色只是羽田
洪玉押海三章而押海文雖善無姓名此是違格也固不暇擧論羽田洪玉二章
則足可甲乙而拈粧得羽田及其圻見乃朴炳文也大抵今番蜀文文之能否亦
所先觀者然其能知遵官令爲人所不爲者豈不大可嘉尚哉此亦特加勸奬之
一端也玆以不必待鄕薦而以朴炳文差出掌議帖諭輪示俾各知此特出於勸
奬是旀亦各自勉期以企及爲宜

掌議黃廣郞朴和斗遞代洪玉金洪珈縣內金得斗因鄕薦劃出是日即養士齋落
成也此盖出於余行之在邇而齋儒不卜日猝擧者也今後出往見之會者數百人
而兒少輩則望有分日場老成之人則爲叙別俱不可無詩余乃拈得長字五韻揭
示余則別搆排律二十韻以道其齋之顚末及今日事狀并小引

今日之酒可謂倉卒盃也觴詠之意少而去留之懷功所可言也非前五十六
字所可形寫故搆得二十韻排律以紓衷蘊情溢辭縮亦未克存十一於千百
然而若其繾綣難捨之意則似可覵諒矣

太守來遊養士堂高歌酒後詑滄桑桃花觀裏人初到竹尾樓中客轉忙浮世相

逢如有舊前處歷叙莫嫌謙一生偏荷 君恩重千里難解郡務當昭代興儒思職責荒濱無教借才良斗筲兕量雖難越草昧經綸會費商委曲豈能家喻戶使宜政合塾先庠擬將舊染驅角蠻故建新齋近鳳凰事事經心勞不計時時臨役檢無忘賴諸君子同成室備百艱辛始出場數尺樓題飛也草四間廳事煥乎章倣依鹿洞聊開講取次鳩財且有方多士仔肩麗澤欒知州榮與育英光豈意香山丹鳥破翻成蜀郡夢刀煌吾將行矣誰投轄人莫留之已作裝無暇路成歌頌禱只緣叙別舉盃觴相看脉脉無歡意半醉騰騰發素腸繞檻烟雲含宿態滿庭花卉戀餘香那當復見山川遠唯有相思夢寐長但願從茲茲屢棗彬彬濟濟集羣芳

且以日前所捱尋真錄十二冊分給各島儒生曰此雖延島時間謾所得且村學不嫺之句然集而待後則其於温燖之工不無其助故今於勘簿中期於編次成兕倘諸儒諒此苦心所在則幸矣且今起主之地諸般說不必合點者有之如白蓮洞之付罰而恬視究其所為合有大舉措俾知士論之攸重而今於遊去之場不必然矣故姑為恭恕今日刊其付罰以付昧爽以前若於茲後復踵前習自齋中痛宜懲礪永勿許通似好咸曰所教至此謹當恪遵矣酒物至待辦甚盛也申後取考諸詩數百張七律一等四人金容来梁洪天張贒淳金尙来二等二十人鄭任祚等五律一等三人趙日銀安興禄蔣弘弼二等五人崔道骨等七截一等三人趙瑞元崔松順

○麗水로 發行

金正○金○二等十二人李龍兆五載一等五人金龍夏金龍甲李哥順金斗天與元奉二等三十一人黃補春等并以白紙袍賞火輩欲以張樂爲言故余責之以遏密勿舉矣晩後見其睚盱之狀似有倡聳設戲之舉仍念期於禁止則乖和坐在則自失也因即起身還衙斯後事則任之而已誰復知之耶然此等亦非細故而一則臨行之故一則禮防之類也自顧亦未免爲今人良足笑歎也

十七日乙巳掌議金得奎金洪琢遞代押海島金永複蟳島金濟因鄉薦劃出稻田島屬文壯元朴炳文亦以掌議差給矣今以喪身有所呈單故特爲許施林主事○潤來見叙別發行前日各項勘傳連加嚴飭而迄未就緖且鄉人爲叙別來見者填門不已甚覺煩惱午後出蒼士齋與諸客叙懷申脯而還

十八日庚午明日擬將發行麗水二十八日捧任之行而從陸石○醒○與翼○兒及金○石○樵以木道敦定行具并裝載船隻且魚屬不可不　進獻而春間自古羣山直送爲定者事多不諧反爲下來故下吏姜○寬○秀○及家隷興○萬○眼同以船使上送京第付書都有司李○之○馨○以老病連呈遞狀故不得已許遞代金○行○彦○因鄉薦劃出向日巡島之行見士林物情頗有儒任爭慕之狀不似初頭不知掌議都有司爲何樣名目此是與起之效而因此激勸足爲聳動助氣故意欲取次輪劃矣今忽遞行在即各島好材料莫不有失望之歎云而余亦有所缺然畧隨最可者劃差以平時觀之似有數遞之嫌而此際慰士望悅人情之權則不容不如是此於他日雖自我觀之亦未

兌疑案故瑣瑣及之

向日蝟島時高和島遺墟碑忽未記載故追此追錄于左

領府事南九萬撰 昔在
宣廟丁酉嵗故統制使忠
武李公以爲兵與事殷粮餉最重審察形便得羅州高和島几陣餘敉山野運米恣
令倂于此募軍八屯置別將以主之益此島處海路自南達丙之地右引嶺南左
建京口攻可以給食軍前爲鏖戰之資饒可以獻馘 付在爲救匱之用其爲國家
深謀長慮非偶然也而時移事往蹟值規壞別將單存舊跡單民散巳多逃散近年又
裕鎭於唐中既失控記之寄又少財敎之蓄本鎭遺民爲之戱然咨嗟者久矣吳統
制使重創以單民之意欲試于石樹之于高和島初設之處以根忠武公舊制燒託
治石斷械路爲單民嗚望之情終不可過工役餘財亦可充鳩鍊之費所未得者惟
記事之文耳爲此來請于余余惟而歎曰有是哉忠武公經遠之計也自古危難之
際戰之所以必勝國家之所以復振未嘗不賴於積粟廩嘗平金城之碎老在於湟
中之屯田唐德宗未免天之濟餓在於韓滉之輸米公之設鎭其意固在於斯二者矣
式日公方與賊交鋒乎食日急其爲衆乾饋兵困人乏所共見至於貞獻 朝廷人
所未喩今何以知其尤然也余曰唯唯否否益嘗見公遺事其所匝畫不但爲目前
事公之初受節於全羅左水營也聞 大駕西狩別貯精米五百石封之曰 主上
越在龍灣其城之賊若又西突則 駕將渡鴨綠矣爲吾之職當以龍再泝海迎
駕仍圖恢復雖或不幸君臣一日死我國之地可也觀公此言公之精忠壯略豈但爲
不乏軍食而已豈止於看守一職而已不然閑山古今之間旌纛之所臨頗眡之所
及設屯備粮亦足爲急時假用何必於離營之遠轉海而西指京師而設此鎭哉吳
統制卑肉在遠任之後乃能興起公遺風於明公初意少欲使後之統制將更有所
修擧今之鎭民亦有所贍慕其亦可尙也已